经·典·插·图·版

青春之路

写给年轻人的100个党史故事

上册

张神根　主编

新华出版社

编写说明

本书选取了中国共产党历史上100个重要事件、重大决策或重要节点，内容包括政治、经济、军事、外交、文化、社会、科技、生态等各个方面，以点面结合的方式，全面深入地反映了中国共产党走过的百年征程，全方位回顾了中国共产党百年来取得的辉煌成就。

近年来，随着历史档案的逐步解密、研究的逐步深入，许多重大事件的来龙去脉渐渐厘清，但是这些新成果还被淹没在浩如烟海的文献资料中，未被普通大众特别是年轻读者所知晓。为了把众多党史研究成果集中介绍给广大读者，特别是“90后”“00后”的青年人，我们编写了这本主题图书。

书中部分照片已标注拍摄者和来源，未标注照片来自新华社中国照片档案馆。我们从新华社珍藏的1000多万张历史照片中精选出的近400余幅经典作品，聚焦党史重大事件和精彩瞬间，以鲜活的影像呈现党波澜壮阔的光辉历程。

本书有以下几点特色：

1. 坚持正确导向，坚持以习近平新时代中国特色社会主义思想为指导。2. 史实准确，反映历史研究领域主流观点。3. 注重细节，以细节反映历史，使广大读者尤其是年轻人读起来不晦涩，有吸引力。4. 图文并茂，鲜活生动，用细致准确的文字和珍贵的历史图片带领读者回到历史发生的现场，还原重要事件、重要决策背后的一波三折，用最新的历史档案研究成果阐明事件背后不为人知的故事，重温那些激动人心的历史瞬间。

本书的编写、统稿工作由张神根同志主持。各历史时期篇章的编写工作安排如下：1921年至1949年，翟雅楠；1950年至1977年，赵超；1978年至2011年，柳宁；2012年至2021年，张倔。

目
录

陸軍軍官學校

001

1921 年

中国共产党的成立

1921 年 7 月 23 日，十几位来自不同地方、操着不同口音的人秘密聚集在上海法租界望志路 106 号。他们代表着全国 50 多名党员参加中国共产党第一次全国代表大会，宣告中国共产党的正式成立。从此，中国革命的面貌焕然一新。

▲ 从 1840 年开始，西方列强通过对中国的多次侵略战争和其他方式，强迫中国割地、赔款，贪婪地攫取种种特权。中国人民生活在水深火热之中，展现在中华民族面前的是一片濒临毁灭、悲惨黯淡的前景。从这时起，实现中华民族伟大复兴成为全民族最伟大的梦想；争取民族独立、人民解放和实现国家富强、人民幸福，成为中国人民的历史任务。在中国共产党成立以前，有许多献身于民族进步事业的爱国先驱，为了改变祖国的境遇和命运，前赴后继、不懈探索。图为 1842 年 8 月 29 日，英国强迫清政府签订中国近代史上第一个不平等条约——《南京条约》。*

黎明前的艰难探索

1840 年以来，外国帝国主义列强先是通过鸦片战争打开了清政府大门，继而对中国发动一次又一次的侵略战争，强迫清政府签下多个不平等条约。中国逐渐沦为半殖民地半封建社会，中华民族遭遇“数千年未有之大变局”。

为挽救民族危亡，仁人志士们苦苦寻找救亡图存的道路。然而，以太平天国为代表的农民革命斗争失败了，以奕䜣、曾国藩、李鸿章等为代

---

* 书中未标注拍摄者及来源的照片均由新华社中国照片档案馆提供。

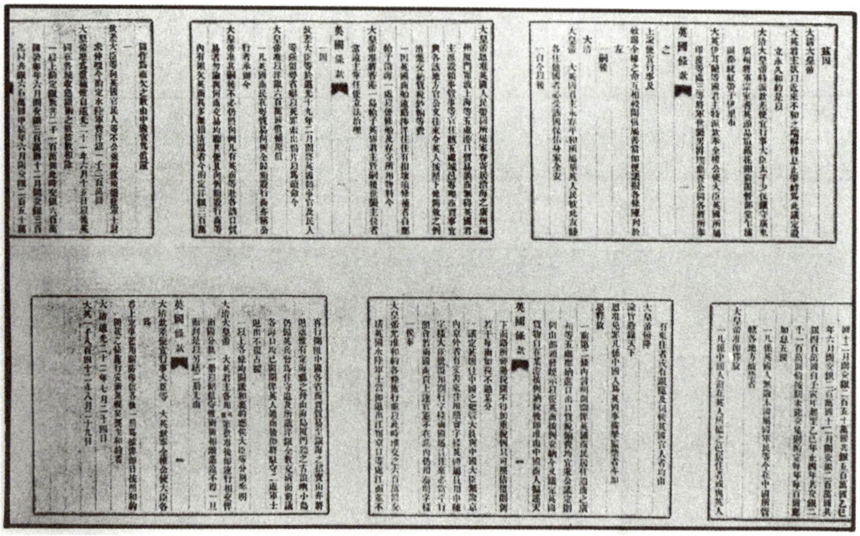

▲《南京条约》全文。

表的封建统治集团中的头脑清醒者发起的洋务运动失败了，以康有为、梁启超为代表的资产阶级维新派推动的戊戌变法还是失败了。进入 20 世纪的时候，中国依然专制、落后和贫穷。《辛丑条约》签订以后，内外交困的清政府开始推行新政，但是并不能改变清王朝覆灭的命运。满清政府犹如“一座即将倒塌的房屋，整个结构已从根本上彻底地腐朽了”。

20 世纪初，国内和国际形势都处于巨大的变化之中。1911 年，以孙中山为代表的资产阶级革命派领导辛亥革命，结束了中国长达 2000 年之久的君主专制制度。但是，这场革命胜利的果实被袁世凯窃取了。紧接着，袁世凯复辟帝制、张勋复辟、被列强操控的军阀割据，一幕幕历史闹剧接二连三上演。

▶ 孙中山（1866—1925），本名孙文，号逸仙，广东香山（今中山）人。图为在南京就任临时大总统时的孙中山。

当中国先进知识分子诚心诚意学习西方资本主义文明时，“先生”总是欺负“学生”，资本主义列强从心底是不希望中国富强起来的。

亲身经历了许多过程的毛泽东，在 1949 年撰写的《论人民民主专政》一文中回忆道：“中国人向西方学得很不少，但是行不通，理想总是不能实现。多次奋斗，包括辛亥革命那样全国规模的运动，都失败了。国家的情况一天一天坏，环境迫使人们活不下去。怀疑产生了，增长了，发展了。”

之后，国内发生了新文化运动、五四运动，再加上国际上发生的第一次世界大战、俄国十月革命等重大事件，人们开始对西方资本主义文明进行再评价，逐步丢弃对资本主义的信仰和幻想。正是在重大事件相互作用之下，先进知识分子逐步领悟到：历史的重担势必要由更加先进的政党来挑起。

▲ 李大钊（1889—1927），字守常，河北乐亭人。俄国十月革命后，马克思主义逐步在中国传播。李大钊是中国共产主义运动的伟大先驱，中国最早的马克思主义传播者，中国共产党主要创始人之一。

▲ 陈独秀（1879—1942），字仲甫，安徽怀宁人。1915 年 9 月，陈独秀在上海创办《青年杂志》，后改名《新青年》，新文化运动由此发端。陈独秀是新文化运动的思想领袖，党的上海发起组领导人，中国共产党主要创始人之一。

“南陈北李”的约定

五四时期流传着这样一首歌谣：“北大红楼两巨人，纷传北李与南陈，孤松独秀如椽笔，日月双悬照古今。”“南陈”指的是陈独秀，“北李”则指的是李大钊。最早酝酿在中国建立共产党的正是这两位。

1914 年，李大钊在日本留学时，认识了因“二次革命”而流亡日本的陈独秀。痛定思痛，陈独秀愈发觉得“欲使共和名副其实，必须改变人的思想，要改变思想，须办杂志”。于是，36 岁的陈独秀在 1915 年初夏

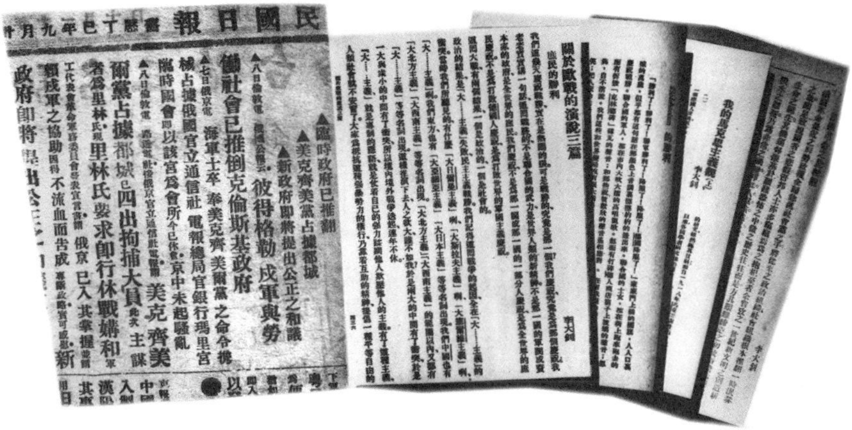
民國日報

關於歐戰的演說三篇

庶民的勝利

我的馬克思主義觀

▲ 图中左为当时报上刊载的俄国十月革命胜利的消息；右为李大钊发表的《我的马克思主义观》《Bolshevism 的胜利》《庶民的胜利》等文章。

坐上了从日本回国的轮船，在上海创办了倡导民主和科学的《青年杂志》（后改名为《新青年》），引燃了新文化运动的烽火。

1917 年 1 月，陈独秀被北大校长蔡元培聘为北大文科学长，《新青年》也随之迁往北京。不久，李大钊担任北京大学图书馆主任，二人成为同事。陈独秀与李大钊等北大教授一同谋划杂志，思想上日益紧密。他们二人性格也颇为互补，陈独秀脾气倔强刚烈、敢作敢为，而李大钊给人留下的印象是“有些儒雅，有些朴质，也有些凡俗”。

1919 年五四运动爆发后，陈独秀因散发传单《北京市民宣言》遭到反动当局逮捕。就在被捕前几日，他发表了一篇旷世奇文——《研究室与监狱》。他鼓励青年人“出了研究室就入监狱，出了监狱就入研究室”。字里行间洋溢着直接斗争的激情和革命乐观主义的精神。

经历三个多月的铁窗生涯后，这位“思想界的明星”终于获得保释出狱。他没几天便离京南下，前往上海筹办西南大学事宜。事成之后，他赶往武汉讲学，提倡“打破阶级的制度，实行平民社会主义”，鼓吹彻底改造社会，轰动武汉社会各界。1920 年 2 月 8 日，当陈独秀从武汉返回北京时，早已收到消息的京师警察厅准备再次逮捕陈独秀。

李大钊和高一涵得到这一消息后，商定派人先到火车站，把陈独秀接到王星拱家里，暂避一避，再设法送他离开北京。李大钊认为要确保陈独秀顺利出京，不能乘坐火车或小汽车，以免引人注意。李大钊决定亲自护送陈独秀前往天津，陈独秀再自行坐船从天津前往上海。

李大钊是河北乐亭人，讲的是北方话，衣着又朴素，很像生意人。恰逢阴历年底，正是北京一带生意人往各地收账的时候。于是，两人携带几本账簿，雇了一辆骡车，从朝阳门出走南下。陈独秀头戴毡帽，身着棉袍坐在骡车里面。李大钊坐在车篷前端，沿途的事宜都由他办理，以防陈独秀露出南方口音。

高一涵在 1927 年的一次演讲中提到“在途中则计划组织中国共产党事”。一路上的谈话内容是否确实如高一涵所说，现已无从旁证。但是可以确定的是，陈独秀、李大钊认识到要用马克思主义改造中国，要像俄国那样建立一个无产阶级政党。

不久后，二人便分别在上海、北京建立了中国共产党早期组织。这也造就了一段“南陈北李，相约建党”的佳话。

革命航船破浪起航

1920 年 4 月，经共产国际批准，俄国共产党（布尔什维克）远东局海参崴（即符拉迪沃斯托克）分局外国处派出全权代表维经斯基来到中国，了解五四运动后中国革命运动发展的情况。经过考察，维经斯基认为中国可以组织共产党。这对中国共产党的创建起了一定的促进作用。

同年 8 月，中国第一个共产党早期组织在上海法租界老渔阳里 2 号《新青年》编辑部成立，当时取名为“共产党”。其成员有陈独秀、李汉俊、沈玄庐、陈望道、俞秀松、施存统、李达、杨明斋等。10 月，李大钊与张申府、张国焘在新文化运动的发祥地北京成立共产党早期组织。

▸ 1920 年 8 月，继上海共产党早期组织建立后，陈独秀、俞秀松、袁振英、叶天底、金家凤等在霞飞路（今淮海中路）渔阳里 6 号发起成立中国社会主义青年团，由俞秀松任书记。为了掩护团的革命活动和帮助准备赴俄的青年学习外文，在该处公开设立“外国语学社”，杨明斋任校长，维经斯基的夫人和李达、李汉俊、袁振英、王元龄等担任教师。1921 年春，团中央先后选送学员刘少奇、任弼时、罗亦农、汪寿华、王一飞、萧劲光、许之桢等数十人去莫斯科东方大学学习。图为 1983 年 9 月拍摄的外国语学社旧址。

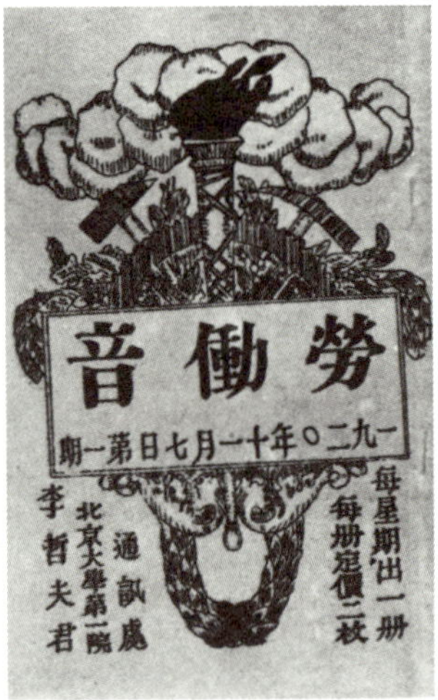

▲ 共产党早期组织通过创办刊物、举办工人学校和成立工会等，宣传马克思主义，发动工人斗争。1920 年，李大钊在北京发起成立了共产党早期组织，并创办《劳动音》周刊（右图）和长辛店劳动补习学校（左图为校址），向工人进行马克思主义的通俗宣传，促进马克思列宁主义与中国工人运动相结合。

从 1920 年秋至 1921 年春，武汉、长沙、济南、广州、日本、法国等地的共产党早期组织风起云涌般地发展起来。知识分子们积极开展工作，研究和宣传马克思主义，并深入工人群众，参与实际斗争，有力地促进了马克思主义与中国工人运动的进一步结合。工人阶级中的一批先进分子也随之成长起来，在中国建立全国统一的共产党的条件基本具备了。

1921 年 7 月，正值夏天的上海有点闷热，一群人或乘火车或乘轮船，风尘仆仆地从各地赶来，只为给中国寻求一条新的出路。7 月 23 日夜晚，15 个操着不同口音、穿着各异的人影陆续走进了上海法租界望志路 106 号（今兴业路 76 号）李书城与其弟李汉俊的寓所，中国历史上一件开天辟地的大事诞生了：中国共产党第一次全国代表大会开幕！

毛泽东、何叔衡、董必武、陈潭秋、王尽美、邓恩铭、李达、李汉俊、陈公博、张国焘、刘仁静、周佛海、包惠僧参加了大会，另外还有两名外国人，即共产国际代表马林和共产国际远东书记处代表尼克尔斯基。

7 月 30 日晚，大会正举行第六次会议。会议开始后不久，一名身穿灰布长衫的陌生男子突然闯了进来。富有地下工作经验的马林建议会议马上停止，让大家迅速离开。之后代表们转移到浙江嘉兴南湖的一艘游船上继续开会。

▼ 在马克思主义与中国工人运动日益结合的基础上，1921 年 7 月 23 日，中国共产党第一次全国代表大会在上海法租界望志路 106 号（今兴业路 76 号）开幕。图为党的一大会址。

▲ 毛泽东（1893—1976），湖南湘潭人。长沙代表。

▲ 何叔衡（1876—1935），湖南宁乡人。长沙代表。

▲ 董必武（1886—1975），湖北黄安（今红安）人。武汉代表。

▲ 陈潭秋（1896—1943），湖北黄冈人。武汉代表。

▲ 王尽美（1898—1925），山东莒县人。济南代表。

▲ 邓恩铭（1901—1931），贵州荔波人（水族）。济南代表。

▲ 李达（1890—1966），湖南零陵（今永州）人。上海代表。

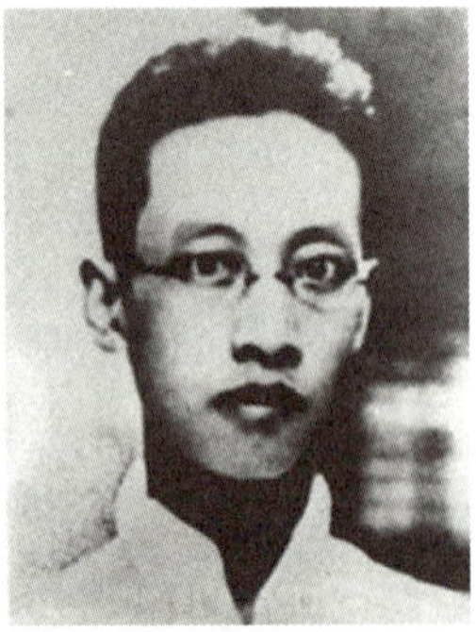

▲ 李汉俊（1890—1927），湖北潜江人。上海代表。

▲ 刘仁静（1902—1987），湖北应城人。北京代表。

▲ 张国焘（1897—1979），江西萍乡人。北京代表。1938 年投靠国民党，被中国共产党开除党籍。

▲ 陈公博（1892—1946），广东南海人。广州代表。1923 年被开除出党，抗日战争时期成为汉奸。

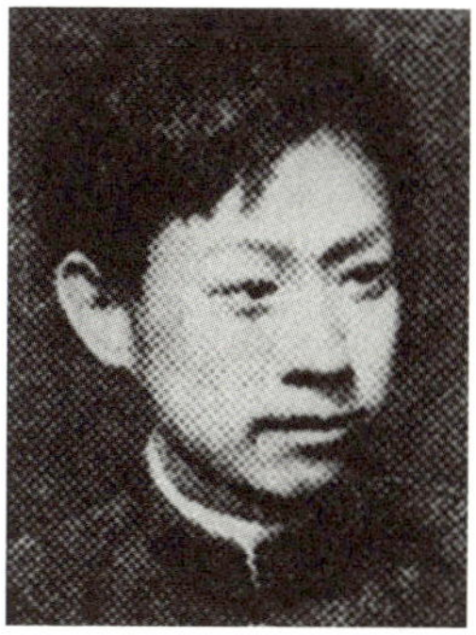

▲ 周佛海（1897—1948），湖南沅陵人。旅日代表。1924 年脱党，抗日战争时期成为汉奸。

▲ 包惠僧（1894—1979），湖北黄冈人。曾代表陈独秀出席中共一大。

▲ 马 林（1883—1942），原名亨德立克斯 · 斯内夫利特，荷兰人。1921 年 4 月至 1923 年 10 月任共产国际驻中国代表。1921 年夏，作为共产国际代表出席中共一大。

◀ 尼克尔斯基（1889—1938），原名弗拉基米尔 · 涅伊曼 · 阿勃拉莫维奇，俄国人，共产国际驻中国代表。1921 年 6 月受共产国际远东书记处派遣，赴上海了解中国共产党的筹备工作并出席中共一大。

中国共产党党纲

（一九二一年）

一、我们的党定名为"中国共产党"。

二、我们党的纲领如下：

（1）革命军队必须与无产阶级一起推翻资本家阶级的政权，必须援助工人阶级，直到社会阶级区分消除的时候；

（2）直至阶级斗争结束为止，即直至社会的阶级区分消灭为止，承认无产阶级专政；

（3）消灭资本家私有制，没收和征用机器、土地、厂房和半成品等生产工具；

（4）加入第三国际。

三、我们党承认苏维埃管理制度，要把工人、农民和士兵组织起来，并以社会革命为自己政策的主要目的。中国共产党彻底断绝与黄色的知识分子及与其类似的其他党派的任何联系。

四、凡承认本党党纲和政策，并愿成为忠实的党员者，经党员一人介绍，不分性别，不分民族，都可以接收为党员，成为我们的同志。但是在加入我们的队伍以前，必须与那些与我们的纲领背道而驰的党派和集团断绝一切联系。

五、接收新党员的手续如下：候补党员必须接受其所在地的委员会的考察，考察期限至少为两个月。考察期满后，经大多数党员同意，始得转为正式党员。如果该地区有执行委员会，必须经执行委员会批准。

六、在党处在秘密状态时，对于重要的口号和党籍应保守秘密。

七、每个地方，凡是有党员五人以上的，必须成立委员会。

八、委员会的党员经以前所在地的委员会书记介绍，可以转到另一个地方的委员会。

九、凡是党员不超过十人的地方委员会，应设书记一人；超过十人的应设财务委员、组织委员和宣传委员各一人；超过三十人的，应由委员会的成员中选出一个执行委员会。关于执行委员会的规定另行说明。

十、工人、农民、士兵和学生等地方组织中的党员人数多时，可以派他们到其他地区去工作，但是一定要受地方执行委员会的最严格的监督。

十一、（遗漏）

十二、地方委员会的财政、活动和政策，必须受中央执行委员会的监督。

十三、委员会所管辖的党员超过五百人或同一地区有五个委员会时，必须成立执行委员会。全国代表大会应委派十人参加该执行委员会。如果这些要求不能实现，必须成立临时中央执行委员会。关于执行委员会的工作和组织，另外将要更加详细地阐述。

十四、党员如果不是由于法律的迫使和没有得到党的特别允许，不能担任政府的官员或国会议员。士兵、警察和职员不在此例。

十五、这个纲领经三分之二全国代表大会代表同意，始得修改。

关于当前实际工作的决议

（一九二一年）

一、劳工组织

组织产业工会为我党主要目标。凡拥有一种以上工业的地方均应组织产业工会；无大工业而仅有一、二家工厂的地方，可建立适合当地情况的工厂工会。

党应向工会灌输阶级斗争精神。各工会所推动的政治斗争若不符合我们的纲领，党应避免成为其他党派的傀儡。

至于现存的同业工会，我党可派党员参加，作为加以改组的第一步。

会员超过二百人方能成立工会。应向每一个新成立的工会至少派出两名党员，协助组织工作。

二、宣传

杂志、日刊、百科全书和小册子须由中央执行委员会或临时中央执行委员会经办。

各地可根据需要出版一种工会杂志、日报、周报、小册子和临时通讯。

无论中央或地方的出版物均应由党员直接经办和编辑。

任何中央或地方的出版物均不得刊载违背党的方针、政策和决定的文章。

三、劳工补习学校

作为组织产业工会的一个准备步骤，应在各种工业单位中成立劳工补习学校，例如运输劳工补习学校和纺织劳工补习学校等。除特别需要外，补习学校不得教授数种不同的行业。

唯有工人可任补习学校董事会董事，管理学校事务。教师由党聘请，但可列席董事会会议。

劳工补习学校应逐步成为劳工组织的核心，否则，不予批准，并可由党根据情况决定停办或改组。

所授学说，最重要的是应能唤醒劳工觉悟，并使其明了组织工会的必要。

四、劳工组织讲习所

讲习所应由各行业领导者、有阶级觉悟的工人和党内同志所组成，并应教授组织产业工人的正确方法。

讲习所目的在于训练从事我党实际工作的工人，以便使组织工会、协助无产阶级其他各种运动，以及调查各工会和无产阶级的状况诸方面受到特别重视。

为达到提高成员才能的目的，讲习所可按以下科目划分为研究小组：劳工运动史、组织工厂工人的方法、卡尔·马克思的经济理论、各国劳工运动的现状等。研究成果可顺序连续发表。（在讨论这些问题时，要特别注意中国的实际情况。）

五、对待现有政党的态度

对现有政党，应采取独立、进攻和排斥的态度。在反对军阀和官僚以及争取言论、出版和集会自由的政治斗争中，必须表示态度时，我党应坚定地代表无产阶级，并不得同其他政党或团体有任何关系。

六、党同第三国际的关系

中央机关每月应向第三国际汇报一次。如有必要，应向在伊尔库次克的第三国际远东书记处所在地派驻一名正式代表，并应向远东各国派出代表，以推进在阶级斗争中实现联合的计划。

▲ 在中国共产党第一次全国代表大会上通过的《中国共产党党纲》和《关于当前实际工作的决议》。

嘉兴南湖会议继续 7 月 30 日晚上被打断的议程。由于党纲和决议在 7 月 27 日至 29 日讨论过，因此，最后一天的会议比较顺利，通过了中国共产党第一个纲领和第一个决议。

中共一大确定党的名称为“中国共产党”。党的纲领是“革命军队必须与无产阶级一起推翻资本家阶级的政权”“承认无产阶级专政，直到阶级斗争结束”“消灭资本家私有制”，以及联合第三国家。大会通过的党的第一个决议规定，党在当前的“基本任务是成立产业工会”“党应在工会里灌输阶级斗争的精神”，要派党员到工会去工作。同时，大会决定暂不成立中央执行委员会，只设立中央局作为中央的临时领导机构。陈独秀为书记，李达、张国焘分管宣传和组织工作。

▲ 因会场受到暗探注意和法租界巡捕搜查，中国共产党第一次全国代表大会的最后一天会议被迫转移到浙江嘉兴南湖中一艘游船上举行。图为按当年模样仿造的游船，停在南湖上供瞻仰。

散会时，已是傍晚时分，嘉兴南湖的水面上雾霾沉沉，代表们匆匆离开嘉兴。由于中共一大是秘密举行的，在社会上并没有引起人们的注意。没有人会想到，一个全国仅 50 多名党员、赤手空拳的新成立的党，将带领中国人民建立一个崭新的新中国。

参考文献

1. 中共中央党史研究室：《中国共产党的九十年（新民主主义革命时期）》，中共党史出版社、党建读物出版社 2016 年版。

2.《建党以来重要文献选编（1921—1949）》第 1 册，中央文献出版社 2011 年版。

3. 中央文献研究室：《毛泽东传》，中央文献出版社 2011 年版。

1922 年

党的二大与
民主革命纲领的制定

中国共产党成立以后，革命实践要求它必须提出一个符合革命需求的纲领，领导全国人民进行斗争。这一任务便由中国共产党第二次全国代表大会来完成。

中国代表受到列宁亲切接见

第一次世界大战结束后，帝国主义列强逐渐从战争中走出来，经济逐渐复苏，进入了相对稳定期。于是，他们又开始加紧对中国的新一轮侵略。1921 年底至 1922 年初帝国主义列强召开的华盛顿会议，通过了《九国公约》，肯定了美国提出的“各国在华机会均等”和“中国门户开放”的原则。欧美列强企图通过这次会议遏制日本在中国的势力发展。在帝国主义势力的操纵下，中国又恢复到被几个帝国主义国家共同宰割的局面。

与此形成鲜明对比的是，1922 年 1 月，共产国际在莫斯科召开远东各国共产党及民族革命团体第一次代表大会，中国代表团派出 44 名代表出席大会。会议揭露了帝国主义国家利用华盛顿会议进行对外扩张的阴谋，广泛宣传了列宁关于民族和殖民地问题理论，提出共产国际对殖民地半殖民地的策略由建立无产阶级专政、反对一切资产阶级，转变为建立反帝反封建、各阶级联合的统一战线。

会议期间，出于对中国革命和朝鲜革命的关心，列宁抱病接见了中国共产党代表张国焘、国民党代表张秋白、工人运动代表邓培以及朝鲜代表金奎植。

据张国焘回忆：列宁“出现时朴实无华，毫无做作，完全是个普通人，很像中国乡村中的教书先生，绝对看不出是手握大权的革命最高领袖”。经过专人的一番介绍后，谈话便在轻松的气氛中开始了。

列宁向国民党代表张秋白询问，中国国民党和中国共产党是否可以合作。张秋白立即表示，国共两党一定可以很好地合作。随后，列宁又问了张国焘同样的问题，并向张国焘了解一些中国的情况。张国焘简单地告诉列宁，在中国民族和民主的革命中，国共两党应当密切合作，而且可以合作；又指出在两党的合作中可能发生若干困难，不过这些困难相信是可以克服的；中国共产党刚成立不久，正在学习着进行各项工作，当努力促进各反帝国主义的革命势力的团结。

列宁听了张国焘的回答后，似乎很满意，并没有继续问下去。临别时，列宁紧紧握住工人领袖邓培的手，请张国焘给邓培翻译一段话："铁路工人运动是很重要的，在俄国革命中，铁路工人起过重大作用；在未来的中国革命中，他们也一定会起同样的或者更重大的作用。"邓培听完张口大笑，点头不已。列宁也露出了欣慰的笑容。

远东各国共产党及民族革命团体第一次代表大会根据列宁关于民族和殖民地问题理论与共产国际三大精神，提出"中国共产党当前的第一件事便是把中国从外国的羁轭下解放出来，把督军打倒"，创立一个民主主义的共和国，这对后来中国共产党制定民主革命纲领起了重要的指导作用。张国焘返回中国后，将这次远东大会的会议精神传达到国内。

首次发表对中国时局的主张

在帝国主义列强争相掠夺中国的同时，国内形势对中国发展也十分不利。军阀混战的局面愈演愈烈，南北大小军阀割地而治。北京政府（又称北洋政府）失去了驾驭全局的能力，整个国家实际上已经分崩离析。

北洋时期，一般指 1912 年 1 月 1 日中华民国成立至 1928 年东北易帜。袁世凯去世后，各个将领互相不服，揭开了军阀割据时代。北洋时期打仗是家常便饭，“一年三小仗，三年一大仗”是社会的真实写照，不仅军阀之间存在内部争斗，列强势力也渗透其中，各自培养自己的代言人。

以段祺瑞为首的皖系军阀由日本支持，以冯国璋、曹锟、吴佩孚为首的直系军阀由英美支持，以张作霖为首的奉系军阀由日本支持。1916 年以后，北京政府被皖系军阀控制。1920 年 7 月，直系联合奉系军阀发动直皖战争，控制了中央政权。日本为了夺回控制权，极力扶植奉系军阀，但是奉军在 1922 年发生的第一次直奉战争中溃败。在第二次直奉战争之前，北京政府政权一直由直系军阀独霸。

直系军阀进入北京后，主张武力统一中国，各省地方军阀为了自身利益则要求“自治”或“联省自治”。南方革命阵营方面，孙中山积极准备反对北洋军阀的北伐，但是来自其革命阵营内部的粤军总司令陈炯明主张“联省自治”，反对孙中山北伐并公开叛变。孙中山第二次建立革命政权的尝试再告失败，他在巨大打击中不得不重新思索革命出路，寻找新的同盟者。

1922 年 6 月 15 日，中共中央在客观分析了中国实际情形后，发表了《中国共产党对于时局的主张》。这是中国共产党首次公开表明政治态度，全文 6363 字，据说由陈独秀亲自动手起草。

文件着重指出："要解决纠纷的时局，必须由历年许多纠纷的事件里面分析出纠纷的共通病根所在然后才能够找出到真能解决纠纷的道路。"从民国元年（1912）到民国 11 年（1922）间，我国发生了七次战争，前五次是民主派和北洋军阀之理想及势力冲突，后两次是军阀内讧，这两种纠纷的共通病根就是军阀存在。

那么，究竟怎么做才能使军阀覆灭并建设民主政治呢？在无产阶级未能获得政权以前，根据当时中国政治经济的现状以及历史进程，中国共产党的方法是："邀请国民党等革命的民主派及革命的社会主义各团体开一个联席会议"，"共同建立一个民主主义的联合战线，向封建式的军阀继续战争"。

"一个政党的纲领就是一面旗帜"

中共一大制定了党的最高纲领，即建立共产主义，但是没有明确革命的性质、对象和动力。为了解决这一首要问题，1922 年 7 月 16 日至 23 日，中国共产党第二次全国代表大会在上海召开。12 人代表全国 195 名党员出席了此次大会。

▸ 1922 年 7 月 16 日至 23 日，中国共产党第二次全国代表大会在上海英租界召开。大会制定了党的最低纲领和最高纲领，通过了《中国共产党章程》并选举了新的中央领导机构，同时决定出版党中央机关刊物《向导》周报。党成立不过一年，就第一次提出了明确的反帝反封建的民主革命纲领，并使这个纲领很快传播开来，“打倒列强，除军阀”成为广大群众的共同呼声。这说明只有用马克思主义武装起来的中国共产党才能为中国革命指引方向。图为中共二大会址之一——上海南成都路辅德里 625 号（今老成都北路 7 弄 30 号）。

中央局书记陈独秀主持会议，代表中央局向大会作了过去一年党的工作报告。张国焘向大会介绍了远东各国共产党和民族革命团体第一次代表大会的经过，并简要报告了 1922 年 5 月 1 日至 6 日在广州召开的第一次全国劳动大会的情况。青年团中央代表施存统对社会主义青年团第一次全国代表大会的情况作了报告。鉴于中共一大地址被暴露的教训，代表们用一整天时间听取了这些报告，决定随后几天以分组的形式讨论这些报告，以免引起他人注意。

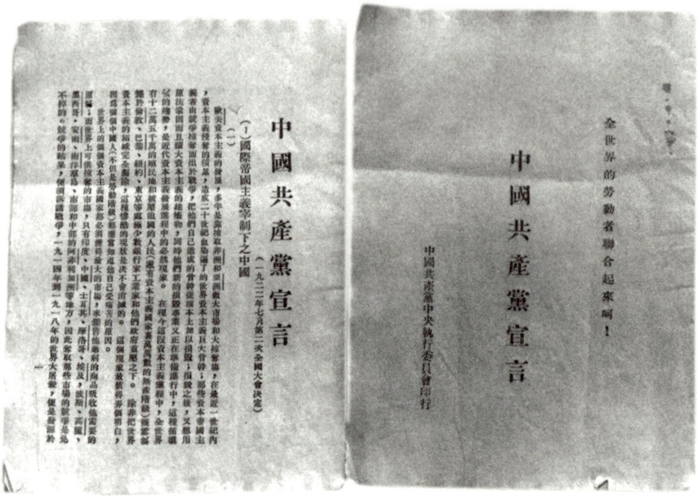
中國共產黨宣言
(一九二二年七月第二次全國大會決定)
(一)國際帝國主義宰制下之中國

全世界的勞動者聯合起來啊!
中國共產黨宣言
中國共產黨中央執行委員會印行

▲ 中国共产党第二次全国代表大会批评了当时资产阶级的各种改良主义思想，指出了中国人民当前的基本任务，提出了真正革命的民主主义口号。图为大会通过的《中国共产党宣言》。

会议的中心内容，是在当前历史条件下究竟制定什么样的纲领。虽然在大会召开之前，《中国共产党对于时局的主张》的发表对这一问题有了初步的阐释，但是代表们认为还需要进一步修改和完善。于是，大会决定起草《中国共产党第二次全国代表大会宣言》，这项工作交由陈独秀、蔡和森和张国焘三人组成的宣言起草委员会来完成。

7 月 23 日，中共二大在法租界的另一处地方再次举行全体会议，顺利通过《中国共产党第二次全国代表大会宣言》。宣言客观地分析了国内外形势，揭示了中国半殖民地半封建的社会性质，着重指出："各种事实证明，加给中国人民（无论是资产阶级、工人或农民）最大的痛苦的是资本帝国主义和军阀官僚的封建势力，因此反对那两种势力的民主主义的革命运动是极有意义的。"

为了指明中国革命的方向，中共二大宣言确定了党的最高和最低纲领：中国共产党的最高纲领是“组织无产阶级，用阶级斗争的手段，建立劳农专政的政治，铲除私有财产制度，渐次达到一个共产主义的社会”。最低纲领是消除内乱，打倒军阀，建设国内和平；推翻国际帝国主义的压迫，达到中华民族完全独立；统一中国为真正的民主共和国。

“一个政党的纲领就是一面旗帜。”这是中国共产党第一次提出明确的反帝反封建的民主革命纲领，提出先进行民主革命再进行社会主义革命的战略方针。此时，中国共产党已是一个具备完整革命纲领和明确奋斗目标的无产阶级政党，中国共产党创建工作基本完成。

参考文献

1.《共产国际、联共（布）与中国革命档案资料丛书》第 2 卷，北京图书馆出版社 1997 年版。
2. 李忠杰、段东升主编：《中国共产党第二次全国代表大会档案文献选编》，中共党史出版社 2014 年版。
3. 张国焘：《我的回忆》，东方出版社 2004 年版。
4. 姚金果：《解密档案中的陈独秀》，东方出版社 2011 年版。

1923 年

京汉铁路大罢工

“大道至简，实干为要。”中国共产党一成立，就把领导、组织和推进工人运动作为中心工作。以 1922 年 1 月香港海员罢工为起点，以 1923 年 2 月京汉铁路工人大罢工为终点，仅仅 13 个月，全国先后爆发罢工斗争达 100 多次，涉及人数 30 多万，充分显示了中国工人阶级的革命性和战斗力。

中国劳动组合书记部成立

1921 年 8 月 11 日，上海公共租界新闸路北成都路 19 号（现在的成都北路 899 号）的门前挂出了一块木牌，上面标着“中国劳动组合书记部”几个字样。许多在附近工厂上班的工人进进出出，利用下班时间到这里学习。路过的行人心生疑惑：这里究竟是个什么地方呢?

中共一大通过的第一个决议共有六项内容，其中有三项是关于工人阶级和工会工作的，包括工人组织、工人学校和工会组织的研究机构。为了广泛开展全国工人运动，需要有一个公开的做职工运动的总机关。承担这一职能的中国劳动组合书记部便在上海成立了。书记部主任先后由张国

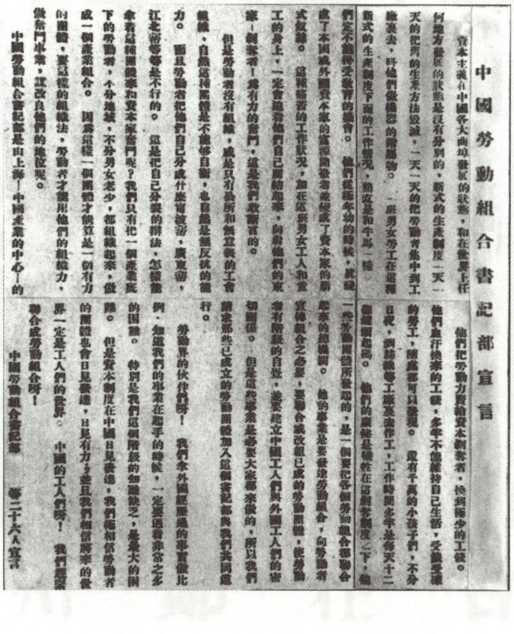
中國勞動組合書記部宣言

▸ 党成立后致力于组织领导工人运动，1921 年 8 月成立公开做职工运动的总机关——中国劳动组合书记部。书记部出版《劳动周刊》，举办工人学校，组织产业工会，开展罢工运动。图为《中国劳动组合书记部宣言》。

焘和邓中夏担任，秘书为李启汉，《劳动周刊》为指导工人运动的机关刊物。随后，在北京、长沙、武汉、广州等地建立了分部，工人运动的火种迅速地撒向了全国。

在从事工人运动的过程中，中国共产党所面临的局面十分复杂。国民党、官僚政客、资本家以及无政府主义者等各种政治势力渗透到工人中展开活动，建立了各类工人团体，仅上海一地就有 40 多个。

封建性的帮口在工人中影响也很严重。在上海，离乡背井的工人为了免受他人欺负，自发形成了以地域为划分的帮口，比如宁波帮、安徽帮、湖北帮等，这对组织工人成立工会有很大的阻碍。

帝国主义者、军阀势力密切监视工人活动，工人群众没有集会结社的自由，各地的劳动组合书记部不得不开展秘密活动，但是也尽可能使合法斗争和秘密斗争相结合，帮助工人组织起来。书记部大多以开展平民教育的名义，举办工人补习学校，向工人们讲授罢工知识、灌输革命思想，在办好工人学校的基础上，逐步组织产业工会。

1921 年 10 月，长辛店铁路工人会改组为京汉铁路长辛店工人俱乐部。俱乐部这种方式，政治色彩相对较淡，可以减少一定的摩擦。长辛店工人俱乐部建立之后，根据当时工人存在的最迫切的要求和生计问题，列出了 12 条斗争要求。这些要求实实在在关乎着工人切身利益，一时间赢得了许多工人的信任。很快，京汉铁路自北而南的各站陆续成立了工人俱乐部。

1922 年 5 月，中国劳动组合书记部在广东机器总礼堂召开了第一次全国劳动大会。这次大会通过了中国共产党提出的“打倒帝国主义”“打倒军阀”等政治口号，以及“八小时工作制”“罢工援助”“工会组织”等决议案，并决定在全国总工会成立之前，中国劳动组合书记部为全国工运总通讯机关，引导工人阶级开始走向全国团结的道路。

长辛店八月罢工风暴

1922 年，中国劳动组合书记部总部遭上海租界巡捕房查封。为了满足工人运动第一次高潮的需要，书记部总部从上海迁往北京，就近指挥北方的铁路工人运动。邓中夏担任书记部主任一职，在长辛店领导铁路工人运动。

邓中夏对长辛店的情况十分熟悉，早在 1920 年，他就领导长辛店的铁路工人开办劳动补习学校，从工人中发展党员。他到长辛店之后，便和工人俱乐部委员长史文彬商议，决定给工人出一个题目：工人最大的痛苦是什么？希望怎样解决？

这个问题一提出来，工人们就把积压在心中多年的怒火一下子迸发出来了。根据广大工人的迫切要求，邓中夏归纳为开除恶霸工头、临时工改长期工、给工人盖宿舍、承认俱乐部有代表工人的权利、全路每人每天加一毛工钱等 9 项要求，以长辛店工人俱乐部的名义向京汉铁路局递交呈文。

呈文送去一个多月，京汉铁路局迟迟不给答复。工人俱乐部便给京汉铁路局局长赵继贤下最后通牒，如果 24 小时内不答复，工人们就要罢工！

8 月 23 日夜晚，长辛店工人俱乐部灯火通明，工人们始终没能等来答复。邓中夏穿着一身褪色的布衫，站在人堆里喊着："伙友们，上边到现在还不答复我们的条件，为了达到我们的要求，明天，我们就要开始大罢工了！"他扬着拳头喊："这次罢工，不单为了我们长辛店 3000 多工人，更重要的，是为了全京汉路两万多工人的利益。因此，我们一定要团结，一定要争取最后的胜利！"

会后，罢工委员会成立，检查了一切罢工前的准备工作。史文彬给工人纠察队（又称"敢死队"）、讲演团、调查团安排任务，誓死不让一列火车通过长辛店。

8 月 24 日的早晨，伴随着凄厉的汽笛声，长辛店工人罢工开始了。一面写着"纠察队"的大旗插在长辛店车站上，工人俱乐部纠察队迅速占领车站，拦截南来北往的火车，整个长辛店火车站陷入一片瘫痪状态。尽管当局派出

▲邓中夏（1894—1933），湖南宜章人，中国共产党最早的党员之一。从 1920 年 4 月起，邓中夏长期在北京长辛店从事工人运动，主办工人劳动补习学校，建立工会，为北方工人运动培养了大批骨干力量。1925 年中华全国总工会成立后，他任秘书长兼宣传部部长，留在广州工作，不久参与组织和领导了著名的省港大罢工。

军队镇压，但是工人们毫不畏惧。京汉铁路中段、南段的郑州、彰德、新乡等站积极响应，相继罢工。京绥、京奉、正太、津浦各路工人代表，也都来到长辛店表示慰问，并决定三天内铁路局不作答复，便也用罢工表示抗议。

经过两天的罢工斗争，军阀政府担心罢工无限期地拖下去，不仅会造成铁路阻塞而且会妨碍运兵，在经济上蒙受巨大损失，只好接受工人们提出的条件。

这次罢工取得了全面的胜利，不仅仅是长辛店，整个京汉铁路两万多名工人都增加了工资。在复工后开往武汉的第一辆火车上，一面“庆祝长辛店罢工胜利”的大旗随着列车一路奔向汉口，这也预示着在党的领导下，工人阶级的力量日益壮大。

“没有总工会的命令，决不复工”

工人斗争的实践教育了工人，使他们进一步认识到统一起来战胜敌人的重要性。1923 年 1 月 5 日，京汉铁路总工会第三次筹备会议在郑州召开。会议认为，建立总工会的条件已经成熟，决定于 2 月 1 日在郑州召开成立大会。

直系军阀首领吴佩孚听说这一消息后惊慌不已。根据《中华民国临

▲ 1923 年 2 月 4 日爆发的京汉铁路工人大罢工，目的是争取成立京汉铁路总工会。7 日，在帝国主义支持下，军阀吴佩孚调动警察血腥镇压罢工工人。二七惨案中，前后牺牲者 52 人，受伤者 300 余人，被捕入狱者 40 余人，被开除流亡者 1000 余人。此后，全国工人运动转入低潮。图为京汉铁路总工会召开成立大会时全体代表合影。

时约法》和吴佩孚 1921 年“保护劳工”的政治主张，京汉铁路总工会召开成立大会是合法的。但是，“保护劳工”只是吴佩孚在第一次直奉战争之后用来收买人心的幌子。京汉铁路是他重要的收入来源，又是他推行武力统一中国政策的重要军事交通线。因此，这条铁路直接威胁到他的切身利益。

于是，吴佩孚撕下“保护劳工”的假面具，下令对总工会的成立采取“预为防范，设法制止”的措施。2 月 1 日，大批荷枪实弹的军警严密地包围了会场，强行解散会议。在武力高压之下，总工会成立大会被迫中断。

当晚，总工会召开秘密会议，决定于 2 月 4 日发动全路总罢工，号召全路工人“为争自由而战，为争人权而战”。4 日当天，郑州 9 时、江岸 10 时、长辛店 11 时一阵阵汽笛声响彻云霄，仅仅数小时纵贯华北、华中的交通大动脉全线瘫痪！

这次大罢工的重点是江岸地区。上午 10 时，江岸分工会委员长林祥谦（共产党员）下达了江岸站铁路工人罢工的命令，随着火车司机黄正兴的一声笛鸣，工人们立即投入行动当中。铁路工人们关闭电门，切断电线，熄灭锅炉……纠察队员负责维持治安秩序；调查团刺探敌情，在四周放哨；宣传队到各地散发传单，获取群众支持。

5 日早晨，吴佩孚秘密下令要严厉处置罢工。京汉铁路局局长赵继贤发出布告，命令工人们在 12 小时内复工，否则就严加惩办。但是，工人们“没有总工会的命令，决不复工”！

京汉铁路工人大罢工不仅轰动全国，也让帝国主义列强感到十分震惊。帝国主义驻北京公使团召开紧急会议，向北京政府提出严重警告，怂恿北京政府立即采取武力手段镇压罢工。在帝国主义的支持与压力下，吴佩孚对京汉铁路工人实行血腥屠杀。

6 日夜里，军警对长辛店开始大搜捕，逮捕了史文彬、吴汝铭等 11 人。7 日，纠察队率领手无寸铁的 3000 多名工人，要求释放被捕的工人，但被军警们野蛮镇压。工人们在枪林弹雨中毫不退缩，纠察队副队长葛树贵等人当场英勇牺牲，28 人负伤，32 人被逮捕。

◂ 林祥谦（1892—1923），福建闽侯人。二七惨案中，反动派将京汉铁路总工会江岸分会委员长、共产党员林祥谦捆绑在电线杆上，强迫他下复工令。林祥谦宁死不屈，壮烈牺牲。

▸ 施洋（1889—1923），湖北竹山人。二七惨案中，京汉铁路总工会法律顾问、共产党员施洋被杀害时，身中三弹仍引吭三呼“劳工万岁”。

同一天，汉口江岸、郑州等地工人也遭到残酷镇压，直系军阀制造了举世震惊的二七惨案。晚上，汉口天降大雪，反动军警把京汉铁路总工会江汉分会委员长、共产党员林祥谦绑在电线杆上，让他下令复工。林祥谦断然拒绝，最终惨死在敌人的屠刀下。牺牲前，年仅 31 岁的林祥谦毫不畏惧地高呼："我头可断，工不可复！"

几天后，著名劳工律师、中国共产党员施洋也遭到逮捕。34 岁的施洋，临死前大义凛然地说："你们杀了我一个施洋，还有千百个施洋！"

二七惨案中，京汉铁路牺牲者 52 人，受伤者 300 多人，被工厂开除而流亡在外的有 1000 多人，全国工人运动暂时转入低潮。大罢工坚持到 2 月 9 日，为了保存革命力量，京汉铁路总工会和湖北省工团联合会下令复工。

京汉铁路工人大罢工使全国第一次工人运动高潮达到顶点，虽然以失败告终，但这是中国共产党建党初期所领导的一场声势浩大的反帝反封建革命运动，在中国工人运动和中国人民革命史上，具有非常深远的历史意义。

参考文献

1. 金士宣、徐文述编：《中国铁路发展（1876—1949）》，中国铁道出版社 1986 年版。
2. 中共北京市委党史研究室：《中国共产党北京历史》第 1 卷，北京出版社 2011 年版。
3.《邓中夏全集》，人民出版社 2014 年版。

1924 年

第一次
国共合作

1924 年至 1927 年，一场轰轰烈烈的民族民主革命，以不可阻挡之势席卷全国。人们将这场声势浩大的革命运动称为“大革命”。第一次国共合作的形成，正是引导和推动这场运动的主导因素。

共产国际寻找政治同盟

一开始，共产国际采取的政策并不是联合孙中山和国民党，而是联合吴佩孚、陈炯明，疏远孙中山。共产国际最初的选择为何是吴佩孚、陈炯明呢？实际上，共产国际主要是被假象所迷惑。

1920 年，中国政局发生了很大的变化。直系军阀吴佩孚打败了皖系军阀段祺瑞，掌握北京政府大权。为了与苏俄政府改善关系，吴佩孚假装进步，同意接纳远东共和国的优林使团到北京，并且取消了段祺瑞政府与日本签订的反对苏俄的《中日陆军共同防敌军事协定》。吴佩孚还主张劳动立法和保护劳工，更加博得了共产国际的好感。

在与吴佩孚接触的同时，共产国际也曾打算联合陈炯明。1918 年，陈炯明率援粤闽军击败闽督李厚基，建立西南护法区。1919 年底，陈炯明标榜社会主义，拥护十月革命，在《闽星报》上赞扬俄国十月革命。当时，共产国际认为，与其支持孙中山这样的“理想家和脱离实际的人”，不如支持真正的实力派。

共产国际还出于对苏俄民族利益的考虑，希望在中国寻找一个政治同盟者，以实现中俄睦邻友好的关系。共产国际错误地估计吴、陈就是合适的人选。但是，这二人很快露出了真面目。

陈炯明于 1922 年 6 月背叛孙中山，炮击观音山孙中山住所越秀楼，在广州公开发动武装叛乱。他以实际行动表明了与中国民主革命派的对立。从此，陈炯明的名字在共产国际的结盟候选人中被划掉。

与吴佩孚的结盟事宜也遭遇“滑铁卢”。直系军阀控制的北京政府先是参加了华盛顿会议、与苏俄在外蒙和中东铁路问题上僵持，之后又镇压京汉铁路工人大罢工，“使苏俄外交人民委员会和共产国际的某些人感到很难堪”。

经过曲折历程和血的代价，共产国际越来越倾向于孙中山。孙中山在经历陈炯明叛变事件后，也不得不重新思索新的革命道路。为了取得更广泛的支持，孙中山与苏俄代表越飞协商，于 1923 年 1 月发表了《孙文越飞联合宣言》，公开确立国民党的联俄政策。此后，他的联俄、联共、扶助农工的三大政策逐渐形成。

同月，越飞给共产国际领导人的信中这样写道：不管怎样，业已改变的局势和吴佩孚的实际状况使他对俄国的态度有所恶化。我本人将利用自己的一切影响，使吴佩孚和我们的关系不致破裂，但是我认为，如果我们不得不在吴佩孚与孙中山之间作出抉择的话，那么无疑我们要选择后者。

以 5 票优势通过议决案

从中共一大“只维护无产阶级的利益，不同其他党派建立任何关系”，到中共三大决定共产党以个人身份加入国民党，这是中国共产党对中国革

▲ 1923 年 6 月，中国共产党第三次全国代表大会在广州举行。党的三大正确估计了孙中山的革命立场和国民党进行改组的可能性，决定共产党员以个人身份加入国民党，以实现国共合作。明确规定共产党员加入国民党时，党必须在政治上、思想上、组织上保持自己的独立性。图为中共三大会址——广州东山恤孤院路后街 31 号（今恤孤院路 3 号）。

命重要问题认识上的一个重大飞跃。在对国共合作的形式的认同和推动过程中，中国共产党经历了一段复杂的心路历程。

1923 年 6 月 12 日至 20 日，中共三大在广州召开。此次大会的中心议题是讨论与国民党合作、建立革命统一战线的问题。会前，共产国际代表马林事先找各地代表谈话，主要是交代和解释国共合作的必要性。

虽然马林在会前做了许多准备工作，但是在讨论中还是出现了两派截然相反的意见。一派以马林、陈独秀为代表，主张共产党员应全体加入国民党。另一派以张国焘、蔡和森为代表，反对全体共产党员加入国民党，尤其反对在工人群众中发展国民党组织。

根据共产国际的指示，马林、陈独秀认为应该加入国民党，因为共产党和无产阶级现在都很幼弱，还没有形成一个独立的社会力量，所以要做工人运动只有加入国民党。瞿秋白、张太雷等人赞成这一观点。瞿秋白认为："如果我们——作为唯一革命的无产阶级，不去参加国民党，后者就势将寻求军阀、资产阶级和帝国主义的帮助。"

然而，张国焘、蔡和森等人虽然承认反帝反封建的国民革命是中国革命的重要任务，但是认为共产党有它的特殊任务，即领导工人运动，同资产阶级作斗争，这两个任务同等重要，应当同时进行。他们反对全体党员特别是产业工人加入国民党，认为这样做会取消共产党的独立性，把工人运动送给国民党。虽然他们强调独立性，但是脱离了建立联合战线的任务，势必会导致共产党的孤立。

张国焘甚至说："也许我们是错误的，但我们宁可保持'左'，'左'的错误比右的错误容易改正，希望这次会议通过一个略'左'一点的决议。"

蔡和森也是反对派的"代言人"。他与妻子向警予同为与会代表，但是在国共合作问题上存有分歧。他的发言遭到妻子强烈反对，他们从会上争论到会下，散会后到住处还在争论，同住春园的毛泽东还曾跑来劝架。

在中共三大上，毛泽东多次发言主张国共合作，表现十分活跃。他认为："在中国，资产阶级革命行不通。所有反帝运动都是由饥寒交迫者而不是由资产阶级发动的。""我们不应该害怕加入国民党。"

这个问题争论得很激烈，一个多星期的会议，大部分时间是辩论这个问题。最后，《关于国民运动及国民党问题的议决案》在大会上进行表决，仅以 21 票赞成、16 票反对的 5 票优势通过。

中共三大提出党在现阶段应该以国民革命运动为中心任务，决定同国民党的联合战线采取党内合作的形式，共产党员应加入国民党。值得一提的是，在中共三大上，毛泽东被选入中央局，并担任秘书，这是毛泽东第一次进入党的中央领导核心层。

国民党第一次代表大会召开

中共三大后，国共合作的步伐大大加快。在中共的帮助下，国民党也基本完成改组工作，孙中山提出改组的方法是"以俄为师"，国共两党合作的基础基本形成，召开大会的时机业已成熟。

1924 年 1 月 20 日，国民党第一次全国代表大会在广州召开。大会由孙中山主持，共产党人李大钊、谭平山、林伯渠、张国焘、瞿秋白、毛泽东等 20 多名党员出席此次会议，李大钊被孙中山指定为大会主席团成

▲ 1924 年 1 月，中国国民党第一次全国代表大会在广州举行。国民党一大审议通过《中国国民党第一次全国代表大会宣言》，对三民主义作出新解释，即“新三民主义”。在民族主义中突出反对帝国主义的内容，民权主义中强调民主权利应为“一般平民所共有”，民生主义则以“平均地权”“节制资本”为两大原则。国民党一大事实上确立了联俄、联共、扶助农工的三大革命政策，标志着第一次国共合作正式形成。图为国民党一大会场。

▲ 孙中山（前排中）、瞿秋白（后排左三）等在国民党一大期间的合影。

员。这是中国国民党自成立以来第一次召开这样的大会，也是国共两党第一次携手合作的盛会。

大会审议了《一大宣言草案》，这个草案是在共产党人帮助下完成的，接受了中国共产党反帝、反封建的民主革命纲领，重新解释了三民主义；确定了联俄、联共、扶助农工的三大政策，从而把孙中山历来提倡的三民主义发展为新三民主义。尽管孙中山对于改组国民党的想法是坚定的，但是国民党内部成分复杂，一部分人仍持有怀疑和否定的态度。大会上风云翻滚，隐含着一股与合作相斥的不和谐氛围。

1 月 28 日上午，大会讨论《中国国民党章程草案》，提出允许中共党员以个人身份加入国民党，成为跨党党员。广州代表国民党右派分子方瑞麟提出："本党党员不得加入他党应有明文规定，主张在第一章第二条之后增加一条，文为'本党党员不得加入他党'。"现场有 10 多人表示赞成这一观点。

李大钊驳斥了这一观点，并作了即席发言："我们加入本党，是几经研究再四审慎而始加入的，不是胡里胡涂混进来的，是想为国民革命运动而有所贡献于本党的，不是为个人的私利与夫团体的取巧而有所攘窃于本党的。"

李大钊的发言得到了国民党元老廖仲恺、胡汉民等人的支持。在大会氛围有利于国共合作的情况下，第 39 号席上的湖南代表毛泽东立即提出"主张停止讨论，即付表决"，结果方瑞麟的提案被否决。

大会选举出中国国民党中央执行委员会。共产党员李大钊、谭平山、

于树德、毛泽东、瞿秋白、林祖涵等 10 人被选为中央执行委员和候补委员，约占总数的 1/4。甚至国民党的一些要害机关负责人由共产党人任职，如谭平山任组织部部长、林祖涵任农民部部长、毛泽东任宣传部代理部长。

国民党一大的召开在事实上确立了联俄、联共、扶助农工的三大革命政策，标志着第一次国共合作的正式形成。

▲ 中国共产党人帮助国民党各级党部进行改组。图为 1924 年 5 月，国民党上海执行部毛泽东（后排左二）、恽代英（后排左八）、邓中夏（前排左一）、向警予（前排右一）、王荷波（中排左五）、沈泽民（后排左四）等部分成员在孙中山寓所合影。

参 考 文 献

1.《共产国际、联共（布）与中国革命档案资料丛书》第 1 卷，北京图书馆出版社 1997 年版。

2. 李玉贞：《马林传》，中央编译出版社 2002 年版。

3. 姚金果：《解密档案中的孙中山》，东方出版社 2011 年版。

1925 年

五卅运动

五卅运动是中国共产党领导下的一次空前而伟大的群众性反帝爱国运动。这场运动的发生并非偶然，是长期郁积在中国人民胸中对西方侵略者不满怒火的一次大爆发。此后，中国革命高潮一泻千里。

▲ 1925 年 1 月，中国共产党第四次全国代表大会在上海举行。党的四大提出了无产阶级在民主革命中的领导权问题，提出了工农联盟问题，对民主革命的内容作了更加完整的规定。党的四大决定在全国范围内加强党的组织建设，扩大党员的数量，巩固党的纪律，明确规定以支部作为党的基本组织，并对党章进行了修改，对支部建设提出具体要求，规定三名党员即可成立党支部。图为中国共产党第四次全国代表大会史料陈列馆外景。

震惊中外的五卅惨案

1925 年 1 月，中共四大提出了无产阶级在民主革命中的领导权问题，提出了工农联盟问题，对民主革命的内容作了更加完整的规定。革命群众运动，特别是工人阶级反帝斗争得到迅猛发展。据不完全统计，截至 1925 年 5 月，在中共领导和影响下的工会已经达 160 多个，有组织的工人约 54 万人。

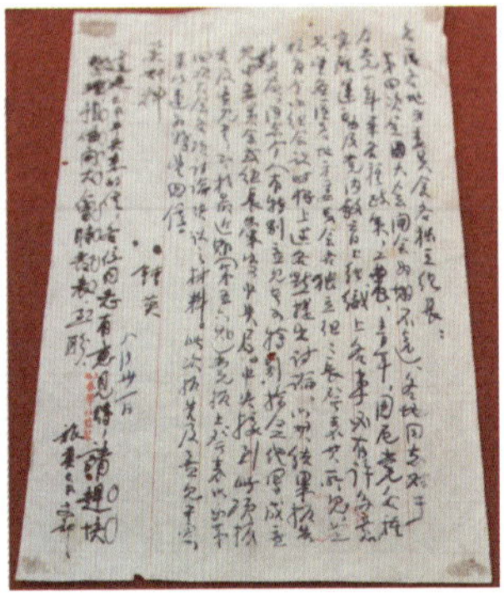

◀ 中国共产党第四次全国代表大会史料陈列馆馆内陈列的一份中共中央关于召开四大的通知的仿真件。

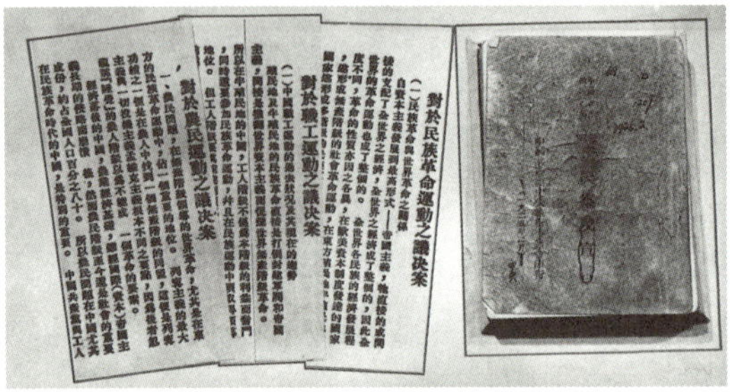

▲ 中共四大宣言和决议案。

上海是中国最大的工业城市，也是中国产业工人最集中的地方。工人们长期遭到英国、日本等帝国主义列强的残酷剥削，虽然有诸多不满，但是为了获得生活来源，只能忍辱负重。

1925 年 2 月，日商内外棉第八厂的工人被日本工头殴辱，工人们怒不可遏，与资本家理论。然而，50 多名工人被开除，之后又有 6 名工人被捕，全厂工人们按捺不住怒火，决定实行罢工。这次罢工迅速蔓延到其他日资工厂，日商迫于压力，同意不再打骂工人、不无故开除工人，并发还工人的储蓄金、每周二发放工资，工人们的斗争取得了胜利。

此次风波刚告一段落，日商不遵守承诺，继续打骂工人。5 月 15 日，日商第七厂厂主以无纱为由，不允许工人进厂上工。不能上工，意味着工人将衣食无着。共产党员顾正红带领工人冲进工厂要求复工，但是日本商家朝工人开枪射击，打死了顾正红。

在中国土地上，外国人竟然可以公然对中国公民进行枪杀而不受惩

▲ 1925 年 5 月 15 日，上海内外棉七厂日本资本家枪杀工人、共产党员顾正红。30 日，在中国共产党领导和发动下，上海工人和学生举行街头宣传和示威游行，租界英国巡捕在南京路上突然开枪，打死学生、工人等 13 人，伤者不计其数。这就是震惊全国的五卅惨案。图为 1925 年上海市民大会演讲台之侧面。

罚，中国人是绝对不能容忍的。中共中央和上海党组织一起召开紧急会议，决定发动学生和工人于 30 日到租界内举行大规模的反帝示威活动。

5 月 30 日，群情激愤的青年学子提出“上海是中国人的上海”等口号，在街头宣传和示威游行。英国巡捕抓捕学生，上海大学学生被捕 130 多人。下午 3 时，英国巡捕在南京路上突然开枪，向密集的群众射击，13 人当场死亡。这就是震惊全国的五卅惨案。

全上海乃至全中国人民的怒火一下子喷发出来，形成工人罢工、学生罢课、商人罢市的局面。为了加强对运动的领导，中共中央决定成立专门机构。6 月 1 日，成立了由李立三任委员长的上海总工会，同时成立具

▲ 以五卅惨案为导火线，反对帝国主义的民族运动浪潮，以不可遏止的浩大声势迅速席卷全国，这就是五卅运动。党中央决定成立上海总工会，成立上海工商学联合会，加强对运动的领导。图为五卅运动爆发时上海总工会的游行队伍。

有联合战线性质的上海工商学联合委员会，作为运动的公开指导机关。

6 月 11 日，上海举行群众大会，到会的有 20 多万人。在中国共产党的领导和推动下，五卅运动的狂飙迅速席卷全国，各阶层广大群众积极参加反帝爱国运动。北京、广州、南京、重庆、天津、青岛、汉口等几十个大中城市和唐山、焦作、水口山等矿区，都举行成千上万人的集会、游行和罢工、罢课、罢市。汉口参加游行示威的群众行至公共租界时，英国水兵开枪射击，打死数十人，重伤 30 余人。汉口惨案进一步激起全国民众的愤怒。

五卅运动期间，各地约有 1700 万人直接参加运动，从通商都市到偏僻乡镇，到处响起“打倒帝国主义”“废除不平等条约”“撤退外国驻华的海陆空军”“为死难同胞报仇”的怒吼声。反对帝国主义的民族运动浪潮，以不可遏制的浩大声势迅速席卷全国。

《热血日报》令人热血沸腾

五卅惨案后，一份通俗的政治性小型报纸横空出世。它强调宣传“公理”，正如瞿秋白指出：“哪有公理？只有热血！”这份报纸的名字即由此而来。这是中国共产党在五卅运动中创办的一份日报，也是中国共产党创办的第一份日报。

1925 年 6 月 4 日，第一期《热血日报》出版。在创刊号上，瞿秋白庄严地宣告：“现在全上海市民的热血，已被外人的枪弹烧得沸腾到顶点了”，“现世界强者占有冷的铁，而我们弱者只有热的血，然而我们心中果然有热的血，不愁将来手中没有冷的铁，热的血一旦得着冷的铁，便是强者之末运”。冷的铁，即武器，革命者一旦掌握了武器，建立了革命的武装，帝国主义和军阀势力等所谓的强者会被打倒。这就是共产党人的战斗姿态。

6 月 5 日，中共中央决定公开发表《为反抗帝国主义野蛮残暴的大屠杀告全国民众书》，呼唤人民爱国热情，号召被压迫各阶级团结起来，推翻帝国主义的革命思想。当天，《热血日报》立即根据这一重要文件的精神，发表了《外人屠杀政策之下反抗运动方针》，这篇极具指导性的文章为五卅运动的发展指明了方向。

《热血日报》除社论外，还辟有《外人铁蹄下的上海》《紧要消息》《本埠要闻》《国内要闻》《国外要闻》《舆论之批评》等专栏，并有《呼声》副刊。该报紧密配合五卅运动发展的形势，广泛报道五卅运动在上海和全国各地引起的怒潮，批判各种卖国行径，系统地宣传党的政策、策略，同时迅速地把各阶层的动向、人民大众的呼声和各地声援斗争的情况，传达给社会各界群众，真正起到“民之喉舌”“党之号角”的作用。

6 月 27 日，《热血日报》被反动派查封停刊，共出版 24 期。这份报纸虽然存在的时间很短，但是它成为我党领导人民向帝国主义及北洋军阀反动统治反抗的锐利武器。

省港大罢工

为了声援上海人民五卅反帝爱国运动，1925 年 6 月至 1926 年 10 月，广州和香港爆发了规模宏大的省港大罢工。这次大罢工是五卅运动的重要组成部分。

▲ 省港大罢工自 1925 年 6 月起至 1926 年 10 月止，沉重打击了帝国主义势力，对支援北伐战争和推动国内革命形势的发展作出了重大贡献。图为省港大罢工工人纠察队。

早在 1925 年 5 月初，中华全国总工会宣告正式成立。从执行委员会组成来看，中国共产党对中华全国总工会具有实际的控制力。国民党资深党员、香港海员大罢工领导人苏兆征加入共产党，为省港大罢工的发动准备了组织条件。

经过短短几天的宣传和发动，工人们成立指导香港罢工的全港工团联合会，对罢工表示强烈赞同。苏兆征任干事局长，黄平任外交委员，邓中夏任参谋长。

6 月 19 日，香港海员、电车工人、印刷等行业工人首先发难，其他行业工人也争相响应参加了罢工。参加罢工的人数在半个月内达到了近 25 万人，他们通过全港工团委员会对香港当局提出了合理的要求。

▲省港罢工委员会委员合影。

但是，港英当局对工人的要求不予理睬，反而宣布紧急戒严，调集英军进入市区，对于华籍警员全部缴械；禁止粮食对内地出口，封锁广州国民政府……这些行径激怒了香港工人和华商，数十万工人在苏兆征等人的率领下乘火车、轮船回到广州。全国总工会和广州国民政府热情接待返回广州的香港工人，妥善安排罢工工人的生活。

6 月 23 日，香港罢工工人和广州各界群众 10 万余人联合举行集会和示威游行。周恩来等率领黄埔军校师生参加了游行。游行队伍经过沙基时，突遭英国军警的排枪射击，死伤数百人，周恩来身旁的两个人都中弹身亡。

“沙基惨案”发生后，罢工进一步扩大。广州国民政府宣布对英国实行经济绝交，工人纠察队严密驻防各海口封锁香港。很快，广州国民政府封锁香港的政策收到了实效，给予港英当局沉重打击。港督史塔士无计可施，只好派出代表与广州谈判。1926 年夏，广州国民政府出师北伐，数千罢工工人组成运输队、宣传队、卫生队、慰劳队等开赴前线，罢工工人纠察队镇守后方。同年 10 月，中共广东区委和省港罢工委员会根据形势的变化，宣布结束罢工。

这场罢工冲破了京汉铁路工人大罢工失败后的压抑情绪，国内出现了热气腾腾的革命景象。中国共产党的组织也在群众性斗争的风暴中得到很大的发展。

参考文献

1.《瞿秋白选集》，人民出版社 1985 年版。
2. 上海社会科学院历史研究所编：《五卅运动史料》第 1 册，上海人民出版社 1981 年版。
3. 广东哲学社会科学研究所历史研究室编：《省港大罢工资料》，广东人民出版社 1980 年版。

1926 年

北伐——“打倒列强，除军阀”

“打倒列强，打倒列强，除军阀，除军阀。国民革命成功，国民革命成功，齐欢唱，齐欢唱。”1926 年 7 月，在雄壮激昂的歌声中，国民革命军 10 万大军在广州誓师北伐。

▲ 国民党改组后，中国共产党帮助孙中山创办黄埔军校，并派党团员到军校担任政治工作和其他工作或进行学习。图为黄埔军校正门。

创建黄埔军校

1924 年 1 月国民党一大召开后，中共中央考虑运用苏俄红军的经验，把国民党在广东的现有军队改造成各阶级联合的国民革命军。此时，孙中山在长期的革命实践中深感利用军阀武装是靠不住的，思考着筹建陆军军官学校（因校址位于黄埔而通称黄埔军校），打造一支真正忠实于他的革命军。

于是，中共中央决定利用这一机会，向各级党组织发出“中国共产党通告第六十二号”，要求各地号召共青团成员、国民党左派分子等前往广州投考军校，以免该校为反动派所据。

▲ 周恩来（1898—1976），祖籍浙江绍兴，生于江苏淮安。图为任黄埔军校政治部主任时的周恩来。

国内大部省份的国民党党部改组是共产党人起主要作用，共产党人在许多地区实际上主持了黄埔军校的招生工作。1924 年 6 月 16 日，黄埔军校举行了开学典礼，孙中山亲临致辞，许多共产党员也以政治工作人员、学生的身份参加了典礼。周恩来后来对黄埔第一期情况有一段回忆："当时黄埔军校有六百学生，大部分是我党从各省秘密活动来的'左'倾青年，其中党团员五六十人，占学生的十分之一。"

黄埔军校开学后，由于国民党没有搞政工的人才和经验，政治教育工作实际委托给首任政治部副主任、共产党员张申府主持。随后，他又向军校代表廖仲恺推荐周恩来。1924 年 11 月，周恩来回到广州后到黄埔军校接任了政治部副主任，不久接任主任，同时又在中共党内担任两广区委军事部长。

作为有过留欧经历的共产党员，周恩来把他在勤工俭学时期以及苏俄革命的政治工作经验应用于军校教育，建立了一套完整的政治工作制度和政治教育制度。中共两广区委还先后委派聂荣臻、恽代英、萧楚女、张秋人、包惠僧、高语罕、鲁易等到黄埔军校担任军校政治教官和各级领导工作。因此，有不少人称黄埔军校是"国民党的军校，共产党的政治教育"。

在大革命时期，1 万余名学员从黄埔军校毕业，其中共产党员、共青团员约 2000 余人。黄埔军校的创立培养了大批军事、政治工作人才，为建立国民革命军提供了干部力量。

叶挺独立团担当先锋

从黄埔军校第一期毕业至 1925 年秋，蒋介石在广东的实力发展得尤为迅猛。黄埔军校第二、第三期毕业的 1000 多名学生，再加上大量招兵买马，原仅有 3000 人的两个黄埔教导团已经发展到有 2 万余人的三个师。蒋介石成为广东拥兵最多的实力派。

陈独秀和共产国际都未察觉到危机的来临，但是周恩来和中央广东区委书记陈延年认为，应该尽快扩建共产党领导的武装，至少要先建立一个团。

▲叶挺（1896—1946），原名叶为询，广东惠阳人。1918 年毕业于保定陆军军官学校，1919 年参加孙中山领导的粤军，1924 年加入中国共产党。1926 年参加北伐战争，他率部勇往直前，连战皆捷，屡建战功，被誉为“北伐名将”。

1925 年 11 月，中国共产党直接领导和掌握的正规革命武装部队在广东肇庆成立，共有 2100 多人。官兵由共产党人直接领导的原铁甲车队骨干、黄埔军校毕业生中的共产党员和进步青年，以及从湖南、广西招募来的贫苦农民组成。刚从苏联学习回国的叶挺任团长，原铁甲车队队长周士第任参谋长，第二年该团改称国民革命军第四军独立团，人们却通常以团长的名字称其为“叶挺独立团”。

1926 年春，湖南军阀集团内部发生分化，湘南的唐生智部投靠广东国民政府，遭到北洋军阀的进攻。第八军唐生智部亟须广东支援，国民革命军第七军一部和第四军叶挺独立团等作为先头部队，先行出兵湖南。

5 月 1 日，叶挺独立团从肇庆出发前往湘南，同北洋军阀军队作战。此时的北洋军阀依然是拥有雄厚财力物力、70 万大军的庞然大物，但内部矛盾重重的北洋军阀民心尽失，这为北伐军提供了绝佳的机会。途经广州时，周恩来召开了独立团连以上党员干部会议，鼓励大家："现在有些军都不愿意派部队先出去，只要你们打了胜仗，他们就会跟上来。"

6 月 4 日，叶挺独立团进入湖南安仁前线，第一回合就遭到北洋军阀部队六个团的进攻。独立团靠着英勇精神，利用雨天发起猛冲，并以农民武装一部迂回敌后助威，结果不仅打退敌人进攻，而且乘胜追击连克茶陵、攸县，自己伤亡甚少。当时叶挺独立团主要是靠"三猛战术"连连告捷，即猛打、猛冲、猛追，并且获得了当地农民的支持。由于叶挺独立团英勇善战，第四军获得了"铁军"的光荣称号。

国民革命军大举北上

民心向背，从来是左右一切的力量。直系吴佩孚、皖系孙传芳、奉系张作霖三派军阀势力明争暗斗、腐败不堪，反动统治的危机在加深，人民革命的力量在增长。在南方，经过镇压商团、两次东征、回师平乱等事件，广东革命根据地得到了统一和巩固，由五卅运动掀起的全国工农运动的蓬勃发展，为即将到来的国民革命军出师北伐奠定了基础。

1926 年 2 月，中共中央在北京召开特别会议，认为在英、日等帝国主义列强的支持下，北洋军阀已建立“反赤”的联合战线，这对广东革命根据地构成严重威胁，广州革命政府要集中一切革命势力进行北伐。3 月，《中央通告第七十九号》指出，“党在现时政治上主要的职任是从各方面准备广东政府的北伐；而北伐的政纲必须是以解决农民问题做主干”。

在叶挺独立团等作为先头部队拉开了北伐进军的序幕后，国共两党

▲ 北伐进军过程中，共产党员、共青团员舍生忘死，发挥了先锋模范作用，尤其是共产党员叶挺领导的独立团，率先攻入武昌城，成为赢得“铁军”称号的第四军中一支英勇善战的部队。1926 年 8 月 27 日，叶挺率领独立团进行了北伐战争中著名的汀泗桥战役。图为汀泗桥战役中北伐军缴获敌人的武器。

▲ 1926 年 7 月，在共产党提出的反帝反军阀的口号下，以推翻北洋军阀为目标的北伐战争正式开始。共产党员、共青团员在北伐战争中进行了卓有成效的思想政治工作。图为部分在北伐军中从事政治工作的共产党员在南昌合影，前排右起为李富春、朱克靖、郭沫若，后排右四为林伯渠、后排右五为李一氓。

于 7 月组成国民革命军，正式打出“打倒列强，除军阀”的口号，以势如破竹之势大举北上。8 月底，北伐军取得汀泗桥、贺胜桥战役胜利，击溃吴佩孚部主力。10 月，北伐军进抵武汉，先后占领武昌、汉阳、汉口，全歼吴佩孚部主力。

在苏联和中共的帮助下，以冯玉祥为总司令的国民军在绥远五原誓师，宣布全军加入国民党，并率部进军陕西、河南，有力地配合了北伐军攻击河南。北伐军在两湖战场取得胜利后，转向江西战场进击孙传芳部。11 月起，北伐军消灭孙传芳部的主力，占领南昌、九江，随后又攻占福建、浙江。

1927 年 3 月下旬，先后攻占安庆、南京。3 月 21 日，为配合北伐军进军上海，中国共产党领导上海工人取得第三次武装起义的胜利，成功占领上海。

至此，长江以南地区完全为北伐军控制，北洋军阀的统治面临土崩瓦解的局面，帝国主义在华势力也受到沉重打击。在这场规模空前的国民大革命中，国共两党集中力量共同对敌，基本保持团结一致。

参考文献

1.《周恩来选集》（上卷），人民出版社 1980 年版。
2. 刘明：《北伐战争风云录》，大众文艺出版社 2011 年版。
3. 卢权等：《叶挺传》，河南人民出版社 1993 年版。

1927 年

“枪杆子里出政权”

在八七会议上，毛泽东提出了“枪杆子里出政权”这一重要论断。这一论断是中国共产党从大革命失败的血的教训中取得的，它指出了中国革命的特点，实际上提出了以创建人民武装、军事斗争作为党的工作重心的问题。

▲北伐战争时的工农运输队。

中心问题就是农民问题

当北伐军胜利进军时，湖南、湖北等省的工农运动给予北伐军极大的支援。共产党人一方面动员民众支持国民革命军北上，另一方面启发劳苦大众的阶级觉悟。

就民众动员来说，共产党的工作是卓有成效的。北伐出动时，中华全国总工会就发表宣言，号召全国工人引导一切民众援助国民革命军。在广东，省港罢工工人组织数千人的运输队、宣传队、卫生队随军北上。北伐军所到之处，工人群众迅速组织起来。1927 年 2 月至 3 月，革命势力迅速从珠江流域推进到长江流域，全国工会会员由北伐前的 120 万增加到 200 万。

在湖南，湖南全省工团联合会按中华全国总工会章程改组为湖南全省总工会。1926 年 12 月，湖南全省总工会在长沙召开了第一次代表大会，通过了关于统一工人运动、发展工会组织、组织工人纠察队等决议案。会后，基层工会普遍建立了工人武装纠察队。

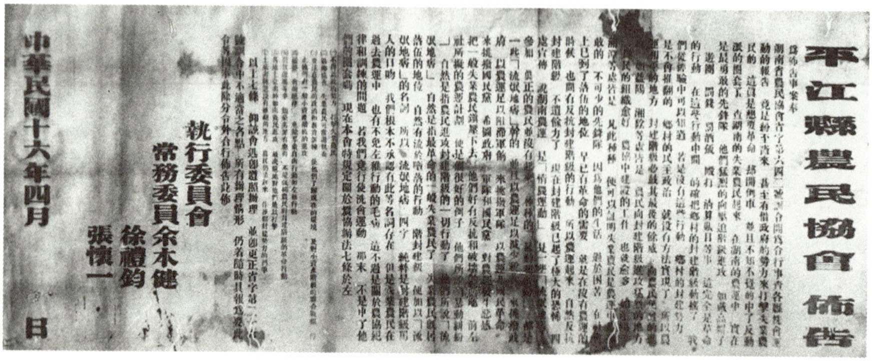
平江縣農民協會佈告

執行委員會
常務委員余本健
徐禮鈞
張慎一

中華民國十六年四月　日

▲ 1927 年湖南省平江县农民协会支持农民斗争的布告。

1926 年 10 月，湖北全省总工会在汉口成立。不仅大、中城市建立了统一的工会，而且大部分县也陆续成立了县工会。此时全省工会已发展到 340 多个，会员达 30 万人，并建立了工人武装纠察队。在此期间，英国交还汉口、九江两地英租界的事件震惊中外。这是近百年来中国人民反帝外交斗争史上的第一次重要胜利，中国人民因此受到了极大鼓舞。

随着北伐进军的步伐，农民运动也得到了更大规模的发展。1926 年 11 月底，湖南 54 个县已经成立了农民协会的组织，会员达 107 万人；第二年 1 月，湖南农民协会的会员又迅速增加到 200 万人。此外，江西、湖北等地农民协会会员数量增长也十分惊人。江西农协在很短的时间内从 6000 多人发展到 5 万多人，湖北也从 7 万多人发展到 28 万人。

中国共产党愈发认识到农民在中国革命中的重要地位。1926 年 12 月，湖南党组织召开了第一次农民代表大会，时任中共中央农委书记的毛泽东在会议上指出：“国民革命的中心问题，就是农民问题，一切都要靠

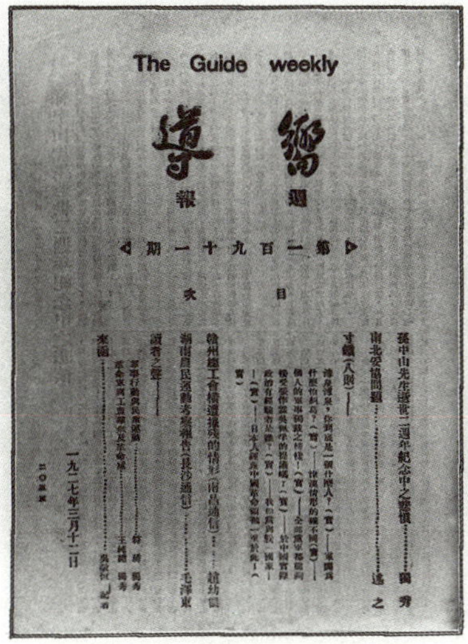
The Guide weekly

嚮導 週報

第一百九十一期

目次

孫中山先生逝世二週年紀念中之感慨……獨秀

南北妥協問題……述之

寸鐵（八則）——

贛州總工會被摧殘的情形（南昌通信）

湖南農民運動考察報告（長沙通信）……毛澤東

讀者之聲——

來函……

一九二七年三月十二日

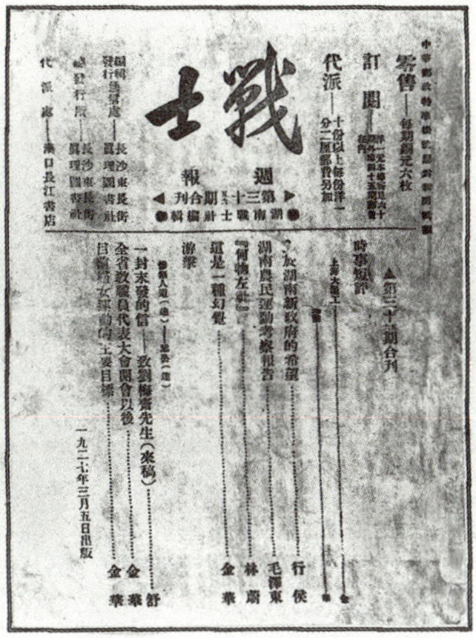
戰士 週報

第三十五六期合刊

湖南戰士社編輯

零售——每期銅元六枚

代派——十份以上每份洋一分二厘郵費另加

時事短評

湖南新政府的希望……行俠

湖南農民運動考察報告……毛澤東

這是一種幻覺……金華

一封未發的信——致劉梅齋先生（來稿）……舒

全省教職員代表大會開會以後……金華

一九二七年三月五日出版

▲ 1927 年 1 月 4 日至 2 月 5 日，中共中央农民运动委员会书记毛泽东，回到当时农民运动发展最为迅猛的湖南考察农民运动。在 32 天里，毛泽东步行 700 多公里，实地考察了湘乡、湘潭、衡山、醴陵、长沙五县的农民运动情况，获得了大量的第一手资料，并在回到武昌后撰写了《湖南农民运动考察报告》这篇重要的马列主义文献。图为毛泽东发表《湖南农民运动考察报告》的《战士》《向导》。

农民问题的解决。”大会通过了减租减息、铲除贪官污吏土豪劣绅、建立农民政权、组织农民武装等决议案。

农民运动的蓬勃发展，吓坏了地主豪绅和国民党右派，他们纷纷攻击农民革命，污蔑其是“痞子运动”“糟得很”。毛泽东于 1927 年初对湖南农民运动进行了 32 天考察，大力赞誉其“好得很”！

两年后，毛泽东在《中国的红色政权为什么能够存在？》中写道：“中国红色政权首先发生和能够长期地存在的地方，不是那种并未经过民主革命影响的地方，例如四川、贵州、云南及北方各省，而是在一九二六和一九二七两年资产阶级民主革命过程中工农兵士群众曾经大大地起来过的地方，例如湖南、广东、湖北、江西等省。”

第一次国共合作破裂

当轰轰烈烈的大革命如火如荼展开时，洪流中包裹的暗流、胜利中暗藏的危机也在发展。国民党是一个成分非常复杂的联盟，内部有很多豪绅势力、封建买办势力的代表。工农运动的蓬勃发展，必然会触碰到他们的利益。

自 1925 年起，中国国民党内的右派派别之一的“西山会议派”通过了反苏、反共、反对国共合作的《取消共产派在本党党籍宣言》等反动文件。以国民党左派姿态出现的蒋介石因需要苏联和中共方面的援助以进行北伐，还没有公开破裂。

但是在 1926 年 3 月、5 月，蒋介石先后制造了中山舰事件、整理党务案事件，打击共产党人和工农革命力量，并暴露出其建立专制独裁政权的野心。他于 1926 年 8 月 25 日在日记中写下这样一句话——“他党在内捣乱，必欲使本党纠纷分裂，可切齿也。”

随着北伐的进行，长江流域特别是江浙一带的买办资产阶级和各国列强看到北洋军阀走向失败，也把自身利益的希望寄托于以蒋介石为代表

▲ 1927 年 4 月 12 日，蒋介石在上海发动反革命政变。图为国民党反动派捕杀共产党员和人民群众的情形。

的新兴军事集团的身上。北伐军打到南京、上海后，蒋介石感到羽翼丰满，便准备对共产党发动突然袭击，一场血雨腥风即将发生。

1927 年 4 月 12 日，蒋介石首先在上海发动骇人听闻的四一二反革命大屠杀。凌晨，大批上海青帮流氓冒充工人，袭击各区的工人纠察队。国民革命军第二十六军借调解之名，解除了工人纠察队的武装。13 日，上海工人和市民召开 10 万人的群众大会，要求释放被捕工友，交还纠察队被缴枪械。队伍进行到宝山路时，第二十六军突然冲出，向密集的人群扫射，当场打死 100 多人，伤者不计其数。

▲国民革命军第二十六军的反动军人在上海街头枪杀共产党人。

事件后三天中，上海工人 300 多人被杀，500 多人被捕，5000 多人失踪。陈独秀的儿子陈延年以及共产党员赵世炎、汪寿华等惨遭反动派杀害。

4 月 18 日，蒋介石在南京成立国民政府，建立了代表大地主、大资产阶级利益的“国民政府”。暗藏在武汉国民政府内部的阴谋家汪精卫迅速同蒋介石勾结，发动七一五反革命政变。7 月 15 日，汪精卫不顾宋庆龄等国民党左派的坚决反对，在武汉召开“分共”会议，宣布与共产党决裂，公开叛变革命。接着，在武汉地区提出“宁可枉杀一千，不可使一人漏网”的反动口号，所有工会、农会等革命团体被查禁、解散。从 1927 年 3 月到 1928 年上半年，被国民党屠杀的共产党员和革命群众有 31 万多人。

▲ 夏明翰（1900—1928），湖北秭归人。在白色恐怖中，革命者血流成河却没有被吓倒。被捕前任湖北省委常委的夏明翰身陷牢狱坚贞不屈，在给妻子的家书中写下“坚持革命继吾志，誓将真理传人寰”的豪言壮语。他以“砍头不要紧，只要主义真”的铮铮誓言，生动表达了共产党员的理想之光不灭，信念之光不灭。

至此，第一次国共合作彻底破裂，轰轰烈烈的国民大革命遗憾地以失败告终。但是，经过革命的失败，中国共产党深刻领会到：“在中国，离开了武装斗争，就没有无产阶级的地位，就没有人民的地位，就没有共产党的地位，就没有革命的胜利。”

八七会议力挽狂澜

1927 年 7 月 12 日，根据共产国际执行委员会的指示，中共中央政治局进行了改组，停止了陈独秀等人的中央领导职务，由张国焘、李维汉、周恩来、张太雷、李立三组成了中共中央临时政治局常委会。陈独秀从此离开中共中央最高领导岗位。

为了挽救革命，政治局临时常委会毅然决定了三件大事：将党所掌握和影响的部队向南昌集中，准备发动武装起义；组织工农运动基础较好的湘、鄂、赣、粤四省农民发动秋收起义；召集中央紧急会议，讨论和决定大革命失败后的新方针。

8 月 7 日，即南昌起义后的第六天，具有伟大历史意义的八七会议召开了。20 多人参加了会议，

◀ 1927 年 8 月 7 日，中共中央在湖北汉口召开紧急会议（八七会议），会议确定了土地革命和武装反抗国民党反动派的总方针。出席这次会议的毛泽东在发言中突出地强调："以后要非常注意军事。须知政权是由枪杆子中取得的。"图为八七会议旧址（原汉口三教街 41 号，现为鄱阳街 139 号）。

危难之中能到会的中央委员不及半数，因此不能称为中央全会，只能叫中央紧急会议。

参会同志对大革命失败的原因和教训做了认真总结。大革命失败，客观上是由于反动势力过于强大、统一战线出现剧烈分化、蒋汪集团投入反革命阵营，主观上则是革命经验不足，难以摆脱共产国际的错误指导，出现了右倾错误，放弃了对革命尤其是武装力量的领导权。

除主持人李维汉和中央主要领导人瞿秋白之外，毛泽东在会议上发言次数最多，思考也最为深刻。他在发言中着重讲了三个问题：一是领导权问题，二是农民问题，三是军事问题。

关于领导权问题，他有一个很形象的比喻，他将国共两党的合作比喻为共同建造了一座房子。我们虽然"像新娘子上花轿一样"扭扭捏捏、勉勉强强地搬进了房子，但是"始终无当此房子主人的决心"，即忽视了争取革命领导权。关于农民问题，他批评了忽视农民运动的偏向。关于军事问题，他说："从前我们骂中山专做军事运动，我们则恰恰相反，不做军事运动专做民众运动。蒋唐（指蒋介石和湖南军阀唐生智）都是拿枪杆子起的，我们独不管。""以后要非常注意军事。须知政权是由枪杆子中取得的。"

可见，这时毛泽东已经提出了争取农民支持、独立领导革命的思想，要把民众运动和军事运动结合起来。八七会议纠正以陈独秀为代表的右倾错误路线，确立了实行土地革命和武装反抗国民党反动派的总方针。

这次会议前后，党领导和发动南昌起义及秋收起义，重新点燃革命烈火，使处在危急关头的中国革命出现了新的转机。

参考文献

1. 中央档案馆：《中共中央文件选集》第 1 册，中共中央党校出版社 1989 年版。

2. 苏若群、姚金果：《第一次国共合作始末》，中共党史出版社 2016 年版。

3. 中共中央党史征集委员会、中央档案馆编：《八七会议》，中共党史资料出版社 1986 年版。

1928 年

井冈山会师

“道路决定命运，找到一条正确道路是多么不容易。”大革命失败后，全国处于严重白色恐怖下的黑暗时期，中国共产党在国内组织的一系列起义先后遭受挫折。在严峻形势下，毛泽东率先放弃了夺取大城市的计划，率部到井冈山落脚。不久，“朱毛红军”在井冈山会师，成为中国革命的象征。

▲八七会议后，毛泽东以中央特派员身份到湖南传达八七会议精神、改组省委并领导秋收起义。以毛泽东为书记的中共湖南省委前敌委员会，将参加起义的各路武装 5000 余人统编为工农革命军第一师，于 1927 年 9 月 9 日发动湘赣边界秋收起义。在攻打中心城市长沙受挫后，毛泽东果断改变计划，率部队退到浏阳文家市集中，主持召开前委会议，决定到敌人统治力量薄弱的农村山区寻找落脚点。从进攻大城市转到向农村进军，这是中国人民革命发展史上具有决定意义的新起点。图为参加秋收起义的部分同志 1937 年在延安合影，左三为毛泽东。

革命红旗插上井冈山

八七会议后，中央决定派毛泽东为特派员，前往湖南传达八七会议精神，领导秋收起义。1927 年 9 月，根据中央指示，秋收起义的目标是攻打中心城市——长沙。但是反革命武装力量强大，再加上自身缺少战斗经验、某些部队叛变等原因，起义部队遭受了很大损失。

毛泽东见形势不佳，果断命令剩余的 1500 多人撤到湖南东部的浏阳县文家市。9 月 19 日夜至次日凌晨，为了解决部队向哪里走的问题，毛泽东召开紧急会议。第一师师长余洒度坚持攻打长沙，但毛泽东坚决反对，他认为进攻长沙行不通，中国革命要上山，要到农村去。

▲ 1927 年 9 月 29 日，毛泽东领导起义军在江西永新县三湾村进行了著名的三湾改编，将党的支部建在连上，成立各级士兵委员会，实行民主制度，在政治上官兵平等。由此开始改变起义军中旧军队的习气和不良作风，从组织上确立了党对军队的领导，是建设无产阶级领导的新型人民军队的重要开端。图为江西省永新县三湾村枫树坪。

起义部队在向反动统治力量薄弱的地区转移的过程中，处境十分困难。从文家市距江西井冈山有 367 公里，但是毛泽东率领的部队却走了近 40 天。当时，就有人说："还是散了吧，就这么几个人，能顶什么用？"

有一天，大伙在一个镇子休息的时候，一群人又聚在一起谈论散伙的事。有人就问毛泽东："毛委员，凭我们这几个人、这几条枪，革命能成功吗？"

毛泽东却满怀信心地说："我们这几个人、这几条枪，用不完，绰绰有余，愿走都可以走，不信，咱们有言在先，到庆祝革命胜利的那天，我们肯定死不光。"

▲ 1927 年 9 月，毛泽东在湘赣边界领导了秋收起义，并直接指挥工农革命军第一军第一师进攻湖南省浏阳县白沙守敌，首战告捷。10 月，毛泽东率领的秋收起义部队到达井冈山后，积极团结改造当地的农民武装首领袁文才。袁文才也愿意向共产党靠拢，把毛泽东和起义部队接上井冈山，并率部接受改编，参加了创建井冈山革命根据地和建立红军队伍的艰苦斗争，为中国革命作出了重要贡献。图为白沙镇旧貌。

这支部队靠理想信念渡过了难关。部队翻过山口，来到永新县三湾村宿营。针对部队中存在的军阀习气和农民的自由散漫作风，毛泽东和前委决定对工农革命军进行改编，将部队缩编为一个团，建立党的各级组织：班、排设党小组，支部建立在连队上，营、团建立党委；连以上设立党代表，由同级党组织的书记担任；部队的一切重大问题，都要经党组织集体讨论决定。

1927 年 10 月 3 日，经三湾改编后的工农革命军继续南行。在得知叶挺、贺龙的部队在潮汕失败后，毛泽东认为井冈山地势险要，国民党的统治力量薄弱，并且群众基础良好，是一个不错的落脚点。

但要上井冈山并不容易，需要袁文才和王佐两位“山大王”的同意才行。军内的一些人提出让他们直接缴械。而毛泽东则不这么认为，他说，我们不能采取“大鱼吃小鱼”的吞并政策，三山五岳的朋友还多呢！于是，毛泽东写了一封信说明来意，袁文才认为“片林不栖大鹏”，婉言拒绝了红军上山的要求。为尽地主之谊，袁文才还是邀请了毛泽东会面。袁文才事先设下埋伏，毛泽东单刀赴会，一见面就送 100 支枪的见面礼，又提出先把伤员和医院放到山上。袁、王这才卸下防备。

毛泽东一方面带领着部队在井冈山地区打游击，另一方面通过做思想工作逐步消除了二人的疑虑，部队最终上了井冈山。1928 年 2 月，袁、王部队正式改编为工农革命军第一师第二团，同上山的工农革命军合二为一。

“朱毛红军”称谓的由来

1927 年 8 月 1 日，在南昌城头打响了震惊中外的反抗国民党反动派的第一枪。经过四个多小时激战，南昌起义军旗开得胜，全歼南昌城内守敌，标志着中国共产党独立领导革命战争、创建人民军队和武装夺取政权的开端。

根据中共中央的计划，起义军于 8 月 3 日陆续撤离南昌，南下广东，相机进军广州。但是在 10 月初，起义军在广东潮州、汕头地区陷入敌人重重包围，主力遭到失败。在朱德、陈毅率领下，保存下来的部分部队转移湖南、江西、广东边远山区，开展游击战争。在转向山区之前，朱德召开了一次军事会议，围绕要不要坚持八一起义军的旗帜问题展开了激烈争论。有人认为主力既然都已失败，1000多人留下来没什么作用，不如解散。

面对军事干部的消极情绪，朱德坚定地批驳道："起义军虽然失败了，但是'八一'起义这面旗帜不能丢，武装斗争的道路一定要走下去。我是共产党员，我有责任把'八一'南昌起义的革命种子保留下来，决心担起革命重担，有信心把这支革命队伍带出敌人的包围圈。"

历史是如此的奇特。毛泽东率领的秋收起义部队和朱德率领的南昌起义军余部，虽然分隔两地，但在探索中国革命正确道路上几乎演绎了相同的故事。两支队伍在出师不利后，都开始向农村山区转移。

毛泽东听说南昌起义部队在附近活动，就派何长工下山打探消息。经过几个月奔波，何长工终于在韶关犁铺头找到了南昌起义军余部。朱德听何长工介绍了井冈山根据地的情况后，高兴地说："好极了。从敌人报纸上看到了井冈山的消息。我们跑来跑去，也没有一个地方站脚，正要找毛泽东同志呢！"朱德还告诉何长工，前不久已派毛泽东的弟弟毛泽覃到井冈山联系去了。

在毛泽东部队的掩护下，朱德、陈毅于1928年4月26日率领部队到达宁冈砻市。4月28日，天气十分晴朗，巍巍的井冈山像被水洗过一样，显得特别清新。当天，毛泽东率领的部队也回到砻市，两支革命武装

▲井冈山会师（油画）（王式廓作，新华社发）。

终于会师成功。

毛泽东紧紧握住朱德的手说：“你们行动迅速，敌人竟没有整倒你们。”

朱德也紧握毛泽东的手说：“还是得到你们的大力掩护，出其不意地插到敌人心脏，迟滞了敌人的围攻，我们才得以从容地转移。”

两位历史伟人双手紧紧握在一起的瞬间，一个新的时代开始了。部队合编为工农革命军第四军，朱德任军长，毛泽东任党代表兼军委书记。这次会师使南昌起义军余部得到可靠的落脚点，井冈山根据地如虎添翼，对红军的创建和发展以及井冈山的武装割据，都有重大意义。从此以后，“朱毛红军”的称谓也流传开来，很快就打开了通向中国革命的胜利之门。

“打土豪，分田地”

在井冈山革命根据地初创时期，红军面临的首要问题是因敌人的严密封锁而产生的部队给养问题。在白色势力的四面包围中，军民日用必需品和现金匮乏。边界的土地革命尚处在打土豪、分浮财这一阶段，一方面可以扫清革命的障碍，另一方面通过对土豪、劣绅的斗争，激发农民的阶级觉悟。

1928 年 3 月，湘南特委代表周鲁上山，毛泽东曾一度率部前往湘南一带活动，策应湘南暴动。途中，毛泽东率领工农革命军进行边界最早的分田运动，为根据地全盛时期的大规模土地革命运动积累了经验。

在“朱毛红军”会师后，井冈山的武装力量由过去的不到 2000 人扩展到 1 万多人。红军力量的壮大，使井冈山革命根据地进入一个新的

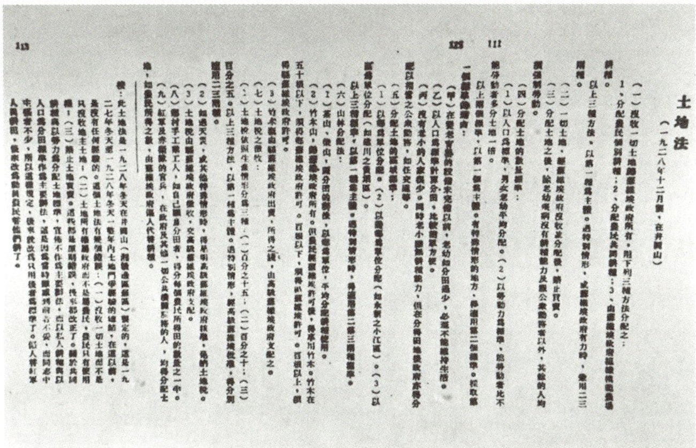

土地法

（一九二八年十二月頒，在井岡山）

（一）沒收一切土地歸蘇維埃政府所有，用下列三種方法分配之：

1、分配農民個別耕種；2、分配農民共同耕種；3、由蘇維埃政府組織模範農場耕種。

以上三種方法，以第一種為主體。遇特別情形，或蘇維埃政府有力時，兼用二三兩種。

（二）一切土地，經蘇維埃政府沒收並分配後，禁止買賣。

（三）分配土地之後，除老幼疾病沒有耕種能力及服公衆勤務者以外，其餘的人均須強制勞動。

（四）分配土地的數量標準：

（1）以人口為標準，男女老幼平均分配。（2）以勞動力為標準，能勞動者比不能勞動者多分土地一倍。

以上兩個標準，以第一個為主體。有特殊情形的地方，得適用第二個標準。採取第一個標準的理由：

（甲）在養老育幼的設備未完備以前，老幼如分田過少，必至不能維持生活。

（乙）以人口為標準計算分田，比較簡單方便。

（丙）沒有老小的人家很少，同時老小雖無耕種能力，但在分得田地後政府亦得分配以相當之公衆勤務，如任交通等。

（五）分配土地的區域標準：

（1）以鄉為單位分配。（2）以幾鄉為單位分配（如永新之小江區）。（3）以區為單位分配（如遂川之黃坳區）。

以上三種標準，以第一種為主體。遇特別情形時，得適用第二第三兩種標準。

（六）山林分配法：

（1）茶山、柴山，照分田的辦法，以鄉為單位，平均分配耕種使用。

（2）竹木山，歸蘇維埃政府所有。但農民經蘇維埃政府許可後，得享用竹木。竹木在五十根以下，須得鄉蘇維埃政府許可。百根以下，須得區蘇維埃許可。百根以上，須得縣蘇維埃政府許可。

（3）竹木由縣蘇維埃政府經管出賣，所得之錢，由高級蘇維埃政府支配之。

（七）土地稅之徵收：

（1）土地稅依照生產情形分為三種：（一）百分之十五；（二）百分之十；（三）百分之五。以上三種方法，以第一種為主體。遇特別情形，經高級蘇維埃政府批准，得分別適用二三兩種。

（2）如遇天災，或其他特殊情形時，得呈明高級蘇維埃政府核准，免納土地稅。

（3）土地稅由縣蘇維埃政府徵收，交高級蘇維埃政府支配。

（八）鄉村手工業工人，如自己願意分田者，得分每個農民所得田的數量之一半。

（九）紅軍及赤衛隊的官兵，在政府及其他一切公共機關服務的人，均得分配土地，如農民所得之數，由蘇維埃政府僱人代替耕種。

按：此土地法是一九二八年冬天在井岡山（湘贛邊區）制定的。這是一九二七年冬天至一九二八年冬天一整年內土地鬥爭經驗的總結，在這以前，是沒有任何經驗的。這個土地法有幾個錯誤：（一）沒收一切土地而不是只沒收地主土地；（二）土地所有權屬政府而不是屬農民，農民只有使用權；（三）禁止土地買賣。這些都是原則錯誤，後來都改正了。關於共同耕種與以勞力為分配土地標準，宣佈不作為主要辦法，而以私人耕種與以人口為分田標準作為主要辦法，這是因為當時雖感到有些不妥，而同志中懷疑者不少，所以這樣規定，後來就改為只用後者為標準了。以人替紅軍人員耕田，後來改為動員農民替他們耕了。

▶ 随着根据地逐步巩固，1928 年 5 月至 7 月，湘赣边界各县掀起分田高潮，年底颁布井冈山《土地法》。广大贫苦农民从分得土地的事实中认识到红军是为他们的利益而奋斗的，从各方面全力支持红军和根据地发展。这是井冈山根据地能够存在和发展的社会基础。图为井冈山《土地法》。

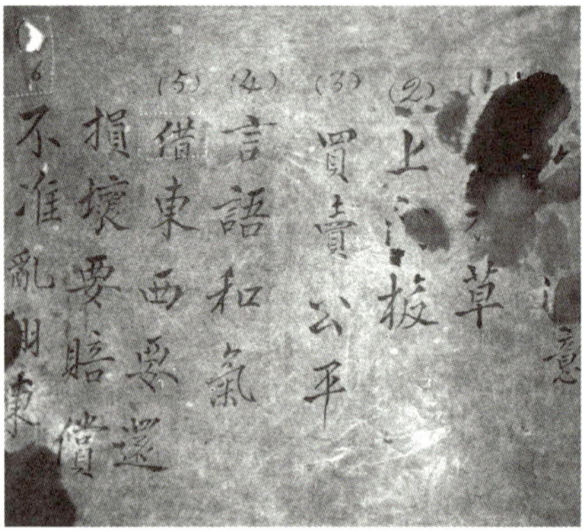

▲ 1928 年 4 月，毛泽东总结部队做政治工作的经验，规定部队必须执行“三大纪律、六项注意”，以后“六项注意”又发展成“八项注意”。图为红军战士的包袱皮，上面写着毛泽东制定的“三大纪律、六项注意”。

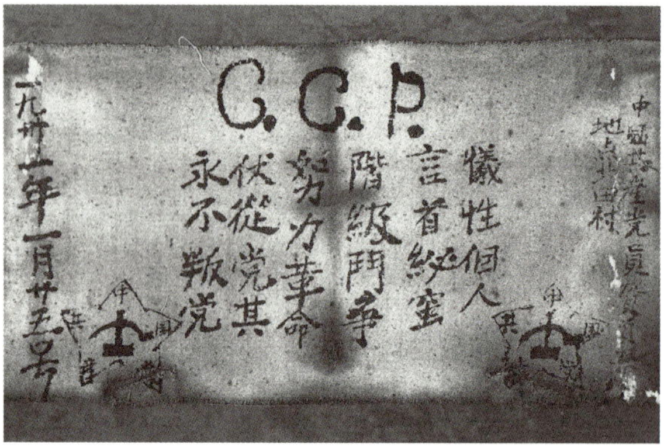

▲ 井冈山根据地一位农民书写的入党誓词。

阶段。毛泽东也在实践历练中逐渐领悟到建设巩固根据地的重要性。他很注意对部队进行建立根据地的思想教育，还深入浅出地打了个比方：“人不能老走着，老站着，也得有坐下来的时候，坐下来就靠屁股，根据地就是人民的屁股。”仅仅靠打土豪是不能让根据地“屁股”坐稳的，最重要的还是解决广大农民真正关心的土地问题。

1928 年 5 月至 7 月，边界各县掀起分田高潮，年底颁布了井冈山《土地法》。广大贫苦农民从分田地这个活生生的事实中，看清了红军确实是为他们的利益奋斗的，而要保卫自己分到手的土地，就必须与地主阶级作斗争。在广大农民的拥护下，宁冈、永新、茶陵、遂川等县的基层党组织逐步恢复起来，并建立了工农苏维埃政权。自宁冈县工农兵政府征收土地税以来，县内农民踊跃交售，征粮比例高达 20%，一段时期内的红军给养暂时可以从宁冈土地税中取得。

在开辟井冈山革命根据地的斗争中，毛泽东还创立了“支部建在连上”“三大纪律、八项注意”等人民军队的建军原则；并与朱德总结出红军游击战争“敌进我退，敌驻我扰，敌疲我打，敌退我追”的十六字诀。

在进行革命实践探索的同时，毛泽东从理论上提出农村包围城市、武装夺取政权的思想。1928年10月至11月，毛泽东总结井冈山斗争的实践经验，先后撰写了《中国的红色政权为什么能够存在？》和《井冈山的斗争》两篇著作，精辟地分析了中国红色政权发生和存在的原因，将实行工农武装割据的经验上升为理论。

毛泽东关于工农武装割据的思想，是对大革命失败后中国革命道路问题的正确探索，为形成农村包围城市、武装夺取政权的中国革命道路理论奠定了坚实的基础。1928年6月18日，党的六大在莫斯科召开，高度赞扬和肯定工农武装割据的宝贵经验。会后，中央通过党内文件和党的刊物积极向全国其他根据地介绍和推广井冈山根据地的斗争经验。

参考文献

1. 孙国林主编：《信仰的力量——从井冈山到延安》，湖南文艺出版社2017年版。
2. 余伯流、陈钢：《井冈山革命根据地全史》，江西人民出版社2007年版。
3. 许毅主编：《中央革命根据地财政经济史长编》，人民出版社1982年版。
4.[美]艾格妮丝·史沫特莱：《伟大的道路——朱德的生平和时代》，生活·读书·新知三联书店1979年版。

1929 年

古田会议

古田会议是在红军生死存亡的紧要关头召开的。大会根据中央九月来信精神，通过了毛泽东起草的古田会议决议，其中最重要的是关于纠正党内的错误思想的决议案，确立了思想建党、政治建军的原则。

关于党对军队领导的争论

1929 年 1 月，就在红四军和红五军在井冈山会师之际，国民党湖南军阀何键指挥湘赣两省 3 万兵力围攻井冈山，红四军主力陷入困境。根据当时的情况，根据地军民承受着巨大的经济和军事压力，毛泽东、朱德被迫率红四军主力下山，到赣南、闽西一带开展游击战争。下山后，前敌委员会的领导工作重心主要在军队，于是决定军委暂停办公，由前委直接领导军内各级党委。

3 月中旬，红四军夺取了商业比较发达的闽西长汀县城，首次进入较繁华的中等城市，不仅筹到大批款项物资，红军战士每人还发了两套军服、五块大洋。经过苦战，红军在赣南、闽西逐渐站稳脚跟，继续实行武装割据。

但就在这时，身在瑞金的毛泽东收到中央写于 2 月 7 日的指示信，史称二月来信。指示信要求毛泽东和朱德二人离开部队来中央，并主张“将红军的武装力量分成小部队的组织，散入湘赣边境各乡村中进行和深入土地革命”。毛泽东不赞同中央的指示，并以前委名义复信中央，指出“中央要我们将队伍分得很小，散向农村中，朱、毛离开队伍，隐匿大的目标，目的在于保存红军和发动群众，这是一种不切实际的想法”。

一波未平，一波又起。红四军内部掀起了一场争论，领导干部就党对军队领导的问题发生争论。当时红军的主要成分是农民和小资产阶级，在战斗中又吸收了不少国民党军队的俘虏，不少军事干部又出身于旧军队，加上部队又一直处于战斗频繁的环境之中，政治思想工作没有跟上，致使旧军队的一些不良倾向反映到红军中来。有些人认为党委领导是“自上而下的家长制”，并指责毛泽东是“书记专政”，还有些军事干部认为，军事高于一切，甚至还说“军事好政治自然会好”，主张政治机关附属于军事机关。

6 月下旬，陈毅主持召开了红四军党的第七次代表大会。毛泽东提出，应当加强党对军队的领导和思想政治工作。由于赞成错误主张的同志一时占了多数，毛泽东的正确意见未能被大多数人所接受。会议把毛泽东提出的“集权制领导原则”视为“形成家长制度的倾向”，并给予毛泽东党内“严重警告”处分。

这次大会改选了红四军党的前敌委员会，毛泽东落选，而陈毅被选为前委书记。7 月以后，毛泽东大病一场，被转移到上杭养病。

毛泽东重回红四军领导岗位

毛泽东离开红四军之后，部队中的右倾思想、取消观念、分家观念、离队观念、小团体倾向、极端民主化等不正确倾向泛滥，而党的工作和政治工作被削弱。朱德、陈毅对此十分忧虑，想着力整顿。于是，陈毅前往上海向中央汇报。

1929 年 8 月下旬，党中央得知红四军的有关消息后，十分沉重。在听取了陈毅的汇报后，党中央决定由周恩来、李立三、陈毅组成委员会，起草一个关于红四军的决议，共同研究解决红四军中存在的问题及往后的发展方向。周恩来经常到旅馆和陈毅长谈，一谈就是几个小时。他们在里屋谈话，陈毅的哥哥在外面下棋掩护。周恩来向陈毅提出要把毛泽东同志请回来，并且委托陈毅代中央起草一封给红四军前委的指示信。

根据周恩来的多次谈话，陈毅起草了中共中央给红军第四军前委的指示信，即九月来信。九月来信是一个对红四军乃至全国红军建设具有重要指导意义的文件。这封信分析了国内外形势，肯定了毛泽东关于“工农武装割据”的思想和建军问题上的正确主张。针对红四军争论的党的领导问题，这封信给出了明确回应：“党的一切权力集中于前委指导机关，这是正确的，绝不能动摇。不能机械地引用‘家长制’这个名词来削弱指导机关的权力，来作极端民主化的掩护。前委对于一切问题毫无疑义应先有决定后交下级讨论，绝不能先征求下级同意或者不作决定俟下级发表意见后再定办法。”同时，要求红四军维护朱德、毛泽东的领导，毛泽东仍为前委书记。

11 月上旬，陈毅带着九月来信回到红四军。此前，周恩来考虑到陈毅在前一段同毛泽东相处时出现的问题，询问他是否愿意去鄂豫皖根据地工作。陈毅表示愿意回到红四军，并请毛泽东担任领导，这也体现了他为人的正直与坦荡。毛泽东看到中央的来信，十分高兴，表示病已好，遵照中央指示，在前委工作。

11 月 28 日，前委召开扩大会议，讨论和贯彻九月来信。此时，大家的思想不断地提升，认识上逐渐取得了统一。

制定党和红军建设的纲领性文件

1929 年 11 月，毛泽东回到红四军主持工作后，决定召开红四军第九次代表全会，解决在中国特殊国情下如何建党、建军的一系列根本问题。根据中央九月来信的精神以及对红四军状况的调查，毛泽东一口气为红四军九大起草了 8 个决议案。

12 月底，红四军九大在福建省上杭县古田召开，因此这次会议又称为“古田会议”。陈毅在会上传达了中央指示信精神，毛泽东和朱德分别在会上作了政治报告和军事报告，古田会议通过了毛泽东起草的 8 个决议案，其中最重要的是关于纠正党内错误思想的决议案。

古田会议及其通过的决议，其核心精神是强调红军必须绝对服从党的领导，批评了单纯军事观点和极端民主化等错误倾向，明确规定了红军“是一个执行阶级的政治任务的武装集团”，而不是单纯的军事组织；确立了“党指挥枪，而不是枪指挥党”的无产阶级建军原则；确立了政治思想工作在人民军队建设中的重要地位和作用，规定了人民军队政治工作的原则和方法，从而为人民军队的建设指明了方向。

根据中央指示，古田会议重新选举了红四军前委委员 11 人，毛泽东再次担任前委书记。会议结束后，红四军立即投入反粤闽赣三省敌人“会剿”的艰苦战斗中去。新的前委利用行军、战斗的间隙，抓紧一切时间，在红四军内部开展传达贯彻会议决议的活动，把会议决议当作党课教材和红军法规，组织学习讨论。

▸ 1929 年 12 月，红四军党的第九次代表大会（古田会议）在福建省上杭县古田召开。大会根据中央九月来信精神，通过毛泽东起草的古田会议决议，其中最重要的是关于纠正党内的错误思想的决议案，确立了思想建党、政治建军的原则。古田会议决议是中国共产党和红军建设的纲领性文件，是党和人民军队建设史上的重要里程碑。图为古田会议会址。

红四军组织干部认真学习了大会决议，党委和各支部都按照决议逐条地、全面地对本部队、本支部存在的问题进行自查。许多干部、战士主动检查了自身不足，批评了不重视党的领导、不愿做群众工作、打骂士兵、破坏俘虏政策、破坏群众纪律以及吃喝嫖赌等不良倾向。

古田会议决议是我党我军建设史上的一个伟大的纲领性文件，也是党和人民军队建设史上的重要里程碑，创造性地解决了在中国农村进行革命战争的环境中怎样建设无产阶级政党和人民军队的问题。会议决议的精神不仅在红四军中贯彻实行，各地红军也都先后实行。从三湾改编、井冈山斗争至古田会议，人民军队建设的一系列原则逐步成形，特别是毛泽东亲自起草的古田会议决议将建军原则理论化和系统化，从而使军队的成长发展有了正式的纲领。

参考文献

1. 中央档案馆：《中共中央文件选集》第 5 册，中共中央党校出版社 1990 年版。
2.《毛泽东军事文集》（第一卷），军事科学出版社、中央文献出版社 1993 年版。
3. 傅柒生：《军魂：古田会议纪实》，解放军出版社 2004 年版。

1930 年

“星星之火，可以燎原”

这一年新年伊始，毛泽东收到一封奇特的“贺年信”。信的字里行间自始至终透露出一股悲观情绪，写信人是时任红四军第一纵队纵队长林彪。毛泽东通过回信方式，阐明了对中国革命形势和红军前途的看法。“星星之火，可以燎原”正是出自这封回信。

关于“红旗到底打得多久”的疑问

自毛泽东率领部队走上井冈山后，他便开始开创农村包围城市、武装夺取政权的正确道路。但是由于在党内尚未形成全面的共识，思想上不统一，党内一些同志对时局估量并不乐观。

正当毛泽东努力思考中国革命的出路的时候，他收到了时任红四军第一纵队纵队长林彪带有悲观情绪的元旦贺信。林彪在这封信中主要表达两层意思：第一层是认为中国的革命高潮不会很快到来，红军对“红旗到底打得多久”产生了悲观情绪；第二层是面对敌人的重兵“进剿”“会剿”，建议用流动游击的方式来扩大红军的政治影响。

为了恢复党内对中国革命的信心，古田会议后第五天，即 1930 年 1 月 5 日，毛泽东经过深思熟虑，给林彪回复了一封长达六七千字的信。他在信中提出：中国是许多帝国主义国家互相争夺的半殖民地，由此就发生统治阶级内部长期混战的现象，有了红军和游击队的存在和发展的可能，有了在四周白色政权中小块红色区域存在和发展的可能；红军、游击队和红色区域的建立和发展，是半殖民地中国在无产阶级领导之下的农民斗争的最高形式和必然结果，并且是促进全国革命高潮的重要因素。

根据各地红军、游击队和根据地建设的经验，毛泽东明确表示，“朱德毛泽东式、方志敏式之有根据地的，有计划地建设政权的，深入土地革命的，扩大人民武装的路线是经由乡赤卫队、区赤卫大队、县赤卫总队、地方红军直至正规红军这样一套办法的，政权发展是波浪式地向前扩大的，等等的政策，无疑义地是正确的。”他还强调了农民问题的重要性，肯定了建立农村革命根据地、深入进行土地革命、建立人民武装的正确性。

在信的末尾，毛泽东得出中国革命高潮快要到来的论断，他以激情澎湃的词句把革命的光明前途付诸笔端：“中国革命高潮快要到来，决不是如有些人所谓‘有到来之可能’那样完全没有行动意义的、可望而不可即的一种空的东西。它是站在海岸遥望海中已经看得见桅杆尖头了的一只航船，它是立于高山之巅远看东方已见光芒四射喷薄欲出的一轮朝日，它是躁动于母腹中的快要成熟了的一个婴儿。”

这封回信是一次很好的整顿党内思想的机会，进一步阐述了工农武装割据在中国革命中的地位和作用，有力地回击了右倾机会主义错误，打消了党内的悲观思想。

“没有调查，没有发言权”

在 1930 年前，海陆丰与井冈山革命根据地虽已陆续开展土地革命，广大贫困农民分得了土地，但在实际操作中，土地政策存在“左”的倾向，比如，打击中农和富农，没收一切土地，不开展分田斗争等，不利于团结一切可以团结的力量。因此，共产党必须制定更加科学的分配土地的政策。

1930 年 2 月 7 日，毛泽东在江西吉安主持召开二七会议，会上成立了红四、红五、红六军的共同前委，并确定了党深入土地革命、建立革命政权和扩大工农武装的任务。会议经过详细讨论颁布了著名的《二七土地法》，明确规定按照“分”“快”的原则全面开展分田运动，男女老幼平均分配。此后，各地的土地革命都按照中央的规定开展。

在土地革命过程中，毛泽东深入实地进行调查研究。5 月，为了深入了解城镇商业，毛泽东用 10 多天的时间在江西寻乌县各领域、各行业进行深度调查，弄清了城市乡镇情况、富农和商业现状，找到了使富农、中农、贫农、雇农都过活下去的办法。自认为是商业方面门外汉的毛泽东，经过调查研究后，成功写成了一篇共 5 章 39 节、长达 8 万多字的《寻乌调查》。10 月，毛泽东在江西兴国永丰区进行了近 10 天的调查，调查了各阶级在土地斗争中的表现，写出了《兴国调查》。

在进行寻乌调查的同时，毛泽东总结调查研究的经验，并从哲学高度进行概括，写下了《调查工作》。新中国成立后公开发表时，改名为《反对本本主义》。他在开篇就提出“没有调查，没有发言权”的重要论断，“中国革命斗争的胜利要靠中国同志了解中国情况”。这篇文章，对于克服教条主义、树立实事求是的科学态度和工作作风，起着巨大的指导作用。

《反对本本主义》的写成和“没有调查，没有发言权”的提出，标志着作为毛泽东思想的三个基本点——实事求是、群众路线、独立自主的思想，已经初步形成。

第一次反“围剿”的胜利

1930 年 5 月至 10 月，蒋介石与阎锡山、冯玉祥、李宗仁等在河南、山东、安徽等省发动了一场新军阀混战，因为这次战争主要在中原地区进行，所以又称为“中原大战”。这场战争发生于国民党内部，最终以蒋介石的胜利告终。

在国民党军阀混战之际，中共领导的土地革命正广泛开展，农村革命根据地以星火燎原之势发展起来。在中原大战期间，红军共成立 14 个军，人数约 10 万，在 10 余个省建立了赣南、闽西、湘鄂赣、鄂豫皖等 10 多个根据地，革命力量得到较快较大的发展。

5 月中旬，党中央在上海召开全国红军代表会议，决定整编各地红军，组建了第一、第二、第三军团等，加强了党的领导，红军整体实力提升，开始从游击战为主向运动战为主转变，这为红军反“围剿”胜利做了前期准备。

中原大战一结束，蒋介石便将矛头自然转向了共产党领导的红军和革命根据地。当时敌我双方力量对比仍然是敌强我弱。从 10 月起，他调集 10 万大军向中央革命根据地展开第一次“围剿”，“围剿”的重点是毛泽东、朱德率领的红一方面军。12 月，国民党军队以“长驱直入，分进合击”企图寻找红一方面军决战。面对敌军兵力优势，毛泽东、朱德指挥 4 万人的红一方面军，采取“战略退却”“诱敌深入”的作战原则，将敌军先头部队引诱到根据地中部，再将敌军分割为两群，待机破敌。红军趁

▲ 1930 年冬至 1933 年 3 月，国民党军先后四次对中央革命根据地发动"围剿"。在毛泽东、朱德指挥下，中央革命根据地军民连续粉碎前三次"围剿"；在周恩来、朱德指挥下，中央革命根据地取得第四次反"围剿"的胜利。图为反"围剿"中的红军在行军。

着大雾在龙冈设伏，全歼十八师主力，活捉此次"围剿"行动前线总指挥国民党军第十八师师长张辉瓒。

1931 年 1 月 3 日，红军以少胜多，取得了第一次反"围剿"的胜利。中国共产党用实际行动证明了革命的力量虽然小，但是它的发展是很快的，看似微弱的火光却照亮了中国革命前行的道路。毛泽东掩盖不住激动的心情，还专门赋诗一首《渔家傲 · 反第一次大"围剿"》，记叙了当时

▲ 1931 年 11 月 7 日至 20 日，在江西省瑞金召开了中华苏维埃第一次全国代表大会。会议通过《中华苏维埃共和国宪法大纲》等文件，宣告中华苏维埃共和国临时中央政府成立。图为大会选举情形。

▲ 根据地先后建立各级民主政权，人民开始当家做主。1931 年 11 月 27 日，毛泽东（中立者）、任弼时（左二）等出席在江西瑞金召开的中华苏维埃共和国中央执行委员会第一次会议。

的战斗情景。诗中写道："万木霜天红烂漫，天兵怒气冲霄汉。雾满龙冈千嶂暗，齐声唤，前头捉了张辉瓒。"

在苏区人民的支持下，国民党军1个师部和3个多旅约1.5万人被歼灭，并缴获1.2万余件武器。中国共产党取得了反"围剿"的重要经验，中央苏区得到巩固与扩大。1931年11月7日，中华苏维埃共和国在瑞金成立。

参考文献

1. 中央档案馆：《中共中央文件选集》第5册，中共中央党校出版社1990年版。
2. 中央文献研究室毛泽东研究组编：《寻乌调查与马克思主义中国化的起步》，中央文献出版社2006年版。
3. 中国人民解放军历史资料丛书编审委员会编：《红军反"围剿"回忆史料》，解放军出版社1994年版。

1934 年

踏上
漫漫长征路

经过前几次反“围剿”的胜利，根据地政权建设和经济建设取得了很大成绩，群众基础更为牢固。但在“左”倾教条主义的错误领导下，红军在第五次反“围剿”斗争中遭到空前严重的失败，革命形势急转直下，红军被迫实施战略转移。

红军被迫实施战略转移

1934 年 1 月，中共临时中央在瑞金召开六届五中全会。全会讨论了博古关于目前形势与党的任务的报告，不顾敌强我弱的不利形势，照搬共产国际第十二次执委会决议，错误地断定中国已存在“直接革命形势”，将“左”倾错误发展到极致。

全会改选了中央政治局，选举产生了中央书记处，博古仍为中央主要领导人。他不折不扣地执行“左”倾教条主义错误路线，打击毛泽东等持正确主张的同志。不懂军事的博古对共产国际军事顾问李德十分信赖，他们实际上是第五次反“围剿”的最高军事指挥者。他们废弃了之前采取的积极防御的方针，实行军事冒险主义，战略上处于被动局面。

而国民党方面，蒋介石已于 1933 年 9 月坐镇南昌，指挥国民党 50 万大军，对中央革命根据地发动了规模空前的第五次“围剿”。此番卷土重来，蒋介石吸取了前四次“围剿”失败的教训，采用持久战和堡垒主义的新战略，层层修筑碉堡，逐步向中央苏区腹地推进。

1934 年 1 月，国民党军队对中央苏区发起异常凶猛的军事进攻。4 月，国民党军队逼近中央苏区的北大门广昌，中央苏区在军事上已陷入四面包围的状态。面对国民党重兵进攻，毛泽东、张闻天都不主张进行广昌保卫战。但是李德没有采纳他们的正确意见，实行“堡垒对堡垒”和“短促突击”的战法，结果敌人步步推进，红军节节抵御。

◀ 由于王明“左”倾教条主义的错误，中央红军在第五次反“围剿”中遭到严重失败，1934年10月被迫实行战略转移，开始长征。图为中央红军长征出发地点之一的江西省瑞金。

4月27日，国民党军集中10个师的兵力，派出飞机、大炮向广昌发起进攻。当晚，红军被迫撤出广昌。广昌保卫战持续18天，是红军历史上最典型的阵地战、消耗战。红军毙伤俘敌2600多人，而自身伤亡5000多人，占参战总兵力的五分之一。

7月，蒋介石调集31个师的兵力，向中央苏区的中心区发起全面进攻，中央红军实施战略转移已成定局。由博古、李德、周恩来组成的“三人团”负责战略转移事宜。10月17日，中央红军参加战略转移的主力部队共8.6万余人，踏上战略转移的征途，被迫开始了长征。

湘江突围背水一战

1934年11月下旬，中央红军进抵湘桂边界。这时，蒋介石企图依托湘江天然屏障，精心布置了第四道防线。在红军向第三道防线挺进之际，蒋介石发布命令：以何键为“追剿军”总司令，薛岳为前敌总指挥，

▲图为湘江战役遗址——广西兴安县界首渡口。（新华社资料照片）

指挥湘军与中央军 16 个师 77 个团“追剿”中央红军。

国民党军队五路大军近 25 万兵力，形成一个“口袋阵”，向中央红军实施合围，企图在中央红军硬闯湘江这道“血网”时将其全部歼灭。红军能否突破湘江防线，关乎革命的成败！

1934 年 11 月 27 日，军委纵队距离湘江渡口界首还有 80 公里。由于“搬家”式的行军，80 公里的路竟然走了整整 4 天。红军官兵在湘江上构成的一条走廊式通道等待了 3 天。在这 3 天，中国革命异常惨烈的战斗发生了。

▲ 1934 年 11 月 25 日至 12 月 1 日，在湖南道县和广西全州县的湘江两岸地区，湘江战役爆发。这是中央红军长征以来最为惨烈的一仗。在付出了巨大代价后，红军最终突破了国民党军的第四道封锁线。湘江战役，红军粉碎了国民党军在湘江以东围歼的企图，但也遭遇了自成立以来最为惨重的损失，中央红军由出发时的 8.6 万人锐减至 3 万余人。湘江战役促使更多的红军指战员，包括一些曾经支持“左”倾错误的党和红军高层领导，从正反两方面的经验教训中认识到“左”倾冒险主义给中国革命带来的危害。图为广西全州县湘江战役觉山阻击战遗址。

11 月 29 日，周恩来和朱德赶到湘江边上的界首，他们预判，即使到 12 月 1 日，军委纵队也不可能全部渡过湘江。此时，湘军进攻兵力超过红军阻击兵力的 10 倍以上。周恩来和朱德要求红一军团和红三军团一定要确保湘江上的通道完整和畅通。

11 月 30 日上午，军委纵队的人马陆续到达湘江渡口。12 月 1 日，进退维谷的党中央和红军，走到了生死存亡的一刻。聂荣臻政委提出战斗口号：生死存亡在此一战。

宽阔的江面上，浓烈的硝烟中，红军踩着早已磨穿的草鞋，行走在浮桥上。头顶上，几十架飞机轰炸着、扫射着，行进的队伍中不断有人倒下，落入江水，和着那些死亡的骡马、散乱的文件、零落的钞票、圆圆的斗笠……

这天下午，红八军团政治部主任罗荣桓不顾刺骨的江水，踏上湘江西岸，回头看时不禁热泪盈眶。他的身后只剩了一个小红军，肩上还扛着一架油印机。

一批批将士倒下来，一批批接着冲上去，博古全然失去了当初的信心。周恩来发现了过江的毛泽东，这对战友相视却只能默默无语。两位卓越军事家面对惨烈的一幕，内心苦楚却无能为力。

当天下午 5 时 30 分，军委纵队全部渡过湘江。经过此战，中央红军从出发时的 8.6 万人锐减到 3 万多人。那一天，湘江是一条血洗的河，中国革命也遭遇了前所未有的重创。从此，当地便有了“三年不饮湘江水，十年不食湘江鱼”的说法。

毛泽东力主转兵贵州

湘江战役使红军遭受了重大损失，广大战士对博古、李德军事指挥的不满情绪达到了顶点。很多人都在问：红军突围的方向到底在哪儿？

英雄史诗

不朽丰碑

▲图为 2021 年 2 月 3 日拍摄的广西全州红军长征湘江战役纪念馆内的雕塑。（新华社记者陆波岸摄）

这时，毛泽东与张闻天、王稼祥反复交换意见，做通了他们的工作。长征途中，毛泽东和王稼祥因伤病同坐担架，二人边行边谈。后来，毛泽东回忆道："在长征以前，在政治局里我只有一票。后来我实在不行了，我首先做了王稼祥的工作，王稼祥同意了我的观点。又通过王稼祥，做了张闻天的工作。"

1934 年 12 月 12 日，中央领导人紧急召开通道会议，讨论红军行动方向。会上，被晾在一边两年多的中央政治局委员毛泽东，根据红军破译的敌方情报，力陈继续北上湘西的危害："我们何不来个避实就虚，甩掉眼前的强敌，到贵州去。为什么一定去钻口袋呢？大路朝天，各走一边嘛！"

这个建议得到张闻天、王稼祥、周恩来的支持，但是李德、博古始终不肯放弃与转战在湖南西部的贺龙、萧克的红二、红六军团会合的原定计划，李德甚至中途愤然退离会场。这次会议虽然通过了毛泽东的建议，但由于中央领导层中意见不统一，所以没有从根本上实行战略方向的转变。

12 月 18 日，中央政治局召开黎平会议。那天李德病倒了，没有参会。博古带着李德的意见，坚持共产国际同意的方案不能改变。黎平会议由周恩来主持，开了一天一夜，争论十分激烈。最终，会议接受了毛泽东的意见，创建以遵义为中心的川黔边根据地。李德知道这一消息后，大发雷霆，用英语和周恩来吵了起来。一向儒雅的周恩来怒不可遏，前所未有地拍了桌子。

黎平会议后，红军的行军方向从根本上扭转了，中央红军于 6 天后

▲图为 2021 年 5 月 18 日拍摄的黎平会议纪念馆。（新华社记者欧东衢摄）

向遵义方向移动。1934 年最后一天，中央政治局召开猴场会议，博古、李德二人试图否定黎平会议的决定。参会者普遍认为，黎平会议的决定是正确的，红军要无条件地执行。会议提出“关于作战方针以及作战时间与地点的选择，军委必须在政治局会议上作报告”，这实际上剥夺了博古、李德的军事指挥权。

通过上面这三次会议，毛泽东同志的正确意见逐渐得到中央大部分领导人的支持，为即将召开的遵义会议奠定了坚实的政治、思想、组织基础。

参考文献

1. 郭德宏：《中共历史探微》，人民出版社 2019 年版。
2. 何辉：《长征史诗》，人民出版社 2018 年版。
3. 石仲泉：《长征行》，上海人民出版社 2016 年版。

1935 年

遵义会议

大型音乐舞蹈史诗《东方红》中有这样一个片段："在这最关键的时刻，遵义会议，犹如红日东升，把重重的迷雾驱散，毛泽东，我们伟大的舵手，坐镇船头，升起风帆，引导我们渡过了激流险滩，胜利向前。"20 世纪 60 年代，类似的作品还有很多并广为流传，成为中共历史命运发生伟大转折的形象写照。

“左”倾的“博古中央”

在遵义会议以前，年仅 27 岁的博古是中共中央的负责人。

1927 年大革命失败后，陈独秀离开了中共最高领导人的岗位。第二年，共产国际便提拔工人出身的向忠发替代陈独秀。向忠发在文化和理论方面不足以担任这一重任，不得不依靠学生出身且有些理论知识的李立三来指导全党工作。1930 年，李立三大搞全国总暴动，违背共产国际意愿。不久，共产国际决定将留苏学生充实到中共和青年团的领导层里面，博古就是其中一员。

几个月后，中共中央工人领袖顾顺章、向忠发相继被捕叛变，党中央遭到严重破坏。这时，党中央决定，周恩来赴中央苏区，王明赴莫斯科任中共驻共产国际代表。刚从莫斯科回来不久的博古等人被授命来组织中共临时中央。

1933 年，临时中央秘密迁往中央苏区，成为中央苏区最高领导机关。在“左”倾错误主义排斥下，毛泽东被剥夺了各方面的领导实权。经验不足且不懂军事的博古依靠洋顾问李德，采取“御敌人于国门之外”的战略，指挥军队与国民党军队硬拼。“左”倾错误给红军造成巨大损失，红军被迫撤离中央根据地。

为了做好战略转移的准备工作，6 月，中共中央书记处会议决定成立所谓的中央“三人团”，它由博古、李德和周恩来三人组成，秘密主持筹划战略转移。自从“三人团”成立后至长征初期，中央政治局和中革军委再也没有开过会。实际上，一切均由“三人团”说了算，中央政治局和中革军委已经失去对重大政治和军事问题的决策权。

正如 1944 年 11 月 13 日，博古在延安中央政治局会议上发言时所谈到的：“长征军事计划，未在政治局讨论，这是严重政治错误……当时‘三人团’处理一切。”1935 年 1 月召开的遵义会议，决定取消“三人团”，博古和李德失去了对红军的最高指挥权。

仁义之师进驻遵义

1935 年 1 月 9 日清晨，遵义的老百姓兴高采烈，一路敲锣打鼓，燃放鞭炮，高喊“欢迎红军！”等口号，热烈欢迎红军进驻遵义城。

为了进一步发动、争取、组织群众，扩大政治影响，红军在进入遵义前制定了《关于进入城市执行政策的规定》，要求红军严格遵守纪律和政策、规定，不得违反。此时，遵义城正值隆冬季节，红军顶着寒风，露宿街头，怀抱枪支，在路旁、屋檐下席地而卧。

老百姓看在眼里，想在心头。他们看到街头巷尾的布告以及“此店被白军所抢，不要再入内”之类的纸条，不禁同声称赞：“这真是贵州从未有过的仁义之师！”

1 月 12 日，红军总政治部召开遵义县革命委员会成立大会。各军团派出许多工作队深入群众，宣传中国共产党的政策，发动群众打土豪、组织武装、建立革命政权。广大群众积极帮助红军筹备物资，护理伤病员，踊跃参加红军。在短短十多天时间里，遵义地区就有 4000 余人加入红军。

中共独立自主的转折点

根据黎平会议、猴场会议的行军计划，中央红军向贵州的北部进军。1935 年 1 月 7 日早晨，红军先头部队进占贵州遵义。敌人的几十万追兵一下子被抛在乌江以东和以南，红军取得了战火间短期休整的机会。

这时，中央领导层对于中央军事指挥的错误问题，基本上取得一致意见，召开一场拨乱反正的会议是大势所趋。

1935 年 1 月 15 日至 17 日，在遵义召开中共中央政治局扩大会议。遵义会议的重点是检讨和总结第五次反“围剿”的军事错误和长征以来的经验教训。

交锋是坦率的，也是惊心动魄的。首先，博古作了主报告，他对第五次反“围剿”以来的军事问题作总结，将第五次反“围剿”失败主要归结为帝国主义和国民党力量的强大，不承认主要是因他和李德在军事指挥上犯了严重错误造成的。

◂ 1935 年 1 月，党中央在贵州遵义召开政治局扩大会议，集中解决当时具有决定意义的军事和组织问题。遵义会议是党的历史上一个生死攸关的转折点。这次会议在红军第五次反“围剿”失败和长征初期严重受挫的历史关头召开，事实上确立了毛泽东在党中央和红军中的领导地位，开始确立了以毛泽东为主要代表的马克思主义正确路线在党中央的领导地位，开始形成以毛泽东为核心的第一代中央领导集体，开启了党独立自主解决中国革命实际问题的新阶段，在最危急关头挽救了党、挽救了红军、挽救了中国革命。图为遵义会议旧址。

其次，周恩来作副报告，从客观方面对第五次反“围剿”以来的军事领导上战略战术的错误，诚恳地进行了自我批评，指出自己作为“三人团”成员，在军事指挥上应负的领导责任，同时也批判了博古和李德。

最后，张闻天作反报告，批判了“左”倾冒险主义者，既有原则又有策略地为遵义会议定了调子。三个报告完毕后，毛泽东第一个发言，表示不同意博古的报告。在一个多小时的发言中，他具体分析了敌人第一、第二、第三、第四次进攻时，红军为什么能够取胜，而在敌人的第五次进攻时红军为什么会失利的原因。

毛泽东还批评了李德指挥错误，只知道纸上谈兵，不考虑战士要走路，要吃饭，也要睡觉，也不问走的是山地、平原还是河道，只知道在战略图上用笔一画，限定时间打，当然不好，这实际上是一种瞎指挥。

会上，周恩来、朱德、刘少奇都支持毛泽东出来指挥红军。朱德甚至发言说：“如果继续这样的领导，我们就不能再跟着走下去！”只有候补委员凯丰为博古、李德的错误辩护，而李德则拒绝接受批评。

▸ 遵义会议旧址会议室里并排悬挂着参加会议的八位政治局委员的照片，他们是：毛泽东（左四）、周恩来（左三）、洛甫（张闻天）（右四）、博古（秦邦宪）（右二）、陈云（左一）、刘少奇（右一）、朱德（左二）、王稼祥（右三）。

经过 3 天热烈讨论，遵义会议决定将毛泽东选为常委，停止“三人团”的军事指挥权，仍由最高军事首长朱德为军事指挥者，而周恩来是党内委托的对于指挥军事上下最后决心的负责者。按照惯例，会议决定需由共产国际批准才能算数，但是当时党中央与共产国际联络的电台在过湘江时被敌机炸毁。在中国革命生死存亡的危急关头，中共在没有任何外来干预下，第一次独立自主地解决了当时最紧迫的军事和组织问题。

遵义会议后，毛泽东成功地指挥红军四渡赤水河、西进云南、巧渡金沙江，跳出了国民党的包围圈，掌握了长征的主动权。

参考文献

1. 侯保重：《遵义会议决定中国历史命运的三天》，上海人民出版社 1995 年版。
2. 周海滨：《失落的巅峰：六位中共前主要负责人亲属口述历史》，人民出版社 2012 年版。
3. 中央文献研究室编：《朱德年谱（1886—1976）》（上），中央文献出版社 2016 年版。

1936 年

第二次国共合作

1936 年 12 月 12 日，震惊中外的西安事变爆发。它促成了国共之间的第二次合作，成为中国时局大转换的枢纽。抗日战争胜利后，内战全面爆发，历史的天平开始朝共产党倾斜。

▲ 1935 年华北事变后，中共驻共产国际代表团以中共中央和中华苏维埃中央政府的名义发表《为抗日救国告全体同胞书》，即“八一宣言”。同年 12 月，党的瓦窑堡会议制定了抗日民族统一战线的新政策。图为 12 月 27 日，毛泽东在陕西省安定县（今子长县）瓦窑堡党的活动分子会议上作《论反对日本帝国主义的策略》报告，系统地阐明了建立抗日民族统一战线的可能性和必要性。

公开放弃反蒋口号

1935 年夏秋之间，日本帝国主义制造华北事变，妄图吞并华北进而灭亡整个中国，中华民族已经笼罩在日本全面侵略的乌云之下。

当华北危机日趋严重的时候，中共中央和红军主力正在被国民党重兵堵截的长征路上。1935 年 8 月 1 日，中共驻共产国际代表团草拟了《为抗日救国告全体同胞书》。这个宣言是根据共产国际七大关于建立反法西斯人民统一战线的精神提出来的。它呼吁抗日救国是全体中国人面临的首要任务。

◂ 1935 年 9 月，由鄂豫皖根据地出发长征的红二十五军到达陕甘根据地，同当地的红二十六、红二十七军会师，合编为红十五军团，并打破了敌人的重兵“围剿”，为党中央把中国革命的大本营安置在西北创造了条件。图为会师时的情景。

▾ 党领导红军战胜国民党军队的围追堵截和各种艰难险阻以及张国焘的分裂主义，取得长征的伟大胜利。1935 年 10 月 19 日，陕甘支队到达陕北吴起镇。至此，中央红军主力征程二万五千里，纵横 11 个省，长征胜利结束。图为长征到达陕北的红一方面军的一部。

这一年秋天，中共中央率领中央红军胜利抵达陕北吴起镇，终于有了自己的落脚点。历时一年的艰苦转战，长驱二万五千里，纵横十几个省的伟大长征胜利结束。他们到了陕北，刚扎稳脚，就以民族大义为己任，开展反日的民族革命战争任务。

1935 年 12 月 17 日至 25 日，中共中央召开了瓦窑堡会议，确立了我党建立抗日民族统一战线的策略方针。1936 年 1 月 29 日，中华苏维埃共和国主席毛泽东发表谈话表示，倘蒋能真正抗日，中华苏维埃政府当然可以和蒋介石联手，第一次明确表示了中共可与蒋介石联合抗日的态度。

在日本的步步紧逼下，蒋介石方面的态度也发生了变化，但仍在以军事力量消灭共产党为主的方针下，利用抗日的旗帜，以极苛刻的条件同共产党谈判，以达到“溶共”的目的。

4 月 9 日，毛泽东、彭德怀致电张闻天，提出目前不应发布讨蒋令，我们的旗帜是讨日令，在停止内战旗帜下实行一致抗日。

4 月 25 日，中共中央发表《为创立全国各党各派的抗日人民阵线宣言》，首次公开把国民党列为抗日统一战线的对象。

5 月 5 日，毛泽东和朱德向南京政府发布《停战议和一致抗日通电》，呼吁蒋介石及其部下的一切爱国军人“停战议和，一致抗日”，并且公开放弃反蒋口号，不再称蒋介石为“蒋贼”，而称其为“蒋介石氏”。实际上，这是公开宣布党的抗日反蒋政策已经向逼蒋抗日政策转变。

相约“共同保卫中国”

1936 年，中国的西北部有三股角逐的势力：中国共产党创建的陕甘根据地和领导的工农红军，蒋介石领导的国民党中央政府和中央军，以及张学良的东北军和杨虎城的西北军（十七路军）。

在中央红军到达陕北后，蒋介石顽固坚持其“攘外必先安内”的政策，除了将他的嫡系部队开往西北，还逼迫张学良的东北军、杨虎城的十七路军继续“剿共”。

中国共产党为了团结抗日，对驻防在西北的东北军和十七路军展开了统战工作，团结他们共同抗日。东北沦陷使东北军官、士兵们感到极大的痛苦。东北军官对逼迫他们打同胞的命令日益不满，打回老家的决心也日益增强。

1936 年 4 月 9 日，在夜色的掩护下，周恩来与张学良在延安清凉山下的一座天主教堂里第一次见面了。两人一见面，周恩来便说：“我是在东北长大的。”张学良则回应道：“我了解，听我的老师张伯苓说过。”周恩来十分诧异，问道：“张伯苓怎么是你老师？”原来，早年张学良一度抽大烟、打吗啡，也是听张伯苓的规劝，得以浪子回头，随即拜其为师。

这段对话给张学良留下深刻印象。晚年的张学良回忆往事时，说道：“中国现代人物，我最佩服的是周恩来。我们俩一见面，他一句话就把我刺透了。”

两人在愉快的气氛下交谈着，双方围绕“停止内战，一致抗日”等问题形成了很多共识。这次会谈直到第二天清晨才结束，张学良以 3 万银圆和 20 万法币馈赠周恩来，并以一本《申报》60 周年大地图为见证，二人相约“共同保卫中国”。

西安事变推动第二次国共合作

1936 年 12 月 12 日的清晨，陕西临潼骊山风景区内格外静寂。凌晨四五点钟，一阵清脆的枪声骤然划破黎明前的星空。爱国将领张学良和杨虎城在多次劝谏蒋介石抗日无果的情况下，扣押了来西安督促“剿共”的蒋介石，发动了举世震惊的西安事变。

蒋介石被扣后，国民党内出现分裂的危险，而延安不少干部群众乃至一些高级干部则提出“要求罢免蒋介石，交人民公审”、乘机“除掉蒋介石”等看法。12 月 13 日，中共中央召开政治局常委扩大讨论会。17 日，派出周恩来前往西安，与张学良、杨虎城共商大计。

两天后，中共中央再次召开政治局会议。毛泽东审时度势，非常清醒地看到只有促成西安事变的和平解决，促成国共的再次合作才能最大限度地保存民族的抗战实力，避免再次陷入亲者痛、仇者快的内战之中。毛泽东在处理西安事变的过程中，力促西安事变的和平解决。他说：“我们要争取南京，更要争取西安”，“只有结束内战才能抗日”。

▲ 1936 年 12 月 4 日，蒋介石亲赴西安，逼迫张学良、杨虎城率部“剿共”。张学良、杨虎城在向蒋介石要求抗日遭拒后，于 12 月 12 日凌晨，采取了“兵谏”，扣留了蒋介石，并通电全国，提出“停止内战，一致抗日”等八项主张。这就是震惊中外的西安事变。为促成国共合作抗日，中共中央派周恩来等同国民党代表和蒋介石等进行多次谈判。图为 1937 年 4 月 2 日周恩来返回延安汇报谈判情况，毛泽东等到机场迎接。

12 月 22 日下午，宋美龄、宋子文一行人乘坐的专机降落在西安机场。宋美龄与蒋介石相见后百感交集，她劝蒋介石接受张、杨的谈判，蒋介石的立场进一步转变。他授意宋氏兄妹代表他与周恩来进行接触。

12 月 23 日上午，和平解决西安事变的正式谈判在张学良公馆举行。蒋方代表是宋子文，西安方面是张学良、杨虎城、周恩来。24 日，双方就“联合红军抗日”“决定抗日救亡方针”等 6 项内容达成一致意见。

会谈结束后，周恩来和蒋介石见了面。12 年前，二人于黄埔军校相识，蒋介石是校长，周恩来是政治部主任。多年内战后，二人以这样的方式再次重逢，周恩来向蒋介石表达了中共联合抗日的诚意。

▲ 1937 年 2 月，西安事变的和平解决，对推动国共两党第二次合作起了重大的历史作用。5 月，国民党从西安派出“中央考察团”到延安和陕西关中、甘肃东部的红军驻地进行考察。图为毛泽东、朱德、叶剑英等与“中央考察团”成员合影。左起：叶剑英、邵华、朱德、涂思宗、毛泽东、萧致平。

经过后续一系列艰苦的谈判，蒋介石终于作出三点表态：一是停止“剿共”；二是容共抗日；三是允许派遣代表前往南京向委员长解释。12 月 25 日，张学良紧急护送蒋介石离开西安。至此，西安事变以和平的方式宣告解决。

西安事变后，尽管局势发展中还有跌宕起伏，但是国内“停止内战”这一中心问题已经得到解决。随着国共高层的谈判，国共两党实行第二次合作，已成为不可逆转的历史潮流。

参考文献

1. 张学良：《张学良的今生今世》，团结出版社 2011 年版。
2. 程中原：《中共高层与西安事变》，中国民主法制出版社 2017 年版。
3. 金冲及：《联合与斗争》，生活 · 读书 · 新知三联书店 2018 年版。

1937 年

“中华民族到了最危险的时候”

1937 年 7 月 7 日，日本帝国主义挑起卢沟桥事变，全民族抗战由此爆发。中华民族翻开了近代史上极其沉重的一页。8 月中旬，日军的战火烧到华东，进攻上海，威逼南京。整个中华民族已到了生死存亡的紧要关头，正如国歌中所唱的那样：中华民族到了最危险的时候。

▲ 1937 年 7 月 7 日夜，日本侵略军悍然发动卢沟桥事变（七七事变），当地中国驻军奋起抵抗，全民族抗战由此爆发。图为守卫卢沟桥的第 29 军士兵抵抗日军入侵。

抗日民族统一战线形成

1937 年 7 月 7 日晚上 7 点多，驻丰台日军在卢沟桥附近中国守军驻地一带，举行挑衅性军事演习。深夜，日军又声称演习士兵失踪一名，要求进宛平城搜查，遭到中国驻军第 29 军严辞拒绝。8 日晨 5 点多，日军向中国守军发起攻击，并炮轰宛平城。第 29 军奋起抵抗，卢沟桥事变就此爆发。

早在事变发生之前，日军对北平已经形成了三面包围的态势，北面有部署在热河和察东的关东军一部，西北面有关东军控制的伪蒙军约 4 万人，东面有伪冀东防共自治政府统辖的保安队 1.7 万人。在冀察和平津地区，只有国民党第 29 军十万人驻守，以扼守平汉铁路之咽喉。因此，卢沟桥的得失，关系到北平、天津的得失，关系到华北的存亡。

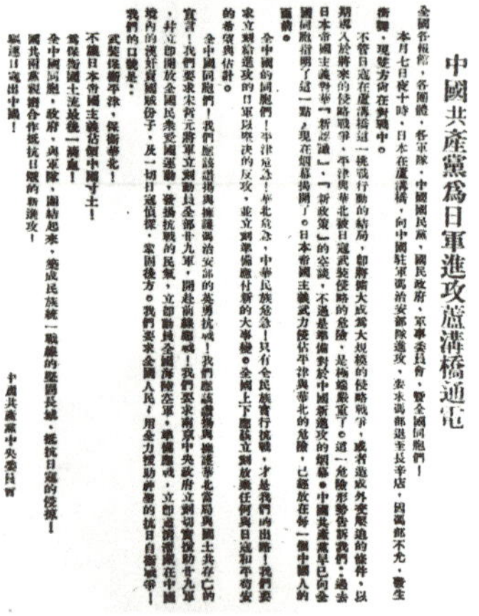

中國共產黨為日軍進攻盧溝橋通電

全國各報館，各團體，各軍隊，中國國民黨，國民政府，軍事委員會，暨全國同胞們！

本月七日夜十時，日本在盧溝橋，向中國駐軍馮治安部隊進攻，要求馮部退至長辛店，因馮部不允，發生衝突，現雙方尚在對戰中。

不管日寇在盧溝橋這一挑戰行動的結局，即將擴大成為大規模的侵略戰爭，或者造成外交壓迫的條件，以期遂入於將來的侵略戰爭，平津與華北被日寇武裝侵略的危險，是極端嚴重了。這一危險形勢告訴我們：過去日本帝國主義對華「新認識」，「新政策」的空談，不過是準備對於中國新進攻的煙幕。中國共產黨早已向全國同胞指明了這一點，現在煙幕揭開了。日本帝國主義武力侵佔平津與華北的危險，已經放在每一個中國人的面前。

全中國的同胞們！平津危急！華北危急！中華民族危急！只有全民族實行抗戰，才是我們的出路！我們要求立刻給進攻的日軍以堅決的反攻，並立刻準備應付新的大事變。全國上下應該立刻放棄任何與日寇和平苟安的希望與估計。

全中國同胞們！我們應該讚揚與擁護馮治安部的英勇抗戰！我們應該讚揚與擁護華北當局與國土共存亡的宣言！我們要求宋哲元將軍立刻動員全部廿九軍，開赴前線應戰！我們要求南京中央政府立刻切實援助廿九軍，並立即開放全國民眾愛國運動，發揚抗戰的民氣，立即動員全國陸海空軍，準備應戰，立即肅清潛藏在中國境內的漢奸賣國賊份子，及一切日寇偵探，鞏固後方。我們要求全國人民，用全力援助神聖的抗日自衛戰爭！

我們的口號是：

武裝保衛平津，保衛華北！

不讓日本帝國主義佔領中國寸土！

為保衛國土流最後一滴血！

全中國同胞，政府，與軍隊，團結起來，築成民族統一戰線的堅固長城，抵抗日寇的侵掠！

國共兩黨親密合作抵抗日寇的新進攻！

驅逐日寇出中國！

中國共產黨中央委員會

▲ 卢沟桥事变的第二天，中共中央发出《中国共产党为日军进攻卢沟桥通电》，呼吁“只有全民族实行抗战，才是我们的出路”。

▼ 卢沟桥事变后，为促进国共两党团结合作抗日，党中央派周恩来等将《中国共产党为公布国共合作宣言》交给蒋介石。1937 年 9 月 22 日，国民党中央社发表中共中央的宣言；23 日，蒋介石发表实际上承认共产党合法地位的谈话。中共中央的宣言和蒋介石谈话的发表，宣告国共两党重新合作和抗日民族统一战线形成。图为中央社公开发布的《中国共产党为公布国共合作宣言》。

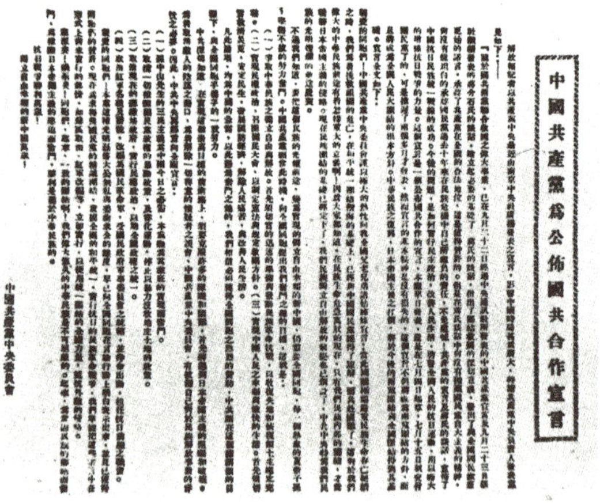

中國共產黨為公佈國共合作宣言

中國共產黨中央委員會

卢沟桥事变后，国内社会各界群情激愤。第二天，中共中央立即发出《中国共产党为日军进攻卢沟桥通电》，通报了事变的发生情况，指出只有全民族实行抗战，才是中国的出路。通电要求“中央政府立刻切实援助 29 军”，“立即动员全国陆海空军，准备应战”，号召“为保卫国土流最后一滴血”！

从九一八事变到卢沟桥事变，中国共产党深刻认识到，抗日民族统一战线的扩大和巩固，是争取抗日战争胜利的基本条件。

同一天，毛泽东、朱德、彭德怀等致电蒋介石，要求全国总动员进

▲ 1937 年 7 月底，北平、天津相继失守。8 月 13 日，日军大举进攻上海。至此，蒋介石才下决心同意红军改编为国民革命军并成立八路军总部。图为朱德在延安号召八路军指战员坚决执行毛泽东的政治路线和军事路线，奔赴抗日前线，坚持抗战到底。

行抗日斗争，并代表红军将士请缨杀敌。中共中央派周恩来率代表团继续同国民党谈判。

7 月 15 日，周恩来等将《中国共产党为公布国共合作宣言》送交蒋介石，提出迅速发动全民族抗战、实行民主政治和改善人民生活等三项基本要求，重申中共为实现国共合作的四项保证。

7 月 17 日，周恩来、博古、林伯渠同蒋介石、邵力子、张冲等在庐山谈判。同一天，蒋介石发表了准备抗战的谈话。

中革軍委會命令

一九三七年八月廿五號

中央革命軍事委員會

主席 毛澤東

副主席 朱德 周恩來

▲ 1937 年 8 月 25 日，根据国共两党谈判协议，中国工农红军主力改编为国民革命军第八路军（简称八路军），朱德任总指挥。同年 9 月 11 日，第八路军改称第十八集团军，但习惯上仍称八路军。接着，各部队迅速进行改编，并在 9 月间分别东渡黄河，开赴抗日前线。图为中共中央革命军事委员会发布的将红军改编为国民革命军的命令。

8 月 25 日，中共中央军委发布命令，红军改编为国民革命军第八路军，统一于国民革命军序列中参加全国抗战。

9 月 22 日，国民党中央通讯社发表了《中共中央为公布国共合作宣言》。第二天，蒋介石发表讲话，指出团结御侮的必要，实际上承认了中国共产党的合法地位。至此，抗日民族统一战线正式形成。

八路军和新四军的诞生

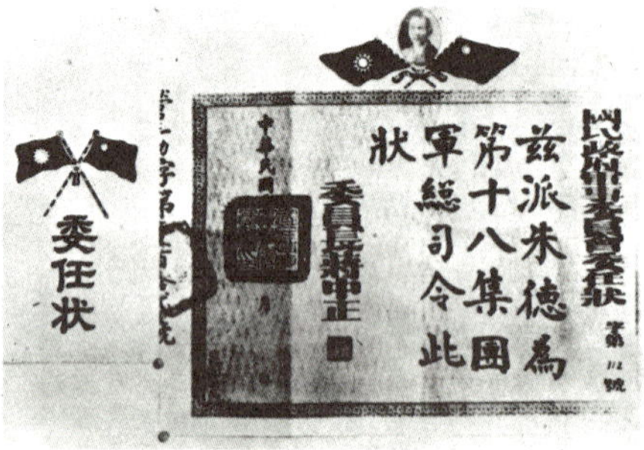
委任狀

國民政府軍事委員會委任狀

茲派朱德為第十八集團軍總司令此狀

委員長蔣中正

▲ 国民政府军事委员会委员长蒋介石签发给朱德的委任状。

西安事变后，东北军被蒋介石调出陕西，红军西路军又覆没于河西走廊。红军在实力削弱的情况下，建立全国性的“联合政府”和“抗日联军”的要求只能放弃。当时，国民党坚决要把红军改编为国民革命军的一部分。

国民党方面开始只同意编 3 个师 3 万人，对改编后的红军部队不设统一的指挥机构，并要“朱毛出洋”，这完全是以收编战败的军阀的态度对待红军。对此，中共方面坚决拒绝，坚持要设统一的指挥机构，并表明朱德、毛泽东不能出国，双方谈判一时处于僵局。

由于日军大举进攻上海，发动八一三事变，战火燃烧到国民党统治心脏地区，国共谈判终于有了结果。8 月初，国民政府军事委员会决定召开国防会议，并邀请中共代表参加。蒋介石急于调红军开赴抗日前线，在红军改编问题上的态度有所松动，同意不向红军中派遣国民党人员。

经过谈判，红军主力 4 万余人改编为国民革命军第八路军（简称八路军），奔赴华北抗日战场。南方八省的游击队也被改编为国民革命军陆军新编第四军（简称新四军），开赴华中抗日前线。红军改编时，干部战士最感痛苦的就是摘下头上的红五星八角帽，戴上过去长年作为瞄准目标的青天白日徽军帽。

举行换帽仪式的当天，许多人忍不住号啕大哭。担任第一二九师师长的刘伯承看到战士不情愿换掉帽子，安慰大家说："这顶军帽子上的帽徽是白的，可我们的心永远是红的。同志们！为了救中国，暂时和红军帽告别吧！"

红军决心为保卫国土流尽最后一滴血，接受改编后，随即奔赴抗日前线，开辟敌后战场，并迅速壮大起来。

实行独立自主的山地游击战

抗战的关键所在是如何制定对日作战的正确方针。这个问题关系中国革命前途，也关系到国共双方多年角逐成败。

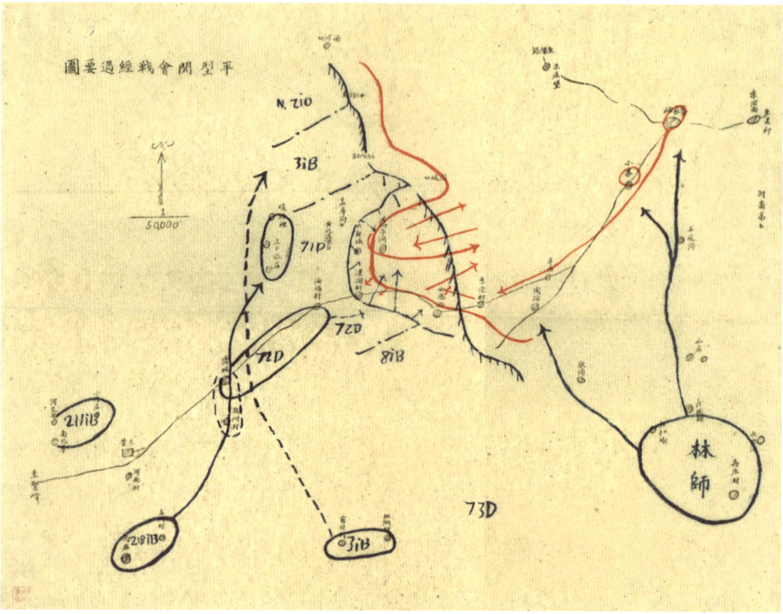

▲ 1937 年 9 月 25 日，八路军第一一五师主力在平型关伏击日军，首战告捷，一举歼灭日军 1000 余人，击毁日军汽车 100 余辆，缴获一批辎重和武器。图为平型关会战经过要图。

▲ 平型关大捷是全民族抗战爆发后中国军队主动对日作战取得的第一个重大胜利，打破了日军“不可战胜”的神话，极大地振奋了全国军民的抗战信心，提高了共产党和八路军的声望，使许多人由此相信共产党不但坚决抗日，并且是有能力战胜敌人的。图为八路军第一一五师战士在平型关公路两侧伏击日军。

▲ 1937 年 8 月 22 日至 25 日，中共中央在陕北洛川召开政治局扩大会议。会议作出了《中共中央关于目前形势与党的任务决定》，通过了《中国共产党抗日救国十大纲领》。图为洛川会议旧址内景（左图）、外景（右图）。

▲ 洛川会议记录和通过的文件。

1937 年 8 月 22 日至 25 日，中共中央在陕北洛川城郊召开政治局扩大会议（即洛川会议），讨论制定在抗日战争时期的方针、任务和政策。会议确定八路军的战略方针是独立自主的山地游击战争。

其实，早在国共实现合作的前一年，即 1936 年，毛泽东就对抗战的前景做过一番预测。他明确提出，在战争开始后就向日军后方的“政治真空”地带发展。

1937 年 9 月 25 日，八路军第一一五师在林彪、聂荣臻指挥下，击毙日军 1000 余人，击毁汽车 100 余辆，缴获步枪 1000 余支、军大衣

1 万多件，以及其他军用品。首战平型关取得胜利，在全国范围内产生了极大的影响，打破了侵华日军所谓“不可战胜”的神话。

在此次战役中，八路军损失了 800 多人，许多战士是经历过万里长征的老红军。老红军刚刚奔赴抗日前线，习惯于像过去国内战争那样打大规模的运动战。毛泽东对此十分担忧，战士们对战争的长期性、艰巨性认识并不充分，而是着急打一些大仗。

9 月中下旬，毛泽东连续五次致电前方指挥员，提醒大家要从运动战向游击战的战略转变，他对游击战的强调几乎到了不厌其烦的程度。据统计，从 1937 年 8 月到 1938 年 10 月，在毛泽东发给前线的电报中，大部分与游击战有关。一开始，一些指挥员对于毛泽东提出的“独立自主的山地游击战”方针不是很明白，但是通过与日军实际作战后，深感到只有进行游击战才能达到消灭敌人、保存发展自己的目的。

从当时情况来看，八路军总共不过 4 万人，若孤注一掷地同日军拼下去，杀敌还不到两个师团，自己就会被消耗殆尽。只有尽快分兵发动群众壮大力量，才能坚持持久抗战。根据中共中央军委的指示，平型关战役后，八路军一面仍以一部分兵力以游击袭扰的方式配合国民党军进行防御，一面分兵发动群众，在日军后方建立根据地，实现全面展开。

在晋东北方向，华北第一块根据地——晋察冀根据地建立。在第一一五师副师长聂荣臻的指挥下，八路军以 2000 人的兵力开展游击战，就占领了数十个县城，“模范根据地”的建立证明了八路军在敌人后方是完全可以站稳脚跟的。

▲ 1938 年 3 月底，徐向前与邓小平率八路军一二九师在邯（郸）长（治）大道上的响堂铺伏击日军，歼敌 400 多人，击毁汽车 180 多辆。图为八路军在战斗中缴获的日军汽车。

八路军所到之地，动员各阶层参军远比土地革命时期有了更广泛的群众基础。比如，晋察冀军区的部队在短短几个月里，一下子从 2000 人扩大到 4 万人。此时，30 万日军虽然深入了我国华北，但是他们的后方却变成新的前线，中国共产党人在新的广阔空间里驰骋纵横。

参考文献

1. 中共中央文献研究室编：《毛泽东文集》（第二卷），人民出版社 1993 年版。
2. 沙健孙主编：《中国共产党与抗日战争》（上），中央文献出版社 2005 年版。
3. 谭虎娃：《历史的转折：中共中央在延安十三年》，人民出版社 2018 年版。

015

1938 年

扩大的
六届六中全会

抗战初期，以王明为代表的右倾错误延续了半年多时间。如果沿着这条路走下去，中国革命必定会遭受严重损失。所幸的是，扩大的六届六中全会从根本上给予了纠正。

王明回国引发风波

1937 年 11 月，全面抗战爆发后不久，中共驻共产国际代表、共产国际执委、主席团委员和候补书记王明从苏联回国了。他和陈云、康生一起乘坐苏联专机抵达延安，受到了毛泽东等中共中央领导人的热烈欢迎。毛泽东把王明比喻成是昆仑山上下来的“神仙”。

12 月，在王明提议下，中共中央在延安召开政治局会议，称为十二月会议。会议开始，张闻天作政治报告，他对国共关系进行了两个方面的分析，重申了洛川会议的方针。一方面是抓住抗日为中心，巩固抗日民族统一战线的基础；另一方面强调在统一战线中的独立自主。

但是，王明唱的调子却是着重批评洛川会议。他自称其代表“共产国际路线”，作了《如何继续全面抗战与争取抗战胜利》的报告，俨然一副捧着“尚方宝剑”的样子。他在发言中否定了中央洛川会议的正确方针和政策，认为过去太强调解决民主、民生问题，不能再提改造国民党政府的口号；他反对关于国民党内有左、中、右三种势力的提法，认为只有抗日、亲日之分；他否认统一战线中的独立自主原则，主张“一切经过统一战线”；他反对提国共两党谁吸引谁的问题，主张共同负责、共同领导。这些意见显然与中共中央决策背道而驰。

在会上，毛泽东鲜明地回答了王明对洛川会议的批评，他指出：“我们所谓独立自主是对日本作战的独立自主，战役战术是独立自主的山地战，游击战是我们的特长。”“如果没有共产党的独立性，便会使共产党降低到国民党方面去。国民党与共产党谁吸引谁这个问题是有的，不是要将国民党吸引到共产党，而是要国民党接受共产党的政治影响。”

毛泽东和王明各执一词，使参会人员感到会议上的精神不一致，不知如何贯彻执行。通常来说，毛泽东的指示是要一竿子到底的，但是王明深受共产国际信任，他带回的可是“国际精神”。因此，十二月会议在党内引起了一次风波，党内发生了个别军官逃跑和国民党勾引八路军官兵叛变的现象。

王明在促进国共合作和开展抗日宣传中，做过有益的工作。但是他的右倾错误对党的实际工作造成了危害，使党在 1937 年冬至 1938 年春期间，未能广泛地开展抗日游击战争和创造抗日根据地。

《论持久战》在延安发表

1938 年 5 月，毛泽东在延安城内凤凰山脚的石窑里熬了九天九夜，写下了一沓厚厚的文稿，最上面一页写着“论持久战”四个大字。

当时，各界人士就“亡国论”与“速胜论”展开了广泛的讨论。在国民党营垒中，有人说：“中国武器不如人，战必败、再战必亡”。也有人说：“只要打三个月，国际局势一定变化，最大的希望是苏联出兵，次之就是英美在上海干涉。”在共产党内，“亡国论”是没有的，但有些人有盲

▲ 1938 年 5 月 26 日，毛泽东在延安抗日战争研究会上讲演《论持久战》，至 6 月 3 日结束。毛泽东总结了抗日战争 10 个月的经验，进一步揭示了抗日战争的发展规律，把持久战的思想更加理论系统化，并指出，抗日战争是持久战，最后胜利是中国的。图为毛泽东在延安写作。

目轻敌的思想。

与持“亡国论”和“速胜论”的人相比较，在全国抗日阵营中，认识到抗战将持久地进行并且相信中国将最后胜利的人很多。可他们对于持久战的理解却不同。为了澄清党内外的混乱思想，毛泽东从 5 月初开始撰写《论持久战》，总结了全国抗战开始以来 10 个月的经验。

这篇洋洋洒洒五万字的军事理论著作，对“亡国论”与“速胜论”

的错误观点给予了有力批驳，明确持久战是中国人民抗日战争的总方针，中国的抗战是持久的，最后的胜利是中国的。根据敌我双方各种因素及其在战争过程中的发展变化，毛泽东科学地预见了持久抗战将经历战略防御、战略相持和战略反攻三个阶段，并着重分析了争取战略相持阶段到来的条件和相持阶段中敌我斗争的形势。他指出，战略相持阶段将是最困难的时期，但也是敌我力量转变的枢纽。中国是否变为独立国或沦为殖民地，不在于一城一地之得失，而在于全民族努力的程度，在于对抗日民族统一战线的坚持和对持久战争的坚持到底。如此，中国将获得转弱为强的力量。

毛泽东虽身在延安，但其持久战思想统揽全局，是站在整个中华民族抗日的立场上科学分析和判断的。这部伟大著作在党内深受好评，先是以油印本在党内传阅，之后又在中共中央机关刊物《解放》上正式发表。同时，《论持久战》在国民党高层也引起积极反响。其中，白崇禧特别推崇这部著作，经常向蒋介石推荐。后来，白崇禧把《论持久战》的精神归纳成两句话：“积小胜为大胜，以空间换时间。”

1938 年 10 月，日军占领武汉、广州后，已无力再发动大规模的战略进攻，日军企图用速战速决的方式结束战争的战略宣告失败，抗日战争进入战略相持阶段。这证明了毛泽东战略预判的科学性。在战略相持阶段，日军逐步将主要兵力用于打击敌后战场的人民军队，以保持和巩固其领地。由此，以共产党为主题的游击战争上升到主要地位。

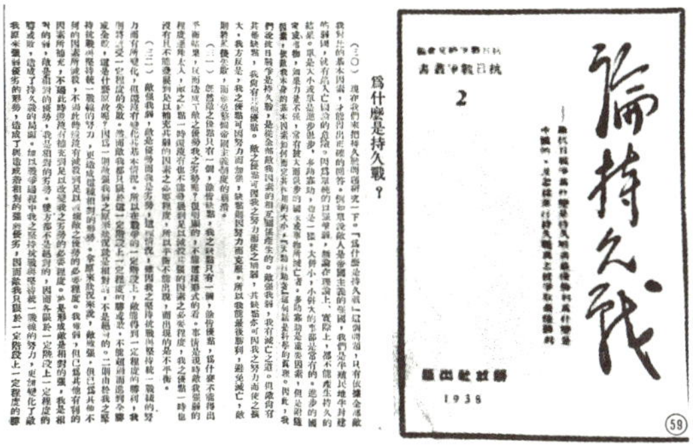

▲ 1938 年刊印的毛泽东《论持久战》一书局部。

▶ 1938 年 5 月，毛泽东在延安抗日战争研究会作《论持久战》的报告。

“六中全会是决定中国之命运的”

1938 年三月会议后，任弼时受党中央委派到苏联向共产国际报告工作。任弼时和 1937 年到苏联养病的王稼祥，如实地向共产国际汇报了中国的情况。季米特洛夫虽然信任王明，但是听了汇报后，讲了一段语重心长的话。他说，在中共中央内部应支持毛泽东的领导地位。王明缺乏实际工作经验，不应争当领袖。

王稼祥回国后，在 9 月 14 日至 27 日的中央政治局会议上传达了共产国际的指示和季米特洛夫的意见。听完王稼祥带回来的国际指示，张闻天、朱德等与会同志的脸上露出了笑容，毛泽东心里的一块石头也总算落了地。他感到是时候纠正王明右倾错误了。他把一根烟头，在烟灰盒里

▲ 毛泽东在中共六届六中全会上作报告，强调全党要认真地负起领导抗日战争的责任，并指出："马克思主义必须和我国的具体特点相结合并通过一定的民族形式才能实现。"

用力地拧了一下，提议立即召开六中全会，让王明、周恩来回延安参加会议。

1938 年 9 月 29 日这一天，扩大的六届六中全会在延安桥儿沟天主教堂举行。这是自 1934 年 1 月瑞金五中全会以来，党的领导集体在延安时期第一次正式的全体人员参加的盛会。

毛泽东代表中央作《论新阶段》的政治报告，这是会议的中心议题。毛泽东指出，中国抗日战争将进入一个新阶段。"抗日战争发展的新阶段同时即是抗日民族统一战线发展的新阶段。"为了使全党切实担当起历史重任，毛泽东号召共产党员要在民族战争中起模范作用。他强调，共产党员应是实事求是的模范，因为只有实事求是，才能完成确定的任务。

11 月 5 日，毛泽东作会议总结时，一针见血地指出王明"一切经过统一战线”的口号是不对的，是“自己把自己的手脚束缚起来，是完全不应该的”。他论述了民族斗争和阶级斗争的一致性，强调“我们的方针是统一战线中的独立自主，既统一，又独立”。这个独立自主的问题，在本质上就是统一战线中无产阶级领导权的问题。

毛泽东在全会上得到绝大多数同志的理解和拥护。全会确定敌后抗战总的战略部署是“巩固华北，发展华中”。全会决定撤销王明任书记的长江局，设立南方局和中原局，分别由周恩来和刘少奇领导，这样就消除了王明对这个地区的影响。

扩大的六届六中全会是一次具有重大历史意义的会议，它正确分析了抗日战争的形势，规定党在抗战新阶段的任务，为实现党对抗日战争的领导进行了全面的战略规划。它基本上纠正了王明的右倾错误，进一步巩固了毛泽东在全党的领导地位，统一了全党的思想和步调，推动了各项工作的迅速发展。因此，这次全会被毛泽东称为“是决定中国之命运的”。

参考文献

1. 周国全、郭德宏：《王明传》，安徽人民出版社 1998 年版。
2. 王东方：《中国革命的延安之路》，人民出版社 2019 年版。
3.《党的文献》编辑部编：《中共党史重大事件述实（增补本）》，人民出版社 2008 年版。

1939 年

“自己动手，丰衣足食”

抗日战争进入相持阶段后，由于日本侵略军的野蛮进攻和国民党顽固派的包围封锁，敌后各抗日根据地的军民处境十分困难。为了克服根据地日益严重的经济困难，毛泽东发出“自己动手”“组织起来”“生产自救”的号召，各抗日根据地掀起了轰轰烈烈的大生产运动。

发展生产渡过难关

1938 年 10 月，日本军队占领武汉后，逐步将主要军事力量转向中国共产党领导下的抗日根据地，实行烧光、杀光、抢光的“三光”政策。国民党蒋介石集团继续加紧反共摩擦，破坏抗日统一战线，包围封锁各抗日根据地，停发八路军、新四军经费。再加上华北等地连年遭受自然灾荒，整个抗日根据地财政经济发生极大困难，军队供给濒于断绝。有些地方抗日军民陷入没粮吃、没衣穿、没被盖、没经费的困境。

▼ 中共中央十分重视陕甘宁边区的巩固和建设，提出要把边区建设成为全国抗日民主的模范区。边区非常重视实行民主政治、加强边区党的建设、发展经济与文化教育事业。图为毛泽东在延安杨家岭询问农民的生产和生活情况。

▲毛泽东、朱德在延安。

面对极度经济困难，毛泽东说：饿死呢？解散呢？还是自己动手呢？饿死是没有一个人赞成的，解散也是没有一个人赞成的，还是自己动手吧——这就是我们的回答。

为克服经济上的严重困难，中共中央决定用自力更生的方式渡过难关。1939 年 2 月，中共中央在延安召开生产动员大会，毛泽东号召边区军民“自己动手，生产自给”，要求部队在不妨碍作战的条件下参加生产运动。随后，各抗日根据地纷纷响应，掀起了大规模的生产运动。

大生产运动首先是在陕甘宁边区展开的。在边区政府的号召下，党政军民学各方面人员都投入大生产的热潮中，部队、机关、学校根据不同情况，担负不同任务。中央领导同志更是起到模范带头作用，经常利用休

▲ 在日军和国民党蒋介石集团的经济封锁下，根据地实行精兵简政，开展大生产运动，做到了经济自给自足，使各解放区胜利渡过最困难的时期，有力地支持了抗日战争，也为以后根据地的扩大和大反攻奠定了有利基础，给党在后来对经济建设工作的领导积累了经验。图为八路军开展大生产运动。

息时间参与生产。

毛泽东、朱德虽然日理万机，但只要一有空就开荒种菜，缴纳公粮，身先示范解决"吃"的问题。毛泽东在杨家岭窑洞对面的山沟里，开垦了一块长方形的地，种上蔬菜。工作人员们要求为其代耕，但是毛泽东都不予接受。他说：我一定参加开荒，地点就选在我门口，只开一亩地，不多也不少。我还能自己动手，坚决不要人代耕。年近花甲的朱德处处以身作则，也在王家坪开垦了三亩菜地，栽种了白菜、水萝卜、菠菜、韭菜等十几种蔬菜。朱德是种菜能手，不但教年轻人耕种，还带头拾粪，一有空闲时间，就走进菜园里劳动。

周恩来和任弼时坚持在空闲时间积极纺线，积极解决边区人民群众

▲延安机关干部在大生产运动中纺线。

◂1944 年 9 月，中央警备团战士张思德（1915—1944），在大生产中因炭窑崩塌而牺牲，毛泽东在追悼会上发表《为人民服务》的讲演，指出："我们这个队伍完全是为着解放人民的，是彻底地为人民的利益工作的。""我们为人民而死，就是死得其所。"图为和战友一起烧炭的张思德（左）。

“穿”的问题。周恩来当时虽然右手有伤，但仍然坚持学习纺线，摇着第三五九旅王震旅长从南泥湾送来的纺车，一边劳动一边积极地向纺线技术好的同志学习，不断钻研纺线技术。他不但在短时间内掌握了纺线的整套技巧，还和任弼时一起领导大家总结经验、提高效率。二人还参加中央直属机关纺线比赛，任弼时夺得第一名，周恩来被评为纺线能手。

在中共领导人的率先垂范之下，大生产运动迅速发展。边区许多部队粮食、经费达到全部自给，实现了“自己动手，丰衣足食”的目标。这不仅支持了艰苦的抗战，而且积累了经济建设的经验，培养了一大批经济工作干部。

打造“陕北的好江南”

1941 年春，根据中共中央开展大生产运动的指示精神，朱德总司令亲赴南泥湾实地勘察。朱德跋山涉水，亲自勘察和选点，对南泥湾的情况有了初步了解。

南泥湾位于延安城约 45 公里处，曾经水源充足，人烟稠密，土地肥沃。到了清朝同治年间，因回汉民族互相残杀，加上军阀横行、土匪抢劫，导致这里变成了一片荒山野岭的“烂泥湾”。“南泥湾”之名也由此而来。

不久，中共中央令王震率领的三五九旅第 717 团、第 719 团，开赴

▲ 1941 年 3 月，八路军三五九旅在旅长王震率领下在延安南泥湾开展了大生产运动。图为 1942 年，朱德（右三）、贺龙（右四）在王震（右二）陪同下视察南泥湾。

荒无人烟但土质肥沃、适合开垦的南泥湾。他们遵照朱德提出的“敌人来了就战斗，敌人不来就生产”的指示，一边守卫延安南大门，一边实行屯田政策，开展生产自给运动。

三五九旅在缺乏资金、工具的困难情况下，发扬自力更生、奋发图强的精神，一面开挖窑洞解决住宿问题，一面勘察开荒地区，学习耕作技术，制作生产工具。从旅长王震到每一个战士，人人动手开荒种田。但是，让扛枪打仗的战士们种地，难免会产生一些思想波动。有的战士认为，当兵是来打日本鬼子的，不是来种地的，而且后方生产不如在前方打仗光荣。为了缓解战士们的消极情绪，王震组织部队利用农闲的时节，开展大练兵活动。

部队还开展你追我赶的劳动竞赛，一名叫李位的模范班长，在一次开荒竞赛中，创造了日开荒三亩六分七的最高纪录。之后，随着生产工具

▲八路军三五九旅在南泥湾开荒时的情景。

的改良，又涌现出了一位名叫郝树才的战士，以一天开荒四亩二分三的成绩，被毛泽东亲切地称为“气死牛”。

经过几年奋战，南泥湾的面貌得到根本改变，开发成了“陕北的好江南”。毛泽东在 1943 年秋到南泥湾视察，被眼前“到处是庄稼，遍地是牛羊”的景象吸引。他高兴地说：国民党要困死我们、饿死我们，他们越困，你们越胖了。三五九旅奋战南泥湾的英雄事迹也极大地鼓舞了解放区全体军民的生产热情，敌后抗日根据地的军民也纷纷提出要“创造敌后南泥湾”，南泥湾精神在各解放区开花结果。

参考文献

1. 陈福荣：《南泥湾精神》，人民日报出版社 2020 年版。
2. 中央文献研究室编：《朱德传》，中央文献出版社 2006 年版。
3. 米晓蓉、刘卫平：《陕甘宁边区大生产运动》，陕西师范大学出版社 2004 年版。

017

1940 年

毛泽东发表《新民主主义论》

为了批驳国民党顽固派的反共宣传，回答“中国向何处去”的问题，毛泽东发表《新民主主义论》。此前，他还写了《〈共产党人〉发刊词》《中国革命和中国共产党》等重要理论著作。这些著作科学分析了中国的社会性质、中国革命的历史特点和革命发展的基本规律。

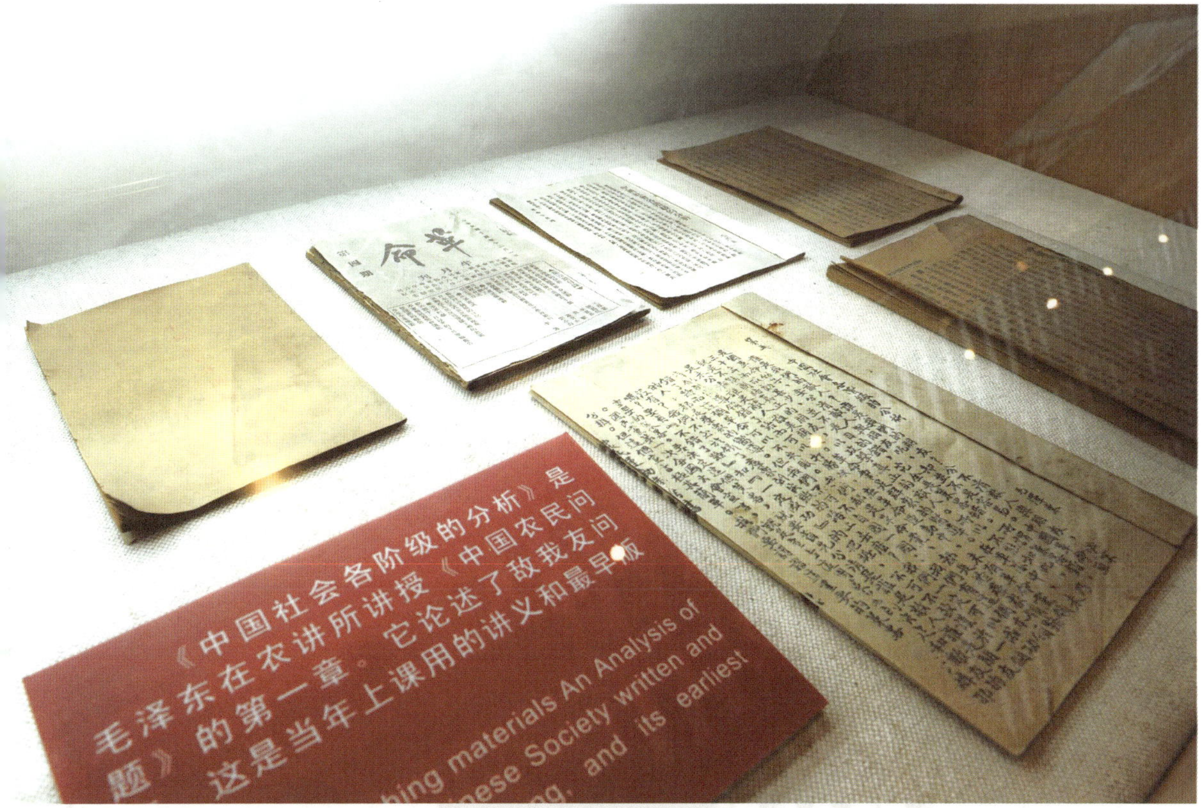

▲ 广州毛泽东同志主办农民运动讲习所旧址纪念馆内陈列的毛泽东当年讲述《中国社会各阶级的分析》的讲义。（新华社记者刘大伟 2011 年 5 月 26 日摄）

回答“中国向何处去”的问题

1939 年底，毛泽东夜以继日地撰写《新民主主义的政治与新民主主义的文化》（之后改名为《新民主主义论》）。他决定把中国革命的前途进一步具体化，描绘出新民主主义国家的每一个方面，对新民主主义理论进行完善。

早在 1926 年，毛泽东在《中国社会各阶级的分析》中，就提出“新民主主义理论”的思想；1939 年 5 月，《青年运动的方向》一文表达得更为具体，中国革命的目的是打倒帝国主义和封建主义，建立一个人民民主的共和国；1939 年 10 月，《〈共产党人〉发刊词》提出了马克思列宁主义与中国革命具体实践相结合的原理，并阐明了中国革命的基本问题，为新民主主义的诞生奠定了理论和实践基础；1939 年 12 月，《中国革命和中国共产党》第一次提出“新民主主义”一词，并阐述了它的基本思想。

毛泽东之所以将中国共产党人自己的理论成果命名为新民主主义理论，有一个特殊的历史背景。全国抗战爆发以后，中国共产党从原来遭受反动派严密封锁的狭小天地里走出来，变成全国性的大党，公开走上全国政治生活的大舞台，受到人们越来越密切的关注。全国各阶级、各阶层都渴望了解中国共产党对时局和中国未来前途的看法。

为了建立和巩固抗日民族统一战线，国共两党实现了第二次合作。中共对抗日民族统一战线是真心拥护的，而国民党顽固派自抗战进入相持阶段后，不断在军事上制造反共摩擦。面对“中国向何处去”的问题，中国共产党必须表明自己的立场和观点，在全国人民面前旗帜鲜明地提出区别于其他政党的政治主张来。

因此，不仅要与国民党的三民主义划清界限，也要明确告诉世人，中国共产党要走一条独特的适合中国国情的革命道路。在新民主主义理论提出之前，许多人对于抗战胜利后要建立一个什么样的新中国，采取什么样的建国方略和方针政策，心里是不清楚的。正是在这样的背景下，毛泽东系统论述了新民主主义理论。

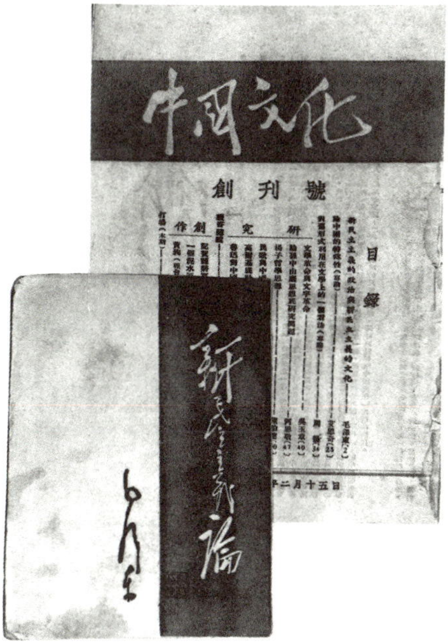

◂《新民主主义论》最先发表在 1940 年 2 月 15 日延安出版的《中国文化》创刊号杂志上。左下角是最早在延安出版的《新民主主义论》。

《新民主主义论》把长期以来云遮雾罩的“中国向何处去”的问题，开门见山地摆在了人们面前。它告诉全国人民，中国共产党现在进行的是新民主主义革命，革命的直接目的是建立新民主主义的共和国，通过新民主主义走向社会主义，这就为人们描绘了一幅清晰的革命路线图。

《新民主主义论》的发表

1940 年 1 月 9 日的延安，正值冬季。中午的阳光使人感到暖和，延河里结的厚冰上也化出了一层润滑的水。

在陕甘宁边区文化协会第一次代表大会的会场上，气氛十分热烈。全场五六百听众认真聆听着《新民主主义的政治与新民主主义的文化》的演讲。主席台上一位身材高大、身着普通灰布棉军装的同志，慷慨激昂地讲演着，台下还不时传来阵阵掌声。这位演讲者正是毛泽东。

2 月 15 日，这篇著名演讲在延安出版的《中国文化》创刊号上刊登。同月 20 日，又由在延安出版的《解放》第 98、99 期合刊登载时，题目改为《新民主主义论》，文内各部分加了小标题，后收入《毛泽东选集》第二卷。

这篇文章的发表标志着马克思列宁主义基本原理同中国具体实践相结合的毛泽东思想，有了进一步的发展。毛泽东科学地阐明了当时国际、国内阶级关系的变化，总结中国革命经验，划清了新民主主义革命与旧民主主义革命的根本区别，提出了中国革命必须分两步走，规定了新民主主义革命阶段的路线、政策，因而解决了由新民主主义阶段进入社会主义革命阶段的重大理论问题，批判了“一次完成论”，以及顽固派关于在中国建立资产阶级专政的梦想，这就统一了当时全党和全国人民的思想，推动了中国革命的历史进程。

在这次演讲中，毛泽东明确提出中国共产党在新民主主义革命阶段的基本纲领，即：在政治上，要推翻帝国主义和封建主义的压迫，建立一个“在无产阶级领导下的一切反帝反封建的人们联合专政的民主共和国，这就是新民主主义的共和国”；在经济上，“大银行、大工业、大商业，归这个共和国的国家所有”，没收地主土地，分配给无地和少地的农民，并引导农民发展合作经济；在文化上，则是废除封建买办文化，发展“民族的科学的大众的文化”。

在演讲的结束语中，毛泽东向人民呼唤：“举起你的双手吧，新中国是我们的。”伴随着他的豪迈宣言，大家心中的迷惑一扫而光，对中国革命前景也充满了必胜的信心。

参考文献

1. 中央文献研究室编：《毛泽东传》，中央文献出版社 2011 年版。
2. 中共中央宣传部新闻局：《马克思主义新闻工作文献选读》，人民出版社 1990 年版。
3.《新民主主义论》，人民出版社 1952 年版。

1941 年

延安整风

延安整风运动开始于 1941 年 5 月，以毛泽东在延安高级干部会议上作《改造我们的学习》报告为标志，至 1945 年 4 月党的六届七中全会通过《关于若干历史问题的决议》，使全党尤其是党的高级干部对中国民主革命的基本问题的认识达到在马克思列宁主义基础上的一致，整风运动宣告胜利结束。

▲ 1941 年 5 月，毛泽东在延安高级干部会议上作《改造我们的学习》的报告。1942 年 2 月，毛泽东先后作《整顿党的作风》和《反对党八股》的讲演。整风运动在全党普遍展开。全党普遍整风的内容是反对主观主义、宗派主义、党八股，以树立马克思主义的作风。图为 1942 年春，毛泽东在军事高级干部会议上作报告。

整风运动的准备

开展整风运动需要一定的主观和客观条件。1941 年前后，这些条件已经具备。这时，已经形成了以毛泽东为核心的中共中央的正确领导；已经有一批比较了解党的历史经验教训的骨干；党在思想上、理论上已经有了最基本的准备；敌后斗争虽然处于困难阶段，但总的斗争形势变化较

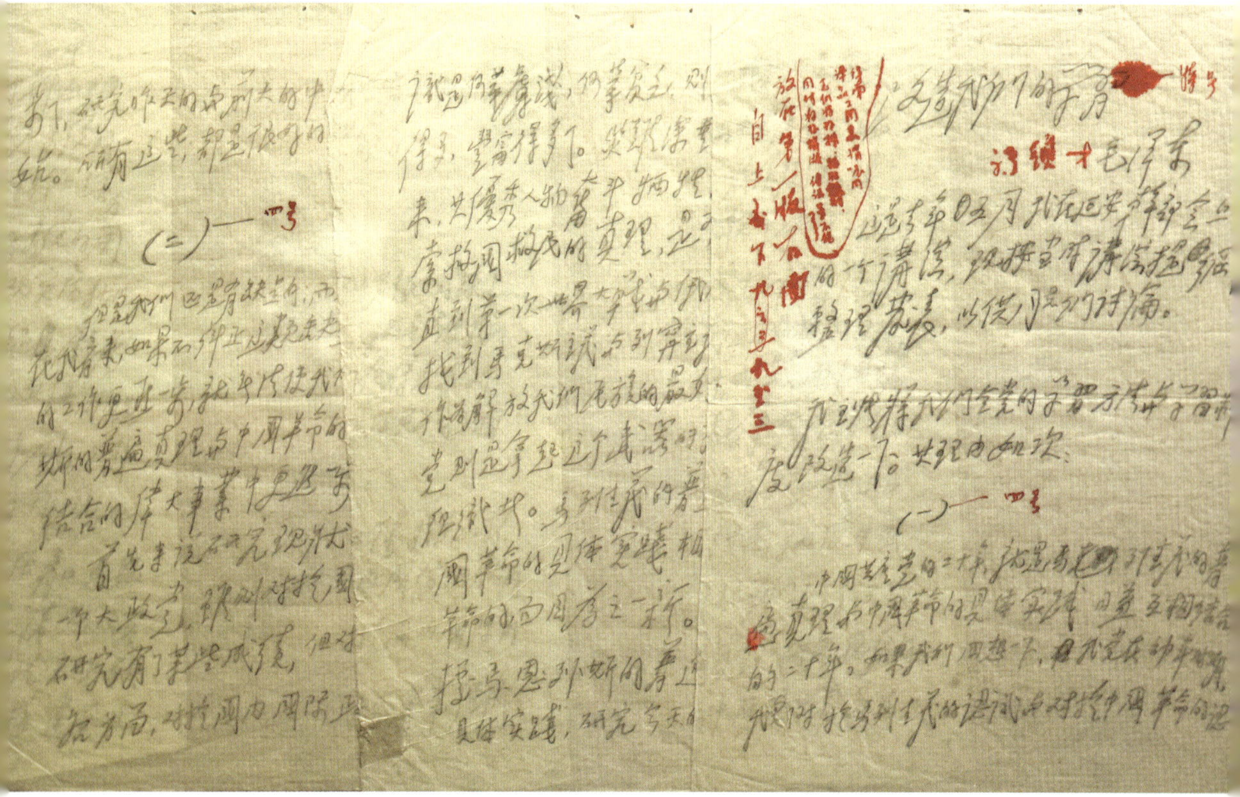

▲ 延安整风运动时期毛泽东所著《改造我们的学习》手稿。

小，特别是中央所在地陕甘宁边区的局势比较稳定。因此，有可能集中精力进行一次整风运动。

整风运动分为两个层次进行：一个是党的高级干部的整风，一个是一般干部和广大党员的整风。重点是党的高中级干部特别是高级干部的整风。

1941 年 5 月，毛泽东在延安高级干部会议上作《改造我们的学习》的报告，深刻地论述了马克思列宁主义基本原理同中国革命具体实际相结合的原则，尖锐批判了主观主义作风，号召全党注重调查研究，树立理论和实际相统一的马克思主义作风。

7 月和 8 月，中共中央作出《关于增强党性的决定》和《关于调查研究的决定》，号召全体党员和干部开展调查研究，坚持实事求是的原则，遵守党的纪律，加强党的团结，从思想上、政治上、组织上克服各种不良倾向和作风。

9 月 10 日至 10 月 22 日，中共中央在延安召开政治局扩大会议（即九月会议），通过检讨历史上和延安工作中的主观主义和宗派主义，初步统一了中央领导层的思想，为下一步的整风奠定了认识上的前提；会议决定在高级干部中开展整风，用理论和实践相统一的方法，研究马列主义的思想方法和党的历史，以克服错误思想，提高党的高级干部的理论。

9 月 26 日，中共中央决定成立中央学习研究组，毛泽东任组长，王稼祥任副组长，组织在延安的高级干部学习马克思列宁主义理论，总结党的历史经验。各地积极筹备成立高级学习组，学习党的六大以来党的历史文件，研究党的六大以来的历史，学习研究马克思列宁主义的思想方法论。为此，中共中央书记处编印了《马恩列斯思想方法论》和《六大以来》等学习文件。这样，就为全党普遍整风做了重要的准备。

全党普遍整风

毛泽东先后在 1942 年 2 月 1 日中央党校的开学典礼、2 月 8 日的宣传工作会议上，作《整顿党的作风》和《反对党八股》的报告，这两个报告实际上是发动全党整风的动员报告。延安整风在全党普遍开展起来。

全党普遍整风的内容是反对主观主义、宗派主义、党八股，以树立马克思主义的作风。反对主观主义以整顿学风，是整风运动最主要的任务。党的历史上反复出现的“左”倾、右倾错误，从思想根源来说都是主观主义，其主要表现形式是教条主义和经验主义。主观主义的实质是理论脱离实际，它颠倒了认识和实践的关系，是实际工作中的唯心主义。为此，毛泽东提出，我们要在党内发动一个启

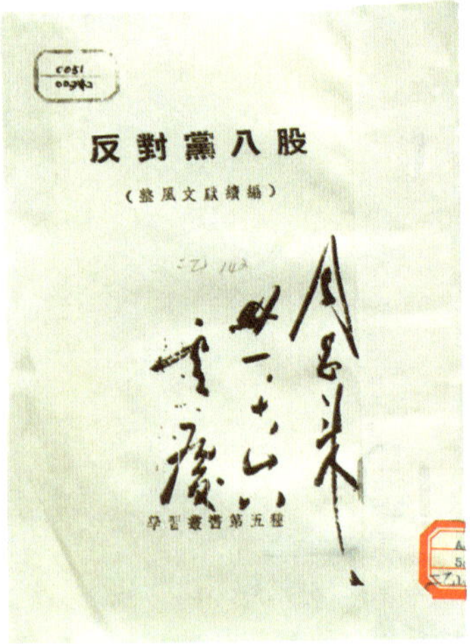

▲ 延安整风期间，毛泽东作“整顿三风”报告，并主持编辑党的历史文献。图为当时出版的整风文献。

蒙运动，使我们同志的精神从主观主义、教条主义的蒙蔽中间解放出来。

要克服主观主义，必须以科学的态度对待马克思主义，发扬理论联系实际的马克思主义的学风，一切从实际出发，实事求是。毛泽东对“实事求是”这个成语作了新的解释。他说：“实事”就是客观存在着的一切事物，“求”就是我们去研究，“是”就是客观事物的内部联系，即规律性。我们要从国内外、省内外、县内外的实际情况出发，从其中引出固有的而不是臆造的规律性，即找出周围事物的内部联系，作为我们行动的向导。这样，实事求是就成为党的马克思主义的思想路线的通俗而又生动的表述。

1941 年 8 月，中共中央作出《关于调查研究的决定》及《关于实施调查研究的决定》。调查研究作为中国共产党的一项重要的工作制度被确立起来，调查研究在党内蔚然成风。

反对宗派主义以整顿党风，是整风运动的另一个重要任务。遵义会议以后，宗派主义在党内已不占统治地位，但它的残余依然存在。对于党内的宗派主义残余，如山头主义、小团体主义、不团结等，必须加以反对。同时，在党外关系上，必须消除看不起党外人士的倾向。

反对党八股以整顿文风，是整风运动的又一个重要任务。党八股是主观主义和宗派主义的宣传工具和必然的表现形式。不清除党八股，不能启发生动活泼的革命思想，不能发扬实事求是的精神，主观主义、宗派主义就还有藏身之地。

整风的方法，是认真阅读整风文件，联系个人的思想、工作以及自己所在地区部门的工作进行检查，开展批评和自我批评。整风运动贯彻“惩前毖后，治病救人”的方针。这是毛泽东在总结前期党内斗争教训的基础上提出的，后来成为党处理内部矛盾的一个基本方针。

总结党的历史经验

1943 年 10 月，中共中央决定高级干部进一步研究和讨论党的历史问题，延安整风由此转入第三阶段。这一阶段的主要任务是对党的历史经验，特别是党在历史上几次大的路线错误进行全面、系统的总结并作出结论。

从遵义会议到六届六中全会，中国共产党批判并纠正了王明在土地革命战争后期的“左”倾错误和抗战初期的右倾错误。但是，由于没有来得及在全党范围内对党的历史经验进行系统总结，特别是没有从思想路线的高度对产生历次“左”倾和右倾错误的根源进行深刻的总结，所以全党在指导思想上仍然存在一些分歧。

毛泽东在中央学习组专门作了《如何研究中共党史》的报告，明确提出：“如果不把党的历史搞清楚，不把党在历史上所走的路搞清楚，便不能把事情办得更好。”这一阶段，毛泽东亲自主编的《六大以来》《六大以前》《两条路线》几部党史文件汇编，在延安整风中发挥了重要作用。党的高级领导干部围绕过去的党史问题展开了热烈的学习和讨论。

在深入总结历史经验的基础上，1944 年 5 月 21 日至 1945 年 4 月 20 日，中共中央在延安举行扩大的六届七中全会，通过了《关于若干历史问题的决议》，对党内若干重大的历史问题作出正确的结论，使全党尤其是党的高级干部对中国民主革命的基本问题的认识达到在马克思列宁主义基础上的一致。决议的通过，标志着整风运动胜利结束。

整风运动是一次深刻的马克思主义思想教育运动，收到了巨大的成效。通过整风运动，实现了在以毛泽东同志为核心的中共中央领导下，全党新的团结和统一，为抗日战争的胜利和新民主主义革命在全国胜利奠定了重要的思想基础。

参考文献

1.《胡乔木回忆毛泽东》，人民出版社 1994 年版。
2. 萧一平：《延安整风运动——回忆与研究》，中央文献出版社 2012 年版。
3. 中国延安干部学院：《延安时期的党内政治生活》，党建读物出版社 2020 年版。

1942 年

延安文艺工作者座谈会

针对延安文艺界在整风运动中暴露的问题，中共中央于 1942 年 5 月召开延安文艺座谈会。毛泽东在会上发表讲话，全面总结五四运动以来中国革命文艺运动的历史经验，深刻阐明和发展了马克思主义的文艺理论，为中国革命文艺的发展指明了正确方向。他强调：“我们的文学艺术都是为人民大众的，首先是为工农兵的。”会后，文艺界开始整风学习。

▲1942 年 5 月 2 日至 23 日，中共中央在延安杨家岭召开文艺工作者座谈会，史称延安文艺座谈会。延安文艺座谈会深刻影响了 20 世纪中国文艺的发展轨迹。毛泽东提出了文艺为什么人服务和如何服务的问题：为什么人的问题是一个根本的问题、原则的问题。我们的文艺，是为最广大的人民大众服务的。图为毛泽东、朱德等中央领导同志与参加延安文艺座谈会的文艺工作者们合影。

鲁迅艺术学院创立

抗日战争爆发后，大批具有进步思想的知识分子通过不同的渠道，陆续奔赴延安，加入民族解放的革命队伍中。中国共产党对知识分子参加革命也是持开放、欢迎的态度。

1938 年初，来自上海的救亡演剧队、北平的学生流动宣传队、陕甘宁边区抗战剧团、延安抗大、陕北公学等单位的文艺爱好者以及延安文艺界人士共同创作了四幕大型话剧《血祭上海》，这部话剧在延安连续公演了 20 天，在城内引起了不小的轰动。

随后，中共中央宣传部设宴，招待参加此次创作和演出的全体人员，毛泽东、张闻天、李富春、陈云等出席了宴会。席间氛围十分融洽，最后有人提议，此次的演出团体来自五湖四海，大家聚集起来很不容易，最好以此为基础，在延安创办一所艺术学校。参加宴会的众人纷纷表示支持这个提议。

不久，中共中央便发布了延安鲁迅艺术学院《创立缘起》，并且决定以鲁迅的名字来命名新成立的艺术学院。毛泽东曾风趣地说，我们有两支军队，一支是朱总司令的，一支是鲁总司令的。这里的鲁总司令就是指伟大的文学家、思想家、革命家鲁迅。此时，鲁迅已于 1936 年 10 月病逝，但是作为五四新文化运动的旗手和中国文化革命主将，他的影响力十分巨大。

1938 年 4 月 10 日，鲁迅艺术学院举行成立典礼。毛泽东等中共中央领导人亲临参加。毛泽东把从上海等地来到陕甘宁边区的文化人称为“亭子间的人”，把来自井冈山等革命老根据地的文化人称为“山顶上的人”，认为鲁迅艺术学院的创立使这两部分人形成了统一战线。毛泽东还认为成立鲁艺就是为了“组织十年来的文化成果，训练起万千的文化干部，送到全国各战线上去工作”。

4 月底，毛泽东再次来到这里，作了一次重要的讲话。他强调了艺术上的政治立场是不能放弃的；艺术作品要有内容，要适合时代的要求、大众的要求；鲁迅艺术学院要造就有远大的理想、丰富的生活经验、良好的艺术技巧的一派艺术工作者。

毛泽东的讲话，给鲁艺确定了正确的教学方针和办学方向。鲁艺先后设立了文学、戏剧、音乐、美术等系，为根据地培养了一批杰出的文艺人才，极大丰富了根据地军民的文化生活。1939 年 5 月，毛泽东为鲁迅艺术学院周年纪念题词时，写道：“抗日的现实主义，革命的浪漫主义。”鲁艺中许多人后来成为新中国文学艺术工作的骨干。

▲1942 年，延安鲁迅艺术学院合唱队首次演出人民音乐家冼星海的《黄河大合唱》。

知识分子不合时宜的问题

当时涌进延安的大多数文艺工作者，由于刚到革命根据地不久，还不熟悉根据地的氛围和环境，对根据地缺乏深入认识。他们自身还没有真正完成向无产阶级的转化，容易脱离群众，从而暴露出许多问题。

整风运动前，延安文艺界出现了一些不良倾向。比如，在政治与艺术的关系问题上，有的文化人认为艺术应该脱离政治，或者超越政治之上，认为作家应该不需要立场，即延安的作家可以不要马列主义的立场、观点，有了马列主义妨碍写作。还有的人认为，描写光明就是歌功颂德，对于抗战与革命则要“暴露黑暗”。一些从国统区来到延安的文艺工作者，沿袭着鲁迅式的“讽刺笔法”，采取批判现实主义的创作方法，主张“暴露黑暗”而不歌功颂德。有人提出要通过“暴露黑暗”的方法来反映事物的面目，甚至认为写光明就会变成公式主义。《解放日报》的文艺专栏和一些文艺刊物上经常有这样主张的文章发表。

1939 年，鲁迅艺术学院提出“关门提高”的办学方针，文艺工作者越来越脱离群众。鲁艺所在地桥儿沟虽然紧挨着农民的场院，但是大多数师生不与农民打交道。鲁艺的舞台充满了大戏、洋戏，许多作品与革命战斗的需要不相符合。

文艺创作上的问题集中表现在作品多是“小资产阶级的自我表现”。许多刚来到延安参加革命、开始新生活不久的文艺工作者，成长于小资产阶级家庭，朋友又大多是知识分子，所以他们熟悉知识分子的经历和感受，在创作时容易把知识分子作为描写对象，而不善于表现工农兵。

此外，文艺家、知识分子在思想情感上没有经过改造，对于工农兵缺少一定的认识和情感交流，在思想上不认同。有的文章不仅对小资产阶级知识分子怀有同情和维护的心态，还描摹了他们的空虚寂寞、苦闷无聊的境地，这样就把原本需要抛弃的东西当作美好事物来宣扬。有的作品甚至歪曲、贬低和丑化工农兵形象。

延安文艺界暴露出来的问题引起了许多干部的强烈不满。用很多老革命的话说，知识分子还没有大量涌入之前，延安很单纯、很宁静，知识分子一来，各种矛盾、各种麻烦就接踵而至。经过调查研究，党中央决定采取学习、整风的方式，教育和引导文艺界。

延安文艺界新气象

为了顺利召开延安文艺界座谈会，从而正确制定党的文艺方针和政策，毛泽东事先做了大量的准备工作。毛泽东不仅多次给文艺界人士写信，还找了一些作家进行当面谈话，收集当时文艺界的情况，听取相关汇报。

1942 年 4 月，毛泽东约请艾青交谈，艾青认为毛泽东应当出来讲讲话。过了几天，艾青将毛泽东委托他收集的文艺方面的意见材料交给毛泽

▲ 党中央把发展抗日的革命文化运动提上重要议事日程，各级党组织还普遍建立干部在职学习制度，对提高干部的政治、文化素质起到了重要作用。同时，加强新华社、新华广播电台、党报党刊等舆论阵地建设，大力发展文学创作和戏剧演出。图为 1945 年延安鲁迅艺术学院演出的《白毛女》。

东，并经修改成文发表在《解放日报》上。接着，毛泽东又三次约请刘白羽谈话，还约请在鲁艺任教的何其芳、严文井、周立波、曹葆华、姚时晓交谈。毛泽东前后共约请了几十位文艺家谈心。通过交谈，毛泽东对中国革命文艺的方向有了更加完整的构想。

1942 年 5 月 2 日下午 1 时半，延安文艺座谈会第一次会议召开。会场气氛十分活跃，大家争相发言。在此后的 20 多天里，延安文艺座谈会开了 3 次大会，把文艺方面对的、错的事情都讲出来，由文艺界讨论解决。

5 月 23 日，文艺座谈会闭幕。毛泽东在闭幕会上对这次大会进行了总结讲话。他把文艺工作中存在的问题高度概括为“一个为群众的问题和一个如何为群众的问题”。这实际上抓住了问题的本质和核心。朱德也作了重要讲话，号召大家多写反映前方的斗争、反映后方的生产斗争的通讯和报告文学。针对“不写歌功颂德的文章”的说法，朱德理直气壮地说：共产党、八路军就是有功有德，为什么不该歌、不该颂呢？

毛泽东、朱德等在文艺座谈会上的讲话，使许多人在思想上豁然开朗。会后，广大文艺工作者一扫过去脱离实际的不良风气，深入群众、深入基层、深入敌后根据地，创作了《白毛女》《兄弟开荒》《夫妻识字》《逼上梁山》《王贵与李香香》等一大批深受工农群众欢迎的文艺作品，发挥了文艺在革命斗争中的积极作用。

参考文献

1.《毛泽东文艺论集》，中央文献出版社 2002 年版。
2. 孙国林编著：《延安文艺大事编年》，陕西师范大学出版社 2016 年版。
3. 高杰：《延安文艺座谈会纪实》，陕西人民出版社 2013 年版。

1945 年

把毛泽东思想确立为全党的指导思想

从 1928 年中共六大到 1945 年中共七大，长达 17 年，是历次党的代表大会中间隔最长的。经过艰难曲折，党的力量有了很大发展。1945 年 4 月 23 日至 6 月 11 日，中国共产党第七次全国代表大会在延安杨家岭中央大礼堂隆重举行。

通过《关于若干历史问题的决议》

在全党整风的基础上，为党的七大的召开做进一步准备，中共扩大的六届七中全会于 1944 年 5 月 21 日至 1945 年 4 月 20 日在延安召开。

起草《关于若干历史问题的决议》（以下简称《决议》）是七中全会期间中共中央为准备党的七大所做的一项重要工作，是对党的历史经验的总结，是全党智慧的结晶。为了起草与修改《决议》，全会成立专门委员会。任弼时为召集人，负责《决议》的起草、修改工作。同时，参与修改工作的还有胡乔木、张闻天。毛泽东十分关心这个决议的起草。1945 年春天，他在张闻天修改后的稿子基础上，前后进行 7 次修改。

讨论并通过《关于若干历史问题的决议》，本来是党的七大的重要议事日程。为了使党的七大能集中精力讨论抗战建国方针问题，在毛泽东的提议下，《决议》提前在七中全会上讨论通过。

4 月 20 日，任弼时主持召开七中全会最后一次会议。会议讨论并通过了朱德准备的军事工作报告，原则上通过了《关于若干历史问题的决议》。

由于会前毛泽东、任弼时等开展了大量细致的准备工作，所以会议进行得很顺利。博古等在发言中真诚地表示拥护这个决议，并向那些曾经受过错误路线迫害的同志道歉。任弼时在发言中坦率地谈到他对毛泽东的认识过程，特别提到："皖南事变后毛对政策的掌握，直至整风中的思想领导，使我产生了佩服和信赖。"经过其他同志做工作，王明写信给任弼时，请他阅转毛泽东和扩大的六届七中全会各位同志，表示赞同历史决议，高度赞扬了毛泽东及毛泽东思想的正确与功绩，并检查了自己在土地革命战争时期的错误。

中共扩大的六届七中全会的召开和《关于若干历史问题的决议》的通过，标志着整风运动的胜利结束。《决议》肯定了毛泽东的领导地位，加强了全党在毛泽东思想基础上的团结，为党的七大的召开创造了良好的思想条件，也为后来的理论研究学习提供了极好的材料。

“团结的大会，胜利的大会”

1945 年 4 月 23 日，在长达 11 个月的六届七中全会结束的第三天，中共七大终于开幕了。出席大会的 547 名正式代表和 208 名候补代表，肩负着全国 120 万党员的重托，充满信心地走进延安杨家岭中央大礼堂。

这次代表大会一开就是 50 天，成为党的历次代表大会中会期最长的一次。另外，早在 1943 年 5 月 25 日，共产国际作出了解散的决定。因此，中共七大是没有共产国际代表参加和指挥的大会。

党的七大的第一阶段议程，主要是听取大会报告，进行大会讨论和发言。毛泽东向大会作题为《论联合政府》的政治报告，报告提出当前最重要、最迫切的任务是立即废止国民党一党专政，建立民主联合政府。接

▲党的七大会场。

▲1945 年，党的七大代表在延安合影。

▲ 1945 年 4 月至 6 月，中国共产党第七次全国代表大会在延安召开。毛泽东向大会提交《论联合政府》政治报告并作口头报告，朱德作《论解放区战场》军事报告，刘少奇作《关于修改党章的报告》，周恩来作《论统一战线》发言。图为毛泽东在大会上讲话。

▲ 1945 年 6 月 19 日，七届一中全会选出 13 名中央政治局委员，选举毛泽东、朱德、刘少奇、周恩来、任弼时为中央书记处书记，毛泽东为中央委员会主席、中央政治局主席、中央书记处主席。8 月，中央政治局会议决定毛泽东为中央军事委员会主席，朱德等为副主席。这就使全党在组织上达到了空前的团结和统一。图为周恩来、毛泽东、刘少奇、朱德在大会主席台上（前排右起）。

下来，朱德作《论解放区战场》的军事报告，刘少奇作《关于修改党章的报告》，周恩来作《论统一战线》的讲话。

党的七大原本没有安排那么多次会议，也没有准备那么多发言。由于代表们要求强烈，大会主席团作了专门讨论，决定延长会期。代表们几乎都在不同的会议上发了言，发言内容也十分广泛，涉及政治、军事、思想、民族、根据地工作、城市工作、白区工作，甚至还有机要通讯工作，可谓包罗万象。

在听取了报告并进行几天讨论后，大会进入第二阶段议程，对三个报告的讨论作总结，并酝酿和选举新的中央委员会。大会充分发扬了民主，采取无记名投票方式，选举产生了新的中央委员会。这样的选举方式，在党的历史上尚属首次。最终，大会选出了中央委员 44 名、候补中央委员 33 名。值得一提的是，好多人不愿意选王明等人，中央做说服工作，结果王明当选为中央委员的最后一名。这就是中国共产党人的宏大气魄，以及不断发展壮大的内因。

6 月 11 日，党的七大在团结与胜利的氛围中闭幕。6 月 19 日，七届一中全会选出 13 名中央政治局委员，选举毛泽东、朱德、刘少奇、周恩来、任弼时为中央书记处书记，毛泽东为中央委员会主席。由此，党的第一代中央领导集体形成了。

中共七大是党在新民主主义革命时期召开的一次极其重要的全国代表大会。它总结了中国新民主主义革命 20 多年曲折发展的历史经验，制定了正确的路线、纲领和策略，克服了党内的错误思想，使全党特别是党的高级干部对于中国民主革命的发展规律有了比较明确的认识，从而使全党在马克思列宁主义、毛泽东思想的基础上达到了空前的团结。党的七大以“团结的大会，胜利的大会”载入党的史册。

确立毛泽东思想为党的指导思想

中共七大通过的《中国共产党党章》明确地规定：“中国共产党，以马克思列宁主义的理论与中国革命的实践之统一的思想——毛泽东思想，作为自己一切工作的指针，反对任何教条主义的或经验主义的偏向。”将毛泽东思想确定为党的指导思想并写入党章，是中共七大的历史性贡献。

“毛泽东思想”这一科学概念的形成，经历了一个过程。1941 年 3 月，党的理论工作者张如心用了“毛泽东同志的思想”的提法。同年 6 月，中共中央北方局、八路军野战政治部指示：要宣传“我党领袖毛泽东同志发展了马列主义的关于中国革命的各项学说和主张”。9 月，中央政治局召开的扩大会议进一步肯定了毛泽东关于中国革命的理论。1942 年 7 月 1 日，朱德发表文章指出：“我们党已经积累下了丰富的斗争经验，正确的掌握了马列主义的理论，并且在中国革命的实践中创造了指导中国革命的中国化的马列主义的理论。”陈毅则在文章中比较全面地用马克思主义解决论述了党革命实践中创立了“正确的思想体系”。1943 年 7 月 5 日，王稼祥在中国革命问题的新创《中国共产党与中国民族解放的道路》一文中，首先使用“毛泽东思想”，指出“毛泽东思想就是中国的马克思列宁主义”。与此同时，刘少奇号召全党“用毛泽东的思想来武装自己”，把毛泽东同志的指导贯彻到一切工作环节和部门中去，用毛泽东同志的思想体系去清算党内机会主义思想。

中共七大确定毛泽东思想为党的指导思想，是近代中国历史和人民革命斗争发展的必然选择。高举毛泽东思想的伟大旗帜，对统一全党的思想，指导全党的行动，实现党的政治路线，具有重要而深远的意义。为此，中共七大号召全党掀起学习毛泽东思想的高潮。全党同志在毛泽东思想的指引下，团结一致，为夺取抗日战争的最后胜利和新民主主义革命在全国的胜利英勇奋斗。

参考文献

1.《毛泽东文集》第三卷，人民出版社 1996 年版。

2. 钱震华、程维荣：《新民主主义革命时期中国共产党党内法规》，生活·读书·新知三联书店 2018 年版。

3. 李蓉：《为新中国奠基：中共七大纪事》，人民日报出版社 2018 年版。

021

1945 年

为避免内战、争取和平而努力

从战略防御、战略相持，到战略反攻，经过八年浴血奋战，中国军民用3500 万人伤亡的代价，将日本侵略军赶了出去。这是自 1840 年以来，中国人民在反侵略战争中，第一次获得完全的胜利。可是在中国战场上，战斗非但没有结束，反而变得更加激烈。为避免内战、争取和平，1945 年 8 月29 日至 10 月 10 日，中国共产党同国民党政府在重庆进行了为期 43 天的和平谈判，史称重庆谈判。

▲ 1945 年 9 月 2 日，日本投降的签字仪式在停泊于日本东京湾的美国战列舰“密苏里”号上举行。图为当时日本陆军参谋总长梅津美治郎在日本投降书上签字的情形。左一为美国太平洋战区最高统帅麦克阿瑟。

日本宣布无条件投降

1945 年上半年，世界反法西斯战争进入最后胜利阶段。4 月，联合国制宪会议在旧金山举行，包括中国解放区代表董必武在内的中国代表团出席了会议。中国成为联合国的创始国之一和五个常任理事国之一。5 月 2 日，苏联红军攻克柏林；8 日，德国法西斯战败投降。

在同盟国军队于各战场陆续转入战略反攻和战略进攻后，中国战场于 1943 年秋季起逐步转入战略反攻。1944 年至 1945 年春夏，中国共产党领导人民军队在敌后战场发起此起彼伏、连续不断的攻势作战，对日军占领的点线包围得越来越紧，打通了许多解放区之间的联系，逐步实现由游击战向运动战的转变，为转入全面反攻创造了重要条件。沦陷区城市党组织积极开展瓦解日、伪军工作，组织地下军，准备发动武装起义，里应外合，配合反攻。

1945 年 7 月 26 日，中、美、英三国发表《波茨坦公告》，敦促日本投降。8 月 6 日和 9 日，美国先后在日本的广岛和长崎各投下一枚原子弹。8 月 8 日，苏联发表对日作战宣言。9 日，苏联红军开赴中国东北战场，同中国军民一道对日作战。

根据延安总部的指示和命令，各抗日根据地军民向日、伪军发起猛烈的全面反攻，很快就解放了大片国土。8 月 15 日，日本天皇裕仁以广播《终战诏书》的形式，宣布无条件投降。9 月 2 日，在东京湾的美国军舰“密苏里”号上，日本代表在投降书上签字。至此，中国抗日战争胜利结束，世界反法西斯战争也胜利结束。

在抗战中，党员力量也得到空前的发展和壮大。党员发展到 120 万人；人民军队发展到 120 余万，民兵发展到 260 万；抗日民主根据地面积达到近 100 万平方公里，人口近 1 亿。

抗日战争是共产党领导的新民主主义革命历程中的一个重要的阶段。抗战胜利极大地推进了中国社会的历史进程，为新民主主义革命的彻底胜利奠定了坚实的基础。

▲ 1945 年 8 月 15 日，日本天皇裕仁以广播形式发布《终战诏书》，日本无条件投降。9 月 2 日，日本代表在投降书上签字。侵华日军 128 万人向中国投降。至此，中国抗日战争胜利结束，世界反法西斯战争也胜利结束。中国人民抗日战争是近代以来中国人民反抗外敌入侵持续时间最长、规模最大、牺牲最多的民族解放斗争，也是第一次取得完全胜利的民族解放斗争。据不完全统计，在整个战争期间，中国军民伤亡 3500 多万人。按 1937 年的比值折算，中国直接经济损失 1000 多亿美元，间接经济损失 5000 多亿美元。中国人民抗日战争的胜利，成为中华民族走向复兴的历史转折点，也对世界文明进步具有重大而深远的意义。图为延安军民集会庆祝抗战胜利。

► 1945 年 8 月，中国共产党领导的晋察冀部队收复华北军事重镇张家口。

国共签署“双十协定”

抗日战争胜利后，经历长期战乱的中国人民热切希望实现和平、民主，建设新中国。但是，国民党蒋介石的既定方针是维持国民党的一党专政，企图在短时间内消灭中国共产党及其领导的人民军队和解放区政权。

但是，由于国民党的军队大部分在西南、西北，要把它们运往内战前线、完成内战部署尚需时间，国际上苏联、美国也表示希望中国实行民主建国。因此，蒋介石一方面积极准备内战，另一方面也不得不表示愿意与中国共产党和平谈判。

1945 年 8 月 14 日、20 日、23 日，蒋介石连续三次致电毛泽东，邀请他赴重庆谈判。不管国民党是假和谈，还是真备战，共产党争取和平、民主、团结的愿望始终是真挚的。在努力争取实现和平民主局面的同时，党没有丧失警惕，没有放弃进行自卫战争的必要准备。

中共方面为此召开了一系列会议，其中以 8 月 23 日中央政治局扩大会议最为关键。会议提出，今后对待国民党的方针是“蒋反我亦反，蒋停我亦停”，以斗争达到团结，迫使国民党在一定程度上接受人民的要求，实施一定的政治改革，以推进国内和平，建立联合政府，逐步实现政治民主化。8 月 25 日，中共中央发表《对目前时局的宣言》，明确提出“和平、民主、团结”的口号。

8 月 28 日，毛泽东、周恩来、王若飞抵达重庆，同蒋介石和平谈判。

▸ 抗战胜利后，为争取和平民主，1945 年 8 月 28 日，毛泽东同周恩来、王若飞从延安乘飞机抵达重庆，同国民党政府进行谈判。图为毛泽东赴重庆时，在延安机场向军民挥帽告别。

为了迫使蒋介石兑现其民主的许诺，争取全国人民所需要的民主，中共中央在谈判中对解放区土地和人民军队数量等问题作出必要让步。历时 43 天的国共重庆谈判，终于产生了一个有利于实现和平建国的《政府与中共代表会谈纪要》，即“双十协定”。经过谈判，双方协定“长期合作，坚决避免内战，建设独立、自由和富强的新中国”。

重庆谈判的结果，国民党承认了和平团结的方针。尽管这种承认只是口头上的，但这样一来再要发动内战，就在全国和全世界面前输了理，在政治上陷入被动地位。这次会谈和达成的协议，还有力地推动了国民党统治区的民主运动。这是人民力量的一个胜利。

▲ 1945 年 8 月 28 日，中共代表毛泽东（左二）、周恩来（右二）、王若飞（右一）同国民党代表张治中（左一）、美国驻华大使赫尔利（右三）在延安机场。

▲ 1945 年 8 月 28 日，毛泽东赴重庆谈判时在重庆机场与各界欢迎者合影。左起：张澜、邵力子、郭沫若、傅学文、张治中、毛泽东。

▸ 1945 年 8 月，毛泽东在重庆谈判期间与蒋介石等合影。前排左起：赫尔利、蒋介石、毛泽东；后排左起：蒋经国、张群、吴国桢。

◂ 1945 年 10 月 10 日，国共双方正式签署《政府与中共代表会谈纪要》，即“双十协定”。国民党当局口头上表示承认“和平建国的基本方针”。图为双方签订“双十协定”的重庆桂园客厅一角。

“一切反动派都是纸老虎”

可惜的是，“双十协定”笔墨未干，蓄谋已久的蒋介石于 1946 年 6 月 26 日发动了全面内战。在两个中国、两种命运的决战中，中国共产党人不得不作出另外的选择。

战争初期，国民党在军事、经济力量方面占着优势。1946 年 7 月，国民党军队总兵力约 430 万人，其中正规军约 200 万人；人民解放军的总兵力只有约 127 万人，其中野战军 61 万人。双方总兵力的对比为 3.4:1。实力悬殊甚大。国民党军队拥有装备较好的陆、海、空军；人民解放军不仅没有海军和空军，而且装备基本上是缴自日、伪军的步兵武器，仅有少数火炮。国民党政府统治着约占全国 76% 的面积、3.39 亿人口的地区，控制着几乎所有的大城市和绝大部分铁路交通线，拥有全国大部分近代工业和人力、物力资源；解放区的土地面积只约占全国的 24%，人口约 1.36 亿，近代工业很少，基本上依靠传统的农业经济。

同时，国民党敢于发动全面内战，很重要的因素是依恃美国政府的支持，而当时的美国看起来似乎是不可战胜的，因为它不仅拥有强大的经济实力，而且垄断着原子弹生产的秘密。中国的反动派正是以它的后台的强大来吓唬人，苏联领导人产生了悲观倾向，认为中国如果打内战，美苏可能卷入，中国将成为世界大战的战场，中华民族有毁灭的危险。

1946 年 7 月，在中国革命的紧要关头，毛泽东坚定地指出：我们必须打败蒋介石，因为蒋介石发动的战争，是一个在美帝国主义指挥之下的

▲ 国民党军队自 1946 年 6 月 26 日拂晓起，向黄安以西、经扶以东、孝感以北的中原解放军阵地发起大举进攻。中原解放军遵照中共中央“立即突围，愈快愈好，不要有任何顾虑。生存第一，胜利第一”的指示，除留部分地方部队在原地坚持斗争，以一个旅伪装主力向东转移迷惑国民党军队外，主力分南北两路于 6 月 26 日向西转移。至 7 月底，中原军区各路部队均先后胜利突围。图为中原突围后十三旅一部到达延安时留影。

◂ 1946 年 7 月中旬，苏中战役泰兴战斗中，解放军六师某部队在向敌人射击。

▾ 1946 年 6 月底，国民党当局撕毁停战协定和政协协议，调动百万军队全面进攻解放区，发动全面内战。中国共产党领导全解放区军民，坚决进行自卫战争。图为 1946 年七八月间在苏中战场上七战七捷的华中野战军战士在迎击敌人。

▸ 1946年9月，解放军在平汉战役中攻克北河店车站，缴获了大量武器。这个小战士（左下）背得太多了，一个劲儿地喊："拉我一把！"

▾ 1946年9月，中国人民解放军冀中军区独七旅在平汉战役中北渡永定河，挺进北平南郊。

▲ 1947 年 3 月，党中央主动撤离延安，转战陕北。图为毛泽东转战陕北途中。

▲ 1947 年 3 月 13 日，国民党军胡宗南部动用 34 个旅 23 万人大举进攻延安。人民解放军西北野战军部队奋起保卫延安，打响了延安保卫战。只有 2.3 万人的西北野战军根据中央军委内外线配合，实行暂时放弃延安，诱敌深入，寻机歼敌的方针，在达到预期目的后于 3 月 19 日主动放弃延安，使敌先头部队进入延安空城。延安保卫战共歼敌 5000 余人，完成了掩护中共中央机关转移的任务。图为 1947 年 3 月在保卫延安的战斗中，人民解放军向敌进军。

反对中国民族独立和中国人民解放的反革命的战争，我们能够打败蒋介石，因为人民解放军的战争所具有的爱国的正义的革命的性质，必然要获得全国人民的拥护。这就是战胜蒋介石的政治基础。

1946 年 8 月，毛泽东在同美国记者安娜·路易斯·斯特朗的谈话中提出了“一切反动派都是纸老虎”的著名论断，进一步阐述了上述观点。

通过总结战争与和平、武装斗争与谈判斗争相互结合的经验和教训，全党全军的思想统一到以自卫战争粉碎蒋介石的进攻上来，最终确定了以战争为手段推翻国民党的反动统治，从而加速推进了解放全中国的进程。

参考文献

1. 黄修荣、黄黎：《国共关系纪实》，人民出版社 2014 年版。
2. 张同新：《中国国民党史纲》（下册），人民出版社 2012 年版。
3. 秦立海：《民主联合政府与政治协商会议—— 1944—1949 年的中国政治》，人民出版社 2008 年版。

1949 年

打过长江去，解放全中国

1948 年 9 月至 1949 年 1 月，中共中央在河北西柏坡的小山村里，指挥了规模宏大的全国解放战争的战略决战，战胜了发动反革命内战的国民党，赢得了人心，赢得了全中国。

三大战役的胜利

1948 年秋，人民解放战争进入夺取全国胜利的决定性阶段。这时，人民解放军已由开始时的 127 万人发展到 280 万人，其中野战军 149 万人。与此相反，国民党军队已由战争开始时的 430 万人下降为 365 万人，可用于第一线的兵力仅 174 万人。同时，人民解放军以战场缴获的方式大大缩小了国共双方武器装备上的差距。

由于遭到广大人民的强烈反对，国民党的处境十分孤立。它的 5 个战略集团（即胡宗南集团、白崇禧集团、刘峙集团、傅作义集团、卫立煌集团）已被解放军分割在西北、中原、华东、华北、东北 5 个战场上，相互间难以取得配合。

中共中央科学分析战争形势，当机立断，及时抓住战略决战的有利时机。从 1948 年 9 月至 1949 年 1 月，人民解放军先后发动了辽沈、淮海、平津三大战役。毛泽东在西柏坡一间简陋的作战室里指挥了三大战役。在那里，他以中央军委的名义总共起草了 197 份电报。

1948年2月7日、11月9日和12月11日，中央军委通过3份电报，分别确定了辽沈、淮海、平津战役的战略总方针。即：

辽沈战役："以封闭蒋军在东北加以各个歼灭为有利"。

淮海战役："极力争取在徐州附近歼灭敌人主力，勿使南窜"。

平津战役："围而不打""隔而不围"，"以待部署完成之后各个歼敌"。

▲ 1948 年 9 月至次年 1 月，人民解放军与国民党军队展开战略决战，周恩来、朱德协助毛泽东在西柏坡指挥作战。图为毛泽东和周恩来在西柏坡。

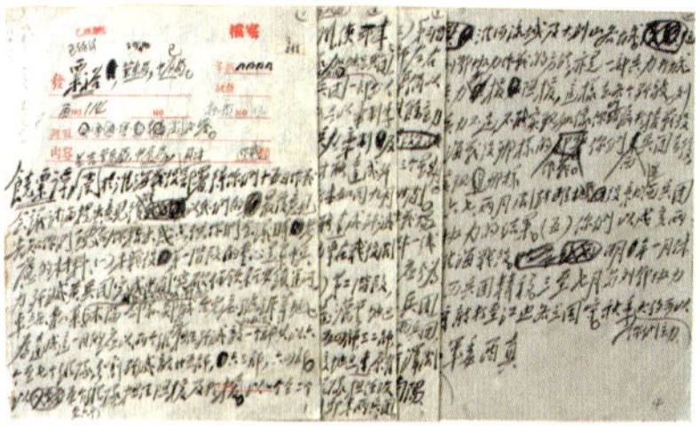

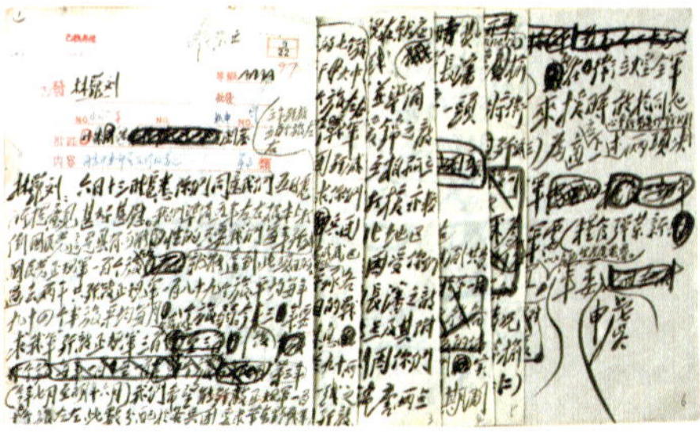

▲ 毛泽东起草的关于辽沈战役、淮海战役、平津战役作战方针电报的手稿。

◄1948 年 9 月 12 日，东北野战军主力和地方武装 103 万人发起辽沈战役，向被分割在锦州、长春、沈阳等孤立地区的 55 万国民党军发动进攻。战役首先从攻打锦州、封闭国民党军于东北开始。10 月 14 日，东北野战军对锦州发起总攻，经过 31 小时激战，全歼守敌近 9 万人。东北野战军攻占锦州后，立即合围并全歼沈阳出援锦州的国民党军廖耀湘兵团，随后乘胜追击，于 11 月 2 日解放沈阳、营口。东北全境解放。图为解放军强攻锦州。

◄辽沈战役刚结束，华东野战军和中原野战军及部分地方武装共 60 余万人，在以徐州为中心，东起海州、西至商丘、北起临城（今薛城）、南达淮河的地区，发起规模空前的淮海战役。1948 年 11 月 16 日，党中央决定由刘伯承、陈毅、邓小平、粟裕、谭震林组成以邓小平为书记的总前委，统一指挥华东野战军和中原野战军。图中左起：粟裕、邓小平、刘伯承、陈毅、谭震林。

◄1948 年冬，淮海战役战场，解放军凯歌前进，国民党军俘虏被押送后方。

寥寥数语，字字千钧。周恩来说：毛主席是在世界上最小的指挥部里指挥了一场世界上最大的战争，我们这个司令部一不发枪，二不发人，三不发粮，只发电报。

最终，三大战役历时 4 个月 19 天，共歼灭国民党军队 154 万余人，使国民党赖以维持其反动统治的主要军事力量基本上被摧毁，奠定了人民解放战争在全国胜利的基础。人民解放军在战略决战中取得的巨大胜利，也震撼了整个世界。远在莫斯科的斯大林赞叹地在台历上写下："奇迹、真是奇迹。"

粉碎"划江而治"的图谋

三大战役后，国民党政府在长江以北的力量已全线崩溃，在长江以南也难组织起系统的防御。1948 年 11 月 9 日，蒋介石致函杜鲁门，要求美国"迅速给予并增加军事援助"。美国政府感到蒋介石的败局难以挽回，不愿接受这个建议。

由于受到内外部的压力，蒋介石不得不在 1949 年元旦发表"求和"声明。但他在声明中提出要保存国民党制造的从来不为人民所承认的"宪法"、保存他的所谓"法统"、保存反动军队等，否则就要同共产党"周旋到底"。显然，这不是和平的条件，而是战争的条件。蒋介石企图利用和平谈判的手段，达到"划江而治"的目的，争得喘息机会，伺机卷土重来。

▲ 1949 年 1 月，北平已在人民解放军严密包围下，傅作义率北平国民党守军 20 余万人，接受和平改编，北平和平解放。图为 1949 年 1 月 31 日，人民解放军举行北平入城式，在万众欢呼中进入前门大街。

◂ 1949 年 1 月，解放军在北平朝阳门接管北平防务。

中共中央坚决反对任何想以“和谈”来使革命战争半途而废的企图，毛泽东在 1948 年 12 月 30 日为新华社所写的新年献词中发出了“将革命进行到底”的伟大号召。1949 年 1 月 11 日，面对斯大林转来南京政府要求和谈的电报，毛泽东明确答复：我们倾向于要南京无条件投降，同时说明我国革命已胜利在握，不必再用迂回战术，推迟取胜时间。

在内外压力下，蒋介石宣告“引退”，退居幕后指挥。他规定和谈的限度是“划江而治”。代总统李宗仁也打算守江谋和。4 月 1 日，以周恩来为首席代表的中共代表团开始同以张治中为首席代表的国民党政府代表团在北平举行谈判。虽然国民党政府代表团一致同意接受和平协定，但是国民党当局拒绝在《国内和平协定》上签字，国共和谈破裂。

4 月 21 日，毛泽东主席和朱德总司令发布向全国进军的命令，要求人民解放军奋勇前进，坚决、彻底、干净、全部地歼灭中国境内一切敢于抵抗的国民党反动派，解放全国人民，保卫中国领土主权的独立和完整。

百万雄师过大江

长江自古以来就是天堑，在中国几千年的文明史中，不少封建王朝都利用这个屏障来固守江南一隅，国民党反动政府也在长江沿岸部署了所谓的陆海空立体防线。

▸ 1949 年 4 月，中国共产党代表团与南京国民党政府代表团在北平举行谈判。经过反复磋商，4月15日，中共代表团提出《国内和平协定》（最后修正案），限国民党政府在 4 月 20 日前表明态度。由于国民党政府拒绝在这个协定上签字，谈判宣告破裂。图为我方首席代表周恩来在中南海勤政殿举行的谈判会上讲话。

◂ 1949 年 4 月 21 日，毛泽东主席和朱德总司令发布向全国进军的命令，中国人民解放军百万大军发起渡江战役。图为部队在敌人炮火中强渡长江。

4 月 20 日夜至 21 日，由以邓小平为书记的总前委统一指挥，第二、第三野战军（原中原野战军和华东野战军）在第四野战军先遣兵团和中原军区部队配合下，得到江北人民的支援和江南游击队的策应，发起渡江战役。在西起湖口、东至江阴的千里战线上，百万雄师分三路强渡长江。

4 月 22 日，负责渡江作战的中路解放军首战告捷，突破安庆、芜湖防线，傍晚时分西路解放军也突破贵池到湖口防线。东路解放军在击溃顽敌后，占领了扬州、镇江，并争取江阴要塞守敌的起义，控制了江阴要

▲ 1949 年 4 月 23 日，解放军攻占南京，宣告国民党反动统治覆亡。图为入城部队占领南京“总统府”后留影。

塞，封锁长江。这样，国民党苦心经营三个半月的长江防线被彻底摧毁。原在南京的国民党政府仓皇逃往广州。

4 月 23 日，解放军第三野战军八兵团某部分批从浦口渡江后，受到工人群众的热烈欢迎，在一片欢呼声中，解放军按计划分头前进，控制了狮子山、紫金山等战略高地，把南京城周围都控制起来。

当晚，解放军冲进“总统府”，里面早已逃得空无一人。象征着国民党统治的“总统府”顶上的青天白日旗被迅速降下来，在一片欢呼声中，鲜艳的红旗升起来了。“总统府”前欢声雷动：“活捉蒋介石，解放全中国！”

毛泽东在北平双清别墅得知南京解放的消息时，欣然写下了气势恢宏的著名诗篇《七律 · 人民解放军占领南京》：“钟山风雨起苍黄，百万雄师过大江。虎踞龙盘今胜昔，天翻地覆慨而慷。宜将剩勇追穷寇，不可

▲1949 年 5 月 27 日，解放军战士解放上海后，不惊扰上海市民，不住民房，露宿街头。

沽名学霸王。天若有情天亦老，人间正道是沧桑。”

5 月 27 日，解放军攻占中国最大的城市——上海。人民解放军进入上海后，纪律严明，给上海市民留下了深刻印象。随后，解放军分路继续向中南、西北、西南各省举行胜利大进军，迅速解放广大国土。

中国共产党人正是以这种将革命进行到底的精神，领导人民埋葬了蒋家王朝，取得了中国人民革命战争的全面胜利，开创了中国历史的新纪元。

参考文献

1. 金冲及：《决战：毛泽东、蒋介石是如何应对三大战役的》，生活·读书·新知三联书店 2020 年版。
2. 杨学功：《1949 决战京沪杭：渡江战役胜利纪实》，江苏人民出版社 2021 年版。
3. 陈庆喜：《向全国进军》，中国文史出版社 2015 年版。

1949 年

“中国人民从此站起来了！”

1949 年 10 月 1 日下午，30 万军民在天安门广场隆重举行开国大典。毛泽东庄严地向世界宣告：“中华人民共和国中央人民政府今天成立了！”毛泽东铿锵豪迈的湘音震撼神州，传遍世界。从此，中国人民和中华民族的历史翻开了崭新的一页。

关于新中国国名的讨论

1949年9月21日至30日，中国人民政治协商会议第一届全体会议在北平召开，毛泽东向全世界郑重宣布：占人类总数四分之一的中国人从此站立起来了。在新中国成立前夕的新政协筹备会阶段，关于国家名称却有个集思广益、深入探讨的小插曲。

政协筹备会第四小组负责起草政府组织法草案，工作进展比较顺利。筹备会工作小组起草的文稿中，使用了“中华人民民主共和国”这一名称。

▼1949年9月21日至30日，中国人民政治协商会议第一届全体会议在北平召开，会议通过了《中国人民政治协商会议共同纲领》等重要文件。图为中央人民政府主席毛泽东（前左三）等在大会闭幕式上。

▲ 1949 年 9 月，人民群众在中南海新华门前庆祝中国人民政治协商会议第一届全体会议召开。

因为在 6 月 15 日新政协筹备会第一次全体会议上，毛泽东在致辞中说：过去，中华民国是名不副实的。现在，我们要建立一个名副其实的中华人民民主共和国。并且他还呼喊“中华人民民主共和国万岁”的口号。

在最后一天的讨论中，清华大学教授张奚若质疑说：“有几位老先生嫌中华人民民主共和国的名字太长，他们都说应该去掉‘民主’二字，我看叫中华人民共和国好。有‘人民’，就可以不要‘民主’二字，焉有人民而不民主哉？且民主一词 democracy 来自希腊字，原意与人民相同。”后来，经过讨论和表决，最终确定新中国的国名就叫“中华人民共和国”。

中华人民共和国国名的确定，在国体和政权基础上体现得鲜明、准确、完备，凝聚了第一届中国人民政治协商会议各位代表对国家、对民族、对历史极其负责的精神和审慎的态度。

国名简称的争论

国名确定之后，还有一个关于国名的简称问题，需要仔细斟酌。原来，在起草《共同纲领》草案时，有代表提议，考虑到照顾人民的传统和习惯，在"中华人民共和国"的全称后面，加一个"中华民国"的简称。最初的《中华人民民主共和国中央人民政府组织法草案》中，也有"中华人民民主共和国简称中华民国"这一内容。后来改称中华人民共和国后，这一简称仍然保留。

▶ 1949 年 9 月 21 日，中国人民政治协商会议第一届全体会议在北平中南海怀仁堂隆重开幕。大会通过了《中国人民政治协商会议共同纲领》，明确规定了中华人民共和国的国体和政体及内外政策。图为中国人民政治协商会议第一届全体会议会场。（新华社资料照片）

对于使用简称的问题，周恩来总理解释说，“中华民国”叫了 38 年了，一下子换了，会使落后的政治水准很低的人不能接受。所以，我们许可简称“中华民国”，但这个中华民国的性质与过去是有区别的，它不包括地主官僚资产阶级在内。

然而，“中华民国”这个简称还是在政协代表中引起很大争议。1949 年 9 月 21 日，政协第一届全体会议开幕后，马叙伦、陈叔通、郭沫若等代表即递交一份提案，提议取消“中华民国”的简称。

政协会议主席团对是否取消国名简称采取了审慎态度。9 月 26 日，周恩来和林伯渠联名宴请二三十位年逾七旬的辛亥革命以来有影响的代表人物，就国号简称问题专门听取各位长者的意见。

中国民主建国会的黄炎培第一个发言。他说，由于老百姓教育落后，感情上习惯用“中华民国”，一旦改掉，会引起反感。留个简称，是非常必要的。他还说，待政协会议三年后换届再来除掉，并无不可。

中国国民党革命委员会的何香凝说：“中华民国是孙中山先生革命的一个成果，那是用许多烈士的鲜血换来的。关于改国号问题，我个人认为，如果能照旧用它，也是好的，如果大家不赞成，我就不坚持我的意见。”

清朝进士周致祥表示不同意，他认为“中华民国”是一个祸国殃民、群众没有什么好感的名称。

这时，年逾八旬的海外爱国华侨领袖司徒美堂站起来发言说：“我是参加辛亥革命的人，我尊重孙中山先生，但对于‘中华民国’4 个字，绝无好感。理由是中华民国，与民无涉。22 年来更是给蒋介石与‘CC’弄得天怒人怨，真是痛心疾首。我们试问，共产党所领导的这次革命是不是跟辛亥革命不同？如果大家认为不同，那么我们的国号应叫中华人民共和国，抛掉又臭又坏的中华民国的烂招牌。国号是一个极其庄严的东西，一改就得改好，为什么要三年之后才改？语曰：名不正则言不顺，言不顺则令不行。仍然叫作‘中华民国’，何以昭告天下百姓？我们好像偷偷摸摸似的，革命胜利了，连国号也不敢改。我坚持反对什么简称，我坚决主张光明正大地用‘中华人民共和国’。"

司徒美堂的话使在座者感同身受，报以热烈的掌声。人口学家马寅初教授立即表示拥护司徒美堂的意见。接着，张澜、陈叔通、沈钧儒、陈嘉庚等发言，均赞成司徒美堂的意见。

周恩来认真听取了大家的意见，并把这些意见综合后送主席团常委会参考。后来，在政协第一届全体会议通过的文件中，都去掉了"中华民国"这个简称。

开国大典隆重举行

1949 年 10 月 1 日这一天，是中华人民共和国中央人民政府成立的日子。当天在首都北京天安门广场举行的盛大典礼，被称为"开国大典"。

▲ 1949 年 10 月 1 日下午 3 时，毛泽东在开国大典上宣读《中华人民共和国中央人民政府公告》。

清晨五六点钟，参加庆典的人群，怀着无比激动和兴奋的心情从四面八方向天安门广场集中。上午 10 时，广场上已是人山人海，参加开国大典的 30 万军民已经齐聚，热情的欢呼声、嘹亮的歌声此起彼伏，人们翘首期待着伟大历史时刻的到来。

此时，昔日残旧的天安门城楼已经装扮一新。天安门正中央挂着毛泽东的巨幅彩色画像，城楼上八个大红灯笼高悬，红墙两侧写着两条横幅大标语。大约下午 2 时 50 分时，毛泽东等党和国家领导人乘车到了天安门城楼下，从左侧一步步走上来。当毛主席踏上最后一个台阶时，大喇叭里传来播音员丁一岚和齐越的声音："毛主席来了！毛主席来了！"顿时，整个广场上响起了雷鸣般的掌声和欢呼声。"毛主席万岁！""中华人民共

▲ 1949 年 10 月 1 日，毛泽东在开国大典上按动电钮，升起新中国第一面五星红旗。

▲1949 年 10 月 1 日，中国人民解放军坦克装甲部队参加开国大典分列式，从天安门前驶过。

▲1949 年 10 月 1 日晚，天安门广场上空烟花璀璨，庆祝新中国的诞生。

和国万岁！"的口号响彻云霄。

下午3时，中央人民政府委员会秘书长林伯渠宣布中央人民政府成立典礼开始。在群众的欢呼声中，毛泽东走到麦克风前，用他浓重的湘音，向全中国、全世界庄严宣告："中华人民共和国中央人民政府今天成立了！"

庆典仪式结束时已是华灯初上，群众举行盛大游行。当游行队伍经过主席台时，人们都高兴得手舞足蹈，"中华人民共和国万岁！""毛主席万岁！"的口号声一浪高过一浪。人民群众发自肺腑的声音，令每一位在场的人无不为之动容。天安门城楼上，面对群众震耳欲聋的呼喊声，毛泽东无法抑制自己的情感。他探身栏杆外，不停地向广场上的群众挥手致意，情不自禁地在扩音器前大声高呼："同志们万岁！""人民万岁！"领袖和群众的呼喊在城楼上下相呼应，将人民对领袖的爱戴和领袖对群众的挚爱展现得淋漓尽致。

庆典结束后，毛泽东乘车回到中南海菊香书屋，仍然激动不已。他对身边的工作人员说："人民喊我万岁，我也喊人民万岁，这才对得起人民呀！"

中国人民在中国共产党的领导下，彻底砸碎旧的国家机器，在这片古老而又灿烂的土地上真正站立起来，开启了中华民族伟大复兴的历史新纪元。

参考文献

1. 中共中央党史研究室：《中国共产党历史》第二卷（上册），中共党史出版社 2011 年版。
2. 当代中国研究所：《中华人民共和国史稿》第一卷，人民出版社、当代中国出版社 2012 年版。

1950 年

雄赳赳，气昂昂，跨过鸭绿江

1950 年 6 月，党的七届三中全会确定了党的主要任务，即为争取国家财政经济状况的基本好转而斗争，并为此制定了“不要四面出击”的方针。然而，仅仅半个月后，朝鲜半岛爆发内战，美国立即派兵进行武装干涉，同时派遣第七舰队入侵台湾海峡，严重威胁到新中国的国家安全。应朝鲜民主主义人民共和国政府的请求，经过深思熟虑，毛泽东和党中央作出“抗美援朝、保家卫国”的决策，并经过近三年的较量，取得了抗美援朝战争的伟大胜利。

艰难的决策

面对美国入侵朝鲜和我国台湾海峡，党中央研判形势，做好防范，并准备反击美国的侵略。然而，作出出兵入朝的决策经历了十分艰难的过程。

6 月 27 日，即战争爆发第三天，美国派出海军和空军入侵朝鲜领海、领空，同时命令第七舰队向台湾海峡出动，阻挠中国人民解放台湾。毛泽东在 6 月 28 日中央人民政府委员会第八次会议上宣告："全国和全世界人民团结起来，进行充分的准备，打败美帝国主义的任何挑衅。"同日，周恩来总理代表中国政府发表声明，指出"杜鲁门 27 日的声明和美国海军的行动，乃是对于中国领土的侵略，对于《联合国宪章》的破坏……我国全体人民，必将万众一心，为从美国侵略者手中解放台湾而奋斗到底"。

7 月初，毛泽东、周恩来等中央领导人判断朝鲜局势有恶化的可能，决定加强东北边防，及早做好防范。进入 9 月，朝鲜战局发生急剧变化。9 月 5 日，毛泽东在中央人民政府委员会第九次会议上指出："就目前的情况来看，朝鲜战争持久化的可能性正在逐渐增大。"这是一个十分重要的判断。毛泽东还分析了美军的长处和短处，即"一长三短"。他说，美国"在军事上只有一个长处，就是铁多，另外却有三个弱点，合起来是一长三短。三个弱点是：第一，战线太长，从德国柏林到朝鲜；第二，运输路线太远，隔着两个大洋，大西洋和太平洋；第三，战斗力太弱"。

9 月 30 日，中国再次警告美国："中国人民热爱和平，但是为了保卫和平，从不也永不害怕反抗侵略战争。中国人民决不能容忍外国的侵略，也不能听任帝国主义者对自己的邻人肆行侵略而置之不理。”然而，美国低估了中国人民的力量和反侵略的决心。

10 月 1 日深夜，金日成紧急召见中国大使倪志亮，向中国政府提出支援的请求。同一天深夜，时任朝鲜外务相朴宪永携金日成亲笔信赴中国求见毛泽东，要求中国给予军事支援。尽管毛泽东对出兵已有思想准备，但是要使一个刚从战火中获得新生的人民共和国再次面临血与火的考验，同世界上头号帝国主义美国直接对峙，下这个决心要有何等的气魄和胆略！

出兵朝鲜，对仅成立一年、百废待兴的新中国来说，不光要面对中美两国悬殊的国力差距，而且中央决策层也有不同意见。10 月 2 日、4 日、5 日，中央开了三次会，讨论朝鲜半岛局势和出兵问题。与会者各抒己见，多数人不赞成出兵或者对出兵存有种种疑虑。

关于出不出兵，后来毛泽东在同民主人士周世钊、王季范的谈话中吐露过当时的想法：千百条和平建设的理由都不能敌住“不能置之不理”六个大字，“打得一拳开，免得百拳来。我们抗美援朝，就是保家卫国”。

据聂荣臻回忆，当时党内的意见倾向于“不到万不得已的时候，最好不要打这一仗”。在 5 日的中央政治局会议上，临危受命的彭德怀最后发言，他说：“出兵援朝是必要的，打烂了，等于解放战争晚胜利几年。如美军摆在鸭绿江岸和台湾，它要发动侵略战争，随时都可以找到借口。”会议最后作出决定，由彭德怀率志愿军入朝作战。

▲ 1950 年 6 月 25 日，朝鲜内战爆发。美国政府立即作出武装干涉朝鲜内战的决定，并派遣第七舰队侵入台湾海峡，公然干涉中国内政，阻挠中国的统一大业。10 月初，美军不顾中国政府一再警告，悍然越过三八线，把战火烧到中朝边境，直接威胁新中国的国家安全。危急关头，朝鲜党和政府请求中国出兵支援。中央政治局多次召开会议，作出了派遣中国人民志愿军入朝作战，抗美援朝、保家卫国的历史性决策。图为 1950 年 10 月 19 日，中国人民志愿军跨过鸭绿江赴朝作战。

但是，出兵朝鲜的决策并不是这样轻易就定了的。

10 月 8 日，周恩来代表党中央秘赴苏联，同斯大林商谈援朝相关问题。面对苏联摇摆不定的态度和危急的战场情势，党中央权衡利弊，得出“我们认为应当参战，必须参战。参战利益极大，不参战损害极大”的结论。18 日，周恩来回国，毛泽东立即主持召开会议，在听取了周恩来和彭德怀的汇报后，把志愿军渡江作战和渡江时间最后敲定在 19 日黄昏。自此，中国人民志愿军肩负党和人民的重托，满怀保家卫国的豪情壮志，雄赳赳、气昂昂跨过鸭绿江。

出兵朝鲜抗美援朝，是毛泽东一生最为艰难的一次决策。胡耀邦曾回忆说：“考虑出兵不出兵朝鲜的问题，他不作声，一个礼拜不刮胡

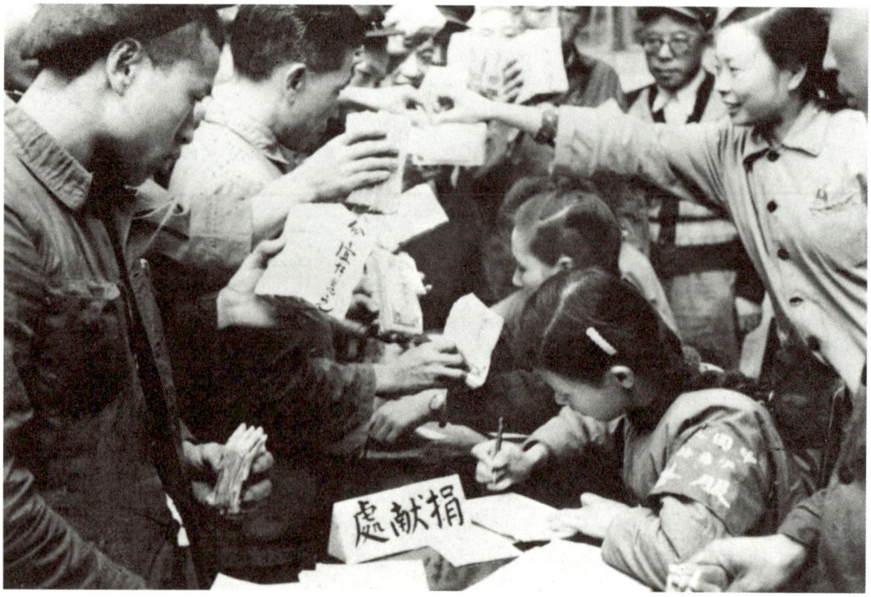

▲ 重庆市工商业者积极捐献，支援抗美援朝的志愿军。

子，留那么长。想通以后开了个会，大家意见统一了，毛主席就刮胡子了。”20 年后的 1970 年 10 月 10 日，毛泽东、周恩来会见金日成，共同回忆了这段曲折的决策过程。毛泽东说：“那个时候，我们虽然摆了五个军在鸭绿江边，可是我们政治局总是定不了，这么一翻，那么一翻，这么一翻，那么一翻，嗯！最后还是决定了。你不帮助，怎么办啊？”

边打边谈的方针

从 1950 年 10 月 25 日到 1951 年 6 月 10 日，中国人民志愿军连

▲ 1950 年 10 月至 1951 年 6 月，中朝军队连续进行了 5 次战役，把侵略军从鸭绿江和图们江边赶回到三八线附近。图为中国人民志愿军某部渡过汉江后围歼残敌。

续发起五次大规模战役，共歼敌 23 万余人，从根本上改变了朝鲜战争的形势，把战线稳定在三八线附近地区。根据形势的变化，毛泽东提出“充分准备持久战和争取和谈，达到战争结束”的总方针。

美国在军事失败和国内外压力下，被迫同意进行谈判。1951 年 7 月 10 日，停战谈判在开城举行。这是中国人民志愿军入朝英勇奋战、重创敌军的结果。此后，到 1953 年 7 月 27 日在板门店签订《朝鲜停战协定》，朝鲜战争一直在谈谈打打中进行。军事斗争和谈判交锋在两条战线上同时进行。

美国在停战谈判开始后，并不甘心放弃侵朝野心，不断施加军事压力，企图迫使中朝方面屈服。毛泽东深知敌人虽然在战争中遇到了严重困

▲ 1953 年 7 月 27 日，《朝鲜停战协定》及其附件和临时补充协议在板门店签字。图为签字仪式现场。

难，被迫求和，但决不会改变其侵略本性，预见到谈判期间，敌人可能会玩弄种种阴谋伎俩，可能乘机对我军实施突然袭击，我军唯有经过坚决、激烈的军事政治斗争和持久作战的准备，才能取得胜利。谈判过程中，毛泽东密切关注各方态势，指示志愿军部队和谈判代表团："我前方部队，必须鼓励士气，继续英勇作战，千万不可有丝毫的松懈，不要作此次可以和下来的打算，而应作此次和不下来、还须继续打、还须给敌人以大量的消耗和歼灭，然后才能和下来的打算。""代表团的任务是谈判兼打文仗"，"进行有力地宣传斗争，沉着应变，主动作战，以观其变化"。

敌人在战场上没有取得胜利，在谈判桌上同样失败了。经过文武两条战线的斗争，美国不得不在《朝鲜停战协定》上签字。时任"联合国军"总司令克拉克在签字后曾感慨地说："这协定暂时停止了那个不幸半岛上的战争。对我来说，这亦是我四十年来戎马生涯的结束。它是我军事经历最高的一个职位，但是它没有光荣。我获得了一次不值得羡慕的荣誉，那就是我成了历史上签订没有胜利的停战条约的第一位美国陆军司令官。"

1953年7月27日，《朝鲜停战协定》在板门店签订，标志着历时3年的朝鲜战争结束。朝鲜把这一天定为“朝鲜祖国解放战争胜利日”。当日，在朝鲜板门店，朝方代表团首席代表南日大将与美方代表团首席代表哈利逊中将在《朝鲜停战协定》及其附件和临时补充协议上正式签字。

中国人民志愿军出国作战，是保卫和平、反抗侵略的正义之举。虽然中国人民为之付出了牺牲和代价，但它打出了中国的军威国威，巩固了中国新生的人民政权，极大地增强了中国人民的民族自信心和自豪感。它向世界宣告：“西方侵略者几百年来只要在东方一个海岸上架起几尊大炮就可以霸占一个国家的时代一去不复返了！”

参考文献

1. 中共中央文献研究室编：《毛泽东传》（三），中央文献出版社2013年版。
2. 逄先知、李捷：《漫长的18天——毛泽东与抗美援朝出兵决策》，《大地》2000年第19期。

1950 年

实现 “耕者有其田”的夙愿

中国自古是一个农业大国，农业在整个国民经济中占有基础性重要地位。旧中国的封建土地制度极不合理，为了解决农民的土地问题，中国共产党领导农民进行了长期斗争。新中国成立前，在约占全国农业人口 1/3 的老解放区，农民解决了土地问题。1950 年冬季开始，一场历史上前所未有的土地改革运动，在新解放区有领导、有步骤、分阶段地展开了。

新土地法的颁布

解放战争时期，东北、华北等老解放区，已经完成了土改。新中国成立后，党领导农民在新解放区发动群众建立农民组织，进行清匪反霸和减租减息运动，为土地改革创造条件，并在河南、陕西等省进行土地改革试点，为制定土地改革法和全国土改积累经验。

毛泽东将土地改革看作是新民主主义革命的继续。在 1950 年 6 月召开的党的七届三中全会上，他提出争取国家财政经济状况基本好转，开始有计划经济建设，要用三年左右的时间，创造三个条件，即土地改革的

▼ 1950 年 6 月 6 日至 9 日，中共七届三中全会在北京举行，会议为新中国三年经济恢复时期党的工作规定了明确的策略路线和行动纲领。图为出席全会的中央委员、候补中央委员在中南海合影。

完成、现有工商业的合理调整和国家机构所需经费的大量节俭。进行土改是摆在第一位的。毛泽东强调要“有步骤有秩序地进行土地改革工作”。这次全会还听取了刘少奇关于土地改革问题的报告，通过了《中华人民共和国土地改革法（草案）》。

1950 年 6 月 14 日至 23 日，全国政协一届二次会议召开，会议的中心议题是讨论改革封建土地制度问题。会上，刘少奇作《关于土地改革问题的报告》，阐明了土地改革的重大意义和党的方针政策。毛泽东在这次会议的开幕式和闭幕式上都作了讲话。他在闭幕词中说：“我为新中国数万万农村人民获得翻身机会和国家获得工业化的基本条件而表示高兴，表示庆贺。”继而又指出：“中国的主要人口是农民，革命靠了农民的援助才取得了胜利，国家工业化又要靠农民的援助才能成功，所以工人阶级应当积极地帮助农民进行土地改革，城市小资产阶级和民族资产阶级也应当赞助这种改革，各民主党派、各人民团体更应当采取这种态度。战争和土改是在新民主主义的历史时期内考验全中国一切人们、一切党派的两个‘关’。”他还希望“我们大家都和过战争关一样也过得很好。大家多研究、多商量，打通思想，整齐步伐，组成一条伟大的反封建统一战线，就可以领导人民和帮助人民顺利地通过这一关”。

6 月 28 日，中央人民政府委员会第八次会议讨论并通过了《中华人民共和国土地改革法》，30 日毛泽东签发《关于实施土地改革法的命令》。这部法律得到社会各界人士的拥护。曾参加过同盟会的无党派人士叶恭绰感慨地说：“中山先生所主张的平均地权，耕者有其田都没有办到……今天得毛主席来办到，实在是可以告慰中山先生在天之灵的。孙先生说的未成功，现在可由毛主席替他成功了。”

▸ 1950 年 6 月 30 日，中央人民政府公布施行《中华人民共和国土地改革法》。到 1952 年底，除一部分少数民族地区外，全国大陆的土地改革基本完成。土地改革的完成，标志着在我国延续了几千年的封建制度的基础——地主阶级的土地所有制，至此彻底消灭了，农民真正成为土地的主人。图为 1951 年 6 月 5 日，四川省合川县南津乡农民焚烧地主的土地契约书，庆祝土改胜利。

有步骤地推行土地改革

新中国成立后，面对百废待兴的局面，党面临的最紧迫任务就是恢复和发展国民经济。党制定的各项政策措施和推进的各项工作，都围绕这个中心，土地改革的目的也在于此。《土地改革法》“总则”明确规定：“废除地主阶级封建剥削的土地所有制，实行农民的土地所有制，借以解放农村生产力，发展农业生产，为新中国的工业化开辟道路。”

毛泽东在全国政协一届二次会议上强调要“有步骤有秩序地进行土地改革工作”。根据解放前土改的经验和实际情况，党制定了具有中国特色的土地改革总路线，并制定了相应的政策、法令、方针和措施。成立了由刘少奇等领导的中央土改问题委员会，各地都按照党和政府颁布的法令和方针办事，有效防止了“左”倾错误和混乱现象的发生。

为了有计划、有步骤、有秩序地开展土地改革运动，党和政府根据各地不同情况和不同条件，分三批进行土改，确定了土地改革的三个基本步骤。第一步是发动群众，土改工作队深入群众，通过诉苦、挖穷根、回忆对比等方式，用农民群众的亲身经历教育和动员农民。第二步是划分阶级，一般经过宣传、划分、评定和批准四个步骤，搞清农村阶级阵线。第三步是没收、分配土地，由乡农民协会接受依法没收、征收的土地财产，统一公平合理地分配给无地、少地及缺乏其他生产资料的贫苦农民。

党和政府还根据新解放区地域辽阔、情况比较复杂的特点，分别对大城市郊区、侨区、林区、渔区、盐区和少数民族地区等，制定了有别于一般农村的特殊土地政策。比如，针对少数民族地区的改革，毛泽东在党的七届三中全会上强调："少数民族地区的社会改革，是一件重大的事情，必须谨慎对待。我们无论如何不能急躁，急了会出毛病。条件不成熟，不能进行改革。一个条件成熟了，其他条件不成熟，也不要进行重大的改革。"党在民族地区的改革措施和步骤更加稳妥，对待少数民族的剥削阶级分子，政策容忍度更宽一些，改革的过程也更长一些。

土地改革的成就是巨大而且显著的。到 1952 年新中国成立三周年时，完成土地改革地区的农业人口占全国农业人口总数的 90% 以上。除新疆、西藏等少数民族地区及尚待解放的台湾以外，只有 3000 万农业人口的地区尚未完成土地改革。据国家统计局编《建国三十年农业统计资料（1949—1979）》，土地改革前，占农村人口 4.75% 的地主占有 38.26% 的土地，而占农村人口 85.55% 的贫下中农只占有 47.41% 的土地。土地改革后，地主的土地减少了 36.06%，贫下中农的土地增加了 36.18%。土地占有关系的变化说明，从根本上改变了封建的土地所有制，中国世世代代贫苦农民和无数仁人志士孜孜以求的"耕者有其田"的

▲ 1950 年，浙江省嘉兴镇东乡农民土改胜利完成后，农民高彩官和家人一起看领到的土地证。

▲ 1951 年，青海省民和县川口区的农民在分好的土地上插地标。

夙愿，在中国共产党的领导下，第一次在真正意义上成为现实。

江西革命老区的农民分得土地后，向毛泽东主席写信报告土改的结果，他们说：“我们有了这命根子，一定要勤劳耕种，努力把生产搞好，争取我们的生活迅速改善。今天我们全乡群众热烈地集合在松江山上，庆祝土地还家。会场上红旗招展，锣鼓喧天，我们尽情地高呼，尽情地歌唱，尽情地欢笑。”

土地改革是我国农村生产关系和社会关系的一次深刻变革。它使广大中国农民“在两千多年封建大山重压之下翻了身。由地主阶级的牛马变成了农村的统治者，由土地的奴隶变成了土地的主人”。

参考文献

1. 当代中国研究所：《中华人民共和国史稿》第一卷，人民出版社、当代中国出版社 2012 年版。

2. 中共中央党史研究室：《中国共产党的九十年》，中共党史出版社、党建读物出版社 2016 年版。

1951 年

和平解放西藏

西藏自古就是中国版图的组成部分。党在领导西藏解放的过程中，对处理和解决该地区极其复杂的民族问题进行了有益的尝试，取得了显著的效果。西藏的和平解放对于巩固和发展全国统一大业具有重要意义，也为新中国的民族政策和宗教政策提供了正确的指导思想。

粉碎“西藏独立”的阴谋

英国殖民者于 1888 年和 1904 年两次发动武装入侵，通过印度等地侵入西藏，同时在西藏培植亲英分裂势力，处心积虑地破坏西藏地方与中央政府之间的关系，挑唆藏传佛教格鲁派两大活佛达赖喇嘛和班禅额尔德尼失和。至全国解放前，第十四世达赖喇嘛由于年少尚未亲政，西藏地方政府基本被亲英分裂势力控制。他们于 1949 年 7 月制造了“驱汉事件”，企图趁国民党政权覆亡之机，将西藏从中国分裂出去，公开打出“西藏独立”的旗号。

在新中国成立的当日，留居青海的第十世班禅额尔德尼 · 确吉坚赞致电中央，表示拥护中央人民政府，希望早日解放西藏。为了粉碎“西藏独立”的阴谋，完成对全国大陆的解放，1950 年 1 月初，中共中央作出进军西藏的重要决策，由西南局和西南军区承担进军及经营西藏的主要任务，西北局和西北军区予以支援和配合。在积极准备进军西藏的同时，党中央在对西藏的历史和现实情况以及国内外有利形势进行深入分析的基础上，确定了争取和平解放西藏的方针。由此可见，党中央此时针对西藏的工作部署，是在武装力量保障下努力争取和平谈判。

为慎重对待进入西藏所涉及的政治、宗教、民族等复杂问题，1950 年 5 月 17 日，中央在给西南局并西北局的指示中明确指出：“在解放西藏的既定方针和军事进攻的同时，利用一切可能以加强政治争取工作，是完全必要的。这里基本的问题，是西藏方面必须驱逐英美帝国主义的侵略势力，协助人民解放军进入西藏。我们方面，则可承认西藏的政治制度、宗教制度，连同达赖的地位在内，以及现有的武装力量、风俗习惯，概不变更，并一律加以保护。”

针对西藏问题，西南局第一书记邓小平带领西南局做了大量的调查研究工作。他根据中央指示精神，很快主持拟定了同西藏地方政府进行和平谈判的十项条件，报中央审定。5 月 29 日，毛泽东在审阅时，对其他各条均表同意，唯独对第八条作了修改。第八条原文是：“有关西藏的各项改革事宜，完全根据西藏人民的意志，由西藏人民采取协商方式加以解决。”毛泽东在“由西藏人民”之后，加上了 7 个字：“及西藏领导人员”。这短短的 7 个字体现了党关于民族问题的一个重要政策，即应团结藏族上层人士及其主要代表人物。这是根据少数民族地区，特别是西藏的实际情况确定的，对于团结整个藏族人民也是至关重要的。这个政策后来在实践中不断得到发展和完善，党中央领导人都十分重视做达赖和班禅的工作。可以说，这十项条件充分考虑了西藏的现实，符合西藏各方面的实际。8 月 23 日，毛泽东致电西南局，提出“我们拟以既定的十条作为谈判条件，争取西藏代表签字，使十条变为双方同意的协定”。

在争取和平解放西藏的既定方针下，中央一面命令人民解放军积极做好进藏准备，一面多次催促西藏地方政府派代表赴北京谈判，以便尽快签订关于和平解放西藏办法的协议。但是西藏当局一再拖延，令其代表长时间滞留印度，同时加紧向入藏的咽喉要道昌都地区增派藏军，企图阻挠人民解放军入藏。为打击西藏上层集团中的分裂势力，早日促成谈判，争取西藏和平解放，中央军委部署进藏部队发起昌都战役。

10 月 6 日，战役打响，进藏部队分南北两线渡过金沙江，正面进攻昌都。12 日，进藏部队进占芒康，藏军第九代本起义。19 日，进藏部队逼近昌都，并侧翼切断藏军西撤南逃的退路，昌都守军 4 个代本和总署机关停止抵抗。当天，昌都解放，至 24 日，昌都战役胜利结束。战役历时 18 天，共进行大小战斗 21 次，歼灭藏军 9 个代本共计 5700 余人。

昌都的解放，彻底粉碎了帝国主义及西藏上层反动分子以军事力量阻止西藏解放的企图，并打开了人民解放军进军西藏的门户，为和平解决西藏问题铺平了道路。

北京和平谈判

昌都战役促使西藏上层统治集团在政治上迅速分化，爱国派更加坚定，顽固派开始动摇。在此次战役的影响下，主战派和主和派发生重组，摄政达扎被迫退位，17 岁的第十四世达赖丹增嘉措提前即位亲政。昌都地方政府以昌都总管阿沛 · 阿旺晋美为首的几十名军政官员联名写信，敦请达赖喇嘛与中央政府进行和平谈判。

在中央人民政府的政策感召下和各方面的努力下，达赖喇嘛终于决定派出西藏地方政府和谈代表团赴北京同中央人民政府正式谈判和平解放西藏事宜，任命阿沛 · 阿旺晋美为西藏地方政府全权代表。1951 年 4 月 16 日，西藏代表团从成都乘飞机抵达重庆，受到各界代表和群众的热烈欢迎。19 日，邓小平等西南党政军领导人接见了代表团。邓小平向代表团阐明了中国共产党争取和平解放西藏的十项条件，希望他们消除隔阂和猜疑，并高度评价了阿沛·阿旺晋美在关键时刻深明大义，从西藏广大人民的利益出发力主和谈的举动。

阿沛·阿旺晋美后来曾回忆道，邓小平是他在西藏和平解放前夕见到的第一位共产党和人民解放军的高级领导人。尽管他们是在相互完全陌生的情况下见面的，但邓小平坦诚亲切的谈话给他留下了极为深刻的印象，对他当时在相当程度上消除疑虑，增加和谈成功的信心，以及后来转向革命，走上革命的道路，都起到了重要作用。

4 月 20 日，西藏代表团从重庆乘飞机抵达西安，随后转乘火车，于 22 日抵达北京，受到周恩来和中央有关部委负责人的热烈欢迎。为了合理地解决西藏问题，中央还邀请班禅方面参与和谈。班禅堪布会议厅官员从青海出发，于 4 月 27 日抵达北京，朱德、周恩来等领导人前往车站迎接。

4 月 29 日，以李维汉为首席全权代表的中央人民政府代表团同西藏地方政府代表团开始举行会谈。经过六轮充分的协商讨论，双方于 5 月 23 日签订了《中央人民政府和西藏地方政府关于和平解放西藏办法的协议》，简称“十七条协议”。最终确定的协议的基本框架和若干重要条文，都是在此前提出的和平谈判十项条件的基础上修改而成的，其中许多措辞几乎沿用了十项条件的原文。“十七条协议”维护了祖国的统一，促进了各民族的团结和西藏内部的团结，完全符合西藏人民的利益和要求，也完全符合全国人民的利益和愿望。

协议签订的第二天举行庆祝宴会。毛泽东在宴会上高兴地说：“现

▲ 1951 年 5 月 23 日，《中央人民政府和西藏地方政府关于和平解放西藏办法的协议》签字仪式在北京举行。图为中央政府全权代表李维汉、张经武、张国华、孙志远（坐者右起）在协议上签字。

在，达赖喇嘛所领导的力量与班禅额尔德尼所领导的力量与中央人民政府之间，都团结起来了。这是中国人民打倒了帝国主义及国内反动统治之后才达到的。”“今后，在这一团结基础之上，我们各民族之间，将在各方面，将在政治、经济、文化等一切方面，得到发展和进步。”

“十七条协议”签订后，第十世班禅和第十四世达赖喇嘛都表示赞同和拥护。班禅致电达赖喇嘛说：“根据这个协议，我们西藏民族和中国境内各兄弟民族空前的团结起来，使我们西藏永远脱离帝国主义的压迫。我们西藏民族的宗教信仰和宗教事业得到合理的尊重与保护；我们西藏民族和西藏人民的生活得到逐步提高和发展，从而达到繁荣和丰富的可能。”达赖喇嘛致电中共中央，表示：“西藏地方政府及西藏僧俗人民一致拥护，

▲ 1951 年 10 月 26 日，西藏地方政府为人民解放军举行了隆重的入城式，拉萨古城飘扬着五星红旗。

▲ 西藏和平解放后，人民解放军与藏族群众在布达拉宫前欢度新年。

并在毛主席及中央人民政府领导下，积极协助人民解放军进藏部队，巩固国防，驱逐帝国主义势力出西藏，保卫祖国领土主权的统一。”

5 月 22 日，根据“十七条协议”，中央军委下令中国人民解放军进藏部队分路进驻西藏。毛泽东要求进驻部队和地方工作人员必须严格恪守民族政策和宗教政策，强调军队进驻时不得侵扰百姓，不要增加人民负担，包括粮食在内的一切军需物资均由中央供给。七八月间，进藏部队先后从昌都等地出发，向西藏首府拉萨进军。进藏部队沿途宣传党的民族政策，尊重藏族人民的风俗习惯，一路翻越终年积雪的大山，跨越湍急的河流，战胜高寒缺氧等重重困难，胜利进驻拉萨。

10 月 26 日，进驻拉萨部队举行入城仪式，西藏地方政府官员、三大寺活佛以及各族各界僧俗群众两万多人夹道热烈欢迎。在欢迎仪式上，西藏地方政府葛伦致欢迎词说：“过去，无论是清朝的军队、美国的军队、国民党的军队，来到西藏时，我们都没有欢迎过，唯有这次人民解放军到拉萨，我们热烈欢迎，因为解放军是人民的军队。”

西藏的和平解放，粉碎了帝国主义及西藏上层分裂分子策划的“西藏独立”阴谋，使西藏摆脱了帝国主义侵略势力的束缚，捍卫了国家的主权和领土的完整，为逐步废除西藏封建农奴制度奠定了基础。这是中国共产党民族政策的一个重大胜利。

参考文献

1. 中共中央文献研究室：《邓小平传（1904—1974）》（下），中央文献出版社 2014 年版。
2. 中共中央党史研究室：《中国共产党历史》第二卷（上册），中共党史出版社 2011 年版。

1953 年

开启有计划的
大规模的经济建设

经过三年努力，新中国在重要领域取得了超出预期的成绩：在全国范围内基本完成了土地改革；全面恢复了国民经济；抗美援朝战争即将结束。基于对新形势的判断，党中央正式提出了社会主义过渡时期的总路线，并决定从 1953 年起实施发展国民经济第一个五年计划，开始开展大规模的经济建设。

▶ 1949年3月，中国共产党在西柏坡召开七届二中全会，规定党在全国胜利后在政治、经济、外交方面应当采取的基本政策，指出中国由农业国转变为工业国、由新民主主义社会转变为社会主义社会的发展方向。全会讨论了党的工作重心由乡村转移到城市的问题，指出用乡村包围城市的时期已经完结，从现在起开始了由城市到乡村并由城市领导乡村的时期。图为毛泽东在全会上作报告。

过渡时期总路线的提出

中国共产党自创立之初，即明确提出了为实现社会主义而奋斗的目标。早在1940年，毛泽东便在《新民主主义论》中阐明了中国革命分两步走的理论：第一步，改变半殖民地半封建的社会形态，建立以无产阶级为领导的各个革命阶级联合专政的新民主主义社会；第二步，建立一个社会主义的社会。由此，在实现了反帝反封建的新民主主义革命的胜利之后，如何带领全国各族人民走上社会主义道路，成为亟须中国共产党解答的关键问题。

1949年，党的七届二中全会对此作了初步规划，指出党此时的根本任务是要稳步推进两个转变，一个是由农业国向工业国转变，另一个是由

▲七届二中全会会场。

新民主主义社会向社会主义社会转变。但是，转变的条件、转变的时间、转变的方式和方法等具体问题，还需要根据实际情况在实践中解决。

按照毛泽东在新中国成立前后的设想，转变需要一个长期的过程，先经过 10 年至 20 年时间的新民主主义经济建设，再实行私营工业国有化和农业社会化，完全实现“还在很远的将来”。1948 年 9 月，他在中央政治局会议上指出：“我国在经济上完成民族独立，还要一二十年时间。我们要努力发展经济，由发展新民主主义经济过渡到社会主义。”1950 年 6 月，他在全国政协一届二次会议上表示：“我们的国家就是这样地稳步前进，经过战争，经过新民主主义的改革，而在将来，在国家经济事业和文化事业大为兴盛了以后，在各种条件具备了以后，在全国人民考虑成熟并在大家同意了以后，就可以从容地和妥善地走进社会主义的新时期。”

▲1950 年 6 月 14 日至 23 日，中国人民政治协商会议第一届全国委员会第二次会议在北京举行。新中国实行共产党领导的多党合作和政治协商制度，政治协商会议是这种合作和协商的重要组织形式。

然而，到了 1952 年的夏秋之交，形势的发展出乎预料。三年来社会主义因素快速增长，公私比例发生了显著变化，在某些领域实际上已经开始了社会主义改造的初步工作。鉴于此，党中央对国内外形势进行了分析和研判，及时调整了战略方向，改变分步骤转变的提法，提出从现在起就开始向社会主义过渡。

1952 年 9 月 24 日，毛泽东在中央书记处会议上提出了向社会主义过渡的问题。他说："十年到十五年基本上完成社会主义，不是十年以后才过渡到社会主义。"这是新中国成立以来毛泽东最早提出向社会主义过渡的问题，表明他原先关于由新民主主义向社会主义转变的设想发生了变化，他的这一想法得到了中央其他领导人的支持。1953 年 6 月 15 日，毛泽东主持召开中央政治局会议，在对地方工作进行深入调研的基础上，正式提出了过渡时期的总路线，系统阐述了这一问题，明确了过渡时期的起点、时限和总任务。他指出："党在过渡时期的总路线是照耀我们各项工作的灯塔，不要脱离这条总路线，脱离了就要发生'左'倾和右倾的错误。"

同年 12 月，党中央批准了中宣部起草的《为动员一切力量把我国建设成为一个伟大的社会主义国家而斗争——关于党在过渡时期总路线的学习和宣传提纲》。提纲确定了过渡时期总路线的完整表述："从中华人民共和国成立，到社会主义改造基本完成，这是一个过渡时期。党在这个过渡时期的总路线和总任务，是要在一个相当长的时期内，逐步实现国家的社会主义工业化，并逐步实现国家对农业、对手工业和对资本主义工商业的社会主义改造。"以"一化三改"为主要内容的总路线载入党的正式文件，首先促进了全党思想的统一，随后通过广泛深入的宣传和教育工作，在全国人民中得到了广泛理解和拥护。

1954 年 2 月，七届四中全会正式批准通过了过渡时期总路线。同年 9 月，过渡时期总路线的内容被纳入第一部《中华人民共和国宪法》，从而上升为国家的统一意志。过渡时期总路线回答了从新民主主义过渡到社会主义应当采取什么样的方法、应当如何逐步推进的问题，为欣欣向荣的新中国指明了前进的道路。

▲ 1953 年，中共中央正式公布党在过渡时期的总路线。从此，中国开始了有计划的经济建设和有系统的社会主义改造。图为 1954 年 5 月 1 日，北京群众举着拥护总路线的标语牌游行。

“第一个五年计划”的制定

党在过渡时期的总路线，可以简要概括为“一化三改”。毛泽东曾用“主体和两翼”的比喻形象地阐明“一化”和“三改”之间的关系，作为“主体”的社会主义工业化和作为“两翼”的社会主义三大改造是密不可分、互为前提的。其中，工业化是基础，在向社会主义转变的过程中占据主体地位，发挥主导作用。根据总路线的设计，中国将在一个相当长的时间内逐步实现社会主义工业化。

毛泽东早在 1945 年发表《论联合政府》时，就提出了关于国家工业化的思想，这既不同于“实业救国”论，也不同于民粹主义观点，而是在总结中国近代历史经验和运用马克思主义唯物史观的基础上产生的。他指出："没有独立、自由、民主和统一，不可能建设真正大规模的工业。没有工业，便没有巩固的国防，便没有人民的福利，便没有国家的富强。""在新民主主义的政治条件获得之后，中国人民及其政府必须采取切实的步骤，在若干年内逐步地建立重工业和轻工业，使中国由农业国变为工业国。"

新中国成立后，在毛泽东工业化思想的指导下，中国开始制定国民经济发展的第一个五年计划。此时，中国的工业基础极其薄弱，而襁褓之中的新中国面对帝国主义的战争威胁和经济封锁，又迫切需要增强实力以抵御外敌侵扰。于是，党中央经过充分论证和权衡，作出了优先发展重工业的战略决策，这也充分借鉴了社会主义国家苏联的经验。1953 年 6 月，毛泽东在全国财经会议上听取编制五年计划情况的汇报时讲道："为了保证国家的独立，我们在编制五年计划时要把建设重点放在重工业上，以增强国防力量，向社会主义前进。"

优先发展重工业需要克服很大的困难，在社会上出现了不理解的声音。重工业建设周期长，生产出来的产品无法直接满足人民的消费需求，更重要的是需要投入大量资金，只能依靠农业积累，这就意味着人民群众在一段时期内不得不节衣缩食。因此，党内外有些人对此决策持有异议，认为中国穷，要与民休息，不宜搞重工业，应多发展轻工业。

为打消这些顾虑，毛泽东在 1953 年 9 月中央人民政府委员会会议上专门论述了"施仁政"的问题。他说："所谓仁政有两种：一种是为人民的当前利益，另一种是为人民的长远利益，例如抗美援朝，建设重工业。前一种是小仁政，后一种是大仁政。两者必须兼顾，不兼顾是错误

▲1955 年 7 月 5 日至 30 日，第一届全国人民代表大会第二次会议在北京举行。图为国务院副总理兼国家计划委员会主任李富春在大会上作《关于发展国民经济的第一个五年计划的报告》。

的。那末重点放在什么地方呢？重点应当放在大仁政上。现在，我们施仁政的重点应当放在建设重工业上。要建设，就要资金。所以，人民的生活虽然要改善，不可多改善；不可不照顾，不可多照顾。照顾小仁政，妨碍大仁政，这是施仁政的偏向。"

"一五"计划的编制并非易事，前后历时四年，五易其稿，还征求了苏联方面的意见，争取到了苏联的支持和援助。党中央于 1951 年着手编制五年计划第一稿，自 1953 年起采取边制定、边执行的办法，逐步修订和完善，到 1954 年 9 月终于形成了完整的草案。1955 年 7 月，第一届全国人民代表大会第二次会议正式审议并通过了党中央拟定的《中华人民共和国发展国民经济的第一个五年计划（1953—1957）》。计划在编制过程中，坚持了实事求是的原则，既借鉴了苏联的建设经验，又结合了中国的实际情况，经过多方反复论证，确定了指导方针和基本任务，为新中国规划出一个建国初期工业化建设的蓝图。

参考文献

1. 中共中央党史研究室：《中国共产党历史》第二卷（上册），中共党史出版社 2011 年版。
2. 中共中央党史研究室：《中国共产党的九十年》，中共党史出版社、党建读物出版社 2016 年版。

1954 年

《中华人民共和国宪法》的颁布

第一届全国人民代表大会第一次会议通过了中华人民共和国的第一部宪法。这部宪法以 1949 年中国人民政治协商会议通过的《共同纲领》为基础，根据国家形势和社会发展的客观要求制定而成，对《共同纲领》进行了重大修订和发展。党在过渡时期总路线成为起草这部宪法的指导思想，贯穿于整部宪法之中。

宪法草案的起草过程

1953年1月，中央人民政府委员会把制定宪法的任务提上日程，成立了以毛泽东为主席的中华人民共和国宪法起草委员会。6月，党提出过渡时期的总路线，这对宪法起草工作提出了新的要求：必须用国家根本大法的形式将过渡时期的总任务确定下来，保证在中国建立社会主义社会，与逐步过渡的任务相适应，制定一部向社会主义过渡时期的宪法。

这部宪法是在毛泽东的主持下制定的。1953年12月，过渡时期总路线宣传提纲审定工作刚一结束，毛泽东便立刻投入宪法起草工作中。12月27日，他带领宪法起草小组的成员陈伯达、胡乔木、田家英乘专列抵达杭州，开始着手起草宪法。此前，陈伯达已经在11月至12月间撰写了第一稿，但是没有被采纳。毛泽东一行在杭州用两个月的时间完成了第二稿。

1月15日，毛泽东致电刘少奇，通报宪法起草小组的工作计划："宪法小组的宪法起草工作已于一月九日开始，计划如下：（一）争取在一月三十一日完成宪法草案初稿，并随将此项初稿送中央各同志阅看。（二）准备在二月上半月将初稿复议一次，请邓小平、李维汉两同志参加。然后提交政治局（及在京各中央委员）讨论作初步通过。（三）三月初提交宪法起草委员会讨论，在三月份内讨论完毕并初步通过。（四）四月内由宪法小组审议修正，再提政治局讨论，再交宪法起草委员会通过。（五）五月一日由宪法起草委员会将宪法草案公布，交全国人民讨论四个月，以便九月间根据人民意见作必要修正后提交全国人民代表大会作最后通过。”总的来看，宪法起草的实际工作比计划延长了一个月，基本实现了计划的全部内容。

为了起草宪法，毛泽东阅读了大量的法律材料，研究了古今中外各类宪法。他认为，制定本国宪法，参照别国宪法和中国历史上有过的宪法，是完全必要的。人家好的东西，结合中国国情，加以吸收；不好的甚至是反动的东西，也可以引以为戒。

对于社会主义类型的宪法，毛泽东特别注意研究和借鉴 1918 年颁布的《俄罗斯社会主义联邦苏维埃共和国宪法（根本法）》、1936 年颁布的苏联宪法以及斯大林《关于苏联宪法草案的报告》，还注意参考东欧一些人民民主国家的宪法。其中，1918 年苏俄宪法将列宁的《被剥削劳动人民权利宣言》一文作为第一篇。毛泽东受此启发，决定在宪法总纲的前面写一段序言。“序言”这个形式也因此成为中华人民共和国宪法的一个特点，一直延续至今。

对于资本主义类型的宪法，毛泽东也作了比较研究。他说：“讲到宪法，资产阶级是现行的。英国也好，法国也好，美国也好，资产阶级都有过革命时期，宪法就是他们在那个时候开始搞起的。我们对资产阶级民主不能一笔抹杀，说他们的宪法在历史上没有地位。”他比较重视 1946 年《法兰西共和国宪法》，认为该宪法代表了比较进步、比较完整的资产阶级内阁制宪法。

对于中国从清朝末年以来的宪法，他也作了评论：“从清末的‘十九信条’起，到民国元年（1912）的《中华民国临时约法》，到北洋军阀政府的几个宪法和宪法草案，到蒋介石反动政府的《中华民国训政时期约法》，一直到蒋介石的伪宪法。这里面有积极的，也有消极的。比如民国元年《中华民国临时约法》，在那个时期是一个比较好的东西；当然，是不完全的、有缺点的，是资产阶级性的，但它带有革命性、民主性。这个约法很简单，据说起草时也很仓促，从起草到通过只有一个月。其余的几个宪法和宪法草案，整个说来都是反动的。”

为便于中央政治局就宪法问题作充分讨论，毛泽东要求各位中央政治局委员及在京各中央委员抽时间阅看这些相关材料，并为他们专门列出了书单。这是党的最高层领导第一次如此系统地学习法律，对新中国的法治建设具有重要意义。

宪法草案的起草过程反映出，这部宪法拥有世界视野和历史视野，不仅参考了苏联和东欧人民民主国家立宪的经验，还吸取了西方资本主义国家宪法中值得借鉴的一些成果。

社会主义法治建设的开端

在毛泽东的主持下，宪法起草小组对初稿进行了三次通读通改，于 1954 年 3 月初完成了四读稿。中共中央政治局连续召开三次扩大会议对四读稿进行讨论修改，并提交全国政协常委会讨论。修改后的四读稿成为宪法草案初稿，由毛泽东代表中共中央提交宪法起草委员会。

3 月至 6 月，宪法起草委员会先后共举行七次正式会议，对草案初稿进行研究和讨论。与此同时，全国政协和各省市党政机关、军队领导机关以及各民主党派和各人民团体的地方组织代表人物 8000 多人，用两个月的时间对宪法草案（初稿）进行讨论，提出各种修改意见 5900 多条，为宪法起草工作提供了重要帮助。

6 月 11 日，宪法起草委员会第七次全体会议对宪法草案（修正稿）的全部条文作了最后审查，最终确定为 106 条。会议讨论通过了该草案，准备提交中央人民政府委员会第三十次会议通过并公布。

6 月 14 日，中央人民政府委员会第三十次会议讨论通过了《中华人民共和国宪法草案》和《关于公布中华人民共和国宪法草案的决议》，将宪法草案交付全国人民讨论。会上，毛泽东作了《关于中华人民共和国宪法草案》的讲话。他认为，这次宪法草案的一个成功经验，是采取了领导机关的意见和广大群众的意见相结合的方法。今后，一切重要的立法都要采用这个方法。他还强调了宪法的意义：“一

▲ 1954 年 9 月 15 日至 28 日，第一届全国人民代表大会第一次会议在北京举行。会议通过了第一部《中华人民共和国宪法》。图为陈叔通、黄炎培、李济深、宋庆龄、周恩来、毛泽东、刘少奇、郭沫若、张澜、李维汉（从左至右）在大会闭幕式的主席台上。

个团体要有一个章程，一个国家也要有一个章程，宪法就是一个总章程，是根本大法。用宪法这样一个根本大法的形式，把人民民主和社会主义原则固定下来，使全国人民有一条清楚的轨道，使全国人民感到有一条清楚的明确的和正确的道路可走，就可以提高全国人民的积极性。”

会议结束的当天，《中华人民共和国宪法草案》正式公布，交付全国人民讨论并征求意见。在近三个月的时间里，全国有 1.5 亿余人参加讨论，提出 118 万多条修改、补充意见和问题，几乎涉及宪法草案每一个条款。

1954 年 9 月 20 日，一届全国人大一次会议通过并公布了《中华人民共和国宪法》。这是中华人民共和国的第一部宪法，在对新中国成立五年来国家机关工作经验进行总结的基础上，对国家的政治制度作了更为完备的规定。

宪法进一步确立了我国社会主义社会的根本政治制度，明确规定："中华人民共和国是工人阶级领导的、以工农联盟为基础的人民民主国家。""中华人民共和国的一切权力属于人民。人民行使权力的机关是全国人民代表大会和地方各级人民代表大会。""全国人民代表大会、地方各级人民代表大会和其他国家机关，一律实行民主集中制。"

宪法明确了我国向社会主义过渡的方向和途径，明确规定："中华人民共和国依靠国家机关和社会力量，通过社会主义工业化和社会主义改造，保证逐步消灭剥削制度，建立社会主义社会。"宪法还规定了公民的基本权利和义务，使中国人民的基本人权在新中国第一次得到了宪法的保障。

这部社会主义类型的宪法，集中体现了人民民主原则和社会主义原则，以根本大法的形式确定了中国人民行使当家做主权利的政治制度，指明了为建立社会主义社会继续奋斗的正确道路。

第一部宪法的通过和实施，充分地调动了广大人民群众建设社会主义的积极性，有力地推动了社会主义各项事业的蓬勃发展。这是中国走向社会主义民主与法制建设的一个重要的良好开端。

历史证明，这部经过充分调研和讨论后出台的宪法是符合中国国情的。20世纪50年代至60年代初，这部宪法得到了较好的执行。60年代后期，由于政治生活出现了严重的曲折，宪法的执行遭遇了一定的困难。从1982年起，根据新时期的实践经验，宪法经过了几次修改，但始终以1954年宪法为基础，对1954年宪法进行继承和发展。

参考文献

1. 中共中央党史研究室:《中国共产党历史》第二卷（上册），中共党史出版社2011年版。
2. 中共中央文献研究室:《毛泽东传》（三），中央文献出版社2013年版。

1955 年

登上国际舞台

朝鲜战争结束后，亚洲的紧张局势有所缓和，中国人民争取与维护世界和平的信心大增。毛泽东提出：“形势是很好的，应该派一些同志去做外交工作，做外交就是做建设工作。”党中央要求在外交方面开展积极的活动和斗争，为新中国刚刚开始的大规模经济建设争取一个更加有利的国际和平环境。在这种背景下，周恩来率中国代表团先后参加了两个重要的国际会议——日内瓦会议和在万隆举行的亚非会议，开始了新中国登上国际舞台的成功实践。

第一次唱“正规戏”

1954 年 4 月，在苏联的推动下，由美、苏、英、法、中及有关国家外长参加的讨论朝鲜问题和印度支那问题的会议在瑞士日内瓦召开。日内瓦会议是新中国成立后第一次以大国身份参加的重要国际性会议。会议讨论的两个问题都与中国密切相关，党中央非常重视，中国代表团做了系统认真的准备。临行前，周恩来向代表团成员做了仔细的叮嘱：尽管我们过去在国内谈判有经验，跟美国吵架有经验，但那是野台子戏。中国是一个大国，到日内瓦是参加一个正式的国际会议，我们是登国际舞台了，因此要唱文戏，文戏中有武戏，但总归是一个正规戏、舞台戏。

4 月 26 日，日内瓦会议开幕，参加讨论朝鲜问题的国家除了中、苏、美、英、法以及朝鲜南北两方外，还有参加过朝鲜战争的澳、比、加等 12 国代表。从 4 月 27 日到 6 月 15 日，会议重点讨论朝鲜问题。在长达近两个月的时间里，由于美国的阻挠，会议陷入僵局。

6 月 15 日，是讨论朝鲜问题的最后一次全体会议，气氛尤为紧张。面对美国等国想把在日内瓦会议上继续讨论朝鲜问题的大门完全关死的风险，周恩来挺身而立，舌战群雄。他以特有的政治敏感和折冲樽俎的斗争艺术，敏锐地意识到有些国家希望达成一个“不能达成协议”的协议，以结束会议。周恩来在关键时刻提议：“日内瓦会议与会国家达成协议，它们将继续努力以期在建立统一、独立、民主的朝鲜国家的基础上达成和平解决问题的决议。关于恢复适当谈判的时间和地点问题，将由有关国家另行商定。”他还补充强调：“如果这样一个建议都被联合国军有关国家所拒

▲ 1954 年 4 月 26 日至 7 月 21 日，讨论和平解决朝鲜问题和恢复印度支那和平问题的国际会议在瑞士日内瓦举行。图为中国政府总理兼外长周恩来（第三排右三）出席会议。

绝，那么，这种拒绝协商和和解的精神，将为国际会议留下一个极不良的影响。”

周恩来提出的“最低限度、最具和解性的建议”，获得很多国家代表的理解、同情和支持。在无人反对的情况下，美国代表依然声称“不准备在未向美国政府请示的情况下同意这个建议”。

虽然日内瓦会议关于朝鲜问题的讨论历时 51 天，在美国的阻挠下没有达成任何协议，但它让中国察觉到“美国在表面上很凶，但背后却很虚弱”，“朝鲜问题虽然没有达成任何协议，但问题已看得很清楚，再打起来的可能性是很小了”。

在日内瓦会议讨论恢复印度支那和平时，以周恩来为首的中国代表团抓住机遇，在英、法和苏、越等国代表之间进行了卓越的外交斡旋，最终促使会议达成了《日内瓦会议最后宣言》。会场外，周恩来利用一切机会同各代表团和各方面人士接触，包括居住在瑞士的著名电影表演艺术家卓别林等。他还邀请许多国家的朋友观看新中国的第一部彩色电影《梁山伯与祝英台》。在接触中，周恩来真诚、坦率、机智和潇洒的个人魅力，给人们特别是没有和新中国接触过、原来心存疑虑的人，留下了深刻难忘的印象。

日内瓦会议基本达到了中国的预定目标，显示了刚刚登上国际舞台的新中国坚持正义、维护世界和平的形象，在解决国际争端中发挥了举足轻重的作用。

打破僵局的两次发言

1954 年 4 月，印度尼西亚、印度、巴基斯坦、缅甸、锡兰五国总理在锡兰首都科伦坡举行会议，倡议召开亚非会议，讨论亚非地区各国共同关心的问题。12 月底，五国总理再次在印尼茂物举行会议，决定正式邀请包括中国在内的 29 个亚非国家，于 1955 年 4 月的最后一周在印尼万隆举行亚非会议。

1955 年 4 月 18 日，29 个国家的 340 名代表齐聚万隆，会议隆重

▲ 1955 年 4 月，周恩来率团参加在印度尼西亚万隆召开的亚非会议。中国代表团本着“求同存异”的方针，与其他国家一起，为会议的成功作出了贡献。图为周恩来在会上发言。

开幕。万隆会议是由亚非国家发起和出席的、没有西方国家参加的第一次大型国际会议。它反映了亚非人民反对殖民统治、维护民族独立和世界和平、促进亚非各国友好合作的共同愿望和要求。中国是亚非地区最大的国家，本着为“争取扩大世界和平统一战线，促进民族独立运动，并为建立和加强我国同若干亚非国家的事务和外交关系创造条件”的原则，应邀参加会议。

尽管中国代表团出师不顺，美蒋反动势力制造了“克什米尔公主号”事件。但这种卑劣的行径并不能阻挡中国人民谋求和平与合作的脚步。在严峻的形势下，周恩来置个人安危于不顾，坚定地说“文仗如武仗，不能无危险”，依然率团出席会议。

会议过程形势复杂、波折颇多。美国极力阻挠、破坏会议，挑拨亚非国家与中国的关系，而且与会国家的社会制度、意识形态、宗教信仰又互不相同，对重大问题的看法很不一致。

在会议第一阶段，即各国代表发言阶段，就出现了一波反华风潮。开幕日下午，伊拉克代表发言称共产主义是独裁，是新殖民主义，要反对共产主义。一些国家附和，对中国表示了不同程度的不信任，甚至攻击共产主义。19 日，菲律宾、泰国、土耳其等国代表纷纷指责共产主义、社会主义，怀疑中国对邻国实行“颠覆”活动。一时大会气氛紧张，与会代表都关注会议的发展情况。

面对复杂局面，周恩来以他卓越的外交才干和出色的斗争艺术将会议从可能走上歧途的方向扭转回来。19 日上午，周恩来临时决定将原来的发言稿改为书面发言分发，并在下午的会议上作补充发言。据时任中国驻印尼使馆外交官的黄书海回忆：周总理第一句话是“中国代表团是来求团结的，不是来吵架的”，第二句话是“中国代表团是来求同而不是来立异的”。简洁直白而又振聋发聩的开场白，吸引了与会代表的注意。

周恩来从容不迫地接着说：“我们共产党人从不讳言我们相信共产主义和认为社会主义制度是好的，但是，这个会议上用不着来宣传个人的思想意识和各国的政治制度，虽然这种不同在我们中间显然是存在的。”他强调“中国代表团是来求同而不是来立异的”，并且阐述亚非各国遭受殖民主义痛苦和灾难的共同基础，彼此可以互相了解和尊重、互相同情和支持，而不是互相疑虑和恐惧、互相排斥和对立。

周恩来还回答和解释了亚非国家中不同的思想意识与社会制度问题，所谓中国没有宗教信仰自由问题，以及所谓中国支持颠覆活动问题。周恩来最后呼吁：“全世界愿意和平的国家和人民期待着我们的会议能为扩大和平区域和建立集体和平有所贡献。让我们亚非国家团结起来，为亚非会议的成功努力吧！”

周恩来的发言诚恳，尤其是“求同存异”的提法使与会者感到合理而且亲切，赢得了广泛赞许，改变了会议气氛。后来，会议主席、印尼总理阿里 · 沙斯特罗阿米佐约对周总理表示：“您的讲话太好了，将整个会议气氛扭转过来。”

针对会议讨论的殖民主义问题与和平共处五项原则提法的问题，周恩来以坚定的原则性和高超的灵活性将问题一一化解。4 月 24 日，全体会议通过了《亚非会议最后公报》，吸收了中国代表团的建议。亚非会议后，中国独立自主的和平外交又取得新的进展。

从日内瓦会议到万隆亚非会议，新中国在国际上的地位日益提高，并逐步走出“一边倒”的外交格局，在世界舞台上扮演着越来越重要的角色。

参考文献

1. 当代中国研究所：《中华人民共和国史稿》（第二卷），人民出版社、当代中国出版社 2012 年版。
2. 中共中央党史研究室：《中国共产党历史》第二卷（上册），中共党史出版社 2011 年版。

1956 年

社会主义改造基本完成

在有计划地开展大规模经济建设的同时，党领导全国人民对农业、手工业和资本主义工商业进行了生产资料私有制的社会主义改造。到 1956 年底，这一任务基本完成，标志着党领导全国人民实现了从新民主主义到社会主义的历史转变。

成功实现农业合作化

农业社会主义改造就是实现农业合作化。在三大改造中，对农业的改造是重中之重。农业是国民经济的基础，农民占全国总人口的80%多。新中国成立初期，农业积累为工业建设提供最主要的资金来源，同时农产品也是资本主义工商业的重要原材料，抓住对农业的改造也就把握住了社会主义改造的主动脉。鉴于农业落后对工业建设有很大的制约作用，党中央认为，发展农业合作化是增加农业生产的主要方法。

土地改革已经完成的农村，普遍发展了劳动互助组织。随着土改后多数农民经济地位的上升，农村开始出现中农化的趋势，少数富裕中农上升为富农。针对农村中开始出现的贫富差距扩大的现象，毛泽东指出：中国的合作社“依靠统一经营形成新生产力，去动摇私有基础，也是可行的”。于是，1951年9月，中共中央制定了《关于农业生产互助合作的决议（草案）》，要求根据生产发展的需要和可能，大量发展劳动互助组，在条件比较成熟的地区，有领导、有重点地发展土地入股的初级农业生产合作社。这个草案试行后，农村互助合作有了较大发展。

在发展农业互助合作运动的过程中，党中央要求注意照顾小农经济私有性、分散性的特点，充分照顾个体农民的意愿，及时发现并纠正局部工作中的急躁冒进现象。与此同时，党进一步加强了经济上对农业生产的扶持，比如适当提高农副产品的收购价格，坚持实行依税率计征、鼓励增产的税收政策等，有力地支持了农业增产，推动了农业合作化运动的发展。另外，供销合作社和信用合作社的持续扩展，使小农经济同社会主义

▲ 1951 年 9 月和 1953 年 12 月，中共中央先后作出《关于农业生产互助合作的决议（草案）》和《中共中央关于发展农业生产合作社的决议》，全国农业合作化运动蓬勃发展。图为河北省沙河县渡口村第五互助组的组员们在麦苗地上追肥。

▲ 新疆乌鲁木齐市和平乡八户梁村农民努尔报名加入农业生产合作社。

经济建立起联系，也对农业生产合作社的发展起到了积极的促进作用。

大规模经济建设开始后，由于工业、外贸、城镇消费用粮猛增，同时为满足工业所需的经济作物挤占粮食种植空间，全国粮食出现严重紧缺。1953 年 10 月 2 日，陈云在中央政治局扩大会议上作关于粮食问题的报告，指出解决粮食问题最好的办法，是在农村实行征购，在城市实行配售，严格管制私商，以解决需要与来源之间的矛盾。10 月 16 日，党中央作出《关于实行粮食的计划收购与计划供应的决议》，从 12 月开始在全国农村进行统购工作。粮食统购统销政策得到了较好的贯彻，初步缓解了粮食供求紧张的矛盾，基本能够满足工业化初期对粮食的需求。在总结这一经验的基础上，党中央紧接着实行油料、棉花的统购和食用油、棉布的统销，使粮、油、棉等主要农产品脱离了自由市场，纳入国家计划管理的轨道。

虽然粮食紧张局面暂时得以缓解，但解决粮食问题的根本方法还是要增加粮食生产。党中央认为，在新中国成立初期的条件下，增加农业生产的最主要方式还是实现农业合作化，将个体农民的生产力量组织整合起

▼辽宁省沈阳市南郊唐台村“五三”农业生产合作社的社员在打谷场上忙碌。

来，通过合作社发展农业。1955 年 7 月 31 日，毛泽东在中央召开的省、市、自治区党委书记会议上作《关于农业合作化问题》的报告，提出在我国必须先有农业合作化，然后才能使用大机器的重要观点，批评了“右倾错误的指导方针”。

1956 年 1 月，入社农户由上年 6 月占总农户的 14.2% 猛增至 80.3%，基本实现了初级社化。到了年底，这个数字进一步攀升至 96.3%，其中高级社户数占 87.8%，仅仅一年时间就基本上完成了高级形式的合作化。原来预计 18 年完成的农业合作化，仅用 7 年时间就完成了。

尽管这个阶段步子迈得过快，存在一些问题，但是农业合作化的完成实现了中国土地的公有化，主要生产资料归农业生产合作社集体所有，在农村地区真正建立起社会主义集体所有制经济。中国农村发生了翻天覆地的变化，完成了两次历史性的社会变革，不仅实现了“耕者有其田”的民主主义革命目标，而且完成了对于分散落后的农民个体经济的社会主义改造。

实现赎买政策的积极探索

新中国成立之初，毛泽东就确定了“实行私营工业国有化”的方向，但是采取什么样的形式和方法将资本主义工商业转变为社会主义性质的企业，还需要思考和探索。

1953 年，中央统战部部长李维汉带领调查组，先后到民族工商业比较集中的武汉、南京、上海等地进行调查，结合学习列宁关于新经济政策和国家资本主义的论述，对我国经济工作的情况进行了思考，明确提出把国家资本主义作为改造资本主义工商业的主要形式，受到了党中央的高度重视。经过多次讨论，党中央改变了过去只是利用、限制资本主义的方针，确定了对资本主义工商业利用、限制和改造的指导思想，关键是对国家资本主义产生了新的认识。

为此，毛泽东对国家资本主义进行了深入研究，从理论上予以阐释："中国现在的资本主义经济，其绝大部分是在人民政府管理之下的，用各种形式和国营社会主义经济联系着的，并受工人监督的资本主义经济。这种资本主义经济已经不是普通的资本主义经济，而是一种特殊的资本主义经济，即新式的国家资本主义经济。它主要不是为了资本家的利润而存在，而是为了供应人民和国家的需要而存在。""因此，这种新式的国家资本主义经济是带着很大的社会主义性质的，是对工人和国家有利的。"

过渡时期总路线和对资本主义工商业改造的方针公布后，在工商业者当中引起了不小的波动：有的人存在严重抵触情绪，认为"上了贼船"；有的大资本家在大势所趋下，宁愿拿出一个企业抵债而不愿实行公私合营；还有少数人则通过"停工、停伙、停薪"、抽逃资金、破坏生产等手段抗拒社会主义改造。

针对这种情况，1953 年 10 月至 11 月，中央指示召开中华全国工商业联合会会员代表大会，对总路线和改造方针的内容、意义及步骤进行具体阐释，打消工商业者的疑虑和顾虑。经过学习和讨论，许多人感到“社会主义是大势所趋，不走也得走”，还有的提出要“积极经营，争取利用，不犯五毒，接受限制，加强学习，欢迎改造”。黄培炎发言表示，在过渡时期，资产阶级只要接受改造，将是“风又平，浪又静，平平安安到达黄鹤楼”，“到社会主义都有一份工作，有饭吃”。许多与会代表对黄培炎的发言表示赞同，他们的情绪变得积极开朗，在不同程度上接受了总路线和改造方针。会议开得很及时，也取得了良好的效果。

随后，党紧抓有利于生产和流通的关键环节，依据生产形势和市场变化，开始稳步将私营工商业纳入国家资本主义的轨道。在工业方面，党有计划地扩展公私合营工业。在国家对粮、油、棉实行统购统销后，私营工业在原料供应和市场销售两方面均受到限制，再加上同机器设备更加先进的国营工业相比竞争力不足，不少私营企业不得不接受国家的委托加工和计划订货，实际上已经被纳入国家资本主义的轨道。1954 年 1 月，中央财经委员会召开会议，讨论扩展公私合营工业计划问题，提出将 10 人以上符合合营条件的资本主义工业企业纳入公私合营轨道。9 月，政务院公布的《公私合营工业企业暂行条例》，规定了公私合营企业的性质、任务和公私关系、劳资关系、经济管理、盈余分配等问题。企业合营后，在原料、市场、贷款等方面得到了国家的支持，工人积极性高涨，生产迅速提高，这使得不少资本家主动要求实行公私合营。

在商业方面，党加强了对市场的管理。由于国家逐步扩大了对农副产品的统购、派购范围，对工业生产建设所需的重要原材料实行计划供应，国营商业逐渐取代了私营批发商。1954 年 7 月，党中央下达《关于

▲ 1954 年，随着中央人民政府政务院通过《公私合营工业企业暂行条例》，公私合营这种高级形式的国家资本主义也开始发展起来。图为上海市工商业联合会副主任委员荣毅仁（右四）与上海的资本家畅谈全市私营工商业进行社会主义改造的工作问题。

► 1955 年 12 月 28 日，上海市三百多家棉布、绸布、绸缎店正式实行公私合营。图为公私合营信大祥绸布商店挂上崭新的牌子。

▲ 1956 年 1 月 15 日，在北京各界庆祝社会主义改造胜利联欢大会上，工商界代表乐松生（左）向毛泽东献报喜信。

加强市场管理和改造私营商业的指示》，要求各地采取代理、转业、吸收人员等各种方法对私营批发商予以安排。由此，国营商业逐渐掌握货源，执行国家规定的零售牌价。1955 年 4 月，党中央再次指示，要求城市的私营零售商逐步过渡为国营商业的分销处或门市部，农村小商贩逐步过渡为供销合作社。

到 1956 年底，全国原有私营工业 8.8 万户，有 99% 的企业实现了所有制改造；原有 240 万余户私营商业，有 82.2% 的户数实现了改造，其中部分转入国营商业或供销社，其余分别组成公私合营商店、合作商店或合作小组。经过生产改组和企业的初步改造，大多数公私合营企业合理调整了劳动力，集中了技术力量，平衡了机器设备，解决了部分行业过去在生产经营上的困难，使企业的生产潜力得以充分发挥。在这一年中，全国公私合营工业总产值较 1955 年增加了 32%，劳动生产率比 1955 年提高了 20%—30%；全国公私合营商店、合作商店和合作小组的零售总额较 1955 年增加了 15%。

由此，中国大陆基本完成了社会主义改造，个体劳动者所有的私有制基本上转变为劳动群众集体所有的公有制，资本主义私有制基本上转变为全民所有的公有制。伴随着生产资料公有制的建立和发展，中国确立的社会主义政治制度以及党在各方面的工作，都因适应和服务于社会主义经济制度的建立而得到加强和改善。

参考文献

1. 中共中央党史研究室：《中国共产党历史》第二卷（上册），中共党史出版社 2011 年版。
2. 中共中央文献研究室：《毛泽东传》（三），中央文献出版社 2013 年版。

1956 年

《论十大关系》的提出

社会主义改造完成后，党中央将工作重点转移到经济建设上来。尽管在新中国成立之初，苏联模式成为新中国开展各项工作的重要参照，但是苏联的经验并非都是成功的，也未必适应中国的具体情况。社会主义制度建立起来后，中国迫切需要探索出一条自己的社会主义建设之路。此时，毛泽东《论十大关系》的讲话，便是这条道路的开端。

▸ 1955 年 12 月至 1956 年 3 月，刘少奇在北京分别约请国务院三十多个部门负责人座谈，对我国工业布局和经济发展方针提出了指导性意见。这次调查对于形成中共八大的正确路线起了重要作用。图为刘少奇召开座谈会的中南海西楼甲楼（1986 年摄）。

中央领导的调查工作

1955 年底至 1956 年春，党中央领导人开展了一系列调查工作。先是刘少奇为起草党的八大的政治报告，从 1955 年 12 月起召集国务院 30 多个部门的负责人汇报工作。随后，从 1956 年 2 月中旬至 4 月下旬，毛泽东分别听取国务院 34 个部门的工作汇报，还有国家计委关于第二个五年计划的汇报，实际听取汇报的时间为 43 天。

在这 43 个昼夜中，毛泽东的日程安排得很满。为了听取汇报，毛泽东不得不改变长期养成的夜间工作的习惯。他每天早上一起床就开始在中南海颐年堂听取汇报。听汇报并不只是单纯地听，实际上是个思考和互动的过程。毛泽东在汇报前会收到各部门送交的书面材料，在听口头汇报的过程中经常插话，提出问题，发表意见，进行评论，每次都持续四五个小时。

调查工作其实也是中央领导共同讨论、各抒己见的过程，由此碰撞出思想的火花。周恩来除个别时候因事请假外，几乎每次都来。刘少奇、陈云和邓小平有时也来参加，他们都会时常插话，发表意见。在听取重工业部汇报时，讲到发展速度问题，毛泽东说："我国建设能否超过苏联头几个五年计划的速度？我看是可以赶上的，工业也可以超过。中国有两条好处，一曰穷，二曰白，一点负担没有。美国在华盛顿时代，也是白，所以发展起来是很快的。要打破迷信，不管是中国的迷信，外国的迷信。我们的后代也要打破对我们的迷信。我国工业化，工业建设，完全应该比苏联少走弯路。我们不应该被苏联前几个五年计划的发展速度所束缚。我们有可能超过它，理由有四：国际条件不同；国内条件不同；技术水平不同；中国人口多，农业发展快。同样，即使在技术发展方面，在现代技术发展方面，也可以超过苏联，有社会主义积极性，有群众路线，少搞官僚主义。我们有群众工作的传统，有群众路线，这是我们的好处。"

这时，周恩来插话表示，开始几年学他们是必要的。经过这两三年，我们也有些经验了，就应该总结总结。周恩来讲到要派人到资本主义国家去学技术，毛泽东很赞成，他说："不论美国、法国、瑞士、挪威……只要他们要我们的学生，我们就派去。"周恩来说："把各国经验都学过来，要有这个气魄。"

调查工作并非总是严肃沉重的，毛泽东会在谈及工作之余跟汇报工作的同志拉家常，这展现了他亲切幽默的一面。在听取基本建设委员会和建筑工业部汇报时，一上来毛泽东就问万里是什么地方人。万里答："山东人。"又问："看过《水浒》和《金瓶梅》没有？"答："没有看过。"毛泽东说："《水浒》是反映当时政治情况的，《金瓶梅》是反映当时经济情况的，是《红楼梦》的老祖宗，不可不看。"汇报之前的这个插曲，使会场的气氛一下子活跃起来了。

毛泽东的调查超出了为党的八大做准备的范畴，形成了一些对社会主义建设有长远指导意义的思想，最终凝结成为《论十大关系》。这是毛泽东在新中国成立后乃至在他一生中所做的规模最大、时间最长、周密而系统的经济工作调查。毛泽东后来在 1958 年 2 月中央政治局扩大会议上回忆道：“那个十大关系怎么出来的呢？我在北京经过一个半月，每天谈一个部，找了三十四个部的同志谈话，逐渐形成了那个十条。如果没有那些人谈话，那个十大关系怎么会形成呢？不可能形成。”

开辟中国自己的社会主义建设之路

国内，刚刚开启大规模的经济建设，党的八大召开在即，新建立的生产关系还不完善，新暴露出的社会矛盾尚有待解决。国外，苏联共产党第二十次代表大会尖锐地批判了斯大林在领导苏联社会主义建设中所犯的严重错误，这在社会主义阵营引发极大震动和思想混乱，同时也激发了社会主义国家对苏联模式的深刻反思。面对新的形势和新的任务，党中央根据马克思主义的基本原理同中国实际相结合的原则，总结国内外经验，在实践中探索前进。

1956 年 4 月 5 日，《人民日报》发表了经由毛泽东审阅和修改的《关于无产阶级专政的历史经验》一文，对苏共二十大和斯大林进行了分析和评价，亮明了中国共产党对这一事件的立场和态度。在中央政治局讨论这篇文章时，毛泽东指出：“对苏共二十大，重要的问题在于我们从中得到什么教益，最重要的是要把马列主义的基本原理同中国革命和建设的具体实际相结合。民主革命时期我们在吃了大亏之后才成功地实现了这种结合，取得了中国新民主主义革命的胜利。现在是社会主义革命和建设时期，我们要进行第二次结合，找出在中国怎样建设社会主义的道路。”《论十大关系》正是在这样的关键时刻酝酿出的果实，因此，“以苏为鉴”，根据中国情况走自己的路，成为贯穿《论十大关系》的基本思想。

1956 年 4 月 25 日，毛泽东主持中央政治局扩大会议，发表了《论十大关系》的讲话。这是他经过一个多月充分细致的调查，对当时国内外的形势变化进行深入分析形成的报告。毛泽东在报告开篇提出：“要把国内外一切积极因素调动起来，为社会主义事业服务。”

“十大关系”包括：重工业和轻工业、农业的关系，沿海工业和内地工业的关系，经济建设和国防建设的关系，国家、生产单位和生产者个人的关系，中央和地方的关系，汉族和少数民族的关系，党和非党的关系，革命和反革命的关系，是非关系，中国和外国的关系。在这“十大关系”中，前五条主要涉及经济关系，后五条主要涉及政治关系。整体来讲，“十大关系”更侧重于讨论经济问题，力求从经济工作各方面来调动各种积极因素。毛泽东于 1958 年 3 月在成都会议上明确表示：“在十大关系中，工业和农业，沿海和内地，中央和地方，国家、集体和个人，国防建设和经济建设，这五条是主要的。”这是对经济基础决定上层建筑的马克思主义政治经济学原理的基本遵循，也表明在新的形势下，党在分析我国社会矛盾全局时，已经把探索解决经济建设中的矛盾摆在首要的中心地位。

▸ 1956 年 5 月 2 日，毛泽东在最高国务会议上作《论十大关系》的讲话。以《论十大关系》和党的八大为标志，党对中国社会主义建设道路的探索有了良好开端。

在当时的历史背景下，《论十大关系》为纠正在经济工作中盲目冒进的问题创造了良好的条件，为中央随后提出经济发展要实行既反保守又反冒进、坚持在综合平衡中稳步前进的方针打下了基础。从长远来看，该报告在总结中国经济建设经验和鉴戒苏联教训的基础上，明确了必须从中国实际国情出发走自己的道路，提出了社会主义经济建设的若干新方针，这反映出经济发展的客观规律，对社会主义建设有很强的针对性和指导作用。可以说，《论十大关系》的提出，是中国共产党比较系统地探索中国自己的建设社会主义道路的开端。毛泽东在回顾这段历史时曾多次提到："前几年经济建设主要学国外经验，1956 年 4 月《论十大关系》，开始提出自己的建设路线，有我们自己的一套内容。"后来，邓小平也作出过类似的评价："这篇东西太重要了，对当前和以后，都有很大的针对性和理论指导意义。"

参考文献

1. 中共中央党史研究室：《中国共产党历史》第二卷（上册），中共党史出版社 2011 年版。
2. 中共中央文献研究室：《毛泽东传》（四），中央文献出版社 2013 年版。

1956 年

发展科学和文化的新方针

在毛泽东作《论十大关系》的报告前后，党根据国内外的新形势和国家建设的新任务，提出了对知识分子的政策、“向现代科学进军”的任务和“百花齐放、百家争鸣”的方针。这些新方针是探索科学和文化发展道路的有益尝试，为党的八大的召开做了重要的思想理论准备。

“向现代科学进军”

20 世纪 50 年代中期，世界范围内科学技术迅猛发展，与此同时，我国社会主义建设大规模展开。国内外形势变化迫切要求我国尽快提升科技人才的数量和质量，以推动科学研究事业的发展。

党深切认识到发展科学技术和发挥知识分子作用的紧迫性和重要性，果断作出了两项重大部署：一项是召开关于知识分子问题的会议，确定了社会主义时期党对知识分子的政策基础；另一项是编制出《一九五六—一九六七年科学技术发展远景规划纲要》，提出向现代科学进军的行动纲领。

党的主要领导人早就意识到中国的知识分子在国家建设中具有特殊的重要性。周恩来早在新中国成立初的 1950 年 8 月，就在中华全国自然科学工作者会议上指出，为了在满目疮痍的旧中国的破烂摊子上进行建设，“现有的专家不是太多而是不够”。1951 年 8 月，他在各部门负责人和很多知识分子参加的会议上再次指出：现在，“人才缺乏，已成为我们各项建设中的一个最困难的问题”，“只要我们的工作开展了，中国的知识分子就不是太多，而是太少了”。

但是，党内对知识分子重要性问题的认识并不完全一致，不少干部仍严重地存在着不尊重知识分子的“左”的宗派主义倾向，少数人甚至对知识分子怀有盲目排斥的情绪，存在不尊重知识分子的问题。

针对这些问题，周恩来于 1955 年 11 月 22 日向毛泽东汇报了这方面的情况，陈述了他对知识分子受到伤害的忧虑，提出打算在政协全国委员会会议上讨论知识分子问题。第二天，毛泽东召集中央书记处全体成员和中央有关方面负责人会议，决定采纳周恩来的意见，在全面建设社会主义即将开始的关键时刻召开一次大型会议，全面解决知识分子问题。

1956 年 1 月 14 日至 20 日，中共中央在北京召开关于知识分子问题的会议。刘少奇宣布大会开幕后，周恩来代表中共中央作《关于知识分子问题的报告》。周恩来在报告中对整个知识分子队伍的现状，包括他们的成长过程和政治思想、工作状态，都作了详细分析，充分肯定了知识分子在社会主义建设中的地位和作用。他说："他们中间的绝大部分已经成为国家工作人员，已经为社会主义服务，已经是工人阶级的一部分。"周恩来提出在知识分子中大量吸收党员的计划，争取"在 1962 年做到党员占高级知识分子总数三分之一左右"。这个对知识分子阶级属性和社会作用的估计和判断，以及制定的相应方针政策，奠定了社会主义时期党对知识分子政策的基础。

周恩来还在报告中用相当大的篇幅谈到了"向现代科学进军"的问题。他分析了世界科学技术巨大而迅速的进步，已经"把我们抛在科学发展的后面很远"的现实状况，作出了"科学是关系到我们的国防、经济和文化各方面的有决定性的因素"的论断，提出"我们必须急起直追，力求尽可能迅速地扩大和提高我国的科学文化力量，而在不太长的时间里赶上世界先进水平"。由此，他代表中央郑重地发出了"向现代科学进军"的动员令。

毛泽东也在会上讲了话，提出要进行技术革命、文化革命，革技术

▲ 在国家积极推动下，我国教育、科技、文化事业发展取得显著成绩。1957 年 11 月 6 日，周恩来到北京大学作报告，受到热烈欢迎。

落后的命，革愚蠢无知的命。他号召全党努力学习科学技术，同党外知识分子团结一致，为迅速赶上世界科学先进水平而奋斗。

这是新中国成立后，第一次把知识分子问题、发展科学技术问题作为全党上下都必须密切关注的重大工作郑重地提了出来。周恩来的报告意义重大，提出的措施改善了知识分子的工作和生活条件，作出的论断统一了全党对知识分子和科技发展的认识。报告被知识界称作“像春雷般起了惊蛰作用”，使广大知识分子深受感动，充分调动起知识分子投身社会主义建设的积极性。会后历时数月编制出的《一九五六—一九六七年科学技术发展远景规划纲要》，将我国科学技术事业带入了有计划的蓬勃发展的新阶段，一个“向现代科学进军”的热潮很快兴起。

“百花齐放、百家争鸣”

在发出“向现代科学进军”号召的同时，党中央还提出将“百花齐放、百家争鸣”作为繁荣和发展社会主义科学文化事业的指导方针。

“双百方针”最早是由毛泽东提出的，提出这两个方针之初都有明确的指向性和针对性。1951 年 4 月，中国戏曲研究院成立，毛泽东题词祝贺：“百花齐放，推陈出新”。“百花齐放”事实上是针对此前戏曲界发生的京剧和地方戏哪个为主之争的一种表态。1953 年 8 月 5 日，中央批准设立中国历史问题研究、中国文字改革研究、中国语文教学研究三个委员会。负责中国历史问题研究委员会工作的陈伯达向毛泽东请示工作方针，毛泽东提出：“百家争鸣”。这四个字主要是针对史学研究提出的，缘起是两位马克思主义历史学家郭沫若和范文澜对中国奴隶制和封建制的分期问题存有分歧，郭沫若主张分期标志在春秋战国时代，范文澜则主张中国封建社会始自西周，两种主张引起史学界的争论。“百家争鸣”当时是毛泽东为解决史学研究中这类争论的一种表态，后来成为整个科学工作的指导方针。

新中国成立初期，受苏联学术批评中粗暴作风和教条主义的影响，科学文化领域出现了推崇一个学派、压制一个学派，乱贴政治标签等现象。针对这种情况，1956 年 4 月，中央政治局扩大会议在讨论《论十大关系》时，提出要把政治思想问题同学术性质、艺术性质、技术性质的问题区分开来，为了发展文化和科学，要贯彻毛泽东过去分别提出的“百花齐放”和“百家争鸣”两个口号。

就在这次会议上，毛泽东在作总结讲话时提出：“艺术问题上的百花齐放，学术问题上的百家争鸣，我看应该成为我们的方针。‘百花齐放’是群众中间提出来的，不晓得是谁提出来的。人们要我题词，我就写了‘百花齐放，推陈出新’。‘百家争鸣’，这是两千年以前就有的事，春秋战国时代，百家争鸣。讲学术，这种学术也可以讲，那种学术也可以讲，不要拿一种学术压倒一切。你讲的如果是真理，信的人势必就会越来越多。”

5 月 2 日，在最高国务会议第七次会议上，毛泽东正式宣布了“百花齐放、百家争鸣”的方针。他说：“现在春天来了嘛，一百种花都让它开放，不要只让几种花开放，还有几种花不让它开放，这就叫百花齐放。百家争鸣，是说春秋战国时代，两千年以前那个时候，有许多学派，诸子百家，大家自由争论。现在我们也需要这个。在《中华人民共和国宪法》范围之内，各种学术思想，正确的、错误的，让他们去说，不去干涉他们。”

5 月 26 日，在中南海怀仁堂召开的知识界会议上，中宣部部长陆定一作题为《百花齐放、百家争鸣》的报告，代表党中央对这一基本方针作了详尽的阐述。他指出，“双百方针”是提倡在文学艺术工作和科学研究工作中有独立思考的自由，有辩论的自由，有发表自己的意见、坚持自己

▲ 1957 年 7 月 7 日，毛泽东在上海中苏友好大厦接见上海科学、教育、文化、艺术和工商界的代表人士。在文体卫生领域，我国优秀文化艺术作品大量涌现，体育事业蓬勃发展，医疗卫生机构大幅增加，全国城乡卫生医疗网基本形成。

的意见和保留自己的意见的自由。在总结自然科学、社会科学、文学艺术工作经验教训的基础上，他强调："应当提倡建立在科学基础上的尖锐的学术论证。批评和讨论应当以研究工作为基础，反对采取简单、粗暴的态度。"

"双百方针"反映了繁荣文艺、发展科学的时代要求，促使人们进一步从苏联教条主义的束缚中解放出来。同《论十大关系》一样，"双百方针"的主旨也是充分调动一切积极因素为人民服务，为社会主义服务。在新的历史条件下，《论十大关系》为经济和政治领域提出了新的指导方针，而"双百方针"则为文化领域提出了新的指导方针。

参考文献

1. 中共中央文献研究室：《毛泽东传》（四），中央文献出版社 2013 年版。
2. 中共中央文献研究室：《周恩来传》（三），中央文献出版社 2013 年版。

1956 年

党的第八次代表大会

1956 年 9 月，中国共产党第八次全国代表大会胜利召开。大会指出，社会主义改造已取得决定性胜利，社会主义制度已基本建立。根据形势变化，大会对国内的主要矛盾、党和人民的主要任务作出了新的论断，着重提出加强执政党建设的问题，通过新修订的《中国共产党章程》。以党的八大为标志，中国共产党人努力探索和开辟一条适合中国情况的建设社会主义的道路，有了一个良好的开端。

▲ 1956 年 9 月 15 日，中国共产党第八次全国代表大会在北京开幕，毛泽东致开幕词。图为大会主席台。党的八大宣告了社会主义革命的基本完成和社会主义制度的基本确立。这次会议对中国建设社会主义道路的探索，站在比较高的历史起点上，取得了初步成果。

全面建设社会主义时期的历史性盛会

1956 年 9 月 15 日下午 2 时，中共八大在全国政协礼堂隆重开幕。出席会议的代表共 1026 人，代表了全国 1070 万党员。各民主党派领导人和无党派民主人士代表以及来自苏联、南斯拉夫、法国、意大利等 50

多个国家的共产党和工人党代表团应邀参加大会。

在热烈的掌声中，毛泽东宣布中共八大开幕，并致开幕词。他指出：“我们这次大会的任务是：总结从七次大会以来的经验，团结全党，团结国内外一切可能团结的力量，为了建设一个伟大的社会主义的中国而奋斗。”他还强调，将马克思列宁主义的理论和中国革命的实践密切地联系起来，是党的一贯的思想原则，需要用加强党内思想教育的方法，克服违反马克思列宁主义的观点和作风。为了迎接即将到来的全面经济建设的高潮，他向全党发出了“必须善于学习”的号召。毛泽东的开幕词只有短短 3000 字，但是引发了整个会场 32 次掌声，这为大会铺垫了热烈、激动的气氛。

随后，刘少奇代表中央委员会作政治报告。报告总结了党的七大以来，特别是新中国成立后七年来的基本经验，根据新的形势，提出党的基本任务和新的方针政策。这篇报告是以《论十大关系》为指导思想起草的，经过反复修改和多方征求意见，凝聚了全党的经验和智慧，达到了当时可能达到的最高认识水平。

第二天，邓小平作关于修改党章的报告。同党的七大相比，中国共产党已经处于执政地位，因此，这个报告将执政党的建设问题放在了中心位置。一方面，报告分析了党在执政的情况下所面临的种种新的考验，提出反对官僚主义和骄傲自满情绪的问题，批评了脱离实际、脱离群众的思想作风。另一方面，报告强调了党的集体领导原则，反对个人崇拜，反对突出个人，反对对个人歌功颂德，这显然是吸取了苏联的教训。

在邓小平的报告之后，周恩来作了关于发展国民经济的第二个五年计划的建议的报告。他的报告对“一五”计划的实践和反冒进的经验作了初步总结，强调应该根据需要和可能，合理地规定国民经济发展速度，把计划放在既积极又稳妥可靠的基础上，以保证国民经济比较均衡地发展。这个总结初步反映了党对我国社会主义经济发展规律的正确认识。

大会对这三个报告进行了热烈的讨论，通过了各项报告，并选举了第八届中央委员会，圆满完成了各项议程。

会议期间，毛泽东会见了出席大会的兄弟党代表团，同他们进行了坦诚友好的交谈。会见都安排在下午，地点是政协礼堂主席团休息室。每天下午一般安排两场会见，有时是三场。每场会见都要持续一个多小时至三个小时的时间。会见谈话的内容十分广泛，充分展示了毛泽东敏锐的思维和渊博的知识，以及他想要了解外部世界的急切心情。其中最为集中的话题，还是总结斯大林错误的教训。毛泽东在会见德国统一社会党代表团时，便谈到了这个问题。

代表团长乌布利希向毛泽东表示感谢，他说：“第八次党代会对我们有很大教育意义，不仅了解了中国，并且对我们是一种鼓励和支持。你们在经济、哲学问题的提法上很有趣。”

毛泽东说：“要互相参考。只可参考，不可硬搬，好像我们不能硬搬苏联一样，硬搬就危险，我们曾经硬搬而吃了大亏。”

乌布利希回应道：“我们的道路相同，而走法不同。”

毛泽东说："方向是一个，内容是一个，是社会主义的内容，民族的形式。""共产国际很长时期犯了很大错误，把我们的革命搞掉了百分之九十。共产国际解散了，就搞出一个新中国来。我们不是不相信马列主义，而是更相信了。共产国际搞教条主义，情报局又搞教条主义，教条主义就不是马列主义。"

毛泽东等中央领导人在同兄弟党代表团的谈话中，探讨了党际之间的关系问题，总结了中国新民主主义革命胜利和进行社会主义改造的经验，阐明了中国的内政外交方针政策，特别是社会主义建设和党的建设等问题。他们提出了一些重要观点，可以看作是对八大路线的理论阐发，也是对八大政治报告的重要补充。

由于社会主义现代化建设在中国的实践才刚刚起步，党在理论上和思想上对社会主义的认识还不够成熟，准备尚不充分，在随后的实践中走了弯路，未能完全坚持落实八大路线。后来的历史证明，八大制定的路线是正确的。这次会议对中国建设社会主义道路的探索，突破了苏联模式，展示了在中国发展社会主义的宏伟蓝图，会上提出的富有创造力的方针和设想为改革开放之后的政策奠定了基础。

探索中国自己建设社会主义道路的良好开端

党的第八次全国代表大会是新中国成立后中国共产党召开的第一次

全国代表大会。基于对新形势的判断，八大确定了以经济建设为中心的发展路线，在经济、政治、文化、外交等领域作出了重要决策和部署，提出了许多富有创造性的方针和设想，是探索中国特色社会主义道路的重要开端。

党的八大最突出的贡献，是对国内形势变化进行了深刻分析，对主要矛盾和主要任务作出了新论断。从理论上看，随着社会主义改造的完成，全党的工作重心应适时地转移到发展生产力上来，新建立的生产关系应紧紧围绕发展生产力的中心任务，根据生产力现实发展水平加以巩固和调整。大会所作的新论断是党关于社会主义制度在我国建立起来后国内主要矛盾的最初表述，是党确定正确路线的基础。这一论断的基本精神是完全正确的，突出了生产力发展还很落后的基本国情，明确要把工作着眼点从阶级斗争转移到大力发展社会生产力上来。

党的八大的另一贡献是开启了加强执政党建设的历史任务。新中国成立后，中国共产党作为执政党在国家政治经济生活中居于领导地位，自身发生了根本性变化，由此引发的变化令党面临新的考验。在党的八大期间，无论是毛泽东的开幕词，还是刘少奇和邓小平所作的报告，都明确提出了加强执政党建设的问题。

党的八大是一次解放思想、民主开放的大会。在会前，毛泽东就给大会的风格定了调，强调要有丰富的批评，要有分析，肯定成绩，批评错误。他说："如果我们开一次会没有批评，净讲一套歌功颂德，那就没有生气，那无非只有一个'好'字就行了，还要多讲干什么？"

▲ 1956 年 9 月 15 日至 27 日，中国共产党第八次全国代表大会在北京举行。图为参会代表在小组会上讨论大会报告。

会议召开的消息事先发布，会议的进程、大会的主报告和代表们的发言通过新闻媒体及时向外界报道，为全党和全国人民所了解。会上，代表们围绕即将展开的大规模的社会主义建设这个重点建言献策。朱德、陈云、董必武、彭德怀、李富春等 68 位代表作大会发言，45 位代表作书面发言。

特别值得一提的是，陈云在发言中提出了“三个主体，三个补充”的思想：在工商业经营方面，国家经营和集体经营是主体，附有一定数量的个体经营作为补充；在生产的计划性方面，计划生产是工农业生产的主体，按照市场变化而在国家计划许可范围内的自由生产作为补充；在社会主义的统一市场里，国家市场是主体，附有一定范围内国家领导的自由市场作为补充。这些意见受到大会的重视，被大会决议所采纳。

“三个主体，三个补充”思想的核心要义，是以国家经营和集体经营、计划生产、国家市场三者为主体，而以个体经营、自由生产、自由市场三者为补充，探索对经济体制的改革。这是从理论上对苏联计划经济模式的突破和创新，为中国走出自己的社会主义建设道路作出的勇敢尝试。

党的八大之后，在实践中完善和发展已经形成的方针政策这一任务被提上日程。为进一步解决社会主义改造过程中遗留的矛盾，中央按照“三个主体，三个补充”的思想来调整经济关系，取得了初步进展。在基本完成工商业和手工业的社会主义改造后不久，市场关系的变化引发了一些问题。为解决这些问题，党提出统一经营和分散经营相结合，强调同人民生活密切相关的个体手工业、小商店、小摊贩、小挑贩要长期保持单独经营；还提出放宽市场管理，允许企业实行一定程度的自由选购和自由推销，允许在完成统购和订购任务之后的部分农产品进入自由市场。

由于有计划地适当引进市场调节机制，自由市场一度活跃，个体工商户明显增长，与人民群众生活密切相关的市场生产和销售得到了初步改善。在这样的环境中，上海还出现了自发经营的较大的手工个体户和手工工场。社会主义基本改造完成后出现的这类事物，得到了党中央的高度关注，不少中央领导人都对此现象表达了自己的看法。

毛泽东在同民建和工商联负责人谈话时提出，上海的地下工厂同合营企业也是对立物，因为社会有需要就发展起来，要使它成为地上，合法化，可以雇工。他把这称作“新经济政策”，将这个思路概括为：“可以消灭了资本主义，又搞资本主义。”

刘少奇在同有关部门负责人谈话时也指出，各地地下工厂不少，有些资本主义或小生产者，有什么不好呢？这对人民有利，是社会主义经济的补充。随后，他在全国人大常委会会议上讲道：“我们国家有百分之九十几的社会主义，百分之几的资本主义，我看也不怕。有这么一点资本主义，一条是它可以作为社会主义经济的补充，另一条是它可以在某些方面同社会主义经济作比较。”

周恩来在国务院全体会议上说：“主流是社会主义，小的给些自由，这样可以帮助社会主义的发展。工业、农业、手工业都可以采取这个办法。”“在社会主义建设中，搞一点私营的，活一点有好处。”“一切东西都靠国家生产不行，各方面都应该有百分之几的自由活动，太死了不行。不仅商业方面如此，工业方面也可以如此。”

中央领导人的这些表述基本上都表达了一个意思，即允许一定限度的私人资本主义经营存在和发展，使之在国家领导下作为社会主义经济主体的补充。这些搞活经济的新思路是从中国实际出发，是对党的八大确认的“三个主体，三个补充”政策的发展和延伸，为社会主义制度的发展和完善提供了宝贵的经验。

参考文献

1. 中共中央党史研究室：《中国共产党的九十年》，中共党史出版社、党建读物出版社 2016 年版。

2. 中共中央文献研究室：《毛泽东传》（四），中央文献出版社 2013 年版。

1957 年

“送瘟神”：消灭血吸虫病

新中国成立以来，党中央高度重视人民群众的健康安全，在当时不甚丰裕的经济条件下，竭尽所能地向卫生医疗领域加大投入，探索科学的方式方法。20 世纪 50 年代，面对血吸虫疫情的严重危害，毛泽东号召发起“消灭血吸虫病”运动，领导和部署了消灭血吸虫病的斗争，由此建立起新中国最早的专项疫控体系。

科学防治

血吸虫病是一种传染性极强、危害极大的寄生虫病，在中国已经流行了 2000 多年，流行范围几乎遍及半个中国，尤其集中在我国南方，特别是长江中下游地区。农民在水田耕作，极易受到感染。在 12 个遭受该传染疾病困扰的省市中，患病人数超过 1000 多万。

病害不仅传播速度非常快，致死率也很高，在病害严重的地区，甚至出现过整户整村人口死亡的情况。在受灾最为严重的地区之一江西省余江县，当地曾流传这样的民谣："身无三尺长，脸上干又黄。人在门槛里，肚子出了房。""妇女遭病害，只见怀胎不生崽。难听婴儿哭，十有九户绝后代。"

当时，血吸虫病的危害非常突出，比其他慢性传染病要严重得多。1950 年 4 月，新中国刚成立不久，卫生部便发布了《关于血吸虫病防治工作的指示》，采取了一些防治措施，但要根除这个痼疾，并非易事。

1953 年 9 月，时任最高人民法院院长的沈钧儒在上海疗养期间，发现周边农村地区血吸虫病十分猖獗，疫区人烟凋敝、田地荒芜。他在了解到这些情况后心急如焚，立即向毛泽东写信反映了情况，建议加强并改进血吸虫病防治工作。毛泽东很快回复他道："血吸虫病危害甚大，必须着重防治。"

1955 年 11 月，毛泽东在杭州召集华东、中南地区省委书记开会研究农业问题期间，特意让卫生部副部长徐运北到杭州详细汇报防治血吸虫病的情况。在听取汇报时，毛泽东强调："这么多病人，流行的地区又那么大，要认识到血吸虫病的严重性，我们一定要消灭血吸虫病。"同时，他还指出："光靠卫生部门是不行的，要在党委统一领导下，成立血吸虫病防治领导小组。"

在毛泽东的直接指示下，中央防治血吸虫病九人小组成立，柯庆施任组长，魏文伯和徐运北任副组长，农业部和重点疫区的省委书记或省长参加。11 月 22 日至 2 月 5 日，中央防治血吸虫病九人领导小组第一次会议在上海召开，确定了防治工作的方针："加强领导，全面规划，依靠互助合作，组织中西医力量，积极进行防治，七年消灭血吸虫病。"由此，党中央开始集中统一领导并有计划地推进血吸虫病的防治工作，拉开了声势浩大的防治血吸虫病运动的帷幕。

防治血吸虫病的工作在全国发现相关疾病的地区开展起来。这些地区纷纷组织了领导干部和医疗专家组成的防治血吸虫病的医疗小组，全面开展治疗、预防和研究工作。1956 年 2 月 17 日，毛泽东在最高国务会议上，正式发出号召："全党动员，全民动员，消灭血吸虫病。"

过去很长一段时期内，防治工作的重心在"治"上，但由于医学知识的欠缺，血吸虫病的发病机理不明，找不到治疗良方。在党中央的领导下，血吸虫病防治工作逐渐走上了科学的轨道，从疾病的根源入手，加强"防"的工作。血吸虫病的中间宿主钉螺是导致疫情蔓延的罪魁祸首，因此灭螺研究成为党领导防治工作的关键环节。

就在毛泽东发出消灭血吸虫病号召的同时，中国科学院动物研究室水生动物研究专家秉至来信称："鉴于土埋灭螺容易复生，建议在消灭血吸虫病工作中，对捕获的钉螺应采用火焚的办法，永绝后患。"毛泽东接到信后，当即指示卫生部照办，并嘱咐一定要邀请他参加即将召开的第二次防治血吸虫病的会议。

1957 年 4 月 20 日，国务院发出《关于消灭血吸虫病的指示》，在其中特别强调，不仅要积极地帮助和支持科学家的研究工作，"还应当随着防治工作的发展，经常地向科学家提出防治工作中迫切需要解决的问题"。

一切为了群众，一切依靠群众

在血吸虫病的防治工作中，党中央充分发挥了人民群众的力量，这是工作取得显著进展的一个重要因素。打赢这场仗，既是为了群众，也要依靠群众。毛泽东向来重视群众路线，他对这一点有着十分清醒的认识，在听到徐运北谈及治病还没有理想药物时指出，要发动群众，不依靠群众是不行的，要使科学技术和群众运动相结合。

在毛泽东发出消灭血吸虫病的全民动员令后，广大人民群众在各级党组织的带领下，结合当地地形地貌的特点，轰轰烈烈地开展起灭螺运动。一方面因地制宜地尝试围垦荒洲、矮围垦种、开新沟填旧沟等手段，避开受钉螺污染的区域，开辟新的耕作区；另一方面修筑"灭螺带"，在受钉螺污染的区域采取药杀、火烧、拖拉机机耕等方法彻底消灭钉螺。

▲ 1958 年 10 月 16 日，江西余江全县制定了每年进行四次“三光”（两铲一扫）的除草制度。这种制度已成为农业社积肥和巩固消灭钉螺成绩的经常性措施。（新华社发，昌鸿恩摄）

江苏省昆山、嘉定两个县动员全县大部分劳动力，车干了几千条河的水。安徽省芜湖县发动 20 万人，连续奋战 18 天，挖螺土 260 多万平方米。从 1956 年春至 1957 年冬，江西省余江县开展了填旧沟、开新渠、灭钉螺、治病患运动。在全体党员和群众的共同努力下，先后为灭螺填掉旧沟 347 条，全长 19 万余米，填土 100 多万立方米，开新沟 119 条，全长 11.6 万多米，挖土 44 万多立方米，扩大耕地面积 532 亩，改善灌溉面积 1500 多亩。他们还用铲草积肥、三光灭螺等多种方法，消灭屋基、墙脚、树蔸、石桥缝中的钉螺。这些例子都体现出在开展血吸虫病防治工作中充分发挥和动员群众力量的重要性。

《关于消灭血吸虫病的指示》强调：“必须经常地、反复地向群众进行广泛深入的宣传教育和思想动员。”为了普及防治血吸虫病的相关知识，加强人民群众对疾病的重视程度，各级党委和政府在群众中开展了多种多样的宣传教育活动，加强思想动员。中央血防办公室组织拍摄了多部科教

▲ 1966 年 4 月 11 日，四川省绵竹县遵道公社，血吸虫病防治人员在四大队三生产队，用图片向社员宣传血吸虫病的危害和预防方法，对比新旧社会劳动人民的健康情况。（新华社记者金勖琪摄）

▸ 1970年6月18日，上海县华漕公社党委在毛主席"送瘟神"的光辉思想指引下，放手发动群众，查螺灭螺，根治血吸虫病。（新华社记者王子瑾摄）

▲ 20 世纪 70 年代江苏省宜兴县农村社员在开新沟、填旧沟，消灭钉螺。（新华社记者方爱玲摄）

片、故事片和新闻纪录片；各省市出版的画册、小说、诗歌、歌曲、连环画、科普读物不胜枚举；基层防治机构印发各种宣传资料，到各地巡回播放电影，借助有线广播、墙报、文艺演唱等群众喜闻乐见的形式，将宣传工作做到了角角落落。

经过几年的努力，防治工作很快取得重大进展。1958 年 6 月 30 日，《人民日报》刊登了《第一面红旗——记江西余江县根本消灭血吸虫病的经过》一文。文章报道了余江县在两年内防治血吸虫病工作所取得的成效，宣布："江西余江县在全国血吸虫病防治工作战线上插上了第一面红旗——首先根除了血吸虫病，给祖国血吸虫病科学史上增添了新的一页。"

毛泽东在读到这篇报道后，兴奋不已，"浮想联翩，夜不能寐。微风拂煦，旭日临窗。遥望南天，欣然命笔"。在 7 月 1 日的清晨，他写下了脍炙人口的《七律二首·送瘟神》：

其一

绿水青山枉自多，华佗无奈小虫何！
千村薜荔人遗矢，万户萧疏鬼唱歌。
坐地日行八万里，巡天遥看一千河。
牛郎欲问瘟神事，一样悲欢逐逝波。

其二

春风杨柳万千条，六亿神州尽舜尧。
红雨随心翻作浪，青山着意化为桥。
天连五岭银锄落，地动三河铁臂摇。
借问瘟君欲何往？纸船明烛照天烧。

这些富有浪漫主义色彩的诗句，不仅表达了对防治血吸虫病工作初战告捷的赞叹，也是对人民群众在这场斗争中表现出的精神风貌的颂扬。尽管在全国范围内彻底消灭血吸虫病仍有很长的路要走，但是余江县的成绩极大地鼓舞了全国民众，这一时期的血吸虫病防治工作也为党领导改善全国卫生医疗条件打下了坚实的基础。

参考文献

1. 中共中央文献研究室：《毛泽东传》（五），中央文献出版社 2013 年版。
2. 陈秉彦、刘光辉：《第一面红旗——记江西余江县根本消灭血吸虫病的经过》，《人民日报》1958 年 6 月 30 日。
3. 班和：《20 世纪 50 年代党领导消灭血吸虫病的历史经验》，《光明日报》2020 年 4 月 15 日。

1958 年

炮击金门

1958 年 8 月 23 日下午 5 时 30 分，猛烈的炮火震动金门，也震动了世界。近 3 万发炮弹从福建前线飞向金门国民党军阵地，令全世界关注的焦点转向台湾海峡。炮击金门，是毛泽东经过长时间的考虑、酝酿和斟酌作出的决策。

“金门炮战，意在击美”

新中国成立后，党和政府始终把解决台湾问题、完成祖国统一大业作为神圣职责，在捍卫国家主权和领土完整的斗争中，形成了“一个中国”的原则。中国政府主张和坚持世界上只有一个中国，台湾是中国的一部分，中华人民共和国政府是代表全中国的唯一合法政府。与此同时，国民党当局也坚持台湾是中国的一部分、只有一个中国的立场。1955 年，蒋介石在回答记者提问时说：“在四千余年的中国历史上，虽有分裂之事，但中华民族不久终归于一统。”这表明，两岸虽然处于暂时分裂状态，但两岸中国人在“一个中国”的根本问题上是具有共识的。

在 1955 年 4 月亚非会议上，周恩来提出：“中国人民解放台湾有两种可能的方式，即战争的方式与和平的方式。中国人民愿意在可能的条件下，争取用和平的方式解放台湾。”这是中国政府第一次向全世界公开提出“和平解放台湾”的方针。此后，毛泽东、周恩来又提出“用和平谈判的方式，使台湾重新回到祖国的怀抱，而避免使用武力”，以及“和为贵”“爱国一家”“爱国不分先后”等政策主张，还尝试“准备进行第三次国共合作”。但党和政府的努力遭到美国的干扰和阻挠，且因其他种种因素制约，这些主张未能付诸实践。

为了惩罚国民党军队的挑衅和骚扰，保护沿海人民的生命财产安全，更重要的是“侦察美国人的决心，考验美国人的决心”，1958 年 8 月 23 日下午五点半，人民解放军福建前线部队开始向占据金门岛的国民党军队实施炮击，大规模的炮击持续了两个多小时，击毙击伤国民党军中将以下

▲ 1958 年 8 月，中国人民解放军福建前线炮兵部队奉命，对金门和驶往金门的蒋军运输舰进行警告性大规模猛烈炮击。图为人民解放军福建前线炮兵部队炮轰金门。

官兵 600 余人，两名美军顾问也在炮击中丧生。岛上的大批军事设施被摧毁，通信系统被严重破坏。随后几天的炮击，基本上实现了对金门的封锁。

炮击金门的斗争看起来是对蒋，实质上是朝鲜战争以来同美国之间的一场包含军事、政治、外交等内容的较量。在 7 月的决策酝酿阶段，毛泽东主持会议研究局势时就指明：金门炮战，意在击美。在我方持续炮击和内外压力下，美国企图“脱身”，对国民党当局表示，如果放弃沿海岛屿不会对“保卫台湾”产生不利影响。毛泽东很快觉察到美国“以金马换台澎”，企图制造“一中一台”的阴谋，作出了暂不收复金、马的决策。这是毛泽东从反美斗争策略与解放台湾的全局利益考虑作出的重大决策，即著名的“绞索政策”。他说：“金门、马祖是套在蒋介石脖子上的绞索，而更重要的也是套在美帝国主义脖子上的绞索。”10 月 6 日，毛泽东起草以彭德怀的名义发表《告台湾同胞书》，指出“美帝国主义是我们共同的敌人”，建议双方举行谈判，和平解决问题，并提出以没有美国护航为条件停止炮击 7 天。25 日，毛泽东又拟《再告台湾同胞书》，着重揭露美国政府搞“两个中国”的企图，提出“中国人的事只能由我们中国人自己解决”，奉劝台湾同胞们“当心一点儿”，“不要过于依人篱下，让人家把一切权柄都拿了去”。《再告台湾同胞书》重申：“世界上只有一个中国，没有两个中国。美国人强迫制造两个中国的伎俩，全中国人民，包括你们和海外侨胞在内，是绝对不容许实现的。”此后，解放军对国民党军四种军事目标实行隔日炮击的做法。其用意，一方面使金门继续成为美国的绞索，另一方面使蒋介石有充分的理由拒绝从金马等外岛撤军，以利于反对美国搞“两个中国”的阴谋。

探索两岸和平统一的“一纲四目”

在炮击金门的过程中，毛泽东审时度势，果断作出继续将金门、马祖留在蒋介石集团手上，台澎金马最终一起解决的决策，利用美蒋矛盾，挫败了美国企图搞“一中一台”或“两个中国”的阴谋。在这个过程中，毛泽东逐步形成了“一纲四目”的祖国统一构想，这对海峡两岸关系以及后来“一国两制”构想的形成产生了深远而重大的影响。

解放战争后期，党中央和毛泽东的战略思想是武装解放台湾，为此不仅作了周密的军事计划，而且作了细致的准备。朝鲜战争爆发后，形势发生重大变化，党中央决定推迟实施对台作战计划。朝鲜战争结束后，国际紧张局势有所缓和，美国对我侵略和包围、封锁、遏制政策屡遭失败，海峡两岸紧张局势也有所缓和。在这种背景下，党中央开始思考和平解放台湾的设想。

1956 年 7 月 13 日、16 日、19 日，周恩来三次接见台湾方面派来的“秘使”、著名学者和报人曹聚仁，谈论台海两岸实现“第三次国共合作”的可能。周恩来说：“我们对台湾决不是招降，而是要彼此商谈，只要政权统一，其他都可以坐下来共同商量安排的。”10 月 3 日，毛泽东同曹聚仁长谈时指出：“台湾只要同美国断绝关系归还祖国，其他一切都好办。现在台湾的连理枝是接在美国的，只要改接到大陆来，可派代表参加人民代表大会和政协全国委员会，台湾一切可照旧。”

1958 年局势紧张，大陆“万炮轰金门”，其目的是“直接对蒋，间接对美”。用炮火维持与台澎金马的“联系”，击碎美蒋“划峡而治”的图谋。虽然海峡两岸在军事上交火，但党中央并没有放弃争取和平解放台湾的种种努力。10 月 13 日，毛泽东再次会见曹聚仁，告诉他：“只要蒋氏父子能抵制美国，我们可以同他合作。我们赞成蒋介石保住金、马的方针，如蒋撤退金、马，大势已去，人心动摇，很可能垮。只要不同美国搞在一起，台澎金马都可由蒋管，可管多少年，但要让通航，不要来大陆搞特务活动。台澎金马要整个回来。”毛泽东还说：“他的军队可以保留，我不压迫他裁兵，不要他简政，让他搞三民主义，反共在他那里反，但不要派飞机、派特务来捣乱。他不来白色特务，我不去红色特务。”毛泽东还允诺，台湾人民可以照他们自己的生活方式生活。

毛泽东这次谈话，是对和平解决台湾问题基本方针的重要补充。后来被周恩来概括为“一纲四目”，于 1963 年初通过张治中致陈诚的信转达给台湾当局。用张治中信中的话来说，“一纲”是“只要台湾归回祖国，其他一切问题悉尊重总裁（指蒋介石）与兄（指陈诚）意见妥善处理”；“四目”包括“台湾归回祖国后，除外交必须统一于中央外，所有军政大权人事安排等悉由总裁与兄全权处理；所有军政及建设费用，不足之，悉由中央拨付；台湾之社会改革，可以从缓，必俟条件成熟，并尊重总裁与兄意见协商决定，然后进行；双方互约不派人进行破坏对方团结之事”。

“一纲四目”是毛泽东、周恩来用和平方式解决台湾问题构想的具体化，它坚持“一个中国”原则，强调以和平方式解决台湾问题，为解决台湾问题、实现祖国统一指明了方向，为“和平统一、一国两制”方针的确立奠定了基础。

参考文献

1. 中共中央党史研究室：《中国共产党历史》第二卷（上册），中共党史出版社 2011 年版。
2. 中共中央文献研究室：《毛泽东传》（三），中央文献出版社 2013 年版。

1959 年

毛泽东读《政治经济学教科书》

面对严峻的经济形势，毛泽东开始为纠正“大跃进”中“左”的错误进行思考，他的思考主要围绕“什么叫建成社会主义？什么叫过渡到社会主义？”的问题展开。为澄清党内存在的混乱思想，从理论上寻找解决现实问题的出路，毛泽东建议中央和全党干部开展一次读书活动。

历时两个月的读书活动

毛泽东酷爱读书，读书伴随了他的一生。他不仅自己从书本中汲取养分，也推荐党内同志们加强读书学习，目的在于解决中国社会主义建设实践中出现的新问题。

1958 年 11 月 9 日，毛泽东在第一次郑州会议上写下《致中央、省市自治区、地、县四级党委委员》的信，提出了读书建议。他首先推荐了斯大林撰写的《苏联社会主义经济问题》和《马恩列斯论共产主义社会》两本书，同时建议将来有时间可以也读一下苏联《政治经济学教科书》（第三版下册）。

庐山会议前，毛泽东拟定了会议准备讨论的 18 个问题，其中第一个问题就是高级干部读《政治经济学教科书》（第三版下册）。该书由苏联科学院经济研究所编著，分为上、下两册。上册十九章，主要讲资本主义部分；下册从第二十章至第三十六章共十七章，连同结束语，主要讲社会主义部分。

庐山会议后，从 1959 年 12 月 10 日起，毛泽东同陈伯达、胡绳、邓力群、田家英四人，开始了为期两个月的阅读《政治经济学教科书》（第三版下册）的活动。毛泽东亲自对读书活动做了安排，规定每天下午一起读书，边读边议。这次读书是分别在杭州、去往上海的火车上和广州进行的，胡绳和田家英轮流诵念，邓力群做记录。

▲ 1959 年，毛泽东主席（右一）在杭州和胡绳（左二）等党的理论工作者研读《政治经济学教科书》。

在杭州，读书地点是位于西湖畔丁家山的一所平房，停留的 25 天时间内，除去三个星期日和 1960 年元旦，其他 21 天均用来读书。每天下午，读书时间基本是从 4 时左右起到 9 时左右晚饭时间止。就连 12 月 26 日毛泽东 66 岁生日的当天，也没有中断读书。他在这段时期内读完了第三十二章，第三十三章开了头。

1 月 4 日，毛泽东离开杭州，赴上海参加政治局扩大会议。在停靠上海站的火车上，他读完了第三十三章。在政治局扩大会议分组讨论时，应各讨论组的要求，参加读书小组的四位同志分别向各自所在讨论组传达了毛泽东读书时的谈话内容。

上海会议结束后，毛泽东去了广州，在白云山读完了第三十四章至第三十六章和结束语。1960 年 2 月 9 日，他正式完成了“教科书”下册的阅读。陶铸和胡乔木参加了这段读书活动。

毛泽东在整个读书过程中的谈话，经邓力群等人进行整理，形成了近 10 万字的谈话记录。内容涉及的范围非常广泛，包括哲学、经济学、科学社会主义、国际问题、当前国内的一些政策问题，以及对一些历史事件和历史人物的评价等。

毛泽东这次读“教科书”有几个显著特点：一是紧密结合中国的实际和他个人正在思考的问题来阅读，边读边发表议论。他的议论有些是有感而发，有些是对经验和教训的总结，多从中国同苏联的经验进行比较的角度出发探讨一些问题。二是对书中的内容既抱有学习态度，又不失独立思考。虽然读书采取了“跟着书走”的方法，以了解作者的观点和方法为主，但秉持“取其精华，去其糟粕”的态度，对书中的正确观点予以积极肯定，对书中一些值得商榷的观点大胆质疑，提出自己不同的想法和独到的见解。三是抱有明确目的阅读，不是坐而论道，而是在发现了“大跃进”运动问题后，结合读书思考中国应该怎么做。

读政治经济学在党内蔚然成风

遵照毛泽东的建议，党的中央领导层也开始进行读书活动，刘少奇、周恩来等领导人也对《政治经济学教科书》（第三版下册）进行了深入学习和广泛讨论。

11 月 2 日至 22 日，刘少奇在海南岛疗养期间，完成了对“教科书”的阅读。为了加深对理论的理解，他特意邀请了王学文和薛暮桥这两位经济学家参加学习小组，开展了 9 次学习讨论。中共广东省委第一书记陶铸、书记林李明，海南地方和驻军的部分负责人也参加了这些学习讨论会。刘少奇在每次讨论中都作了系统发言，这些发言后来被整理归纳为 18 个问题，印发了书面稿。

周恩来的公务活动非常繁忙，他特意抽出时间到广东从化完成了“教科书”的阅读。他邀请了中央部门和一些省的负责人以及几位理论家参加了读书小组的活动。读书小组每天上午讨论三个小时。最后三天，周恩来作了长达八个小时的总结发言，涉及现实社会主义建设中的许多理论问题。

读书活动不仅在党的中央领导层开展起来，还进一步扩展到全党范围内。在中央领导层开展读书活动期间，毛泽东在 1960 年 1 月召开的政治局扩大会议上建议：中央各部党组，各省、市、自治区党委，都去组织阅读《政治经济学教科书》(第三版下册)。以第一书记挂帅，组织各读书小组，把它读一遍。国庆节以前，把苏联《政治经济学教科书》(第三版下册)读完。毛泽东的这个建议得到全党的重视。从 1959 年底到 1960 年初，全党掀起了学习运动。

党的主要领导人在阅读《政治经济学教科书》(第三版下册)时，结合当时的实践作出了深入思考，提出了一些颇有价值的观点。

第一，关于社会主义发展阶段的思考。毛泽东认为：“社会主义这个阶段，又可能分为两个阶段，第一个阶段是不发达的社会主义，第二个阶段是比较发达的社会主义。后一阶段可能比前一阶段需要更长的时间。"周恩来也表达了类似的观点："从资本主义到共产主义的整个时期，是一个比较长的过渡时期。""我们现在是第一阶段，其中又可分许多小阶段。"

第二，关于社会主义社会矛盾的思考。刘少奇指出："社会主义和共产主义社会人民内部矛盾的基本性质是非对抗性质的。两类矛盾，不可混淆。在讲非对抗性矛盾的根本性质时，不可把非对抗性矛盾当作对抗性矛盾。"

第三，关于经济发展规律的思考。毛泽东提出："生产资料优先增长的规律，是一切社会扩大再生产的共同规律。斯大林的缺点是过分强调了重工业的优先增长，结果在计划中把农业忽略了。我们把这个规律具体化为：在优先发展重工业的条件下，实行几个同时并举；每一个并举中间，又有主导的方面。"

第四，关于商品经济的思考。毛泽东认为，主张取消商品、消灭商品生产的人，没有区分社会主义商品生产和资本主义商品生产的本质区别。他赞同斯大林的观点，认为商品生产与一定的经济条件相联系。

在今天看来，这些观点有些是正确的，有些尚不够成熟，但均反映了在当时实践条件下中央领导人探索中国社会主义建设道路的认识，对中国社会主义建设尤其是经济建设仍然具有借鉴意义。

参考文献

1. 中共中央党史研究室：《中国共产党历史》第二卷（下册），中共党史出版社 2011 年版。
2. 中共中央文献研究室：《毛泽东传》（五），中央文献出版社 2013 年版。

037

1961 年

沉重的思考
艰难的调整

1961 年，一场新中国成立以来最严重的经济困难向年轻的中华人民共和国袭来。国民经济和人民生活严重困难的教训，使全党逐步清醒过来。当年 1 月，党的八届九中全会正式决定对国民经济实行“调整、巩固、充实、提高”的方针。党的指导方针开始发生重要转变。

▲ 1958 年秋冬之间，党中央开始发现“大跃进”和人民公社化运动中出现的问题。从 1958 年 11 月第一次郑州会议到 1959 年 7 月庐山会议前期，党中央领导整顿人民公社，调整高指标，作了初步纠正“左”倾错误的努力，形势开始有所好转。图为 1959 年 3 月 1 日，中共中央政治局扩大会议（第二次郑州会议）在郑州火车上召开，毛泽东在会上讲话。

“八字方针”的提出

1958 年以来，在“左”倾指导思想的影响下，以高指标、瞎指挥、浮夸风、强迫命令、“共产风”为标志的“五风”严重泛滥，再加上自然灾害，造成了 1959 年至 1961 年国民经济的严重困难。1960 年粮、棉、油等主要农产品产量跌落到新中国刚成立时的水平，这是新中国成立 10

年来从未有过的情况。粮食极度缺乏，严重危害人民群众的健康和生命，全国相当一部分农村地区出现了人口大量非正常死亡的现象。国民经济农、轻、重的比例严重失调，工业的过快发展严重挤压了农业的发展，也严重影响了轻工业的发展。由于片面强调“以钢为纲”，盲目追求不可能实现的钢产量指标，造成了重工业内部、工业和交通运输业之间的比例失调，积累和消费比例失调，通货膨胀，物价上涨，市场供应紧张，人民生活困难。

造成这次严重困难的原因主要有三个方面：一是 1958 年以来，党的工作方针出现了很大失误，“大跃进”、人民公社化运动和“反右倾”扩大化斗争的进行，使得“左”的错误严重泛滥开来；二是连续三年自然灾害，农业生产受到冲击，农产品产量大幅度下降；三是苏联单方面撕毁数百个协定和合同，撤走全部在华专家，使一大批在建项目被迫停工，破坏了国民经济计划，加重了经济困难。

国民经济陷入严重困难时，农业和农村首当其冲。1960 年夏季的时候，党中央和毛泽东意识到国民经济严重困难的形势，并对三年“大跃进”运动进行反思。6 月 14 日至 18 日，毛泽东在上海举行的中央政治局扩大会议上所作的讲话以及《十年总结》一文中，承认对于社会主义建设还有很大的盲目性，指出“大跃进”中指标过高和人民公社化运动中不能正确认识公社内部所有制的教训。1959 年冬到 1960 年春，在河南省信阳专区出现了大面积饥荒，大批农民饿死，“信阳事件”引起中央震惊和严重关注。为应对迫在眉睫的危机，党中央发出了《关于农村人民公社当前政策问题的紧急指示信》，要求全党用最大的努力来坚决纠正“共产风”。1961 年 1 月，党的八届九中全会召开，听取和讨论了国务院副总理李富

▲1961 年 1 月 14 日至 18 日，中共八届九中全会在北京举行。全会正式批准了调整国民经济的八字方针，即“调整、巩固、充实、提高”。此后，中国国民经济进入调整阶段。图为毛泽东在会上讲话。主席台上左起：陈云、周恩来、刘少奇、毛泽东、朱德、邓小平。

春关于《1960 年国民经济计划执行情况和 1961 年国民经济计划指标的报告》。这次全会还通过了《1961 年国民经济计划的意见》，并在会议公报中正式向全党和全国人民宣布：从 1961 年起对国民经济实行“调整、巩固、充实、提高”的八字方针。这是一个关系全局的战略转变。此后，我国国民经济建设由“大跃进”转入调整时期。

“黄猫、黑猫，只要捉住老鼠就是好猫”

为了调动遭受严重挫伤的农民生产的积极性，渡过面临的经济困难，各省、市、自治区几乎都有一些地方实行了包产到户的生产责任制或类似的做法，具有较大影响的是安徽实行的责任田，湖南、河南和甘肃的借地，以及浙江、江苏、四川、广西等地的包产到户。

安徽省实行的责任田办法试行于 1960 年下半年，形成于 1961 年春。当时，为了遏制农业生产滑坡，安徽省委派工作组在合肥市蜀山公社南新庄小队进行“按劳动底分包耕地，按实产粮记工分”的联产到户的试点。这一做法得到群众的普遍拥护，而且效果比较明显。试点小队的粮食包产指标由原来的 8.7 万斤增至 10.7 万斤，增产 23%。在宿县，有一位 70 多岁的农民，儿子因病无法劳动，也不愿当“五保户”，向公社提出上山开荒种地。结果，父子俩开荒 16 亩，产粮 3300 斤，上交粮食 1800 斤、现金 60 元。根据试点经验，省委制定了《关于定产到田责任到人问题》的文件，即“包工包产责任制加奖励”办法，简称“责任田”。

但是，针对这种受欢迎的责任制形式，中央和华东局的态度不明确。面对这一新事物，一时众说纷纭，褒贬不一。有的人认为“责任田”不符合社会主义原则，是在发展“资本主义”。但是这一做法得到了刘少奇、邓小平、陈云以及李富春等人的支持。在所有支持责任制的观点中，邓小平的“能逮住老鼠就是好猫”的观点最具代表性。

1962 年 6 月，中央书记处听取华东局农村办公室汇报，华东局认为安徽搞“责任田”就是单干，是方向性错误。会上，赞成和反对的意见各占一半。这时，邓小平强调，“责任田”是新生事物，可以试试看。1962 年 7 月 7 日，邓小平在接见出席共青团三届七中全会的全体同志时，发表了《怎样恢复农业生产》的讲话，主张使包产到户合法化。他说：“生产关系究竟以什么形式为最好，恐怕要采取这样一种态度，就是哪种形式在哪个地方能够比较容易比较快地恢复和发展农业生产，就采取哪种形式；群众愿意采取哪种形式，就应该采取哪种形式，不合法的使它合法起来……黄猫、黑猫，只要捉住老鼠就是好猫。”邓小平主张针对农村出现“责任田”的新情况，要“百家争鸣”，让大家发表不同的意见。他高屋建瓴地指出：农业本身的问题，就是要调动农民的积极性。

农业生产责任制等探索没有得到中央的正式认可。党的八届十中全会前后，许多省市区党委陆续作出决议，对包产到户加以制止。这样，对农业生产方式的探索刚刚有一个良好的开端，就夭折了。但包产到户并未彻底消失，它的探索为改革开放之后农村改革最先取得突破做了必要准备。

参考文献

1. 聂皖辉：《邓小平与安徽农村改革》，《党史纵览》2007 年第 2 期。
2. 中共中央党史研究室：《中国共产党的九十年（社会主义革命和建设时期）》，中共党史出版社、党建读物出版社 2016 年版。

1962 年

七千人大会与全面调整的决策

1962 年 1 月 11 日至 2 月 7 日，党中央召开扩大的中央工作会议，参加会议的有中央和各省、地、县四级主要负责人以及重要厂矿和军队的负责干部 7118 人，通常称为“七千人大会”。会议原定 1 月底结束，由于与会者意犹未尽，有话要说，毛泽东建议延长会期，请大家在北京过春节，留下了“白天出气，晚上看戏，两干一稀，大家满意”的名言。

史无前例的“出气会”

党中央在1961年11月就作出了召开七千人大会的部署和安排。1961年11月16日，中央发出《关于召开扩大的中央工作会议的通知》。通知指出：1958年以来，在中央和地方的工作中间，发生了一些缺点和错误，并且产生了一些不正确的观点和作风，妨碍克服困难，必须召开一次较大规模的会议来统一思想认识。

其实，召开这次会议还有一个非常现实的缘由：1958年开始的“大跃进”运动和连续三年的严重自然灾害造成全国粮食全面紧张，粮食征购计划无法完成。为解决这个从未遇到过的困难，11月上旬，中央专门召集六个中央局第一书记开会，讨论1962年粮食上调方案。中南局书记陶铸提出，解决粮食问题光找省委书记还不够，省委书记也需要地委书记做工作，干脆把全国的地委书记找到北京来开一次会，中央直接和他们讲粮食问题的严峻形势和调粮的重要性，以“打通思想”。刘少奇、邓小平当即表示赞成。

毛泽东在听取中央局第一书记会议的情况汇报时，提出把县委书记们也请来开会。毛泽东还说，前一段“反右倾”，很多人挨了批，气不顺，咱们开个“出气会”，大家气顺了，思想通了，问题就好解决了。

1962年1月11日，七千人大会召开了，毛泽东亲自主持。他开宗明义地说，这次扩大的中央工作会一个县来两个人，地委来三个人，省委来四个人，中央局也来四五个人，要把这次会当作一次小整风。他还说：

▲ 为进一步总结“大跃进”以来的经验教训，统一认识，增强团结，1962 年 1 月 11 日至 2 月 7 日，党中央在北京召开扩大的中央工作会议（七千人大会）。图为七千人大会期间，毛泽东、刘少奇、周恩来、朱德、陈云、邓小平在一起。

这次会议中央给大家准备了好、中、差三种饭，现在国家困难，许多人连肚子都吃不饱，让大家吃好饭对不起全国人民。而同志们在下边工作又很辛苦，吃差饭又觉得对不住大家，我看就吃中等餐吧！

据参加会议的时任山西省长治县代县长刘新起回忆，会议期间吃饭 10 人一桌，都是大锅菜，服务员要收齐了 10 张饭票这桌才开饭，坐不满不行，饭票丢了也不行。中央领导人去小组听取意见，就餐时也要拿出自己那张饭票，不因这桌有领导人就特殊。每次吃饭，不论主食还是副食，桌上都是光光的，一点都不剩。每桌两个肉菜，盘底剩一点带荤腥的菜汤，有人觉得可惜，用馒头蘸着吃了。这一情况既说明当时粮食形势的严峻程度，也说明全党上下同甘共苦，艰苦朴素，共克时艰。

在一定程度上说，解决粮食困难，推动粮食征购是中央召开这次规模空前大会的直接起因。在普遍吃不饱肚子的情况下，“两干一稀”也成为对与会者一种特殊的“优待”。

关于召开会议的目的，按照刘少奇代表中央政治局向大会作的书面报告所说：“中央召集这次会议的主要目的，是要总结经验，统一认识，加强团结，加强纪律，加强民主集中制，加强集中统一，鼓足干劲，做好工作，战胜困难。”邓小平在会前也说：“这次七千人大会搞什么？中央发了通知，主要的就是 8 个字：鼓足干劲，统一思想。”

大会第一阶段的主要议题是讨论和修改刘少奇代表中央提出的书面报告草稿。毛泽东提议，这个草稿不经中央政治局讨论，直接印发大会，征求修改意见，最终形成了《在扩大的中央工作会议上的报告》定稿，作为大会的正式文件。书面报告比较系统地总结了“大跃进”以来经济建设工作的基本经验教训，在列举社会主义建设成就的同时，也指出了工作中发生的缺点和错误。

1 月 27 日，刘少奇在全体大会上讲话，对书面报告作补充说明。他在讲话中主要谈了对几个问题的重要看法：首先，讲话对国内形势进行了客观的评估，认为目前我们在经济方面有相当大的困难，现在不仅没有进，反而退了许多，出现了一个大的马鞍形。其次，讲话对造成经济困难的原因进行了分析，指出一方面是由于自然灾害的影响，另一方面在很大程度上由工作上和作风上的缺点和错误造成的，有的地方是“三分天灾，七分人祸”。另外，讲话表明了对三面红旗的立场，认为我们现在都不取消，继续保持，继续为三面红旗而奋斗。

心气顺了，劲头足了

刘少奇的书面报告和讲话受到热烈欢迎。会议原定在修改和通过书面报告之后就结束，但不少人反映会议时间太短，还有许多话希望在这个会议上讲出来。

1 月 29 日，毛泽东在大会上指出：“现在，要解决的一个中心问题是：有些同志的一些话没有讲出来，觉得不大好讲。这就不那么好了。要让人家讲话，要给人家机会批评自己。你自己不批评自己，也可以，得让人家批评你。”也就是在这次讲话中，毛泽东直截了当地提出：“我相信能解决上下通气的问题。我建议让人家出气。不出气统一不起来。没有民主，就不可能有集中。因为气都没有出嘛，积极性怎么能调动起来？到中央开会，还不敢讲话，回到地方就更不敢讲话了。我们常委几个同志商量了一下，希望解决出气的问题。有什么气出什么气，有多少气出多少气。不管是正确之气、错误之气，都不记账，不打击，不报复。”

毛泽东的讲话和延长会期的决定，获得全场极为热烈的鼓掌。由此，大会进入第二阶段，发扬民主，开展批评与自我批评，主要是地方来的同志向中央特别是向省、市、自治区党委提意见。从 1 月 29 日到 2 月 7 日，会议便以“出气”“顺气”为主。1 月 30 日，毛泽东在全体大会上发表讲话，着重讲民主集中制问题，并作了自我批评。他指出，民主集中制是上了党章的，上了宪法的。要克服现在面临的困难，不实行民主是不行的。另外，没有民主集中制，无产阶级专政也不可能巩固。他强调，不论党内党外，都要有充分的民主生活，让群众讲话，有了错误，一定要作自我批评，让人批评。批评和自我批评的方法，是解决人民内部矛盾、充分发扬民主的唯一正确的方法。他说：“凡是中央犯的错误，直接的归我负责，间接的我也有份，因为我是中央主席”，“第一个负责的应当是我”。

毛泽东的讲话受到与会者的热烈拥护，把整个会议推向了高潮。中央领导人带头认真总结几年来的经验教训，尤其是带头对几年来发生的问题作自我批评，打消了与会者的顾虑。接下来的几天，各小组会放手让大家提意见，号召大家趁热打铁，把“气”出完，重点是对省、市、自治区党委的工作提出批评，真正发挥了“出气大会”的作用。在一些省的分组讨论中，与会者面对面地向省委主要负责人提出尖锐批评，直抒己见；一

▲ 1963 年 1 月 14 日，刘少奇、邓小平、董必武同各民主党派、全国工商联负责人以及无党派爱国民主人士交谈。经过七千人大会前后将近两年的调整，从 1963 年夏开始，各项建设事业呈现明显的健康发展势头。

▲ 七千人大会之后，调整国民经济采取的主要措施是：大力精减职工，减少城镇人口；压缩基本建设规模，停建缓建大批基本建设项目；缩短工业战线，实行必要的关、停、并、转；从人力、物力、财力各方面加强和支援农业战线，加强农村基层的领导力量。图为贵州省贵阳市南明城市公社甲秀分社建筑系统的工人们，踊跃申请到农村去参加生产。

些受到批评的人坦诚接受，恳切道歉，真诚地作自我批评。

会议的民主作风活跃了气氛，大家的心气顺了，认识也就统一了。2 月 7 日，在与会人员心情舒畅的氛围中，七千人大会胜利闭幕。会议取得了在当时历史条件下所能取得的重要成果，在一定程度上推动了国民经济的全面调整。会议对待缺点和错误比较实事求是的态度，以及发扬民主和进行自我批评的精神，给全党以鼓舞，增强了党的凝聚力，在动员全党团结奋斗战胜困难方面起到了积极作用。

参考文献

1. 陈晋：《“七千人大会”启示录》，《秘书工作》2011 年第 1 期。
2. 中共中央文献研究室编：《毛泽东传》（四），中央文献出版社 2013 年版。

1963 年

“向雷锋同志学习”

1963 年 3 月 5 日,《人民日报》头版刊发了毛泽东的题词:“向雷锋同志学习”。自此,“雷锋”这个平凡的名字家喻户晓,成为亿万中国人的光辉榜样。几十年过去了,群众性的学习热潮一直延续至今,雷锋同志依然是中国人民心中的精神偶像。

“甘当螺丝钉”

雷锋的一生是短暂的一生，也是平凡而伟大的一生。

雷锋原名雷正兴，1940 年 12 月 28 日出生在湖南省望城县一个贫苦农民家庭。他的家庭是许多旧中国农村家庭的缩影，经历重重苦难。新中国成立前，他的幼年是在极端贫困和饥饿里度过的。1944 年，父亲在日寇的凌辱下死去。12 岁的哥哥在父亲去世后充当童工，在繁重劳动的折磨下伤病缠身、劳累过度，很快也离开了人世。不久，贫病交加的弟弟也死在妈妈的怀里。1947 年，不堪受辱的母亲在中秋之夜自尽了。年仅 7 岁的雷锋沦为孤儿，在穷乡亲的拉扯下挣扎着活了下来。

新中国成立后，雷锋在党和人民政府的关怀下幸福成长，进小学读书，并加入了中国共产主义少年先锋队。他 1956 年参加工作，工作积极，埋头苦干，被县委机关评为“工作模范”。1957 年 2 月，加入中国共产主义青年团。此后，他当过拖拉机手和推土机手，工作出色，多次被评为“红旗手”“劳动模范”“先进生产者”和“社会主义建设积极分子”。

1960 年 1 月 8 日，雷锋应征入伍。他在日记中写道：“今天，是我永远不能忘记的日子。我穿上了军装，光荣地参加了中国人民解放军……这是我一生中最大的幸福。我要坚决发扬革命部队里的优良传统，向董存瑞、黄继光、安业民等英雄们学习……我一定要做毛主席的好战士，我要把我最可爱的青春献给祖国，献给人类最壮丽的事业。”同年 11 月，他加入中国共产党，在党的教育培养下，他更加坚定地树立了全心全意为人民服务的思想和为共产主义奋斗终生的远大目标。

雷锋在生活中发扬艰苦朴素的优良传统，穿着多次缝补的衣服和袜子，上交部队发放的新军装。他在日记中说："我们国家处在困难时期，应该处处为国家着想，事事要精打细算。"雷锋做的好事不胜枚举，他将自己的积蓄一次次地捐给灾区，帮助周围有困难的战友。他的日记记录了他的心声："我是人民的勤务员，自己辛苦点，多帮助人民做点好事，这是我最大的快乐和幸福。"雷锋兼任几个学校的校外少先队辅导员，积极为关心和培养少年儿童贡献力量。

▸ 1963 年 3 月 5 日，《人民日报》发表毛泽东"向雷锋同志学习"的题词，全国掀起学习雷锋先进事迹的热潮。雷锋因在工作中勤奋努力，在生活中热心助人，成为道德模范和"助人为乐""无私奉献"的代名词。60 年来，雷锋精神感染和教育了几代中国人。

1962 年 8 月 15 日，雷锋在执行任务时不幸殉职。他在部队生活两年 8 个月，荣立二等功一次，三等功两次，多次受嘉奖，被评为"模范共青团员"和"节约标兵"，并被选为抚顺市人大代表。

这位"伟大的普通一兵"用自己生命的全部历史，实践了自己"把有限的生命，投入到无限的为人民服务之中去"的铮铮誓言。他爱憎分明的阶级立场、言行一致的革命精神、公而忘私的共产主义风格、奋不顾身的无产阶级斗志、全心全意为人民服务的思想，广为人民传颂。

早在 1960 年 10 月，雷锋的事迹就被沈阳军区媒体注意到。1960 年 11 月 26 日，沈阳军区《前进报》用两个版面的篇幅报道雷锋的事迹。1960 年 12 月 11 日，《抚顺日报》用一个整版的篇幅登载介绍雷锋事迹的长篇通讯《毛主席的好战士》和《把青春献给祖国——雷锋同志日记摘抄》。《人民日报》《解放军报》《中国青年报》也相继发表了介绍雷锋事迹的文章，雷锋作为军地典型被广泛学习宣传，使他逐渐成为一名"公共明星"。

雷锋同志牺牲后，全军和全国上下迅速展开了宣传和学习雷锋模范事迹的活动。在此期间，全国一些著名诗人、作家、艺术家纷纷用艺术形式歌颂这位青年一代的楷模。"学习雷锋好榜样"的歌声响遍全国，雷锋的事迹、雷锋的精神，从东北传遍神州大地。

◂ 雷锋同志像。

雷锋精神代代传

1963 年 2 月 7 日，《人民日报》刊登了雷锋生前的先进事迹和日记摘抄，发表评论员文章《伟大的普通一兵》。2 月 15 日，解放军总政治部、共青团中央分别发出通知，号召广泛开展“学习雷锋”的活动。

1963 年 3 月 2 日，《中国青年》杂志最早刊登了毛泽东的题词——

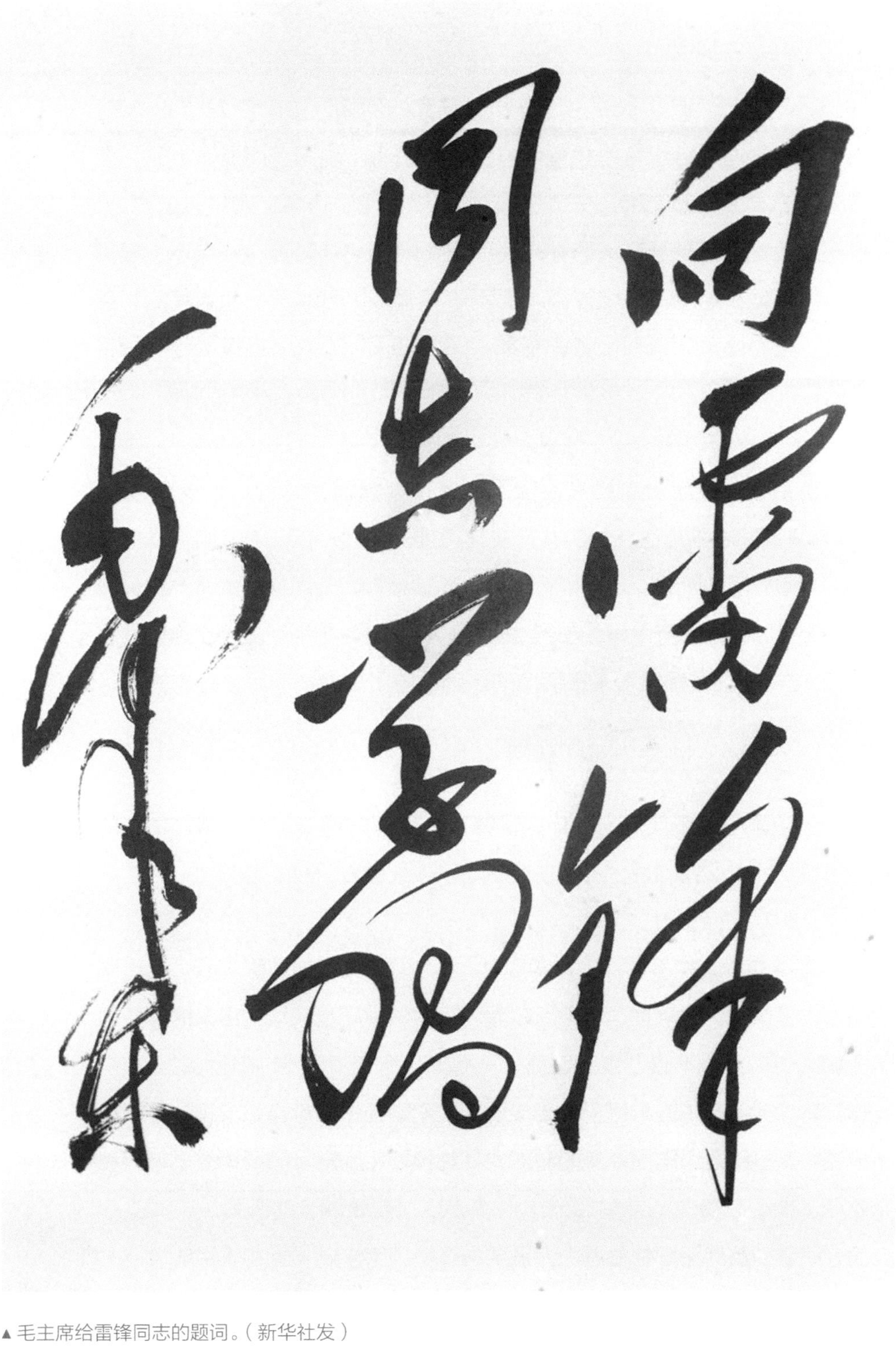

▲ 毛主席给雷锋同志的题词。（新华社发）

“向雷锋同志学习”。根据毛泽东秘书林克的回忆，主席应编辑部之邀，为学雷锋题词，但没有用林克代拟供参考的十个题词，而是写下了“向雷锋同志学习”七个字。主席说：“学雷锋不是学他哪一两件先进事迹，也不只是学他的某一方面的优点，而是要学他的好思想、好作风、好品德；学习他长期一贯地做好事，而不做坏事；学习他一切从人民的利益出发，全心全意为人民服务的精神。”3 月 5 日，《人民日报》也刊登了他的题词。

随后，多位老一辈无产阶级革命家也都为雷锋题词。刘少奇题词：“学习雷锋同志平凡而伟大的共产主义精神。”周恩来题词：“向雷锋同志学习爱憎分明的阶级立场，言行一致的革命精神，公而忘私的共产主义风格，奋不顾身的无产阶级斗志。”朱德题词：“学习雷锋，做毛主席的好战士。”这将全国人民学习雷锋活动的热潮推向了高峰。此后，每年的 3 月 5 日，定为学习雷锋纪念日。

新中国有很多典型，为什么雷锋成为永恒的道德丰碑？雷锋精神的诞生地抚顺人耿直地说，不管东南西北风，抚顺人就是学雷锋。

雷锋的一生并不长，只有不到 22 年，但雷锋精神却影响着一代代中国人。雷锋的典型事迹，让毛泽东看到了中国共产党人培育出来的心怀祖国和人民、自强不息、敬业奉献的一代新人典范，这是中国人崭新的榜样。雷锋精神产生的时代，正当中国人民刚刚经过三年自然灾害，在纠正错误中恢复和发展国民经济的时期，战胜挫折和困难，需要树立雷锋那种处处以国家和集体利益为重的主人翁态度，需要营造助人为乐、诚实守信、和谐融洽的良好社会风尚，需要雷锋那种个人融入党和人民的事业之

▶图为 2023 年 3 月 3 日，人们在上海建桥学院雷锋馆参观。

中去的螺丝钉精神。同时，雷锋精神也是当家做主的中国人民艰苦创业、积极进取、自强不息、奋力拼搏的典型和真实写照，是中国共产党人和中国人民共有的价值追求。

自 1961 年以来，群众性的学雷锋活动在全国范围内广泛开展。雷锋精神像一面旗帜，飘扬在人们心中，感染和教育亿万群众，一批批雷锋式先进人物不断涌现。雷锋精神是一种宝贵的财富、优秀的品质，它代表了中华民族的优秀品质和优良传统，不会因时代的变化而褪色。

2023 年 2 月 23 日，在第 60 个学雷锋纪念日到来之际，习近平总书记对深入开展学雷锋活动作出重要指示强调，深刻把握雷锋精神的时代内涵，让雷锋精神在新时代绽放更加璀璨的光芒。

参考文献

1. 人民日报评论员：《伟大的普通一兵》，《人民日报》1963 年 2 月 7 日。
2. 甄为民、佟希文、雷润明：《毛主席的好战士——雷锋》，《人民日报》1963 年 2 月 7 日。
3. 曾伟、张琪昭：《纪念“3・5”特稿：习近平总书记为何八次提出传承“雷锋精神”》，人民网 2017 年 3 月 5 日。

1964 年

研制“两弹一星”

20 世纪五六十年代，中国面临的国际形势颇为严峻，帝国主义国家依仗核武器，推行核讹诈政策。为抵御核威胁，党中央果断决定研制“两弹一星”，重点突破国防尖端技术。这是对中国安全和发展具有重大战略意义的重要决策，推动了中国现代科学技术的发展。

从技术援助到自力更生

早在 1955 年 1 月 15 日，中央书记处扩大会议便作出了发展中国原子能事业的战略决策。1956 年编制的科学技术发展远景规划纲要，将原子能的和平利用列为 12 项带有关键意义的首项重点任务，也对原子弹和导弹研制作了部署。毛泽东在作《论十大关系》的报告时指出：“我们现在已经比过去强，以后还要比现在强，不但要有更多的飞机和大炮，而且还要有原子弹。在今天的世界上，我们要不受人家欺负，就不能没有这个东西。”在做好论证和准备工作的基础上，我国从 1957 年起开始研发包括导弹、原子弹在内的尖端武器。1958 年，我国科学家提出研制人造地球卫星的建议。同年 5 月 17 日，毛泽东在党的八大二次会议上提出“我们也要搞一点卫星”。党中央决定以中国科学院为主组建专门的研究和设计机构，研制人造地球卫星。

我国的“两弹”研制在起步阶段得到了苏联的技术援助。1955 年至 1958 年间，中苏政府先后签订了 6 个协定，规定苏联向中国提供技术援助。1957 年，中苏双方又签订了国防新技术协定，规定苏联将于 1957 年至 1961 年底在火箭、航空技术和原子弹研制等方面向中国提供技术。但是，这些援助仅限于非军事性技术，一般不涉及军事应用方面的技术。苏联向中国提供的援助是有条件和有限制的，这就要求我们在一开始就必须将立足点放在自力更生上。尽管力争外援和利用其他国家已有的科学成果也是必不可少的途径，但是通过自己的科学研究和实践，培养人才，掌握技术，才是实现国防尖端科技发展的根本之道。

1956 年 6 月 20 日，苏联借口同美国等西方国家关于禁止试验核武器协议进行谈判，中止了对中国提供原子弹教学模型和技术资料等项目。1960 年 7 月，苏联决定撤走全部在华专家，并带走重要图纸资料，停止向中国提供相关设备和材料。从此以后，我国的“两弹”研制进入了全面自力更生的新阶段。

党中央克服了国民经济的巨大困难，尽可能地集中力量支持“两弹”的研制工作。1961 年 7 月 16 日，党中央作出了《关于加强原子能工业建设若干问题的决定》，强调“为了自力更生，突破原子能技术，加速我国原子能工业建设，中央认为有必要进一步缩短战线，集中力量，加强各有关方面对原子能工业建设的支援”。

1962 年 11 月 17 日，中央成立十五人专门委员会，以加强对原子能工业建设和加速核武器研制、试验工作以及核科学技术工作的领导，保证“两年规划”的实现，即争取在 1964 年、最迟在 1965 年上半年爆炸第一颗原子弹的规划。1965 年，中央十五人专门委员会改称中央专门委员会，将导弹和人造卫星的研制也纳入范围之内。

在党中央的科学谋划和有力领导下，国防尖端技术研究很快取得长足进展，增强了我国国防战略防御能力。1964 年 10 月 16 日，我国成功爆炸第一颗原子弹，1966 年 10 月第一次成功进行了发射导弹核武器的试验，1967 年 6 月成功爆炸了第一颗氢弹，1969 年 9 月成功进行了地下核试验，1971 年 8 月第一艘核潜艇建成并完成系泊试验。人造卫星的研制也经历了艰苦的过程。1965 年，中央专门委员会原则批准了中国科学院《关于发展我国人造卫星工作规划方案建议》。1970 年 4 月，我国成功发射第一颗人造地球卫星“东方红一号”，标志着中国在宇宙航天技术方面取得历史性突破。

▲左图：1967 年 6 月 17 日中国第一颗氢弹空爆试验成功；右图：聂荣臻（左）在现场指挥氢弹试验。

► 上图为 1970 年我国成功发射的第一颗人造卫星；下图为当卫星通过北京上空时，人们激动地争相眺望。

“东方巨响”震惊世界

中苏关系恶化后，中央作出了继续推进原子能事业的决策。毛泽东明确指示：要下决心搞尖端技术，不能放松或下马。陈毅也表示：“我这个外交部长的腰杆现在还不太硬，你们把导弹、原子弹搞出来了，我的腰杆就硬了。”周恩来对这项工作进行具体部署，提出“独立自主、自力更生、立足国内”的方针。他强调：“不管要到、学到、买到与否或者多少，主要还靠自己钻研。自己不钻，不仅不能有独特的创造发明，而且也不能把要到、学到、买到的用于实际和有所发展。”

1961 年春节期间，周恩来进一步明确提出，要集中力量，突破国防尖端，争取三年到五年过关。为了争分夺秒，实现既定目标，这一年的 8 月，周恩来在听取国防工委工作会议情况汇报时，提出在国务院设立国防工业口，由罗瑞卿负责，由此成立了国务院国防工业办公室。

组织和指挥这样大规模的科学技术工程，对缺乏经验而又条件有限的新中国而言是一项艰巨的考验，需要在全国范围内实行协作，充分调动和协调各方资源和力量。1962 年 11 月 3 日，针对第二机械工业部提出的“两年规划”，毛泽东指示：“要大力协同做好这件工作。”为了加强集中统一领导，党中央成立了十五人专门委员会，由周恩来直接主持工作。周恩来排除重重困难，在较短时间建立起全国协作体系，统一指挥调度全国 26 个部委和 20 多个省区市的 900 多家工厂、科研机构、大专院校参与原子弹的科技攻关工作。

▲ 钱学森是我国航天事业奠基人。图为 1964 年时任中国科学院力学研究所所长、中国科学技术大学化学物理系教授的钱学森在课后给同学们解答问题。

“两弹一星”元勋钱学森曾回忆过当时的情景，他说：“中国过去没有搞过大规模科学技术研究，‘两弹’才是大规模的科学技术研究，那要几千人、上万人的协作，中国过去没有。组织是十分庞大的，形象地说，那时候我们每次搞试验，全国的通讯线路将近一半要由我们占用，可见规模之大。”“我们体会，中国在那样一个工业、技术都很薄弱的情况下搞‘两弹’，没有社会主义制度是不行的，那就是党中央、毛主席一声令下，没二话，我们就干，而直接领导者、组织者就是周恩来总理和聂帅。”

在中央领导的关照和指示下，尽管当时经济遭遇了困难，但是核试验基地广大工作人员的衣食住行得到了有力保障，全国各地调拨生活用品

◀ 图为 1964 年 10 月 16 日，中国第一颗原子弹在新疆罗布泊爆炸成功。这是中国成功进行的首次核试验。

支援基地。周恩来曾在电话中叮嘱主管基地工作的解放军副总参谋长、国防科委副主任张爱萍："要让科学家、技术工人、军队干部战士吃饱，不能让他们饿着肚子研制原子弹。"

1963 年 3 月 19 日、21 日，周恩来主持召开中央专委会第四次、第五次会议。他在会上充分肯定了第二机械工业部的工作成绩及其提出的"两年规划"目标，并要求"二机部的工作，要做到有高度的政治思想性，高度的科学计划性，高度的组织纪律性”。这三条“高度”的要求成为中国尖端科技研究工作和队伍建设长期的指导方针。

1964年10月16日14时30分，张爱萍用保密电话将起爆前准备工作情况向周恩来作了简要汇报。周恩来当即批准按时起爆。主操作员随着控制仪一秒一秒地自动显示的倒计时，报出“十、九、八、七……”现场寂静无声。在读秒达到零时，“起爆”命令发出的瞬间，罗布泊戈壁大漠深处出现一道红色强光，紧接着腾空升起一个巨大的火球，形成的蘑菇云不断上升扩张，稍后，一阵惊天动地的巨响震耳欲聋。15时04分，张爱萍打电话给周恩来报告说：“原子弹已按时爆炸，蘑菇云已经升起，根据爆炸景象判断是核爆炸，试验成功了。”

中国原子弹爆炸，在国内外引起强烈反响，显示了新中国自力更生的能力，使世界力量对比发生了深刻变化。以“两弹一星”为核心的国防尖端科技取得的成就，是中国现代科学技术事业发展的重要标志，填补了许多学科的空白，为我国实现技术发展的跨越积累了宝贵经验。邓小平后来曾说：“如果六十年代以来中国没有原子弹、氢弹，没有发射卫星，中国就不能叫有重要影响的大国，就没有现在这样的国际地位。这些东西反映一个民族的能力，也是一个民族、一个国家兴旺发达的标志。”

参考文献

1. 中共中央党史研究室：《中国共产党历史》第二卷（下册），中共党史出版社2011年版。
2. 中共中央文献研究室：《周恩来传》（三），中央文献出版社2013年版。

1965 年

描绘现代化宏图

1962 年至 1965 年，全党集中对国民经济实行调整，国民经济开始稳步增长，超过新中国成立以来最高水平，社会呈现欣欣向荣的景象。在这样的大好形势下，党中央通过 1964 年底举行的三届全国人大一次会议，向全国人民提出了建设“四个现代化”的伟大目标，激发了广大人民建设社会主义国家的积极性。

初绘“四个现代化”宏伟目标

新中国成立前夕，毛泽东在党的七届二中全会上提出了工业强国的目标。他说：“在革命胜利以后，迅速地恢复和发展生产，对付国外的帝国主义，使中国稳步地由农业国转变为工业国，把中国建设成一个伟大的社会主义国家。”这是党提出国家建设战略目标的雏形。此后，随着实践的深入和对社会主义建设规律的认识，党的这一提法日渐清晰并逐渐完善。

党在过渡时期总路线明确规定了党的中心任务，即实现国家的工业化和完成社会主义改造。1953 年 8 月，毛泽东在修改党在过渡时期总路线的表述时，明确了“党在这个过渡时期的总路线和总任务，是要在一个相当长的时期内，逐步实现国家的社会主义工业化”。同年，周恩来在参加中央人民政府委员会会议时也指出：如果不能变农业国为工业国，中国如果不能工业化，农民的生活有什么办法能够进一步改善，乃至走上社会主义彻底改善呢？从党的领导人的相关讲话中可以看出，实现国家的工业化，是使中国摆脱近代以来贫穷落后的基础性任务和战略目标。

1954 年 9 月 15 日，毛泽东在一届全国人大一次会议上致开幕词时指出：“准备在几个五年计划之内，将我们现在这样一个经济上文化上落后的国家，建设成为一个工业化的具有高度现代文化程度的伟大的国家。”周恩来在这次会上作政府工作报告时明确提出：“我国的经济原来是很落后的。如果我们不建设起强大的现代化的工业、现代化的农业、现代化的交通运输业和现代化的国防，我们就不能摆脱落后和贫困，我们的革命就不能达到目的。”这是周恩来代表党中央第一次提出关于“四个现代化”

的构想。随着思考的深入，党的领导人对现代化的内容不断进行调整。周恩来最初提出的“四个现代化”中，“交通运输现代化”是单独的一项内容，但在 1957 年 8 月，他在主持国务院常务会议时表示，工业现代化“包括交通运输在内”，因而“交通运输现代化”不再作为一个现代化的概念。

在注重推进社会主义工业化的同时，党还意识到努力发展科学技术的重要性。1956 年 1 月 25 日，毛泽东在最高国务会议第六次会议发表题为《社会主义革命的目的是解放生产力》的讲话。他表示：“要在几十年内，努力改变我国在经济上和科学文化上的落后状况，迅速达到世界上的先进水平。”1957 年，他在《关于正确处理人民内部矛盾的问题》和《在中国共产党全国宣传工作会议上的讲话》中，均提出要将我国建设成为“一个具有现代工业、现代农业和现代科学文化的社会主义国家”。“现代科学文化”被纳入实现中国现代化的整体构想中。1958 年，党的八大二次会议沿用了这一表述。1960 年 2 月，周恩来在阅读苏联《政治经济学教科书》的发言中，将“科学文化现代化”改为“科学技术现代化”。

国防领域的发展也是党关心的重点。毛泽东在阅读苏联《政治经济学教科书》的过程中，提出要把国防现代化加入国家现代化之中。他在学习谈话中表示：“建设社会主义，原来要求是工业现代化、农业现代化、科学文化现代化，现在要加上国防现代化。”

就这样，“四个现代化”的基本内容确定了下来。经过“一五”计划和“二五”计划，特别是“大跃进”运动之后，党开始认识到，建立完整的国民经济体系，比单一地建立工业化的基础更为科学和重要。

正式提出“四个现代化”的战略目标

1964 年 12 月 21 日至 1965 年 1 月 4 日，第三届全国人民代表大会第一次会议在北京隆重召开，周恩来在会上作政府工作报告。

这次大会正处于国内社会经济发展的关键时刻。自 1959 年二届人大一次会议以来，中国的社会经济在经历了五年的曲折发展后，已经出现全面好转，进入一个新的发展时期。因此，周恩来的政府工作报告具有重要意义，既要总结前几年的经验教训，又要为今后一个时期的发展指明方向。

根据中共中央的建议，周恩来在报告中指出，1965 年应当继续完成国民经济调整工作中尚未完成的任务，同时做好必要的准备，以便从 1966 年开始进入第三个五年计划。对今后国民经济的发展，周恩来在报告中提出了一个鼓舞人心的宏伟目标，就是在不长的时期里，实现国家的“四个现代化”。

报告对这一历史任务作了如下表述：“总的说来，就是要在不太长的历史时期内，把我国建设成为一个具有现代农业、现代工业、现代国防和现代科学技术的社会主义强国，赶上和超过世界先进水平。为了实现这个伟大的历史任务，从第三个五年计划开始，我国的国民经济发展，可以按两步来考虑：第一步，建立一个独立的比较完整的工业体系和国民经济体系；第二步，全面实现农业、工业、国防和科学技术的现代化，使我国经济走在世界的前列。”

▲ 1964 年 12 月 22 日，在第三届全国人民代表大会第一次会议上，周恩来作政府工作报告，郑重提出实现“四个现代化”的历史任务。“四个现代化”从此成为党和全国各族人民的奋斗目标，成为凝聚和团结全国各族人民不懈奋斗的强大精神力量。

“四个现代化”战略目标是中国共产党人对社会主义建设道路深入探索、对中外发展经验深刻总结的结果，通过反复权衡和深思熟虑，最终被确定下来。这是一个凝聚了近代中国所有仁人志士，特别是中国共产党人心血和愿望的伟大任务，为中国人民绘制出一幅未来发展的美好蓝图。它明确了中国人民在可预见到的将来，通过艰苦奋斗可以达到的目标，成为鼓舞全国人民奋发图强的精神动力。

实现了“四个现代化”，中华民族便能够当之无愧地自立于世界民族之林。因此，毛泽东在修改政府工作报告时，特意写下了这样一段话：“我们不能走世界各国技术发展的老路，跟在别人后面一步一步地爬行。我们必须打破常规，尽量采用先进技术，在一个不太长的历史时期内，把我国建设成为一个社会主义的现代化的强国。”

后来的历史证明，在很长的一段时期内，实现“四个现代化”的目标一直是凝聚和团结全国各族人民的强大的精神力量。正是因为有了这个伟大的理想，即使国家经历严重困难，甚至后来发生了“文化大革命”，全国各族人民也从未停止过自己的辛勤劳动，国家根本制度的根基也从未动摇。

参考文献

1. 中共中央党史研究室：《中国共产党历史》第二卷（下册），中共党史出版社 2011 年版。
2. 中共中央文献研究室：《周恩来传》（四），中央文献出版社 2013 年版。

1966 年

县委书记的榜样
——焦裕禄

1966 年 2 月 7 日清晨。北京。

中央人民广播电台录音室里，气氛异常。长篇通讯《县委书记的榜样——焦裕禄》上午就要播出，可是录音制作却遇到了前所未有的“障碍”。稿子还没念到一半，中央人民广播电台的“头牌”播音员齐越就已经哽咽难言，泣不成声。

如今，当我们重温齐越的这段广播录音时，依然能从字里行间清晰地感受到他当时内心难以抑制的悲恸情绪，他是带着浓厚的感情读每一句话的，令听者无不为之动容。

▸ 焦裕禄（1922—1964），山东省博山县人。1964 年 5 月，因肝癌病逝，终年 42 岁。1962 年 12 月焦裕禄来到河南省兰考县任县委书记，他带领全县群众治理“三害”，努力改变兰考面貌，以锲而不舍的勇气和毅力，铸就了“焦裕禄精神”。

兰考人民的好书记

1962 年冬，焦裕禄受党的委派来到兰考。当时，兰考的风沙、内涝、盐碱等自然灾害很严重，农业产量很低，群众生活很苦。面对严重困难，焦裕禄却斗志昂扬。在给上级领导的信中，焦裕禄这样写道：“感谢党把我派到最困难的地方，越是困难的地方，越能锻炼人。请组织上放心，不改变兰考的面貌，我决不离开这里。”

为了防治危害兰考的涝、沙、碱“三害”，他亲自带队逐个大队调查走访。在短短一年多时间里，他马不停蹄地跑遍了全县 149 个大队中的 120 多个。当时，焦裕禄的肝病已经相当严重。许多同志劝他不要下去，在家里等着听汇报就行了。他却说：“吃别人嚼过的馍没味道。”当时没有先进的仪器设备，他就亲自用舌头辨别土壤的含碱量。就这样，焦裕禄最终摸清了兰考“三害”的底细，总结出了一套治理“三害”行之有效的方法措施。

焦裕禄的心里始终装着百姓。有一年冬天，大雪下了一夜，一大早，焦裕禄就把县委几个主要领导找来，说：“在这大雪拥门的时候，我们不能坐在办公室里烤火，应该到群众中间去。”说罢，就领着大家顶风冒雪出发了。当天，焦裕禄冒着风雪，忍着剧烈的肝痛，一连走访了 9 个村子，访问了几十户群众。在社员梁俊才的家里，老大爷卧床不起，老大娘双目失明。老大爷问：“你是谁呀？大雪天来干啥？”焦裕禄说：“我是您的儿子，毛主席叫我来看望您老人家的。”老大爷感动得热泪盈眶，说：“解放前，大雪封门，地主逼租，撵得我躲人家的房檐，住人家的牛屋。还是党好，社会主义好！”

为了尽快改变兰考贫穷落后的面貌，焦裕禄废寝忘食，鞠躬尽瘁。由于过度劳累，本来就身患肝病的他，健康状况每况愈下，但他仍一心扑在工作上。有时疼得实在忍不住了就找个硬东西一头顶住肝部，一头顶在椅子上，时间长了，他坐的藤椅右边被顶出了一个大窟窿。后来，焦裕禄的病越来越严重，最后疼得连笔也拿不动了。经医院检查，原来他已经是肝癌晚期。

1964 年 5 月 14 日，焦裕禄同志病逝了。在追悼会上，一位农民泣不成声地说出了兰考人民的心里话：“俺的好书记，你是为俺兰考人民活活累死的呀！”

“百姓谁不爱好官？把泪焦桐成雨”

1965 年秋，根据新华社副社长穆青的指示，新华社河南分社安排记者周原到豫东灾区物色采访线索，寻找宣传报道典型。

周原在兰考县听说了焦裕禄的感人事迹，他被深深地打动了。回到郑州后，周原马上把了解到的情况向穆青作了汇报。穆青感到这是一个十分难得的好典型，应该继续深入挖掘。12 月 17 日上午，穆青、周原一行人来到了兰考。

穆青等人在兰考座谈考察了三天三夜，天天以泪洗面。他们听到的全是焦裕禄忘我工作、全心全意为人民服务的感人事迹。

虽然报纸之前有过对焦裕禄的报道，但穆青感觉分量远远不够，他决定要重新组织报道。穆青安排周原负责写焦裕禄通讯初稿。经过一天一夜奋笔疾书，一万多字的初稿，周原挥泪一气呵成。

穆青带着初稿回到北京，首先向新华社社长兼《人民日报》总编辑吴冷西汇报，得到了吴冷西的充分肯定和支持。后来报道几经修改，终于定稿。最终，经中央书记处书记彭真批准同意，1966 年 2 月 7 日，《人民日报》在头版头条发表了长篇通讯《县委书记的榜样——焦裕禄》，并配发社论《向毛主席的好学生——焦裕禄学习》。很快，全国人民都被他的光荣事迹感动了。至此，在去世两年后，焦裕禄的事迹终于传遍全国，他成为全国人民学习的好榜样。

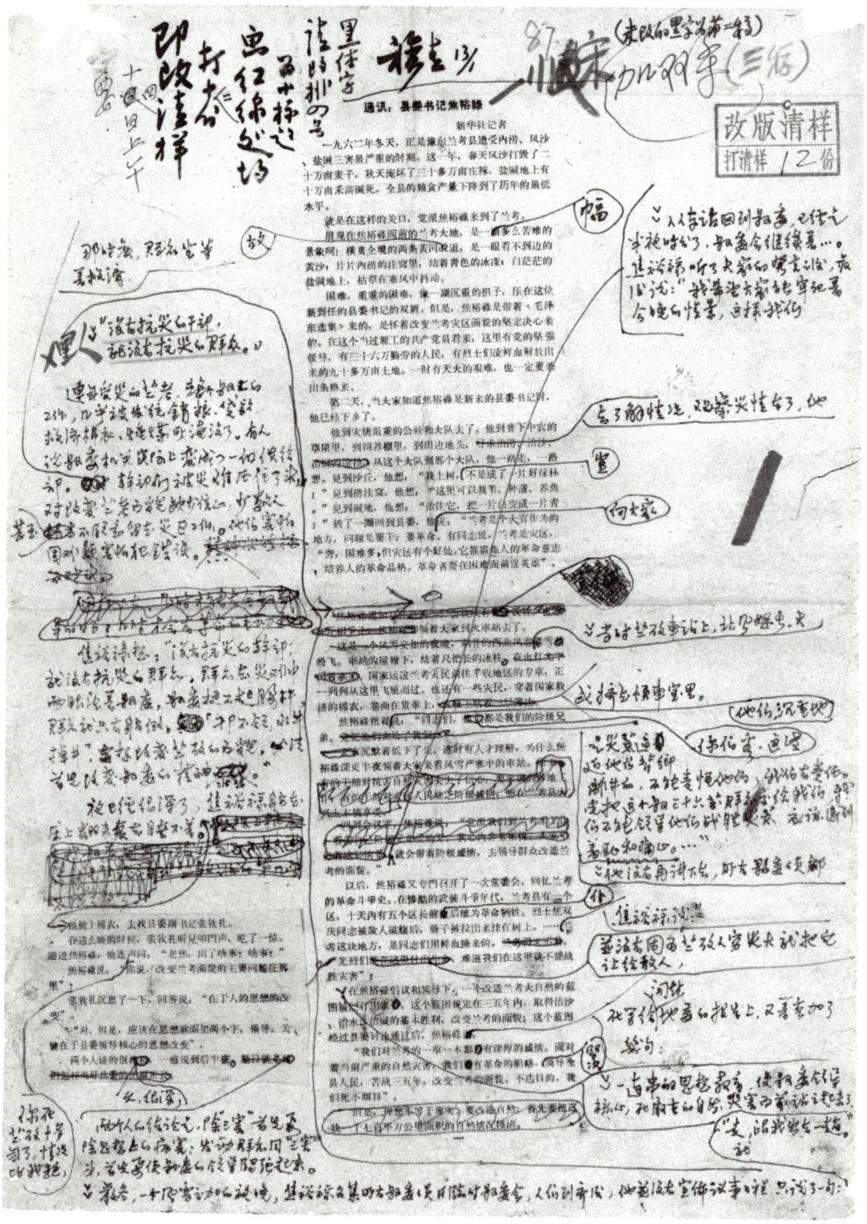

改版清样
打清样 12 份

通讯：县委书记焦裕禄

新华社记者

一九六二年冬天，正是豫东兰考县遭受内涝、风沙、盐碱三害最严重的时刻。这一年，春天风沙打毁了二十万亩麦子，秋天淹坏了三十多万亩庄稼，盐碱地上有十万亩禾苗碱死，全县的粮食产量下降到了历年的最低水平。

就是在这样的关口，党派焦裕禄来到了兰考。

展现在焦裕禄面前的兰考大地，是一幅多么苦难的景象啊！横贯全境的两条黄河故道，是一眼看不到边的黄沙；片片内涝的洼窝里，结着青色的冰凌；白茫茫的盐碱地上，枯草在寒风中抖动。

困难，重重的困难，像一副沉重的担子，压在这位新到任的县委书记的双肩。但是，焦裕禄是带着《毛泽东选集》来的，是怀着改变兰考灾区面貌的坚定决心来的。在这个当过雇工的共产党员看来，这里有党的坚强领导，有三十六万勤劳的人民，有烈士们流鲜血解放出来的九十多万亩土地。一时有天大的艰难，也一定要杀出条路来。

第二天，当大家知道焦裕禄是新来的县委书记时，他已经下乡了。

他到灾情最重的公社和大队去了。他到贫下中农的草屋里，到饲养棚里，到田边地头，从这个大队到那个大队，他一路走，一路想。见到沙丘，他想，“栽上树，不是成了一片好绿林！”见到防洼窝，他想，“这里可以栽苇、种蒲、养鱼。”见到碱地，他想：“治住它，把一片白变成一片青！”转了一圈回到县委，他说，“兰考是个大有作为的地方，问题是要干，要革命。有同志说，兰考是灾区，‘穷，困难多’，但灾区有个好处，它能锻炼人的革命意志，培养人的革命品格。革命者要在困难面前逞英雄”。

领着大家到火车站去了。

纷飞。车站的屋檐下，结着尺把长的冰柱。国家运送兰考灾民前往丰收地区的专车，正一列列从这里飞驰而过。也还有一些灾民，穿着国家救济的棉衣，卷曲在货车上。

焦裕禄指着说：“同志们，都是我们的阶级兄弟。”

沉默着低下了头。这时有人才理解，为什么焦裕禄深更半夜领着大家来看风雪严寒中的车站。

就会带着阶级感情，去领导群众改造兰考的面貌。”

以后，焦裕禄又专门召开了一次常委会，回忆兰考的革命斗争史。在惨酷的武装斗争年代，兰考县有一个区，十天内有五个区长前后继为革命牺牲。烈士焦双庆同志被敌人破腹后，肠子被拉出来挂在树上。……兰考这块地方，是同志们用鲜血换来的。“先烈们，难道我们在这里就不能战胜灾害”？

在焦裕禄倡议和领导下，一个改造兰考大自然的蓝图被订出来了。这个蓝图规定在三五年内，取得治沙、治水、治碱的基本胜利，改变兰考的面貌；这个蓝图经过县委讨论通过后，焦裕禄说：

“我们对兰考的一草一木都有深厚的感情。面对着当前严重的自然灾害，我们要有革命的胆略，领导全县人民，苦战三五年，改变兰考的面貌。不达目的，我们死不瞑目”。

但是，理想不等于现实。要改造自然，首先要把这块一千七百平方公里面积的自然情况摸透。

他披上棉衣，去找县委副书记张钦礼。

在这么晚的时候，张钦礼听见叩门声，吃了一惊。迎进焦裕禄，他连声问：“老焦，出了啥事？啥事？”

焦裕禄说，“你说，改变兰考面貌的主要问题在那里”？

张钦礼沉思了一下，回答说：“在于人的思想的改变”。

“对，但是，应该在思想前面加两个字：领导。关键在于县委领导核心的思想改变”。

两个人谈的很投机，一直说到后半夜。

▲新华社记者报道焦裕禄事迹的通讯稿《县委书记的榜样——焦裕禄》。

焦裕禄临终前曾痛惜地对兰考县县长说："我死后只有一个要求，要求组织把我运回兰考，埋在沙滩上，活着我没有治好沙丘，死了也要看着你们把沙丘治好。"

▸ 上图为 20 世纪 60 年代河南省兰考县改造盐碱地的情形；下图为兰考县堌阳镇的一片麦田（新华社记者朱祥 2014 年 5 月 5 日摄）。

福州晚报

FUZHOU WANBAO

国内统一刊号CN35—0007 福建报刊057号 邮政编码350005

1990年7月16日 农历庚午年闰五月廿四 星期一 第2970号

省府召开全省市长专员座谈会提出

大力发展外向经济 提高对外开放水平

全面推行农村党员目标管理

连江县基层党建工作实现四转变

市建行认真编审工程预结算

五四派出所快速出击擒歹徒

市政协科技组视察部分企业

协和医院引进新型CT扫描机

罗源县召开民族工作会议，提出

实行倾斜政策 繁荣畲村经济

台江艺苑绽新花

——访台江区青年艺术团

我市邮政特快专递业务迅猛发展

念奴娇 追思焦裕禄

习近平

中夜，读《人民呼唤焦裕禄》一文，是时霁月如银，文思萦系……

魂飞万里，
盼归来，
此水此山此地。
百姓谁不爱好官？
把泪焦桐成雨。①
生也沙丘，
死也沙丘，
父老生死系。②
暮雪朝霜，
毋改英雄意气！

依然月明如昔，
思君夜夜，
肝胆长如洗。
路漫漫其修远矣，
两袖清风来去。
为官一任，
造福一方，
遂了平生意。
绿我涓滴，
会它千顷澄碧。

一九九〇·七·十五

注：①焦裕禄当年为了防风固沙，帮助农民摆脱贫困，提倡种植泡桐。如今，兰考泡桐已长成合抱大树，人们亲切地叫它"焦桐"。②焦裕禄临终前说"我死后只有一个要求，要求党组织把我运回兰考，埋在沙丘上。活着我没有治好沙丘，死了也要看着你们把沙丘治好！"

▲ 1990 年 7 月 16 日，《福州晚报》上刊登了时任福州市委书记习近平写的《念奴娇 · 追思焦裕禄》。

如今，兰考的面貌发生了翻天覆地的变化。昔日漫天黄沙、寸草不生、贫穷落后的景象不见了，取而代之的是遍地的泡桐树林，一排排整齐明亮的砖瓦房，以及一片片绿油油的农田，百姓的生活也越来越好。今天兰考县的每一位党员干部都可以自豪地站在焦裕禄的坟前，骄傲地对他们的好书记说，今天的兰考人民在党和政府的领导下，不但治好了沙丘，而且还正式摘下“贫困帽”，踏上了全面小康的幸福道路。

焦裕禄的精神鼓舞和感染了一代又一代人。1990 年 7 月 15 日，时任福州市委书记的习近平深夜挥笔写下了《念奴娇 · 追思焦裕禄》。其中“百姓谁不爱好官？把泪焦桐成雨”“为官一任，造福一方，遂了平生意”等铿锵词句，真切表达了习近平对焦裕禄精神的深情赞颂和自己爱民为民、责任担当的感人情怀。

2015 年 1 月 12 日，在中央党校县委书记研修班学员座谈会上，习近平总书记再次强调：“焦裕禄同志以自己的实际行动塑造了一个优秀共产党员和优秀县委书记的光辉形象。做县委书记就要做焦裕禄式的县委书记，始终做到心中有党、心中有民、心中有责、心中有戒。”

今天，提到兰考，人们自然而然地会想起焦裕禄，他已经成为兰考不可分割的一部分。焦裕禄已经不再是一个普通的名字，它已经成为一种精神符号，永远活在亿万人民的心中。

参考文献

1. 穆青、冯健、周原：《县委书记的榜样——焦裕禄》，《人民日报》1966 年 2 月 7 日第 1 版。
2. 中共中央文献研究室编：《十八大以来重要文献选编》（中），中央文献出版社 2016 年版。

1971 年

重返联合国

1971 年 10 月 25 日，第 26 届联合国大会以 76 票赞成、35 票反对、17 票弃权或缺席的压倒性多数，通过关于恢复中国在联合国的一切合法权利的决议，这就是著名的联合国第 2758 号决议。决议明确："恢复中华人民共和国的一切权利，承认它的政府的代表为中国在联合国组织的唯一合法代表并立即把蒋介石的代表从它在联合国组织及其所属一切机构中所非法占据的席位上驱逐出去。"经过 22 年的等待，中华人民共和国终于重返联合国。

不可抗拒的历史潮流

新中国在成立之初，就把恢复在联合国的合法席位提上了日程。周恩来曾多次向联合国提出：将国民党代表从联合国一切机构及其会议中驱逐出去，并接纳中华人民共和国中央人民政府的代表到联合国的一切机构及其会议中来。但是，美国基于其全球战略考虑，在对华问题上采取扶植台湾国民党政权，拒不承认中华人民共和国的政策，并利用其在国际上的影响力，对恢复中国在联合国的合法席位问题设置重重障碍，横加阻挠。

对于重返联合国，中方是做好了长期斗争准备的。毛泽东曾这样说："我们也不急于进联合国，就同我们不急于跟美国建交一样。我们采取这个方针，是为了尽量剥夺美国的政治资本，使它处于没有道理和孤立的地位。"

20 世纪 50 年代末 60 年代初，中苏关系恶化，中国逐渐走上了同时与美苏两个大国对抗的道路。中国外交战略也从"一边倒"转向争取"两个中间地带"，开创了新的外交局面。一方面，中国积极支持亚非拉地区的反帝反殖民主义斗争，在国际上赢得了一批真心实意的朋友。另一方面，中国积极发展与欧洲国家的关系，并于 1964 年实现中法建交，震动了世界。

随着世界范围的民族独立运动风起云涌，越来越多新独立的国家加入联合国，联合国中支持中国与反对中国的力量对比逐渐发生了改变。美国试图通过控制投票，阻碍中国重返联合国变得越来越困难。1970 年，在关于恢复中国在联合国合法席位议题的投票中，支持票首次超过半数。

后来，尼克松在回忆录中谈到，“反对接纳北京的传统投票集团已无可挽回地瓦解了，以前支持我们的几个国家已经决定在下次表决时转向支持北京”。他还在一份口述给基辛格的备忘录中无奈地说：“我认为，我们没有足够的票数去阻挡，接纳的时刻比我们预料的要来得快。”

尼克松上台以后，为了制衡苏联，开始积极谋求与中国建立联系，打开中美关系的大门。但台湾问题始终是美国牵制中国的战略选择，它不会轻易放弃。于是，在意识到难以阻挡中国重返联合国后，美国又抛出了“双重代表权提案”。

1971 年 7 月，基辛格在首次秘密访华时表示，尼克松已经决定，美国将支持中华人民共和国取得联合国和安全理事会的席位，但不同意从联合国驱逐台湾。美国的这一方案立即遭到了中国的坚决反对。毛泽东得知后，掷地有声地说：“我们绝不上‘两个中国’的‘贼船’，不进联合国，中国照样生存，照样发展。我们下定决心，不管是喜鹊叫还是乌鸦叫，今年不进联合国。”美国低估了中国维护国家主权和领土完整的决心。

美国对华政策转向动摇了西方国家追随美国，反对中国恢复联合国席位的决心。1971 年 7 月 15 日，中国和美国同时发表声明，宣布尼克松将应邀访华。这一震惊世界的消息使联合国中的反华势力迅速土崩瓦解。

终于，1971 年 10 月 26 日，在第 26 届联合国大会上，由阿尔巴尼

▲ 1971 年 10 月 25 日，第 26 届联合国大会以压倒多数通过决议，恢复中华人民共和国在联合国的一切合法权利，并立即把台湾当局的代表从联合国组织及其所属一切机构中所非法占据的席位上驱逐出去。图为当电子计票牌上出现表决结果时，代表们热烈鼓掌欢呼，这是全世界人民和一切主持正义的国家的胜利。

亚和阿尔及利亚等 23 个国家联合提出的恢复中华人民共和国在联合国组织中的合法权利问题的“两阿提案”，以压倒性多数获得通过，中国在联合国代表权的问题得到了永久、彻底的解决。

美国合众社评论称，“这是美国自联合国成立以来遭到的最惨重的失败”。“如果一个超过 10 亿人口的国家在联合国没有代表，那讨论联合国的普适性就成了一个笑话。中国的加入，对中国和联合国双方都具有重要意义。同时也是正义的体现。在此之后，国际上的孤立主义政策、中国和联合国自身都发生了巨大变化。”前非洲统一组织秘书长萨利姆说。

1971 年 10 月 28 日，《人民日报》发表题为《历史潮流不可抗拒》

的社论。社论指出，中国恢复在联合国的合法席位“是联合国内一切维护正义的国家的胜利，是全世界人民的胜利”。“这次联大表决的结果，反映了各国人民要求同中国人民友好是大势所趋、人心所向，任何势力也阻挡不了这一历史潮流。”

外交工作的重大突破

对于中国在联合国的“意外”胜利，毛泽东也没有料到。在得知这个好消息后，他高兴地说：“今年有两大胜利，一个是林彪，一个是联合国。这两大胜利，我都没有想到。”

由于之前毛泽东曾说过“不管是喜鹊叫还是乌鸦叫，今年不进联合国”。对于是否应邀派团赴联合国，周恩来在征求了外交部的意见后请示毛泽东。毛泽东笑着说：“那是老皇历喽，不作数喽。”随后他指示：“联合国秘书长不是来电报了吗？我们就派代表团去。让乔老爷当团长，熊向晖当代表。”根据毛泽东的意见，外交部很快就确定了代表团人选，做好了前往联合国的准备。

由于对联合国的情况不熟悉，受命出任中国赴联合国代表团团长，乔冠华感觉心里没底。周恩来鼓励他不要怕，说临事而惧就不会掉以轻心，不懂的可以学，要有“不入虎穴，焉得虎子”的英雄气魄。

▲ 在 1971 年举行的第 26 届联大会议上，经过投票表决，恢复了中华人民共和国在联合国的一切合法权利。图为出席会议的中国代表——中华人民共和国外交部副部长乔冠华（左一）与中国常驻联合国代表黄华。

1971 年 11 月 10 日，中国代表团起程赴美，周恩来亲自率领叶剑英等党和国家领导人到机场送行，代表团承载着全国人民的殷切期望奔赴联合国。

在纽约，世界各国也正期盼着中国代表团的到来。11 月 15 日，中国代表团在乔冠华的带领下，昂首走进联合国的会场，大厅里立刻爆发出经久不息的掌声。

一名记者抓住机会，采访了刚刚落座的乔冠华，询问他此时的感受，乔冠华豪迈地仰头大笑，这经典的一幕被记者抓拍后，成为次日美国各大媒体的头条。这张被称为“乔的笑”的经典照片，后来获得美国普利策新闻奖，成为历史永恒的见证，它既是乔冠华鲜明个性的体现，又是中国人民扬眉吐气，“天翻地覆慨而慷”的真实写照。

在当天的发言中，乔冠华郑重向全世界阐明了中国的外交政策，他提出了反对帝国主义、殖民主义、霸权主义和种族主义的主张，以及和平共处五项原则，并强调，联合国的事情应由世界各国共同来管。“我们主张，任何一个国家的事，要由这个国家的人民自己来管。不允许超级大国

▼ 1971 年 11 月 15 日，中国代表团首次出席第 26 届联大全体会议，乔冠华团长代表中国政府在会上发表了重要讲话。

操纵和垄断，超级大国就是要超人一等，骑在别人头上称王称霸。中国现在不做，将来也不做侵略、颠覆、控制、干涉和欺负别人的超级大国。”中国首次正式在联合国发声就赢得了世界的尊重。

中国回归联合国，是世界力量对比的一个分水岭，标志着联合国不再是美国操纵的工具，而是广大第三世界国家争取自身权益的平台。这是中国外交史上具有里程碑意义的重大胜利，不仅对中国，对整个世界而言，都意义重大。

参考文献

1. 陈一然：《亲历共和国 60 年——历史进程中的重大事件与决策》，人民出版社 2009 年版。
2. 丁晨：《亲历中国共产党的 90 年》，人民出版社 2011 年版。

1972 年

打开对外关系的新局面

1972 年尼克松访华是 20 世纪世界外交史上最重大的事件之一，它标志着中美两国外交政策转向，从对抗转向和解，改变了整个世界的政治格局。尼克松是第一位访问中国的美国总统，尼克松访华为中美建交奠定了基础，堪称“破冰之旅”。

中美关系出现转机

从新中国成立到 1965 年，共有 47 个国家同中国建立了外交关系，其中大多数是亚洲、非洲的发展中国家和社会主义国家。以美国为首的西方发达国家始终对新中国采取敌视政策。但与此同时，由于中国明确反对苏联大国沙文主义的一些做法，中苏两党、两国关系发生了变化。1969 年 3 月，两国边防部队在黑龙江珍宝岛发生武装冲突，这令两国关系降到了建交以来的最低点。

在中美关系这个重大问题上，毛泽东以其特有的睿智和战略眼光，始终牢牢把控大局，运筹帷幄。在毛泽东的提议下，党中央对国际形势进行了深入研究，在《对战争形势的初步估计》和《对目前局势的看法》两份报告中，对中、美、苏三国关系进行了分析，提出中苏矛盾大于中美矛盾，美苏矛盾大于中苏矛盾，在目前美、苏两国都急于打“中国牌”的情况下，中国处于战略主动地位。

事实证明，党中央作出的判断是正确的。此时，世界局势风云激荡，复杂多变。美国从自身利益出发，逐渐改变了过去孤立和遏制中国的外交战略。尼克松上台以后，美国的这一政策转变进一步加快了。在中苏珍宝岛冲突后，美国政府立即抓住时机，作出一系列姿态，包括宣布放宽对中美之间的人员往来和贸易限制，不同意苏联提出的“亚洲集体安全体系”及其他孤立中国的行动，下令停止派驱逐舰到台湾海峡巡逻等。

1969 年 12 月 3 月，在波兰华沙举办的南斯拉夫时装展览会上，美国驻波兰大使斯托塞尔在众目睽睽之下追赶中国使馆官员，急切地向中方表示，尼克松总统本人打算同中国领导人进行“重大的具体的会谈”。这一信息对于中方而言，是中美政府之间进行直接接触的“敲门砖”。这个月底，毛泽东、周恩来批准恢复中断了近三年的中美华沙大使级会谈。

1970 年 10 月初，尼克松在会见美国《时代》周刊杂志记者时称：“如果说我在死以前有什么事情想做的话，那就是到中国去。如果我去不了，我要我的孩子们去。”10 月下旬，他会见巴基斯坦总统叶海亚·汗，请他作为“中介人”，为中美关系正常化“提供助力”。随后，他又借欢迎罗马尼亚总统齐奥塞斯库宴会的机会，“第一次有意地”使用了“中华人民共和国”的名称，并私下托罗马尼亚领导人将希望美中进行高级接触的“口信”转达给中方。

1970 年 12 月 18 日，毛泽东会见美国老朋友埃德加·斯诺时表示：“如果尼克松愿意来，我愿意和他谈，谈得成也行，谈不成也行，吵架也行，不吵架也行，当作旅行者来谈也行，当作总统来谈也行。总而言之，都行。”这些话，貌似只是毛泽东与老朋友斯诺之间的私人谈话，其实是讲给美国政府听的。25 日，在西方圣诞节这一天的《人民日报》头版上，刊登了毛泽东邀请斯诺在天安门城楼一起观看国庆庆典的大幅照片，这其实是中国向美国释放的又一个积极信号。尼克松后来回忆道，毛泽东同斯诺谈到的欢迎他访华的内容，美方在几天后就知道了。

1971 年春，中美双方另辟蹊径，通过“乒乓外交”开启了中美两国人民友好往来的大门。3 月中旬，中国乒乓球队准备赴日本参加世乒赛。当时，关于是否出国参赛问题在国内产生了很大争议，其中不赞成参赛的

▲1970 年 10 月 1 日，毛泽东和斯诺及其夫人在天安门城楼上。同年 12 月，在和斯诺的谈话中，毛泽东表示欢迎美国总统尼克松访问中国，改善中美两国关系。（新华社记者齐铁砚摄）

意见占多数，担心国外敌对势力对中国队参赛进行破坏活动。周恩来提出应坚持赴日参赛，“友谊第一，比赛第二”。这一主张得到了毛泽东的大力支持。

在参赛过程中，外交部和国家体委就是否邀请美国乒乓球队访华问题写报告给周恩来，报告认为目前时机还不成熟。但毛泽东经过三天的考虑，终于在世乒赛闭幕前作出了邀请美国队访华的决定。

这一决定立即在全世界引起轰动，日本各大报纸都在头版显要位置刊登了相关报道。邀请美国乒乓队访华产生了巨大的舆论反应，超出了媒体对世乒赛赛事本身的关注。消息很快便传到了白宫。尼克松后来在回忆录中谈道：“这个消息使我又惊又喜。我从未料到对华的主动行动会以乒乓球队访问的形式得到实现。我们立即批准接受了邀请。中方作出的响应是发给几名西方记者签证以采访球队的访问。”

◂ 1971 年至 1972 年 4 月，在中美交往中断 22 年之后，两国乒乓球队互访，成为当时举世瞩目的重大事件，被称为“乒乓外交”，结束了中美两国人民来往隔绝的局面。图为 1971 年 4 月 13 日在中华全国体育总会举行的欢迎美乒乓球队仪式上，两国运动员互赠纪念品。（新华社记者齐铁砚摄）

在“小球转动大球”开启的友好氛围下，中美高层加快了接触的进程。美国政府派出基辛格先后两次赴华举行预备会谈，就《联合公报草案》达成协议，为尼克松访华做好了充分的准备。

尼克松访华

1972 年 2 月 21 日，美国总统尼克松抵达北京，开始他对中国的首次访问。尼克松首次访华，最令世界瞩目的莫过于两国元首间的会晤，但是直到尼克松踏上中国土地的那一刻，他仍然无法确定，能否有机会与毛泽东进行面对面的会谈，这主要是因为此时毛泽东健康状况不佳，中方对于毛泽东能否会见尼克松，一直没有给予美方明确答复。

根据双方事先商定的行程安排，2 月 21 日中午，尼克松一行刚刚用完午餐，准备休息。突然周恩来亲自来到宾馆通知基辛格说，毛泽东要在

▸1972 年 2 月 21 日，毛泽东主席在北京中南海会见来访的美国总统尼克松。28 日，中美双方发表了《中美联合公报》，标志着两国关系正常化进程的开始。

半小时后会见尼克松。由于事发突然，未来得及事先通知，以致美国国务卿罗杰斯都毫不知情，未能参加会见。

当天下午，毛泽东在他中南海游泳池住所的书房里会见了尼克松一行。考虑到毛泽东的健康状况，这次会见原本计划只安排 20 分钟时间，但毛泽东那天精神状态很好，会谈延长到 1 个多小时。

双方的会见在寒暄中开始，基辛格提到自己在哈佛大学教书时曾指定学生研读毛泽东的著作，毛泽东谦虚地说："我写的这些东西算不了什么，没什么可学的。"尼克松说："主席先生的著作推动了一个民族，改变了整个世界。"毛泽东听到这里笑了，诙谐地说："我没有能够改变世界，只是改变了北京郊区的几个地方。"

会见中，毛泽东谈笑风生，尼克松也是妙语连珠，气氛十分热烈。尼克松后来回忆时称："尽管毛说话有些困难，但他的思绪显然像闪电一样敏捷。"

▲ 1972 年 2 月 21 日，毛泽东主席在北京中南海会见来访的美国总统尼克松。

当尼克松把话题拉到台湾问题、越南问题、亚洲及世界其他地区局势等时，毛泽东摆摆手说：“这些问题我不感兴趣！”他指了指在旁边就坐的周恩来说：“那是他跟你谈的事。”

对于中美关系，毛泽东说：“来自美国方面的侵略，或者来自中国方面的侵略，这个问题比较小，也可以说不是大问题，因为现在不存在我们两个国家互相打仗的问题。你们想撤一部分兵回国，我们的兵也不出国。”尼克松说：“主席先生，我知道，我多年来对人民共和国的立场是主席和总理所完全不同意的。我们现在走到一起来了，是因为我们承认存在着一个新的世界形势。我们承认重要的不是一个国家的对内政策和它的哲学，重要的是它对世界上其他国家的政策以及对于我们的政策。”毛泽东说：“就是啰。”

在回顾了 20 多年中美关系的状况后，毛泽东特别谈到最近两年中美接触的过程和背景，肯定了尼克松、基辛格所起的重要作用。会谈结束后，毛泽东坚持亲自送尼克松到门口。

2 月 22 日，《人民日报》头版发布了毛泽东会见尼克松的消息。报道内容很短，只有 108 个字，却是举世瞩目，意义重大。报道称毛泽东与尼克松“进行了认真、坦率的谈话”。

毛泽东十分看重尼克松为中美关系正常化所做的努力。“水门事件”之后，尼克松被迫辞职。1976 年 2 月 21 日至 29 日，为纪念《中美联合声明》发表 4 周年，尼克松夫妇应邀再次访华，中国仍以国家元首的规格接待他，重病之中的毛泽东，坚持与尼克松进行了长达 1 小时 40 分钟的亲切会谈，令尼克松十分感动。在会见中，毛泽东以茶代酒，对尼克松说：“我们是几十年的隔海老冤家啦！不是冤家不聚头，不打不成交嘛！我们应该为冤家干一杯！我不会喝酒……”他耸耸肩，作出无可奈何的模样，又说：“不过不要紧，中国有句老话‘君子之交淡如水’，没有酒有水，以水代酒——干杯！”两次与毛泽东会面，毛泽东的睿智与幽默给尼克松留下了极为深刻的印象。

尼克松访华是 20 世纪 70 年代震惊世界的重大事件，是“改变世界的一周”，推动了整个世界政治格局发生重大变化，开启了中美关系正常化的大门，也为中美建交奠定了基础。中美两国领导人以超凡的智慧和勇气，开启了一个新的时代。

参考文献

1. 中共中央文献研究室编：《毛泽东传》（六），中央文献出版社 2013 年版。
2. 邓力群：《外交战略家毛泽东》（下），中央民族大学出版 2004 年版。

1975 年

邓小平主持的全面整顿

1975 年，在毛泽东、周恩来的支持下，邓小平逐步全面主持中央和国务院的日常工作。他不顾刚刚复出工作、困难重重的处境，果断地对被搞乱的各条战线进行整顿，提出摆脱动乱、加快经济恢复和发展的一系列措施，进行了当时条件下所能进行的拨乱反正，很快有效扭转了局势。

▸ 1975年初，邓小平全面主持中央和国务院的日常工作，大刀阔斧地进行了整顿。图为1974年底，毛泽东和邓小平亲切握手。

受命于危难之际

1975年1月，第四届全国人民代表大会第一次会议在北京举行。会议提出国民经济发展按两步走的设想，并再次提出实现四个现代化的目标，确定以周恩来为总理、邓小平为第一副总理。很快，由于周恩来病情加重，党中央决定由邓小平代替他主持国务院工作。

邓小平根据毛泽东提出的要安定团结、把国民经济搞上去的指示，在主持召开的各种类型的会议上，明确且坚定地提出进行全面整顿的指导思想。邓小平在叶剑英、李先念等一批先后恢复工作、担任领导职务的老同志的密切配合下，首先以整顿军队作为工作的开端，拉开了全面整顿的序幕。

◂ 1975 年 7 月 1 日，中国第一条电气化铁路——宝成铁路建成通车。

1971 年林彪事件发生后，毛泽东便提出了整顿军队的要求，叶剑英主持中央军委工作后也取得了一定成效，但是“四人帮”的胡作非为对军队建设造成了冲击和破坏。1975 年 1 月 19 日，邓小平重申毛泽东关于“军队要整顿”的指示，在各大军区负责人座谈会上指出了全年军队工作的重点，并对军队整顿作出部署。1 月 25 日，他在《军队要整顿》的讲话中提出要恢复军队的优良传统，解决军队的问题，必须增强党性，消除派性，加强纪律性，提高工作效率。这是邓小平为整顿军队发表的首次重要讲话。2 月 5 日，党中央发出通知，取消 1971 年 10 月成立的中央军委办公会议，成立中央军委常务委员会，由叶剑英主持工作。

紧接着，邓小平以铁路整顿作为扭转混乱局面的突破口，开启了对经济领域的整顿工作。“文化大革命”以来，铁路系统形成派系对立的局面，派系斗争不断，严重破坏了正常的运输秩序。尤其是“批林批孔”运动开始后，一些地方发生抢占铁路分局机务段、拦截车辆、抢劫公共财物等现象，铁路线路严重堵塞，许多铁路局处于半瘫痪状态，对人民群众的生产生活直接造成了不良影响。

为研究解决铁路问题，1975年1月底至2月，新上任的铁道部部长万里多次向邓小平汇报情况。他提出，首先需要解决几个问题：第一，关于体制问题，应当实行铁路运输的集中统一领导，把权力集中到中央，铁道部在中央直接领导下工作。第二，关于干部管理，由铁道部统一管理，调配使用，与地方脱钩。第三，关于运输生产，要建立健全规章制度，加强组织纪律性，保证安全正点。当谈到为解决严重的派性问题，须在调查研究的基础上争取半年解决时，邓小平不同意设定半年的解决时限。他强调：不能拖，不能等，要用最快的速度、最坚决的措施，迅速扭转形势，改变面貌。

2月25日至3月8日，党中央召开解决铁路运输问题的全国省、市、自治区主管工业的书记会议。邓小平出席会议并发表重要讲话，强调要将四个现代化的目标作为大局抓生产，把国民经济搞上去，尤其需要解决铁路运输的问题。3月5日，党中央发出1975年第九号文件《关于加强铁路工作的决定》。文件要求，全国铁路实行以铁道部领导为主的管理体制，铁路的管理、运输的指挥、职工的调配、政治工作都由铁道部统一管起来；建立健全规章制度，加强组织纪律性，确保运输安全正点。这份文件是针对铁路整顿的纲领性文件，同时对其他领域的整顿工作也具有指导作用。

铁路整顿先从徐州铁路分局入手。徐州铁路分局一方面具有重要的地理位置，位于京沪、陇海两大铁路干线交汇点；另一方面问题尤为严重，帮派势力斗争激烈，以“乱”著称全国。万里会同江苏省委负责人坐镇徐州。他们到徐州铁路分局分别召开铁路分局党委会、全体职工大会、家属大会和各种座谈会，传达中央九号文件和工业书记会议精神。这样，中央整顿铁路问题的决心家喻户晓，中央九号文件在徐州铁路分局和徐州市得到贯彻落实。很快，徐州铁路分局建立健全了各项规章制度，有效保障了运输的安全正点。仅仅半个月时间，徐州铁路分局生产开始好转，4 月提前三天完成了运输任务。

徐州地区问题的解决为整顿全国铁路系统提供了经验。随后，铁道部将整顿重点转至南昌、昆明、郑州等分局。到 4 月底，堵塞严重的几条铁路全部疏通，全国 20 个铁路局中有 19 个超额完成计划。

整顿工作全面展开

在铁路整顿初见成效的情况下，邓小平于 3 月 25 日主持国务院全体会议，讨论推动整个工业交通系统的整顿。会议肯定了铁路整顿的经验，同时对各工业部门的整顿提出了指导性意见，强调中央九号文件精神不仅适用于铁路部门，对其他所有工业部门都具有适用性。

铁路整顿带动了整个工业部门的整顿工作。煤炭工业和钢铁工业也取得成效：4 月，煤炭产量逐日上升，全国洗精煤平均日产量创历史最高水平，统配煤平均日产量比计划超产许多；6 月，全国钢的平均日产量超过全年计划的平均日产水平，开始补还欠产。

财政整顿明确把国民经济搞上去的目标，促使工业部门和商业部门又重新树立起社会主义要抓积累、企业要讲经济效益的观念，促使企业加强管理，尽快扭亏增盈。财政整顿对铁路整顿和钢铁整顿都起到了积极的配合作用，对从总体上扭转经济状况起到了重要作用。

随着经济状况的好转，邓小平提出要通盘研究经济发展问题。他指出，前一段解决铁路问题、钢铁问题，都是一个一个地解决，光这样不行，要通盘研究。所谓通盘研究，就是着眼于工业发展的长远规划，从方针政策入手，从总体上扭转工业现状。为此，国家计委起草《关于加快工业发展的若干问题》（简称“工业二十一条”），以实现四个现代化作为统领全篇的“纲”，提出“工业的发展速度问题，是一个重大的尖锐的政治问题”，“决不能把革命统帅下搞好生产，当作‘唯生产力论’和‘业务挂帅’来批判”。条例的这些主要精神逐步在整顿中得到贯彻执行，对工业整顿和发展产生了积极影响。经过几个月整顿，经济形势明显好转。1975 年，全国工农业总产值比上年增长 11.9%，其中工业增长 15.5%，农业增长 3.1%。

▶ 整顿铁路部门是突破口，带动了整个工业首先是钢铁工业的整顿。图为首钢轧钢厂生产的大批电焊钢管在装车外运。

在经济领域的整顿工作取得显著进展的同时，党中央对党组织、国防科技、军队、文化、农业等方面的整顿也成效斐然。

党中央在组织工作中采取了一些重要举措，进一步落实干部政策，使被打倒的老干部尽快恢复工作。在邓小平的直接领导下，中央开始加强地方上党的领导和党的作风工作。为解决一些地区的派性问题，中央在浙江、河南等省进行整党试点，随后向全国推广试点经验。中组部起草了《关于整党问题的汇报提纲》和《整党问题参阅材料》，并代中央起草整党的文件。邓小平在工作中提出："整顿的核心是党的整顿"，"整党主要放在整顿各级领导班子上"，这为整顿工作全面展开奠定了基础。

在国防科技领域，国防科委在中央和军委的支持下，果断清除各种帮派组织，撤销了"文化大革命"中产生的"指挥部""运动办""帮促办"等临时机构，恢复了党的各级工作机构。国防科委在经历了八年的混乱期后，在几个月内走上了科研、生产的正常轨道。1975 年下半年，国防尖端武器研制连续取得成绩，不仅一年内成功发射三颗人造地球卫星，而且第十七次地下核试验试爆成功。

在军队整顿方面，党中央重新对国际形势进行了分析，确立了新的指导思想，扭转了关于世界战争迫在眉睫的认识。在此基础上，年初即开始的军队整顿继续得以推进，重点解决"肿、散、骄、奢、惰"的问题，对军队 25 个大单位的领导班子进行调整配备，对驻北京市及附近战略要地的部队进行整顿和调动。这些措施有力地稳定了军队，对抵制"四人帮"夺取军队领导权的阴谋起到了至关重要的作用。

在文化领域，邓小平根据毛泽东关于文艺工作的讲话精神，适时对文艺政策进行了调整，重新强调党的“双百”方针。他指出，“双百”方针没有贯彻执行，文学、艺术不是更活泼、更繁荣。经中央政治局批准，一些优秀作品的发表和演出限制得以解除，近十年文艺界“八亿人民八个戏”和文坛一片荒芜、百花凋零的局面逐渐发生改变，沉寂多年的文化领域再次显露出生机。

农业整顿的任务也被提上日程。邓小平在国务院召开的全国农业学大寨会议上发表讲话，指出四个现代化中最费劲的是农业现代化，如果农业搞不好很可能拉国家建设的后腿，形势要求我们走快一点。正是在这次会议上，他明确提出了包括农业整顿在内的全面整顿的任务。随后，他在出席中央农村工作座谈会时再次指出，要通过整顿，解决农村的问题，解决工厂的问题，解决科学技术方面的问题，解决各方面的问题。现在问题相当多，要解决，没有一股劲不行。

在邓小平主持全面整顿工作的过程中，他的一系列讲话和在他指导下形成的文件，继承了党在“文化大革命”以前积累的正确的思想成果，力图在一些重要问题上澄清“文化大革命”中被颠倒的思想理论是非，在当时的条件下进行了有限度的拨乱反正，孕育出一种新的思路。这种思路为后来突破“以阶级斗争为纲”的指导思想，把党的工作重点转到社会主义现代化建设的轨道上来，做了某些思想准备。

1976 年

粉碎“四人帮”

1976 年是新中国历史上一个极不平凡的年份。这一年，周恩来、朱德、毛泽东等一批党和国家领导人相继去世，唐山地区史无前例的大地震造成重大人员伤亡和财产损失，邓小平再次被打倒，经过 1975 年整顿刚刚好起来的形势又急转直下。在这样的形势下，“四人帮”倒行逆施，继续兴风作浪，加紧篡夺党和国家领导权的活动。在危急关头，以华国锋、叶剑英、李先念等为代表的中央政治局毅然采取果断措施，一举粉碎“四人帮”反革命集团，结束了“文化大革命”这场旷日持久的灾难。

警惕最后的疯狂

随着邓小平被打倒，周恩来、毛泽东等党和国家核心领导人相继去世，“四人帮”感觉他们终于看到了登上权力顶峰的机会，于是开始了他们最后的疯狂。

1976 年 1 月 8 日，周恩来去世。在周恩来治丧期间，“四人帮”不顾民心所向，肆意践踏全国人民对周恩来的缅怀之情，不仅对席卷全国的悼念活动进行无理压制，甚至还丧心病狂地诋毁、攻击深受人民爱戴的周恩来。4 月 5 日，北京发生了以“天安门事件”为中心的“四五运动”，这实际上是愤怒的人民群众以花圈和诗歌为武器，对“四人帮”进行的一场特殊战斗。此次事件被错误地定性为反革命事件，邓小平也受此影响被免去党内外所有职务，留党察看。“四人帮”借助此次事件，污蔑邓小平是“天安门广场事件的罪魁祸首”，是“党内资产阶级的挂帅人物”，要求深入批判邓小平。

“四人帮”把邓小平主持 1975 年整顿时形成的《论全党全国各项工作的总纲》《关于科技工作的几个问题》和《关于加快工业发展的若干问题》诬蔑为“三株大毒草”。并组织在全国范围内印发了大量批判“三株大毒草”的材料。可笑的是，这些材料不仅没起到煽动人民群众反对邓小平的作用，反而弄巧成拙地使全国人民更加坚定地拥护和支持邓小平。批判“三株大毒草”进一步加速了“四人帮”的灭亡。

“四人帮”全然不顾毛泽东多次强调邓小平的问题是人民内部矛盾、

要团结、让邓小平专管外事等指示，利用各种机会，千方百计地攻击邓小平。1976 年 3 月，江青擅自召集 12 省、自治区的同志开会，诬陷、攻击邓小平是“谣言店的总经理”“国际资本家的代理人”“大汉奸”“法西斯”“反革命两面派”“大阴谋家”，叫嚷着要“共同对敌，对着邓小平”。

“四人帮”为了夺权，罔顾全国人民渴望安定团结的强烈愿望，强行推进“批邓、反击右倾翻案风”，致使大批党政军干部受到批判，不少单位的党组织瘫痪，人心涣散，生产下降，而“四人帮”却把破坏生产的罪责强加到华国锋和其他负责同志头上。借此机会，“四人帮”在各个部门开展了排斥打击异己、安插党羽的篡权活动。

9 月 9 日，毛泽东的去世进一步加剧了局势的动荡。“四人帮”自认为夺权时机已到，活动更加猖獗。在毛泽东病重期间，8 月下旬，“四人帮”就开始为夺权做军事准备，在上海突击发放武器，装备民兵，妄图使上海成为他们夺取最高权力的根据地。9 月 11 日，王洪文在中南海擅自另设值班室，要求各省、市、自治区党委重大问题要及时向他请示报告，企图切断党中央同各地的联系。江青则千方百计想要控制毛泽东遗留下来的各种文件材料。“四人帮”还操纵清华大学、北京大学、新华社等单位的一些人给江青写“效忠信”“劝进信”，公然提出要江青“担任中共中央主席和军委主席”，“挑起这副重担”。

“四人帮”肆无忌惮的活动激起了广大人民群众的强烈愤慨和激烈抗争，全国各地群众自发掀起了抗议“四人帮”的怒潮。“四人帮”在反党篡权的不归路上越走越远，也预示着他们的末日越来越近。

惊心动魄的 35 分钟

毛泽东去世后，“四人帮”的活动更加肆无忌惮，夺权之心昭然若揭。华国锋也深深警觉到这一集团对全党乃至对他个人的严重威胁，感到应该尽快将其解决。这一想法，与叶剑英等人不谋而合。在李先念的帮助下，华国锋很快与叶剑英就粉碎“四人帮”达成一致意见，并得到了汪东兴等人的支持。

粉碎“四人帮”是一场你死我活的斗争，为了确保稳妥，经过慎重考虑，叶剑英提议以召开会议的方式，召集他们到会，然后宣布对其实行隔离审查。华国锋对此表示赞同。1976 年 10 月 3 日、4 日，汪东兴分别向华国锋、叶剑英汇报了行动方案，得到了他们的同意。

10 月 6 日上午 8 时，中央办公厅秘书局发出通知，要求中央政治局常委于当晚 20 时到中南海怀仁堂召开中央政治局常委会。接到通知的“四人帮”分子做梦也没有想到，北京城此时已布下天罗地网，等待他们的是一场精心布置的抓捕行动。

当晚 19 时 55 分，时任中共中央副主席的王洪文刚走进中南海怀仁堂的大门，几名警卫就向他走来。王洪文一看不妙，立刻说：“我是来开会的，你们要干什么？”话音未落，他就被制服，带进了正厅。华国锋当面向王洪文宣读了中央对其进行隔离审查的决定。王洪文还没来得及作出反应，就被行动小组戴上手铐，扭离现场，拘押到隔离室内。粉碎“四人帮”的行动开始了。

▲ 1976 年 10 月，中央政治局采取断然措施，一举粉碎“四人帮”，结束了“文化大革命”。图为首都群众在天安门广场庆祝粉碎“四人帮”的重大胜利。

▲ 1980 年 11 月 20 日，最高人民法院特别法庭在北京正式开庭审判林彪、江青反革命集团案十名主犯。上图：姚文元、江腾蛟、邱会作、吴法宪、江青（从左至右）。下图：黄永胜、陈伯达、王洪文、李作鹏、张春桥（从左至右）。

19 时 58 分，张春桥步入怀仁堂大门。当他迈进正厅后，预伏在小门两侧的突击队员迅速出击，将张春桥一举拿下，带到华国锋、叶剑英的面前。华国锋向他当面宣布了中共中央对其进行隔离审查的决定。

押送张春桥的车上路后，行动小组来到中南海春藕斋，执行拘押江青的任务。当时江青正坐在沙发上，行动小组迅即从左右两侧和沙发背后把江青围拢起来。江青意识到是来抓捕她后态度傲慢，情绪激动，却又无可奈何。江青被带到隔离室后，行动小组成员、时任中央警卫局副局长的武建华飞快地赶回怀仁堂，向华国锋、叶剑英、汪东兴报告：“江青已被顺利拘押。”汪东兴果断地说：“马上给姚文元打电话。”20 时 25 分，姚文元来到怀仁堂东休息室。他一进门就被行动小组控制，押到了武建华面前。武建华面对姚文元宣读了华国锋的“手令”：“中共中央决定，对姚文元实行隔离审查，立即执行。华国锋。”

从 19 时 55 分到 20 时 30 分，在惊心动魄的 35 分钟时间内，王洪文、张春桥、江青、姚文元陆续落网，被采取强制措施，隔离审查。至此，亲自指挥此次行动的华国锋、叶剑英和汪东兴长舒一口气，未费一枪一弹，“四人帮”主要成员被一网打尽，粉碎“四人帮”的行动取得重大胜利。历史翻开了新的一页。

“粉碎‘四人帮’”的消息一经公开，全国各族人民欣喜若狂，举国上下一片欢腾。粉碎“四人帮”的胜利，结束了“文化大革命”这场灾难，从危难中挽救了党，挽救了中华民族，使我们的国家进入了新的历史发展时期。

参考文献

1. 程中原等：《1976：从四五运动到粉碎“四人帮”》，人民出版社 2017 年版。
2.《中国共产党历史》第二卷（下册），中共党史出版社 2011 年版。

1977 年

恢复高考——
改革开放的第一声春雷

曾几何时，高考是许多人改变人生命运的“独木桥”，一考定终身，高考成为许多人人生命运的分水岭。然而，在“文化大革命”期间，受“左”倾错误思想影响，从 1966 年至 1976 年，高考被迫中断，许多人的命运，因此而改变。1977 年，在邓小平的努力推动下，中央作出恢复高考的重大决策，仿佛改革开放的第一声春雷，给全国的知识青年带来了春天。

▲ 1977 年 8 月 4 日早晨，邓小平在人民大会堂，主持召开了科学和教育工作座谈会。就是在这次会议上，邓小平果断决策——恢复中断 10 年的高考制度。

推倒对教育战线的“两个估计”

1977 年 7 月 21 日，中共十届三中全会结束，党中央决定正式恢复邓小平党内外一切职务。邓小平主动提出分管科学和教育。8 月 4 日，邓小平主持召开了科学和教育工作座谈会，这是他复出后主持召开的第一个重要会议。座谈会请来了包括周培源、童第周、苏步青在内的 40 多位教育界和科技界人士参加。

此时，教育部全国高等院校招生工作会议刚刚结束，已经形成了 1977 年高校招生方案，并于 8 月 4 日报送国务院。这个方案较以往略有突破，但招生的方式依然沿袭“文化大革命”期间“自愿报考，群众推荐，领导批准，学校复查”的原则。

8 月 6 日，武汉大学化学系副教授查全性发言，他在发言中尖锐地指出了现行招生制度的四大弊端，并提出了改革招生制度的几条建议。他呼吁：“一定要当机立断，只争朝夕，今年能办的事就不要拖到明年办！”查全性的发言引起与会者强烈共鸣。吴文俊、王大珩、邹承鲁、汪猷等纷纷发言，表示赞同，大家建议党中央、国务院当机立断，对现行招生制度进行大改革。

邓小平没有料到大家的意见如此集中，愿望如此强烈，很受震动。他问坐在身边的教育部部长刘西尧：“今年就恢复高考还来得及吗？”刘西尧说，推迟半年招生，还来得及。“既然今年还有时间，那就坚决改嘛！把原来写的招生报告收回来，根据大家的意见重写。招生涉及下乡的几百万青年，要拿出一个办法来，既可以把优秀人才选拔上来，又不要引起波动。”邓小平当场作出决断。

8 月 8 日，科学和教育工作座谈会结束。邓小平在总结发言中再次明确宣布：“今年就要下决心恢复从高中毕业生中直接招考学生，不要再搞群众推荐。”

在邓小平的努力推动下，教育部召开了第二次全国高等学校招生工作会议，并研究通过了《关于 1977 年高等学校招生工作的意见》，决定从 1977 年开始恢复高校招生考试制度，采取自愿报名、统一考试、择优录取的办法。

10 月 12 日，国务院批转了《关于 1977 年高等学校招生工作的意见》，文件对招生对象和条件、招生办法、考试和录取的流程及方式等都作出了规定。文件明确：凡是工人、农民、上山下乡和回城的知识青年、复员军人和应届毕业生，符合条件，均可报考。不再根据政治表现和家庭成分限定考生资格。

恢复高考的决策自此尘埃落定，这个消息很快传遍了全国各地，无数青年为之振奋。

用知识改变命运

1977 年高考从 11 月 28 日开始到 12 月 25 日结束，这是新中国历史上唯一一次冬季高考，虽然考试正值寒冬腊月，但对于许多知识青年来说，那年冬天的阳光特别温暖。

当获悉恢复高考的消息时，许多知识青年已被上山下乡的残酷现实磨掉了棱角，洗去了一身铅华。也有许多知识青年错过了美好的青春年华，或已娶妻生子，或已嫁为人妻。恢复高考给他们带来了一次改变人生命运的机会。得知这个消息，他们无不欢呼雀跃，奔走相告。

从得知恢复高考到考试只有短短不到两个月的时间，留给考生们的复习时间很有限。“经过几年的农村劳动，高中毕业时学习的内容恢复起来是有困难的。同时，很多考生白天还要完成各种工作或者参加劳动，只

◂1977 年，在北京参加高等学校入学考试的青年正在认真答卷。

有晚上才能抽出时间看书。”南京大学医学院教授、1977 级的吴稚伟回忆道。

尽管学习环境很差，又缺少复习资料，但这场改变命运的考试，谁都不想错过。这时候，一套“数理化自学丛书”仿佛黑夜里的一盏明灯，点燃了青年们的希望，全国各大新华书店出现了彻夜排队购买复习资料的热潮。

决定命运的那一刻终于来临了。人们见到一种空前绝后的场景，参加考试的考生来自各行各业，经历五花八门，年龄差距悬殊。所有参加考试的人员都带着一种激动、兴奋和神圣的心情。当年吉林省监考的裴先生说：“当时没有一个打小抄的。考试结束后，也没有一个说话的，大家都带着神圣的表情离开考场。”

由于高考中断多年，积压了一大批想要继续深造的青年知识分子，以致 1977 年报名参加高考的考生人数达到了破纪录的 570 多万。由于报考人数众多，用于印刷考卷的纸张不够，党中央为此特批动用了准备印刷

▸ 高考制度的恢复，改变的不仅仅是个人的命运。对整个国家和民族来说，它意味着更深远意义的复苏和新生。图为清华大学1977级新生。

《毛泽东选集》第五卷的储备纸张，才顺利解决了考卷纸张不够的“燃眉之急”。当年全国共录取新生27.3万人，录取比例极低。但对于那些被录取的新生来说，他们无疑是幸运的，他们通过高考改变了自己的命运。

经历过那次难忘的考试，被录取的新生深知学习机会来之不易，倍感珍惜。他们如饥似渴地获取知识，争分夺秒地努力学习，迅速成长成才。随着十一届三中全会的召开，改革开放为他们提供了广阔的发展空间，他们很快就成长为各领域的中坚力量。

恢复高考是党中央国务院作出的一项重大决策，是改革开放的第一声春雷，具有划时代的伟大意义。它为改革开放储备了人才，为中国社会的前进发挥了不可估量的巨大推动作用。

参考文献

1.《邓小平决策恢复高考讲话谈话批示集：1977年5月至12月》，中央文献出版社2007年版。

2.《毛泽东、邓小平、江泽民论教育》，中央文献出版社2002年版。

1978 年

“实践是检验真理的唯一标准”

1979 年 1 月 1 日，邓小平的头像第三次出现在美国《时代》周刊的封面上。《时代》周刊说：“邓小平向世界打开了‘中央之国’的大门，这是人类历史上气势恢宏、绝无仅有的壮举！”就在此前，党的十一届三中全会作出决定，“把全党工作的着重点和全国人民的注意力转移到社会主义现代化建设上来”。这个伟大的历史转折可以从一场理论争论说起。

一文激起千层浪

习近平总书记指出：“人类社会每一次重大跃进，人类文明每一次重大发展，都离不开哲学社会科学的知识变革和思想先导。”1978 年 5 月 11 日，一篇题为《实践是检验真理的唯一标准》的文章如同一声春雷，掀起了全国对真理标准问题的大讨论。

40 年后，胡福明作为“真理标准大讨论的代表人物”当选“改革开放杰出贡献 100 人”，接受国家表彰。谈起这篇文章时，他仍记忆犹新。在胡福明看来，实践才是检验真理的标准。

1977 年夏天，胡妻因病住院，病房还有其他女病人，他不便在病房里照顾，就把带来的马克思恩格斯著作以及《毛泽东选集》等资料摊放在走廊里拼起来的几张凳子上，在那里写提纲。在当时的背景下写这篇文章可是“冒天下之大不韪”，风险极大。“可是我发现‘两个凡是’的错误了，如果再不去批判，我觉得我对不起党。没有尽到一个马克思主义者应有的责任，就不配当一个马克思主义理论工作者。”9 月，8000 多字的长文《实践是检验真理的标准》完成了，胡福明把它寄给了数月前相识的《光明日报》哲学编辑组王强华。

1978 年 1 月 14 日，胡福明收到编辑回信和文章清样后，便着手按所提意见修改。随后，这篇文章经过多人参与修改，并由时任《光明日报》总编辑杨西光审改，定名为《实践是检验真理的唯一标准》。5 月 10 日，文章经胡耀邦审定，首先在中共中央党校内部刊物《理论动态》

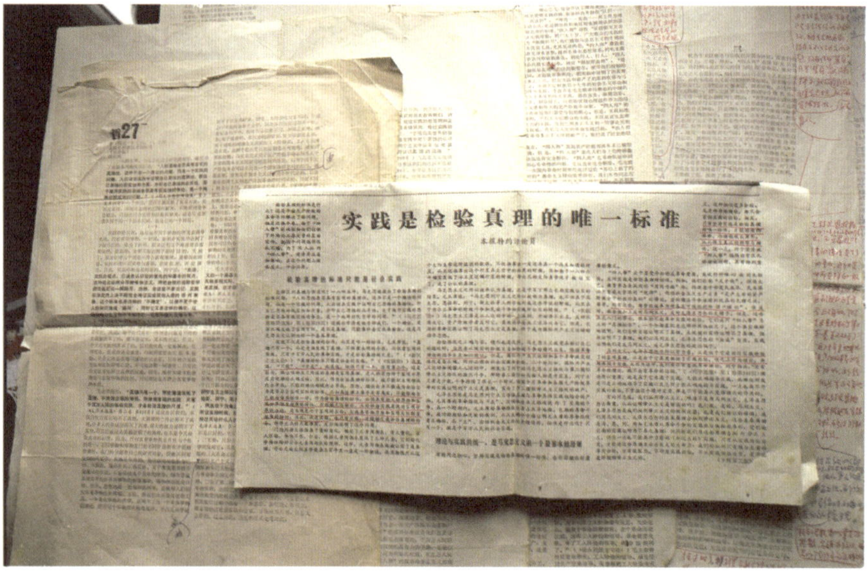

▲ 思想上率先破冰，行动上才能突围。1978 年 5 月 11 日，《光明日报》以特约评论员名义公开发表了《实践是检验真理的唯一标准》，一石激起千层浪。这篇文章在广大干部群众中激起强烈反响，引发了一场关于真理标准问题的大讨论，对中国社会发展产生了深远影响。图为刊有《实践是检验真理的唯一标准》文章的《光明日报》和修改过的清样。

上刊出；11 日，《光明日报》以“本报特约评论员”名义在头版公开发表，新华社当天即向全国转发；12 日，《人民日报》《解放军报》全文转载；13 日，又有多家省级报刊转载。这篇文章的发表犹如巨石入水，在当时沉闷窒息的中国社会引起了巨大反响。

真理标准与“两个凡是”的交锋

真理标准问题的讨论从一开始就遭遇到很多阻挠。就在《人民日报》

转发该文的当晚，就有人打电话给报社总编辑，指责这篇文章犯了方向性错误，理论上是错误的，政治上问题更大，很坏很坏，责难作者的意图就是要"砍旗"。诸如此类的责难来势凶猛。对文章发表起着关键作用的胡耀邦也产生了"冷却一下"的想法。真理标准问题讨论面临着巨大压力。

在关键时刻，邓小平对这场讨论给予及时而有力的支持。1978 年 6 月 2 日，他在全军政治工作会议上着重阐述了毛泽东关于实事求是的观点，批评在对待毛泽东和毛泽东思想问题上"两个凡是"的错误态度，他一针见血地指出："有一些同志天天讲毛泽东思想，却往往忘记、抛弃甚至反对毛泽东同志的实事求是、一切从实际出发、理论与实际相结合的这样一个马克思主义的根本观点、根本方法。不但如此，有的人还认为谁要是坚持实事求是，从实际出发，理论和实际相结合，谁就犯了弥天大罪。"邓小平号召要肃清林彪、"四人帮"的流毒，拨乱反正，"打破精神枷锁，使我们的思想来个大解放"。

邓小平的讲话次日在《人民日报》全文发表，标题为《邓副主席精辟阐述毛主席实事求是的光辉思想》。这对真理标准问题的讨论给予了有力的支持。

"这个争论很有必要，意义很大"

这场讨论不仅得到邓小平、叶剑英、李先念、陈云等老一辈革命家的有力支持，还得到一些中高级领导干部的理解。但坚持“两个凡是”的人不会轻易转变立场，他们提出“不要一百八十度转弯”“只讲一条语录不行”等，实际是阻碍真理标准问题讨论的展开。

7 月 22 日，邓小平同胡耀邦谈话，他说：“这篇文章是马克思主义的。争论不可避免，争得好，根源就是‘两个凡是’。”

在领导和支持真理标准问题讨论中，邓小平等老一辈革命家始终着眼大局，把推进社会主义现代化建设作为这场讨论的落脚点，使真理标准问题讨论的过程成为引导人们思考国家向何处去这一重大课题的过程。通过这场讨论，批判危害多年的极左思潮，恢复马克思主义思想路线，反思过去的曲折，思考未来的出路。

1978 年 9 月，邓小平出访朝鲜归来，并没有马上回京，而是到东北三省和河北、天津等地视察，沿途同各地党政军负责同志谈话。他走一路讲一路，用他自己的话说就是“到处点火”。16 日，他在听取吉林省委常委的工作汇报后发表了重要讲话，他尖锐地指出：“怎样高举毛泽东思想旗帜，是个大问题。现在党内外、国内外很多人都赞成高举毛泽东思想旗帜。什么叫高举？怎么样高举？大家知道，有一种议论，叫作‘两个凡是’，不是很出名吗？凡是毛泽东同志圈阅的东西都不能动，凡是毛泽东同志做过的、说过的都不能动。这是不是叫高举毛泽东思想的旗帜呢？不是！这样搞下去，要损害毛泽东思想。”

此后，各省、市、自治区的主要负责人纷纷表态，支持真理标准问题的讨论，军队各总部和各大军区也对此表示赞成。全国理论界、学术界、新闻界纷纷参与，站到了大讨论的前沿。坚持“两个凡是”的人则陷于空前孤立的境地。

1978 年 12 月 13 日，邓小平在中央工作会议闭幕会上发表题为《解放思想，实事求是，团结一致向前看》的讲话指出：“目前进行的关于实践是检验真理的唯一标准的讨论，实际上也是要不要解放思想的争论。大家认为进行这个争论很有必要，意义很大。”“关于真理标准问题的争论，的确是个思想路线问题，是个政治问题，是个关系到党和国家前途和命运的问题。”随后召开的党的十一届三中全会高度评价关于真理标准问题的讨论，认为其对于促进全党和全国人民解放思想，端正思想路线，具有深远的历史意义。真理标准问题大讨论深入开展，成为推动党和国家历史性伟大转折的思想先导。

参考文献

1. 中共中央党史研究室：《中国共产党的九十年（改革开放和社会主义现代化建设新时期）》，中共党史出版社、党建读物出版社 2016 年版。

2. 沈宝祥：《邓小平与真理标准问题讨论》，《纪念邓小平（下卷）——北京市纪念邓小平诞辰 100 周年理论研讨会论文集》。

3. 王俊：《胡福明忆〈实践是检验真理的唯一的标准〉：病房走廊写提纲》，《新京报》2018 年 12 月 18 日。

1978 年

伟大的历史转折

习近平总书记指出："1978 年 12 月 18 日，在中华民族历史上，在中国共产党历史上，在中华人民共和国历史上，都必将是载入史册的重要日子。"这一天，一次改变中国命运的会议在北京隆重举行，它就是党的十一届三中全会。这次全会虽然只开了 5 天，但其重大意义在 3 年后通过的《关于建国以来党的若干历史问题的决议》中作了全面深刻的阐述：全会结束了 1976 年 10 月以来党的工作在徘徊中前进的局面，开始全面地认真地纠正"文化大革命"中及其以前的"左"倾错误。这次全会坚决批判了"两个凡是"的错误方针，充分肯定了必须完整地、准确地掌握毛泽东思想的科学体系；高度评价了关于真理标准问题的讨论，确定了解放思想、开动脑筋、实事求是、团结一致向前看的指导方针；果断地停止使用"以阶级斗争为纲"这个不适用于社会主义社会的口号，作出了把工作重点转移到社会主义现代化建设上来的战略决策。这标志着党重新确立了马克思主义的思想路线、政治路线和组织路线。

▲ 1978 年 12 月 18 日至 22 日，党的十一届三中全会在北京召开，实现了新中国成立以来党的历史上具有深远意义的伟大转折。全会冲破长期“左”的错误的严重束缚，彻底否定“两个凡是”的错误方针，提出要正确对待毛泽东的历史地位和毛泽东思想科学体系，高度评价关于真理标准问题的讨论，果断结束“以阶级斗争为纲”，重新确立马克思主义的思想路线、政治路线、组织路线。图为邓小平在党的十一届三中全会上。

十一届三中全会召开前的一次重要会议

1978 年 11 月 10 日，中央工作会议在北京召开。这次会议的议题主要有三个：一是讨论如何尽快把农业生产搞上去的问题及相关的两个文件；二是商定 1979 年和 1980 年国民经济计划的安排；三是讨论李先念在国务院务虚会上的讲话。在讨论正式议题之前，先用两三天时间讨论从 1979 年起把全党工作着重点转移到社会主义现代化建设上来的问题。这是邓小平在中央工作会议开幕前在中央政治局常委会会议上提出的建议。

尽管会议事先规定的议题都是经济问题，但由于党的政治路线问题没有得到解决，所以参加会议的绝大多数代表很自然地把话题集中在“两个凡是”、真理标准问题讨论、平反冤假错案等政治问题上，使会议脱离了事先设置的轨道。11 月 12 日，陈云在东北组发言说，实现四个现代化是全党和全国人民的迫切愿望，安定团结也是全党和全国人民关心的事。对那些在揭批“四人帮”运动中影响大或者涉及面很广的遗留问题，中央应给以考虑和决定。他抛出了六个问题，对“文化大革命”及其之前的错误进行反思和批评，立即引起与会代表的强烈反响与共鸣。原定 20 天的会期不得不几度延长，最后开了 36 天才闭幕。

12 月 13 日，会议闭幕，邓小平发表题为《解放思想，实事求是，团结一致向前看》的讲话。讲话分四个部分：解放思想是当前的重大问题；民主是解放思想的重要条件；处理遗留问题为的是向前看；研究新情况，解决新问题。他强调“一个党，一个国家，一个民族，如果一切从本本出发，思想僵化，迷信盛行，那它就不能前进，它的生机就停止了，就要亡党亡国”；强调民主是解放思想的重要条件，要“使民主制度化、法律化，使这种制度和法律不因领导人的改变而改变，不因领导人的看法和注意力的改变而改变”。这个讲话实际上成为党的十一届三中全会的主题报告。华国锋在讲话中总结这次中央工作会议的成果，在“两个凡是”问题上承担了责任，作了自我批评。闭幕式后，各组讨论了两天，工作会议胜利结束。

邓小平成为党中央领导集体的核心

经过中央工作会议的充分准备，1978 年 12 月 18 日至 22 日，党的十一届三中全会在北京召开。全会决定，及时地、果断地结束全国范围的大规模的揭批林彪、“四人帮”的群众运动，从 1979 年起，把全党工作的着重点和全国人民的注意力转移到社会主义现代化建设上来。全会作出的这项决策，解决了 1957 年以来没有解决好的工作重点转移问题。围绕实现全党工作重点转移，全会还在一系列重大历史和现实问题上，作出了重大决策。

全会高度评价关于真理标准问题的讨论，认为这对于促进全党同志和全国人民解放思想、端正思想路线，具有深远的历史意义。全会提出了改革开放的任务，强调必须根据新的历史条件和实践经验，采取一系列新的重大的经济措施，对经济管理体制和经营管理方法着手认真地改革，在自力更生的基础上积极发展同世界各国平等互利的经济合作，努力采用世界先进技术和先进设备。中国由此开始了从“以阶级斗争为纲”到以经济建设为中心、从僵化半僵化到全面改革、从封闭半封闭到对外开放的历史性转变。全会总结和吸取党的建设中的历史经验教训，决定健全党的民主集中制，健全党规，严肃党纪。全会增选了中央领导机构成员，从组织上加强了中央领导机构，保证了全会确定的各项路线方针政策的贯彻执行。这次全会后，邓小平事实上已成为党中央领导集体的核心。

▲党的十一届三中全会会场。

中国共产党第十一届中央委员会
第三次全体会议公报

（一九七八年十二月二十二日通过）

▲从这次全会开始，我国改革开放和开创中国特色社会主义的大幕拉开。党的十一届三中全会作为一个伟大转折点而载入光辉史册。图为《人民日报》刊登党的十一届三中全会公报。

十一届三中全会的历史地位可比遵义会议

党的十一届三中全会在党的历史上具有重要的地位。胡绳曾说，十一届三中全会在社会主义时期的地位，可以说跟民主革命时期的遵义会议可以对比，可以相同。1935 年的遵义会议，是在党的工作、军事工作、军队工作都非常困难的时期举行的。遵义会议只过了 14 年，中国革命就取得了辉煌的彻底的胜利。在作为一个历史转折点这个意义上说，十一届三中全会以后，我们找到了符合中国实际的社会主义道路，就好像在遵义会议以后找到符合中国实际的民主革命道路一样。

十一届三中全会结束了粉碎“四人帮”后党和国家工作在徘徊中前进的局面，我国的改革开放由这次全会揭开了序幕。这次重要会议的召开，标志着中国共产党在新的时代条件下的伟大觉醒。正是这个伟大觉醒，孕育了新时期从理论到实践的伟大创造，中国共产党人和中国人民踏上了建设中国特色社会主义新的伟大征程。

参考文献

1. 中共中央党史研究室：《中国共产党的九十年（改革开放和社会主义现代化建设新时期）》，中共党史出版社、党建读物出版社 2016 年版。

2. 曲青山：《遵义会议与十一届三中全会的比较》，《百年潮》2011 年第 3 期。

3. 武市红、高屹主编：《邓小平与共和国重大历史事件》，人民出版社 2019 年版。

1979 年

首提“小康”概念

1979 年 12 月，我国改革开放的总设计师邓小平提出“小康”这个“中国式的现代化”的重要构想。此后，在中国特色社会主义建设实践中，他反复调研、论证，使“小康”目标逐步明确，小康社会的轮廓逐步清晰，并作出分“三步走”、实现社会主义现代化的发展战略，擘画中国小康社会的宏伟蓝图，为中国现代化建设指明了前进方向。

现代化的梦想

实现现代化是近代以来无数中国志士仁人孜孜以求的梦想。新中国成立后，随着实践的发展和认识的深化，中国共产党对我国实现现代化的路径逐渐清晰起来。

1954 年 9 月，毛泽东在第一届全国人民代表大会上向全国人民发出将“一个经济上文化上落后的国家，建设成为一个工业化的具有高度现代文化程度的伟大的国家”的号召。1964 年 12 月，周恩来在第三届全国人大一次会议上所作的政府工作报告中第一次正式提出我国四个现代化的目标：“今后发展国民经济的主要任务，就是要把我国建设成为一个具有现代农业、现代工业、现代国防和现代科学技术的社会主义强国。”这次大会还描绘了在 20 世纪内实现四个现代化的“两步走”发展战略。这一宏伟目标和“两步走”的战略方针计划在 1966 年第三个五年计划时开始实施，但是“文化大革命”打断了这一进程。1975 年 1 月召开第四届全国人大会议，周恩来作政府工作报告，重申了这一目标。

1978 年底召开的党的十一届三中全会重新确立实事求是的思想路线，决定把党和国家的工作重点转移到经济建设上来，实现了伟大的历史转折。邓小平于 1978 年下半年访问日本等国，1979 年初出访美国。在访日期间，他了解到日产公司的劳动生产率比中国一汽高几十倍时，感慨地说：“我懂得什么是现代化了。”访美期间，他参观了一些大型现代化企业，“看到了一些很新颖的东西”。发达国家现代化发展的“视觉冲击”，使邓小平直观地感受到中国与西方发达国家的差距，促使他实事求是地思考中国如何实现四个现代化的问题。

◂邓小平同志于1979年3月21日会见由马尔科姆·麦克唐纳会长率领的英中文化协会执委会代表团。（新华社记者王传国摄）

“中国式的现代化”

邓小平对中国现代化的新设想首先在会见外宾时陆续表达出来。1978年9月，在朝鲜访问会见金日成时说：“最近我们的同志出去看了一下，越看越感到我们落后。什么叫现代化？50年代一个样，60年代不一样了，70年代就更不一样了。”1979年3月21日，邓小平在会见以马尔科姆·麦克唐纳为团长的英中文化协会执行委员会代表团时谈到了中国“四个现代化”的概念问题，他说：“我们定的目标是在本世纪末实现四个现代化。我们的概念与西方不同，我姑且用个新说法，叫作中国式的四个现代化。现在我们的技术水平还是你们50年代的水平。如果本世纪末能达到你们70年代的水平，那就很了不起。就是达到这个水平，也还要做许多努力。由于缺乏经验，实现四个现代化可能比想象的还要困难些。”

在国内一些重要会议的讲话中，邓小平也实事求是地阐述“中国式的现代化”。在1979年3月23日召开的中央政治局会议上，他把中国式的四个现代化表述简化为“中国式的现代化”。他说：“我同外国人谈话，用了一个新名词：中国式的现代化。到本世纪末，我们大概只能达到发达国家 70 年代的水平，人均收入不可能很高。”10 月 4 日，在全国省、市、自治区党委第一书记座谈会上，邓小平谈道：“我们开了大口，本世纪末实现四个现代化。后来改了个口，叫中国式的现代化，就是把标准放低一点。特别是国民生产总值，按人口平均来说不会很高。”

“小康之家”

“中国式的现代化”到底是什么样的呢？邓小平进行着深入思考，并很快给出了答案。

1979 年 12 月，日本首相大平正芳率代表团访问中国。在与邓小平会谈时，大平正芳就中国发展的长远规划问题向邓小平发问：“中国根据自己独自的立场提出了宏伟的现代化规划，要把中国建设成伟大的社会主义国家。中国将来会是什么样？整个现代化的蓝图是如何构思的？”邓小平知道大平正芳是日本著名的经济发展战略问题专家，他在 20 世纪 60 年代初设计的日本经济发展 10 年倍增规划实施后获得成功，使日本迅速成为世界经济强国。对于大平正芳的提问，邓小平在经过思考后，提出了影响深远的战略构想：“我们要实现的四个现代化，是中国式的四个现代化。我们的四个现代化的概念，不是像你们那样的现代化的概念，而是‘小康之家’。”这是邓小平首次用“小康之家”这一富有中国传统文化特色、能够为老百姓所理解的词汇对中国式的现代化作出的形象表述。

◂1988年8月26日，中央军委主席邓小平在北京人民大会堂会见日本首相竹下登。（新华社记者郭占英摄）

“小康”一词，出自《诗经·大雅·民劳》“民亦劳止，汔可小康。惠此中国，以绥四方”。“小康”蕴含了几千年来中国人对丰衣足食、安居乐业、国泰民安生活状态的美好向往。考虑到或许大平正芳对“小康”这个词不能完全理解。邓小平就用具体数字加以解释：中国在20世纪末国民生产总值人均达到1000美元。邓小平还补充说：“到本世纪末，中国的四个现代化即使达到了某种目标，我们的国民生产总值人均水平也还是很低的。要达到第三世界中比较富裕一点的国家的水平，比如国民生产总值人均1000美元，也还得付出很大的努力。就算达到那样的水平，同西方来比，也还是落后的。所以，我只能说，中国到那时也还是一个小康的状态。”

“小康”概念一经提出，就在国内、国际引起了广泛反响，在党内外达成了共识，也得到全国人民的普遍赞同。邓小平为什么以“小康之家”作为中国式现代化的目标呢？他在1988年8月会见日本首相竹下登时，道出了其中缘由：“中国历史上有‘小康之家’的说法。就我们来说，目标定得低一点有好处。目标定低一点是为了防止产生急躁情绪，避免又回到‘左’的错误上去。”邓小平认为，“小康”是按照实事求是原则，“降低原来的设想，完成低的目标”。即使要实现这个目标，也很不容易。他说：“现在我们力量不行。现在我们的国民生产总值人均大概不到300美

▸ 1982 年 9 月 1 日至 11 日，中国共产党第十二次全国代表大会在北京召开。大会执行主席邓小平致开幕词。他在开幕词中明确提出了“走自己的路，建设有中国特色的社会主义”的崭新命题。图为 1982 年 9 月 1 日，邓小平在大会上致开幕词。

元，要提高两三倍不容易。”但他又看到了中国经济的另一面，他说：“我们已在工业、农业、科学技术方面有了初步的基础，另外一个好条件就是中国资源确实丰富，人民勤劳。在此基础上只要采取好的政策，不发生曲折，我们是很有信心的。”总的来说，要实现这个目标，“我们还是要艰苦奋斗”。从邓小平的这些论述可以看到，“小康”这个中国式现代化目标，从提出之初，就具有辩证统一的内涵：一方面，有难度；另一方面，有条件。把二者联系起来进行考察的结论是：经过艰苦奋斗，是可以实现的。

1982 年 9 月 1 日，党的十二大根据邓小平建设小康社会的战略构想，正式提出从 1981 年起到 20 世纪末的 20 年，实现全国工农业年总产值翻两番，即由 1980 年的 7100 亿元增加到 2000 年的 28000 亿元左右、达到“小康”水平的奋斗目标。由此，建设小康社会正式成为中国共产党带领全国人民建设中国特色社会主义的一个阶段性奋斗目标。

参考文献

1. 中共中央文献研究室编：《邓小平思想年编：1975—1997》，中央文献出版社 2011 年版。
2. 梅兴无：《邓小平擘画小康社会蓝图》，《党史博采》2020 年第 9 期。

图书在版编目（CIP）数据

青春之路：写给年轻人的100个党史故事．上 / 张神根主编．-- 北京：新华出版社，2024.6
ISBN 978-7-5166-7205-1

Ⅰ．①青… Ⅱ．①张… Ⅲ．①中国共产党－党史－青少年读物 Ⅳ．① D23-49

中国国家版本馆 CIP 数据核字 (2023) 第 235737 号

经·典·插·图·版

青春之路

写给年轻人的100个党史故事

下 册

张神根　主编

新华出版社

目录

Peoples Republic
of China

1921
2021

1980 年

改革开放的“试验田”

在深圳莲花山公园，有一面花岗岩石墙上镌刻着邓小平 1984 年 2 月 1 日为深圳的题词：“深圳的发展和经验证明，我们建立经济特区的政策是正确的。”这一题词，既是对特区建设成就和发展方向的充分肯定，也是对当时有关特区建设争论的一锤定音。后来，邓小平进一步明确指出：“现在我可以放胆地说，我们建立经济特区的决定不仅是正确的，而且是成功的。所有的怀疑都可以消除了。”

▶ 1984年1月24日至2月10日，邓小平视察深圳、珠海、厦门3个经济特区。2月1日，邓小平为深圳经济特区题词：“深圳的发展和经验证明，我们建立经济特区的政策是正确的。”（落款日期为离开深圳的1月26日）2月7日至10日，邓小平在视察厦门经济特区时题词：“把经济特区办得更快些更好些。”图为1984年1月26日，邓小平为深圳经济特区题词。

“你们自己去搞，杀出一条血路来”

党的十一届三中全会之前，在同国际社会的联系中，对外开放政策已开始酝酿。早在1975年主持中央工作期间，为了加速我国工业技术改造，提高劳动生产率，邓小平就主张与西方国家签订长期合同，进口成套设备来发展石油和煤炭工业，然后用产出补偿外债。但邓小平的主张因“四人帮”的阻挠而未能实现。

1978 年上半年，中央派出三路考察团，即由谷牧委派国家计委和外经贸部有关领导组成的港澳经济贸易考察团，由李一氓、于光远等带队赴罗马尼亚、南斯拉夫考察团和由谷牧带队的赴西欧五国考察团。同年，邓小平出访缅甸、尼泊尔、朝鲜、泰国、马来西亚、新加坡等国。考察团的汇报和出访的见闻，让邓小平笃定“向外国借点钱搞建设”的想法。这时，他考虑的已经不是要不要开放，而是怎么搞对外开放的问题。

在数路考察团中，港澳经济贸易考察团的活动与中央决定创办特区有直接的渊源。是年 4 月 10 日至 5 月 6 日，国家计委、外经贸部派出的考察团对香港、澳门进行了近一个月的考察。考察结束后，考察团首先在广州向广东省委负责人介绍了考察情况，并谈了开发宝安、珠海的设想等建议。广东省的领导听了考察团的建议受到启发，思想更加解放，也向考察团提出了一些大胆的建议。5 月底，考察团向中央上报了《港澳经济考察报告》，其中吸收了广东省委提出的建议，提出借鉴港澳经验，把靠近港澳的宝安、珠海两县划为出口基地，逐步将其建设成具有相当水平的对外生产基地、加工基地和吸引港澳游客的游览区。这份报告获得了中央的肯定。

1979 年 1 月，一份关于港商要求回广州开设工厂的来信摘报送到邓小平那里，他认为值得鼓励和提倡，随即批示：“这件事，我看广东可以放手干。”1979 年 4 月，中央工作会议在北京召开，主要讨论调整国民经济等问题，提出了对国民经济实行“调整、改革、整顿、提高”的八字方针。习仲勋在会上发言说，广东邻近港澳，华侨众多，应充分利用这个有利条件，积极开展对外经济技术交流。这方面，希望中央给点权，让广东先走一步，放手干。会上，福建省也提出在厦门建立出口加工区的要

▲拼版照片：上图为深圳蛇口工业区一瞥（资料照片，新华社记者李长永摄）；
下图为广东自贸区深圳前海蛇口片区内的蛇口片区（新华社记者毛思倩2015年2月26日摄）。

求。会议期间，习仲勋、杨尚昆等向邓小平汇报经济工作。习仲勋阐述了广东省准备开放和搞活经济的设想，他认为“不仅经济体制，整个行政体制上也要考虑改革。中国这么大，各省有各省的特点，有些应根据省的特点来搞”。邓小平对这一设想表示赞同，他说：“还是叫特区好，陕甘宁开始就叫特区嘛！中央没有钱，可以给些政策，你们自己去搞，杀出一条血路来。”他向中央建议批准广东省委的要求。7 月，中共中央、国务院批转《中共广东省委、福建省委关于对外经济活动实行特殊政策和灵活措施的报告》，正式批准兴办深圳、珠海、汕头、厦门四个经济特区。1980 年 5 月，党中央、国务院正式将特区定名为“经济特区”。

“我们建立经济特区的政策是正确的”

经济特区的建立，为广东、福建两省对外经济活动打开了蓬勃发展的新局面。1979 年当年，两省的外贸出口创汇比上一年增长超过 30%。改革开放迸发出来的积极性结出了第一批硕果。

国门初开，很多人甚至一些高级领导干部的思想认识还跟不上形势发展，经济特区的建设也历经了曲折和考验。对举办经济特区存在不同意见，是非和议论很多，特区自身的发展也遇到一些困难。首先是国民经济调整大环境的变化影响到特区建设的步伐。1980 年 12 月中央工作会议提出纠正经济工作上的冒进失误，采取果断措施，实行国民经济调整。对于刚刚起步的特区，邓小平指示：“在广东、福建两省设置几个特区的决定，要继续实行下去。但步骤和方法要服从调整，步子可以走慢一点。”其次是经济特区筹建之初，由于缺乏搞特区建设的现成经验，加之一些管理体制没有理顺，特区领导班子内部一度出现较多分歧。此外，一些在特区出现的社会丑恶现象和走私等问题，引来多方面的质疑和批评，党内舆论也有对特区的非议。一些人把问题提高到新条件下阶级斗争问题，有些人用旧中国的租界问题影射特区，说“创办特区是一种变相卖国行为”“特区变色了”，还有老干部认为特区回到了资本主义。人们思想上的混乱，使从事特区工作的同志顾虑重重，影响了特区发展。

这一切，都使邓小平特别关注经济特区事业的下一步发展。1984 年春节前夕，邓小平提出到牵挂已久的四个经济特区去看一看。1 月 24 日，邓小平抵达广州火车站，作短暂停留，对刘田夫、梁灵光等人说：“办经济特区是我倡议的，中央决定的，是不是能够成功，我要来看一看。”当天下午，邓小平听取深圳市委负责人的工作汇报。长达一个多小时的汇报，邓小平始终平静地倾听，没有表态。汇报后，他对时任中共深圳市委书记、市长梁湘说：“这个地方正在发展中，你们讲的问题我都装在脑袋里，我暂不发表意见，因为问题太复杂了，对有些问题要研究研究。”一路看、一路听，邓小平感受到深圳的飞速发展，体会到“时间就是金钱，效率就是生命”的冲天干劲。26 日，邓小平结束对深圳的视察前往珠海。29 日，邓小平欣然为珠海题词：“珠海经济特区好。”2 月 1 日，在广州为深圳题词：“深圳的发展和经验证明，我们建立经济特区的政策是正确的。”并将落款时间写为离开深圳的 1 月 26 日。2 月 9 日，为厦门经济特区题词：“把经济特区办得更快些更好些。”邓小平的视察和题词，否定了各种非议。正如负责特区工作的国务院副总理谷牧后来说：“给那些有关办经济特区是是非非的议论，基本画上了句号。”

▲ 1984 年 1 月 24 日至 29 日，中共中央政治局常委、中共中央顾问委员会主任邓小平视察了广东省深圳、珠海两个经济特区，对特区取得的建设成就感到高兴。图为 1984 年 1 月 24 日，邓小平同志由深圳的渔民新村党支部书记吴柏森陪同参观渔民新居。（新华社记者杨绍明摄）

▲ 1984 年 2 月，邓小平视察厦门时，同福建省委第一书记项南研究厦门经济特区规划。（林群英摄）

▶ 图为正在兴建的共 48 层的广东深圳国际贸易大厦（1983 年 3 月摄）。1983 年广东省深圳经济特区竣工建筑面积达 130 万平方米，建成 37 条标准马路，正在施工的 63 幢高层建筑有 18 幢竣工，为外商投资设厂提供了良好条件。

“不是收，而是放”

视察经济特区后，邓小平心里踏实了，他形成了明确的看法，那就是：特区的路子走对了。2 月 24 日，邓小平同胡耀邦、赵紫阳、万里、杨尚昆、姚依林、胡启立和宋平等中央领导同志就关于经济特区和增加对外开放城市问题作了一次非常重要的谈话。邓小平开宗明义地谈到特区之行的“感性认识”：“这次我到深圳一看，给我的印象是一片兴旺发达景象。”他明确提出：“我们建立特区，实行开放政策，有个指导思想要明确，就是不是收，而是放。”邓小平富有远见卓识地说：“特区是个窗口，是技

▲ 作为改革开放的重要窗口，1980 年到 2020 年，40 年时间里，从一个默默无闻的边陲小镇到拥有超过 2000 万人口的现代化国际都市，深圳奇迹般崛起于中国南方，绽放夺目光彩。图为 2020 年 9 月 14 日拍摄的深圳市中心。（新华社记者毛思倩摄，无人机照片）

术的窗口，管理的窗口，知识的窗口，也是对外政策的窗口。从特区可以引进技术，获得知识，学到管理，管理也是知识。有些项目现在捞不到什么钱，但从长远看有好处，会有收获。”

在这次谈话中，邓小平发表了一些具体意见。他指出厦门特区地方规划得太小，要把整个厦门岛搞成特区。可以把周围地区带动起来，使整个福建经济活跃起来。他还提议，除现在的特区外，可以考虑再开放几个港口城市，如大连、青岛等。这些地方可以不叫特区，但可以实行特区的某些政策。

1984 年 3 月 26 日至 4 月 6 日，按照邓小平的意见，党中央、国务院联合召开沿海部分城市座谈会，谈论如何放开步伐，扩大开放，更好

地引进外资、先进技术和先进管理问题。会议讨论决定厦门特区扩大到全岛，并且开放大连、秦皇岛、天津等 14 个沿海港口城市。

1985 年 8 月，邓小平在会见日本公明党第十三次访华代表团时指出："深圳是个试验，经济特区还是一个试验"，"我们的整个开放政策也是一个试验，从世界的角度来讲，也是一个大试验"。实践证明，经济特区成为这个改革开放的排头兵，不仅使经济特区经济得到快速发展，而且在推进我国改革开放、扩大对外经济技术交流等方面发挥了重要的窗口作用和实验作用。

参考文献

1.《邓小平文选》第 3 卷，人民出版社 2001 年版。

2. 张宝忠：《跟随邓小平四十年》，中央文献出版社 2015 年版。

1981 年

科学评价
毛泽东的历史地位

1981 年 6 月，党的十一届六中全会审议并通过《关于建国以来党的若干历史问题的决议》(简称《决议》)。《决议》正确解决了既科学评价毛泽东的历史地位和毛泽东思想的科学体系、又根据新的实际和发展要求确立中国社会主义现代化建设正确道路相互联系的重大历史课题，充分体现了党中央的远见卓识和政治上的成熟。《决议》的通过，标志着党在指导思想上的拨乱反正胜利完成，对于统一全党、全军、全国人民的思想认识，同心同德，为实现新的历史任务而奋斗，产生了深远影响。

党在指导思想上的拨乱反正胜利完成

党的十一届三中全会确立的路线方针政策，受到全党全国各族人民的坚决拥护。全会后，党有步骤地端正指导思想，解决新中国成立以来的许多历史遗留问题和实际生活中出现的新问题，对“文化大革命”中被严重破坏的各方面社会关系进行恢复和调整。

为了顺利地把工作重点转移到社会主义现代化建设上来，党对经济建设和阶级斗争问题上“左”的错误思想进行了认真清理。在拨乱反正过程中，广大干部群众从过去一个时期内盛行的个人崇拜和教条主义的精神枷锁中解脱出来，党内外思想活跃，出现了研究新情况、解决新问题的生动景象。与此同时，也出现了一些引起中央领导层警觉的现象。在拨乱反正、解放思想过程中，对“文化大革命”和毛泽东、毛泽东思想的议论出现两种倾向：一是党内有一部分人仍然受“两个凡是”等“左”倾思想的束缚，对十一届三中全会以来制定和实行的一系列路线方针政策表现出某种程度的不理解甚至抵触；二是极少数人利用党进行拨乱反正的时机，打着“社会改革”的幌子，曲解“解放思想”的口号，极端夸大党的错误，企图否定党的领导，否定社会主义制度，否定毛泽东和毛泽东思想。如果任由这两种错误蔓延，必将破坏正在形成的生动活泼的政治局面，给党和国家事业的健康发展带来严重后果。

1979 年 1 月 18 日至 4 月 3 日，党的理论工作务虚会在北京举行。会议批判了“两个凡是”和思想僵化的现象，深入讨论了一些重大理论问题。3 月 30 日，邓小平受党中央委托，在理论工作务虚会上围绕坚持四

◂ 党的十一届三中全会后，在解放思想、拨乱反正过程中，有的人对十一届三中全会以来的新的路线方针政策表现出不理解甚至抵触情绪。少数人对“解放思想”加以曲解，肆意夸大党和毛泽东所犯的错误，企图否定党的领导，否定社会主义制度，否定毛泽东和毛泽东思想。针对这些思想混乱状况，1979 年 3 月，邓小平在党的理论工作务虚会上发表《坚持四项基本原则》的讲话。这个讲话郑重声明，中国共产党所领导的改革开放从一开始就具有明确的社会主义方向。

项基本原则发表重要讲话。他旗帜鲜明地指出：“为了实现四个现代化，我们必须坚持社会主义道路，坚持无产阶级专政，坚持共产党的领导，坚持马列主义、毛泽东思想。”这是“实现四个现代化的根本前提”，“如果动摇了这四项基本原则中的任何一项，那就动摇了整个社会主义事业，整个现代化建设事业。”在这次讲话中，邓小平还提出：“搞建设，也要适合中国情况，走出一条中国式的现代化道路。”

1979 年 9 月 29 日，叶剑英在庆祝中华人民共和国成立 30 周年大会上发表讲话，对新中国成立以来的历史经验进行初步总结。随后，第二个历史决议的起草工作也正式提上日程。同年 11 月，党中央决定起草《关于建国以来党的若干历史问题的决议》（以下简称《决议》）。

“毛泽东思想这个旗帜丢不得”

作为起草《决议》的主持人，邓小平高度重视这项工作。1980 年

3 月，他对起草《决议》提出三点要求，即：第一，确立毛泽东同志的历史地位，坚持和发展毛泽东思想，这是最核心的一条。第二，对建国 30 年来历史上的大事，哪些是正确的，哪些是错误的，要进行实事求是的分析，包括一些负责同志的功过是非，要做出公正的评价。第三，通过这个决议对过去的事情做个基本的总结，这个总结宜粗不宜细，总结过去是为了引导大家团结一致向前看，争取在决议通过以后，党内、人民中间思想得到明确，认识得到一致，历史上重大问题的议论到此基本结束。

在此期间，邓小平的一篇重要谈话在《决议》起草的关键时刻发挥了关键性作用，这就是 1980 年 8 月 21 日和 23 日邓小平答意大利记者奥琳埃娜·法拉奇提问。在回答“天安门上的毛主席像，是否要永远保留下去”的问题时，邓小平斩钉截铁地说：“尽管毛主席过去有段时间也犯了错误，但他终究是中国共产党、中华人民共和国的主要缔造者。拿他的功和过来说，错误毕竟是第二位的。他为中国人民做的事情是不能抹杀的。从我们中国人民的感情来说，我们永远把他作为我们党和国家的缔造者来纪念。”法拉奇继续犀利发问，今天人们把很多错误都归咎于“四人帮”，这符合历史事实吗？听说中国人说“四人帮”时，伸出的却是五个手指！面对记者的“刁难”，邓小平从容地说：“毛主席的错误和林彪、‘四人帮’问题的性质是不同的。毛主席一生中大部分时间是做了非常好的事情的，他多次从危机中把党和国家挽救过来。没有毛主席，至少我们中国人民还要在黑暗中摸索更长的时间。”邓小平特别明确表示：“我们不会像赫鲁晓夫对待斯大林那样对待毛主席。”这个回答为后来《决议》评价毛泽东历史地位定了基调。从邓小平从容坚定的回答，可以看出这时他对《决议》所要解答的关键性问题已经成竹在胸了。

1980 年 10 月中旬至 11 月下旬，中央政治局决定将修改后的《决议》讨论稿在党内 4000 人范围内展开讨论。关于毛泽东和毛泽东思想的评价问题，仍然是讨论的热点。大讨论中有许多好的意见，也有不少比较片面的甚至贬低、否定毛泽东和毛泽东思想的错误言论。邓小平看了讨论的简报，于 10 月 25 日找胡乔木、邓力群谈话，针对讨论中存在的思想混乱，邓小平坚定地表示："毛泽东思想这个旗帜丢不得。丢掉了这个旗帜，实际上就否定了我们党的光辉历史。"对于讨论中的不同意见，他明确指示："对于错误，包括毛泽东同志的错误，一定要毫不含糊地进行批评，但是一定要实事求是，分析各种不同的情况，不能把所有的问题都归结到个人品质上"。"对于毛泽东同志的错误，不能写过头。写过头，给毛泽东同志抹黑，也就是给我们党、我们国家抹黑。这是违背历史事实的。"

1981 年 3 月，在《决议》稿进一步讨论和征求意见过程中，陈云提出《决议》应该增加新中国成立以前党的历史的内容。邓小平表示"这个意见很好"。陈云的建议进一步拓宽了《决议》的视野和立论基础，把毛泽东的事业和思想放到党的 60 年的历史中考察，使得确立毛泽东和毛泽东思想的历史地位有了更加坚实的历史依据和认识基础。

"他的功绩是第一位的，错误是第二位的"

1981 年 6 月 27 日至 29 日，党的十一届六中全会在北京举行，《关于建国以来党的若干历史问题的决议》草案获得一致通过。《决议》共分

▸ 1981 年 6 月，党的十一届六中全会通过了《关于建国以来党的若干历史问题的决议》。《决议》的通过，标志着党在指导思想上的拨乱反正胜利完成。

八个部分，38 条、3.4 万余字。《决议》从根本上否定了“文化大革命”和“无产阶级专政下继续革命”的错误理论，对一些重大历史事件和重要历史人物作出了实事求是的评价，科学总结了新中国成立以来社会主义革命和建设的历史经验。《决议》高度评价和充分肯定毛泽东的历史贡献和历史地位。《决议》指出：“他虽然在‘文化大革命’中犯了严重错误，但是就他的一生来看，他对中国革命的功绩远远大于他的过失。他的功绩是第一位的，错误是第二位的。他为我们党和中国人民解放军的创立和发展，为中国各族人民解放事业的胜利，为中华人民共和国的缔造和我国社会主义事业的发展，建立了永远不可磨灭的功勋。”

《关于建国以来党的若干历史问题的决议》成为继延安整风后形成的第一个历史决议后，又一个在全面完成拨乱反正基础上实现全党空前团结、空前统一，开创改革开放和社会主义现代化建设新的历史时期的纲领性文献，也为党和国家实现长治久安奠定了政治基础。

参考文献

1. 中共中央党史研究室：《中国共产党的九十年（改革开放和社会主义现代化建设新时期）》，中共党史出版社、党建读物出版社 2016 年版。

2. 李捷：《总结过去、开辟未来的经典之作——重温〈关于建国以来党的若干历史问题的决议〉》，《湘潭大学学报》（哲学社会科学版）2020 年第 1 期。

1982 年

农村家庭联产承包责任制

邓小平曾说，中国改革是从农村开始的，农村改革是从安徽开始的。其中，以安徽省凤阳县梨园公社小岗生产队的包产到户影响最大。

十八枚红手印

1977年6月，万里出任中共安徽省委第一书记。万里到安徽后，便大刀阔斧地拨乱反正。他从安徽的实际出发，决定把拨乱反正的重点放在农村，并着重研究调整农业政策、调动农民积极性等问题。1977年11月2日，安徽省委发出《关于当前农村经济政策几个问题的规定（试行草案）》，后简称“省委六条”。这一草案建议：搞好农村的经营管理，允许生产队根据农活建立不同的生产责任制，可以组织作业组，只需个别完成的农活也可以责任到人；尊重生产队自主权；减轻社队和农民负担；落实按劳分配政策；粮食分配兼顾国家、集体和个人利益；允许和鼓励社员经营自留地、家庭副业，开放集市贸易等。

“省委六条”的颁布，在一定程度上打破了沉闷局面，调动了安徽农民的积极性。可天不遂人愿。1978年夏秋之交，安徽发生百年不遇的旱灾，许多水库干涸，河水断流，土地干裂，粮食减产，农业生产面临严重危机。这对本已贫困的农民来说，无异于雪上加霜。

1978年12月初，凤阳县梨园公社小岗生产队队长严俊昌、副队长严宏昌、会计严立学召集全队18个户主在村西严立华家举行秘密会议，商讨分田单干。大家一致认为，上面允许大包干到组，但是小岗生产队关系复杂，干脆包干到户。具体办法是：全队517亩土地好坏搭配按人头包到户，10头耕牛折价后两户包1头，国家征统购任务、还贷任务、公共积累、各类人员补助款项按人头包到户，包干任务完成后，剩多剩少都归自己。社员们怕领头人因此坐牢，所以共同商议决定，不

▲ 农村改革是中国农民的伟大创造。1978 年冬，安徽凤阳县小岗村 18 位农民在家庭联产承包责任制契约上坚定地按下红手印，实施包产到户，拉开了中国农村改革的大幕。图为 1981 年 18 户在家庭联产承包责任制契约上按下手印的小岗村村民中的 14 位在村内茅草屋前合影。

准任何人讲出去，并拟定规定，签订“生死契约”，约定万一走漏风声，干部因此坐班房，全队社员共同负责把他的孩子抚养到 18 周岁。规定写好后，社员们一个个“赌咒发誓”表示决不后悔，并在拟好的规定上按上了鲜红的指印。

分田到户后，社员们的积极性被彻底调动起来。1979 年，小岗生产队获得大丰收，粮食产量达到 6.7 万多公斤。包干到户一年翻身，小岗由“讨饭庄”一跃为“冒尖庄”。小岗的突破，在全国产生了极大的示范效应，也引起了激烈的争论。

针锋相对的争论

对于农村出现的包产到户、包干到户的责任制形式，当时很多人心存疑虑，包括一些高层领导思想上也转不过弯，担心会不会偏离社会主义。有些人对“大包干”持坚决否定态度，认为必须继续稳定地实行“三级所有，队为基础”的制度，要继续坚持学习大寨的经验。

1979年3月15日，《人民日报》头版头条刊发署名张浩《“三级所有，队为基础”应当稳定》的来信和编者按。来信说：“现在实行的‘三级所有，队为基础’，符合当前农村的实际情况，应充分稳定，不能随便变更。在条件不成熟时，轻易地搞大队核算，是脱离群众，不得人心的，会挫伤干部、群众的积极性，给生产造成危害。”“编者按”还提出，已经出现分田到组、包产到组的地方，应当正确贯彻执行党的政策，坚决纠正错误做法。这封来信和《人民日报》的“编者按”传递出的信息，让农村基层干部和群众思想产生波动，一些地方甚至对包产到组开始进行纠“偏”。

但是，在改革实践比较深入的地方，有一些领导对大包干表示坚决支持，他们从改革的实际效果出发，继续推进改革。针对《人民日报》“来信”的指责，万里鲜明地支持凤阳县群众的做法，他说《人民日报》说是“错误做法”，我看是好办法，能叫农业增产就是好办法，能叫国家、集体和个人都增加收入都是好办法，反之就是错误做法。1979年3月30日，《人民日报》头版发表署名安徽省农委辛生、卢家丰《正确看待联系产量的责任制》的来信，指出，张浩的信和“编者按”给农村造成了混乱，“包产到组”和“包工到组，联系产量计算报酬，实行超产奖励”并没有什么本质不同，它既不改变所有制性质，也不改变生产队基本核算单位，又不违背党的政策原则，有些人错误地“把联系产量责任制看得一无是处”和视“包”字为洪水猛兽。这封来信还直言：“应该相信大多数群众是有鉴别力的，只能划个大杠杠，不能硬要群众只能采用这种办法，而不能采用另一种办法。”

争论仍在继续，当时安徽、四川两省搞包产到户，承受了很大压力。万里曾感慨：“农村改革这场斗争太激烈了，不表态就算支持了。”是年 6 月召开的五届全国人大二次会议期间，万里找陈云说安徽一些农村已经搞起了包产到户，怎么办？陈云表示“双手赞成”。此后，他又向邓小平汇报情况以及一些人的激烈反对意见，邓小平发表意见说：“不要争论，你就这么干下去就行了，就实事求是干下去。”7 月中旬，邓小平亲自到安徽视察，同万里再次交流农村改革的看法。这以后，包产到户的做法在安徽得到逐步推广。

但反对声并没有因此停止。1979 年 9 月，党的十一届四中全会讨论通过的《中共中央关于加快农业发展若干问题的决定》，虽然认可了包工到作业组，但仍规定“不允许分田单干”“不允许包产到户”。

包干到户是社会主义

正当两种相反的意见相持不下之时，邓小平经过冷静思考，旗帜鲜

▸ 在党中央的支持下，以包产到户、包干到户为主要形式的家庭联产承包责任制迅速推广。这充分调动了农民的生产积极性，促进了农业生产的迅速发展。图为 1981 年至 1983 年湖北省蕲春县横车镇白石山村逐步推行家庭联产承包责任制的原始资料。

▸ 1980 年，四川省广汉县向阳乡在全国第一个摘下“人民公社”的牌子，挂上了“乡人民政府”的牌子，成为我国农村管理体制改革的先行者。

明地支持农民的创举，为呼之欲出的改革指出了正确的前进方向。1980 年 5 月 31 日，邓小平同胡乔木、邓力群谈话时指出："农村政策放宽以后，一些适宜搞包产到户的地方搞了包产到户，效果很好，变化很快。安徽肥西县绝大多数生产队搞了包产到户，增产幅度很大。'凤阳花鼓'中唱的那个凤阳县，绝大多数搞了大包干，也是一年翻身，改变面貌。有的同志担心，这样搞会不会影响集体经济，我看这种担心是不必要的。"

1980 年 9 月，中央召开各省市自治区委第一书记座谈会，讨论家庭联产承包责任制问题，会后印发《关于进一步加强和完善农业责任制的几个问题的通知》（即"75 号文件"），指出：对于包产到户应当区别不同地区、不同社队采取不同的方针，肯定包产到户"是联系群众，发展生产，解决温饱问题的一种必要的措施。就全国而论，在社会主义工业、社会主义商业和集体农业占绝对优势的情况下，在生产队领导下实行的包产到户是依存于社会主义经济，而不会脱离社会主义轨道的，没有什么复辟资本主义的危险，因而并不可怕"。在"75 号文件"推动下，包产到户在全国农村被迅速地采用、推广。1981 年 1 月，实行包产到户的生产队占中国农村生产队总数的 1%，同年 6 月增加到 19.9%。

1982 年 1 月 1 日，中共中央批转《全国农村会议纪要》，指出：农村实行的各种责任制，包括小段包工定额计酬，专业承包联产计酬，联产到劳，包产到户、到组，包干到户、到组，等等，都是社会主义集体经济的生产责任制，是社会主义农业经济的组成部分。这是党中央第一次在文件中承认包产到户、包干到户是"社会主义"的，彻底解除了广大干部群众的思想顾虑，让大家吃下了"定心丸"。1983 年，中央一号文件确认家庭联产承包责任制是在党的领导下我国农民的伟大创造，是马克思主义

▲ 四川省什邡县云西公社一个八口之家的农户——张大兴家，1982 年收粮食 1.2 万斤，农副业总收入达 1.4 万多元，比 1980 年增加了三倍多。这是贯彻联产承包责任制的成果。主妇林国秀（右）和儿媳正在为全家准备午餐。婆媳俩除照顾全家的生活外，全年还喂养十头肥猪。（新华社记者孙忠靖 1983 年 9 月 10 日摄）

农业合作化理论在我国实践中的新发展。这一年，全国实行家庭联产承包责任制进入高潮。同年 12 月，中共中央、国务院发出《关于实行政社分开建立乡政府的通知》，翌年底，全国完成撤社建乡工作。至此，人民公社制度不复存在，家庭联产承包责任制成为农村普遍实行的生产经营制度。1993 年 3 月 29 日，第八届全国人民代表大会第一次会议通过的“中华人民共和国宪法修正案”，将农村联产承包制正式写入宪法，标志着以土地承包为核心的家庭联产承包责任制最终确立。

参考文献

1. 中共中央党史研究室：《中国共产党的九十年（改革开放和社会主义现代化建设新时期）》，中共党史出版社、党建读物出版社 2016 年版。

2. 李德迎、王今诚：《1978 年小岗与农村土地承包始末》，《团结报》2018 年 12 月 20 日。

1982 年

“走自己的道路，建设有中国特色的社会主义”

党的十一届三中全会之后，随着指导思想上拨乱反正的胜利完成和改革开放的起步，中国社会主义现代化建设转向正确的航向。为确定党在新时期的目标和任务，开创社会主义现代化建设新局面，召开党的十二大成为全党的迫切要求。

“建设有中国特色的社会主义”

1982 年 9 月 1 日至 11 日，中国共产党第十二次全国代表大会在北京举行。出席大会的正式代表 1545 人，候补代表 145 人，代表全国 3900 多万名党员。邓小平致开幕词。胡耀邦作《全面开创社会主义现代化建设的新局面》的报告。大会审议并通过了报告和新修订的《中国共产党章程》。新党章适应改革开放和社会主义现代化建设的需要，对党的民主集中制和各项组织制度、党的纪律作了更充分更具体的规定。大会批准了中央纪律检查委员会的工作报告，选举产生了由 210 名委员和 138 名候补委员组成的中央委员会，选举产生了由 172 名委员组成的中央顾问委员会和由 132 名委员组成的中央纪律检查委员会。叶剑英、陈云就干部队伍新老合作和交替问题讲了话。李先念致闭幕词。

邓小平在开幕词中深刻总结我国革命和建设正反两方面历史经验，首次明确提出“建设有中国特色的社会主义”的重大命题。他指出：“我们的现代化建设，必须从中国的实际出发。无论是革命还是建设，都要注意学习和借鉴外国经验。但是，照抄照搬别国经验、别国模式，从来不能得到成功。这方面我们有过不少教训。把马克思主义的普遍真理同我国的具体实际结合起来，走自己的道路，建设有中国特色的社会主义，这就是我们总结长期历史经验得出的基本结论。”“建设有中国特色的社会主义”重大命题的提出，回答了进入改革开放新时期后，中国社会主义现代化建设走什么样道路这一人们最为关心的重大的理论和实践问题，成为指引新时期我国改革开放和现代化建设的伟大旗帜。

◂ 1982 年 9 月 1 日至 11 日，中国共产党第十二次全国代表大会在北京举行。图为邓小平在中共十二大上致开幕词。

▾ 党的十二大提出“建设有中国特色的社会主义”重大命题，它成为指导改革开放和社会主义现代化建设的伟大旗帜。图为大会会场。

大会提出，党在新时期的总任务是：团结全国各族人民，自力更生，艰苦奋斗，逐步实现工业、农业、国防和科学技术现代化，把我国建设成为高度文明、高度民主的社会主义国家。围绕这个总任务，大会对开创社会主义现代化建设新局面作出全面部署，把继续推进经济建设作为全面开创新局面的首要任务，确定从 1981 年到 20 世纪末的 20 年，我国经济建设的总目标是使人民生活达到小康水平，并确立了"两步走"发展战略。大会提出了改革经济、政治体制的任务。大会还制定了适应社会主义现代化时期特点和需要的新党章，提出了党的建设新主题和全面加强党的建设的各项任务，而且还成功解决了领导层的新老交替，为新时期党的建设指明了方向，在党的建设史上具有重大的意义。

党的十二大是进入新时期后党召开的第一次全国代表大会，也是一次影响深远的重要会议。邓小平在开幕词中说："回顾党的历史，这次代表大会将是党的第七次全国代表大会以来的一次最重要的会议。"

"雏凤清于老凤声"

思想路线、政治路线的实现要靠组织路线来保证。选举新的中央领导机构，实现领导干部的新老交替是党的十二大的一项重要议程。针对高层领导干部年龄结构严重老化和新老交替的紧迫性，党的十二大决定设立中央顾问委员会，并通过选举新一届中央委员会，顺利实现了中央高层新老交替。干部制度改革揭开序幕，党的领导层新老交替制度化、规范化，这是党的十二大的一个伟大功绩。

各级领导班子老化和结构断层现象早就引起邓小平、陈云等人的忧虑。“文化大革命”结束后，受到冲击的老同志重新走上领导岗位，由此也出现了“机构臃肿、层次多、副职多、闲职多”的现象，而且由于长时间耽误，干部结构出现严重断层现象，各级机关缺少一批年富力强、有专业知识的干部。党的十一届三中全会之后不久，邓小平很快就把实行干部新老交替提上了日程，要求要把培养接班人当作关系党的百年大计的根本问题来抓。1979 年 7 月 29 日，邓小平在接见海军党委的领导同志时提出要建立退休制度，他幽默地说：“庙只有那么大，菩萨只能要那么多，老的不退出来，新的进不去，老同志要有意识地退让。”1981 年 7 月 2 日，党的十一届六中全会闭幕后，中央召开省市自治区党委书记座谈会，专门讨论培养选拔中青年干部问题。邓小平疾呼：“现在解决这个问题已经十分迫切了。再过三五年，如果我们不解决这个问题，要来一次灾难。”陈云也尖锐地提出：“我们党的干部队伍相当长时间以来，就存在程度不同的老化问题，存在青黄不接的问题。这个问题现在不解决，或者解决得不好，共产主义事业在中国就有可能出现曲折”，“选拔年轻干部不是几十、几百，是成千上万”。

1982 年 2 月，中央作出《关于建立老干部退休制度的决定》。同年 4 月，国务院发布《关于老干部离职休养制度的几项规定》。随后，大批老干部响应号召，主动离休、退休或退居二线，大批德才兼备的中青年干部纷纷走上领导岗位。

党的十二大经过充分酝酿和民主选举，产生了中央委员会、中央顾问委员会、中央纪律检查委员会，在中央领导层顺利实现了干部的新老交替与合作。在新的中央委员会 348 人中，第一次进入中央委员会的有 211 人，占 61%；年龄在 60 岁以下的有 171 人，占 49.1%。其中，55 岁以下的 112 人，占 32.2%；50 岁以下的 49 人，占 14.1%，最小的 39 岁。具有大专学历以上的有 122 人，占 35%。一批年富力强的同志走上中央领导岗位和其他领导岗位，使党的最高领导层成为更加朝气蓬勃的战斗指挥部，使党的十二大提出的战略目标的实现有了强有力的组织保证。这一情景让老一辈革命家由衷地感到喜悦，叶剑英用唐代诗人李商隐“雏凤清于老凤声”的诗句，表达对新同志的期望，并说“这是党的事业兴旺发达的重要标志”。

“把党建设成为领导社会主义现代化事业的坚强领导核心”

围绕党在各个时期的中心任务来加强党的建设，是党的建设的基本规律和宝贵经验。党的十二大提出了“把党建设成为领导社会主义现代化事业的坚强领导核心”的目标及当前党的建设的任务，制定了新党章。

新党章清除了党的十一大党章中“左”的错误，继承和发展了党的七大和八大党章的优点，是党的历史经验和集体智慧的结晶，是在新的历史时期加强党的思想建设和组织建设的强大武器。新党章有一个内容比较充实的“总纲”，比较完整准确地概括了党的性质和指导思想，对现阶段

▲ 中国共产党第十二次全国代表大会于1982年9月1日至11日在北京举行。图为9月3日，出席党的十二大的上海市代表在讨论新党章（草案）。（新华社记者郭占英摄）

我国社会主要矛盾和党的总任务，对党在国家生活中如何发挥领导作用，都作了符合新的形势的规定。对党员和党的干部在思想上、政治上和组织上都提出了比过去历次党章更加严格的要求，强调中国共产党党员永远是劳动人民的普通一员。党员只能比非党员尽更多的义务，所有共产党员都不得谋求任何私利和特权。党章增加了“干部”一章，对干部的政治品质、思想觉悟、业务知识、工作能力、工作作风、政策水平等各方面都提出了比普通党员更高的要求，并且第一次在党章中规定了废除过去实际存在的党的领导干部职务终身制。对党的基层组织的任务，也作了比较详细的规定。

新党章对党的组织制度和体制作了一些新的规定，规定党中央只设总书记，不再设主席、副主席，由总书记负责召集中央政治局会议、政治局常委会议和主持中央书记处的工作；规定中央和省一级设顾问委员会作为新老干部交替的过渡性机构，发挥从第一线退下来的富有经验的老同志对党的事业参谋作用。大会强调，要健全民主集中制，使党内政治生活进一步正常化；改革领导机构和干部制度，实现干部队伍的“四化”；加强党在工人、农民、知识分子中的工作，密切党同群众的联系。

党的十二大对党的建设的积极探索以及新修订的党章，标志着党对执政党建设规律的认识达到一个新的高度，是对马克思主义建党学说的丰富和发展，不仅指导了其后五年党的建设的全面开展，而且对新时期党的建设具有长期的指导作用，其深远影响延续至今。

参考文献

1. 中共中央文献研究室:《邓小平思想年编》，中央文献出版社 2011 年版。

2. 中共中央党史研究室:《中国共产党的九十年（改革开放和社会主义现代化建设新时期）》，中共党史出版社、党建读物出版社 2016 年版。

055

1983 年

全面整党

1982 年 9 月 1 日，党的十二大报告提出："为了使党风根本好转，中央决定从明年下半年开始，用三年时间分期分批对党的作风和党的组织进行一次全面整顿。"为落实大会决定，1983 年 10 月，党的十二届二中全会通过《中共中央关于整党的决定》（简称《决定》）。党中央此时部署如此规模的整党工作，是十分必要而及时的，具有强烈的现实针对性。

▲ 十二届中央委员会第二次全体会议 1983 年 10 月 11 日至 12 日在北京举行。图为十二届二中全会会场。（1983 年 10 月 12 日发，新华社记者刘少山摄）

党在思想、作风、组织上的全面整顿

《决定》开宗明义地指出了整党的必要性和紧迫性。党中央清醒地认识到，尽管“十年内乱”使我们党受到了严重损害，党的队伍的主流仍然是纯洁的和具有强大战斗力的，但是在新的历史条件下，党内仍然存在许多严重的问题。思想上，“十年内乱”的流毒还没有肃清，资本主义腐朽思想和封建主义残余思想的影响和侵蚀有所增加，有些党员对社会主义制度的基本原则和优越性、共产主义的光明前途认识模糊，思想混乱。作风上，有些党员干部个人主义严重，甚至私欲膨胀，不惜采

▲ 1983 年 10 月 12 日，邓小平同志在中共十二届二中全会上就整党问题作重要讲话。（新华社记者王传国摄）

取各种手段损害国家和人民的利益，走上犯罪道路；有些干部组织观念淡薄，纪律松弛，精神不振，无所作为。组织上，有些党组织软弱涣散，甚至处于瘫痪状态，丧失战斗堡垒作用；在党内，“三种人”（即追随林彪、江青反革命集团造反起家的人，帮派思想严重的人，打砸抢分子）还没有完全清理。这些情况对党的危害极大，必须坚决有效地加以整顿。

鉴于此，党中央提出这次整党总的目的和要求：“就是要在马克思列宁主义、毛泽东思想的指导下，依靠全党同志的革命自觉性，正确运用批评和自我批评的锐利武器，执行党的纪律，揭露和解决党内存在的思想、作风和组织严重不纯的问题，实现党风的根本好转，提高全党的思想水平和工作水平，更加密切党和人民群众的联系，努力把党建设成为领导社会主义现代化事业的坚强核心。”

▲ 广州部队某部“红一连”党支部组织党员干部结合连队实际认真学习《中共中央关于整党的决定》。（1983 年 10 月 13 日发，新华社记者池兴旭摄）

关于整党的任务，党中央提出：“统一思想，整顿作风，加强纪律，纯洁组织。”统一思想，就是进一步实现全党思想上、政治上的高度一致，纠正一切违反四项基本原则、违反十一届三中全会以来党的路线的“左”的和右的错误倾向。整顿作风，就是发扬全心全意为人民服务的革命精神，纠正各种利用职权谋取私利的行为，反对对党对人民不负责任的官僚主义。加强纪律，就是坚持民主集中制的组织原则，反对无组织无纪律的家长制、派性、无政府主义、自由主义，改变党组织的软弱涣散状况。纯洁组织，就是按照党章规定，把坚持反对党、危害党的分子清理出来，开除出党，清理“三种人”是纯洁组织的关键。

根据《决定》规定，整党的步骤是：从中央到基层组织，自上而下、分期分批地整顿。每个单位党组织的整顿，也要自上而下，先领导班子、领导干部，后党员群众。整党分三期进行。第一期整党从 1983 年 11 月开始，1985 年初基本结束，参加整党的是中央、国家机关各部委和各省市自治区一级单位以及解放军各大单位的党组织，根据“边整边改”方针，着重消除“左”、右倾错误思想的影响，使领导干部在思想上政治上同党中央保持一致，同时纠正利用职权谋取私利的歪风和官僚主义作风。第二期整党从 1984 年冬开始，1985 年底基本结束，参加整党的是地、县两级以上相当于这两级的厂矿企业、大专院校、科研单位的党组织，重点任务是切实增强党员的党性，纠正新的不正之风，保证改革的顺利进行。第三期整党从 1985 年冬开始，1987 年 4 月基本结束，参加整党的主要是县以下农村基层党组织，重点是解决区、乡、村党员干部中存在的严重以权谋私和严重违法乱纪问题，切实加强农村领导班子建设。

三期整党采取“以上率下、以下促上”的方式进行，到 1987 年上半年，全面整党基本结束。据 1988 年 10 月 12 日《人民日报》报道，1987 年全国有近 15 万名中共党员受到各类党纪处分，占当年党员总数的 3.31‰。其中，被开除党籍的 25294 人，占受党纪处分人数的 17%。从 1982 年到 1987 年底 6 年间，全党共开除党员 17.7 万余人。开展这场整党运动，使党的思想、组织、作风状况大为改观，为新时期加强党的建设打下了良好基础。

对“三种人”一个也不能提拔

纯洁组织是这次整党的一个重要目的，清理“三种人”又是纯洁组织的关键。《决定》旗帜鲜明地指出："'三种人'反对党、危害党，如不彻底清理，就会成为党的严重隐患。"对于"三种人"，邓小平和陈云等中央领导同志早有注意。

改革开放启航之后，陈云多次呼吁要成千上万地提拔中青年干部。同时，他反复强调，对于"三种人"，一个也不能提拔。清理"三种人"是改革开放之初整顿和纯洁党的组织的一项重要工作。

陈云对"三种人"的警惕，是对历史教训的深刻总结。1981 年 5 月 8 日，他说："'文革'中提拔过一些'头上长角、身上长刺'的青年人。当时提拔这样的青年人到高级领导岗位的实践已经证明，这是党的一个痛苦的教训。""必须说清楚，现在我们所要提拔的中青年干部，绝对不是要提拔那种'头上长角、身上长刺'的青年干部，我们要提拔的是德才兼备的中青年干部。"

1981 年 7 月 2 日，陈云在省市自治区党委书记座谈会的讲话中指出："闹派性的骨干分子，打砸抢的分子，一个也不能提拔到领导岗位上来。我说一个也不能。""当时闹派性的、'造反'的人很多，许多是随大流的，但里头的骨干分子不能提到领导岗位上来，一个也不能提拔，手不能软了。"为什么不能提拔？陈云毫不客气地指出："现在这些人大概表现是'蛮好'，他要爬上来，现在只能表现好，因为老家伙还在。但是，到了气候适宜的时候，党内有什么风浪的时候，这些人就会变成为能量很大的兴风作浪的分子。有一个，有两个，就可以串联，兴风作浪。他们说，没有把这些老家伙整倒、整死，现在还在台上，当时整死就好了。"

▲ 1983 年 10 月 12 日，陈云同志在中共十二届二中全会上就整党问题作重要讲话。（新华社记者刘少山摄）

陈云十分警惕“时局变化的时候，他们就可以变成能量很大的兴风作浪的分子”，他在讲话时问：“王洪文讲什么？”邓小平插话道：“1975 年他到上海、杭州，第一句话就说，十年后再看。这句话可触动了我们，引起了我们的注意。”陈云回应说：“所以，对这种人，一个也不能提拔到领导岗位上来。但是可以给他们一般的工作，给饭吃嘛。”

陈云的这个讲话在党内外引起强烈的反响，邓小平表示坚决支持。1982 年 1 月 13 日，邓小平在中央政治局讨论中央机构精简问题会议上强调：“人一定要选好。还是老话，要坚决贯彻陈云同志讲的几条，几种人不能放进去啊！”

1982 年 9 月 6 日，在党的十二大上，陈云就组织和干部问题重点强调两个意思：一是“必须成千上万地提拔，而不能只提拔几十个、几百个”；二是“在‘文化大革命’期间跟随林彪、江青一伙造反起家的人，帮派思想严重的人，打砸抢分子，这‘三种人’一个也不能提拔，已经提拔的，必须坚决从领导班子中清除出去”。他在党的十二大的这篇发言总共 21 个自然段 2000 多字，却先后 12 次被掌声所打断。可见，他的意见切中要害，充分反映了全党的意志。

通过清理“三种人”，相当一部分占据领导职务的人被清理了出来，在纯洁组织方面取得了显著成绩，为新时期党的建设奠定了良好的基础。这次全面整党，进一步把全党的思想统一到以经济建设为中心的基本路线上来，为党领导改革开放和现代化建设奠定了坚实的组织基础和群众基础。

参考文献

1. 中共中央文献研究室编：《陈云传》（下），中央文献出版社 2005 年版。
2. 张曙：《陈云力主清理“三种人”》，《党史文汇》2015 年第 6 期。
3.《治党从严　坚决清除党内腐败分子》，《人民日报》1988 年 10 月 12 日第 4 版。

1984 年

改革从农村走向城市

1984 年 10 月 20 日，党的十二届三中全会在北京召开，全会通过《关于经济体制改革的决定》(以下简称《决定》)，总结新中国成立以来特别是党的十一届三中全会以来经济体制改革的经验，初步提出和阐明了经济体制改革的一系列重大理论和实践问题。《决定》突破了把计划经济同商品经济对立起来的传统观念，提出我国社会主义经济是“公有制基础上的有计划的商品经济”；突破把全民所有同国家机构直接经营企业混为一谈的传统观念，提出“所有权同经营权可以适当分开”。这是党在计划与市场关系问题上得出的全新认识。此后，以城市为重点的经济体制改革全面展开。

▲党的十一届三中全会后，在借鉴农村改革中扩大生产和经营自主权经验的基础上，以扩大企业自主权为主要内容的城市经济体制改革逐步在全国推开。1979 年 5 月，首都钢铁公司等 8 家大型企业开始进行改革试点。1979 年 12 月，首都钢铁公司自行设计施工的我国第一座使用现代新技术的高炉建成投产。

“改革要从农村转到城市”

党的十一届三中全会作出改革开放的重大决策，启动了农村改革的进程，改革率先在农村取得突破。在邓小平的支持下，党中央于 1982 年至 1984 年间，连续发布了 3 个一号文件，农村家庭联产承包责任制在全国迅速开展。农村改革取得巨大成功，农村经济空前发展，农民生活大幅改善。与此同时，乡镇企业异军突起，传统农业开始向现代农业迈进。在城市，企业自主权虽有所扩大，但政企不分、条块分割、效率低下等问题没有得到解决。加快改革成为城市经济进一步发展的内在要求。

1984 年，邓小平多次表明了支持推进城市改革的态度。6 月 30 日，在会见第二次中日民间人士会议日方委员会代表团时，邓小平指出：“改革要从农村转到城市。城市改革不仅包括工业、商业，还有科技、教育等，各行各业都在内。总之，我们内部要继续改革，对外进一步开放。”10 月 2 日，邓小平在会见参加国庆活动的外籍华人科学家时指出：“不久要开十二届三中全会，我相信在将来的历史上会表明它的重要性。会议的主题是城市改革。如果说开拓新局面是从农业开始，这次则是全面改革，包括工业、商业、科技、教育等，范围很广。改革是很迫切的。因为农村政策见效，农民好起来了，如果城市不进行改革，就会妨碍农村继续前进，城市也满足不了占我国总人口百分之八十的农民的需要。城市改革要有更大的勇气。农村改革说明，城市改革不但必要，而且相信会成功。这就可以保证我国到本世纪末实现翻两番的目标。”在邓小平看来，进行城市改革既能进一步推动农村改革，也利于实现国家发展目标。

有计划的商品经济

1984 年 5 月，六届全国人大二次会议期间，中央决定成立《决定》

起草小组。1984 年 6 月初，党的十二届三中全会文件起草小组入驻玉泉山。两个月之后，起草小组拿出了一个提纲，这个提纲沿用的仍旧是党的十二大关于“计划经济为主、市场调节为辅”的提法，对商品经济只字未提。因为起草小组中，反对商品经济的人占了上风。

实际上，有关商品经济的讨论已经有很长时间了。早在 1962 年，著名经济学家卓炯便提出建立“有计划的商品经济”，并预言“商品经济必将万古长青”。但一直到党的十二届三中全会之前，主张商品经济的声音并未得到重视。在长期的讨论中，尽管有不少人承认要大力发展社会主义商品生产、商品交换，但他们却否认社会主义经济是一种商品经济。在他们看来，商品经济是资本主义的专利品，商品经济等同于资本主义经济，其理由是，在社会发展过程中，自然经济首先转化为商品经济，商品经济再转化为资本主义经济，而第二个转化完成后，商品经济就和资本主义经济合二为一了。按照这种逻辑，在 1983 年下半年开始的消除“精神污染”的运动中，商品经济甚至被当作精神污染之一，被列入重点批判和消除的对象。

为了澄清理论上的误区，1984 年 7 月，著名经济学家马洪与中国社会科学院的周叔莲、张卓元写了一篇题为《关于社会主义制度下我国商品经济再探索》的研究报告，认为“不能把计划经济与商品经济对立起来”。因为，为了克服商品经济固有的盲目性、自发性，必须有科学的计划作为基础，有强大的宏观调控作为保障，有灵活的调节机制作为补充。

在这期间，有关部门组织了多次研讨会，马洪参加了其中的一次讨论。在发言中，他抛出了一连串问题：既然整个社会主义阶段要大力发展

▲ 1984 年 10 月 20 日，党的十二届三中全会在北京召开。会议通过的《关于经济体制改革的决定》，实现了我们党经济理论上的重大突破。

社会主义商品生产和交换，又为什么不是商品经济呢？是否计划经济才是社会主义经济，商品经济就是资本主义呢？既然商品经济可以为其他社会制度服务，为什么不能为社会主义制度服务呢？

思想交锋相当激烈，以马洪为代表的经济学家据理力争，认为发展社会主义经济必须发展商品经济，不应把计划经济同商品经济对立起来，商品经济可以为社会主义制度服务。这一系列观点引起了邓小平等中央领导同志的关注，并逐渐在中央高层取得了共识。

1984 年 10 月 20 日，党的十二届三中全会作出《决定》，第一次明确提出：社会主义经济“是在公有制基础上的有计划的商品经济”。《决定》强调：“首先要突破把计划经济同商品经济对立起来的传统观念，明确认

▲ 20 世纪 80 年代，武汉三镇每天大约有 100 多万人在街上“过早”（早餐），其中 30%靠五百家国营和合作餐馆，而 70%靠八千个个体摊点供应。经济体制改革前的武汉市长期存在“过早”难的问题。在经济体制改革中，武汉市对“过早”供应切实放开，个体户摊点迅速增加到八千个，武汉的“过早”难解决了。图为武汉内燃机厂职工彭楚贤一家在解放大道路边摊点旁就地“过早”，然后分头上班、上学，极为方便。（新华社记者花皑 1986 年 12 月 22 日摄）

识社会主义计划经济必须自觉依据和运用价值规律，是在公有制基础上的有计划的商品经济。”

“写出了一个政治经济学的初稿”

党的十二届三中全会通过的《决定》，按照把马克思主义基本原理同中国实际结合起来的原则，阐明了加快以城市为重点的整个经济体制改革的必要性、紧迫性，规定了改革的方向、性质、任务和各项基本方针政策，是指导我国经济体制改革的纲领性文件。《决定》在商品经济与计划经济的关系、社会主义经济与价值规律等重大问题的认识上，冲破“左”的思想束缚，打破旧的传统观念，实现了许多重要的突破，在理论上也取得创新。其重大贡献是，突破把计划经济同商品经济对立起来的传统观念，提出我国社会主义经济是“公有制基础上的商品经济”；突破把全民所有同国家机构直接经营企业混为一谈的传统观念，提出“所有权同经营权可以适当分开”。这是党在计划与市场关系问题上得出的全新认识。这个《决定》就增强企业活力、发展社会主义商品经济、重视经济杠杆作用、实行政企职责分开、扩大经济技术交流等一系列重大问题作出了部署。

邓小平对这个《决定》给予了很高的评价。在中央顾问委员会第三次全体会议上，他说：“现在外国报刊都是讲我在里边起了什么作用。有作用，主意出了一点，但主要的工作，繁重的事情，处理得有条不紊的是他们这些做实际工作的同志。比如，这次三中全会通过的《关于经济体制改革的决定》，这两天反应很强烈，都说是有历史意义的一个文件。这个文件，我没有写一个字，没有改一个字，但这个文件很好。”他还说：“这次经济体制改革的文件好，就是解释了什么是社会主义，有些是我们老祖宗没有说过的话，有些新话。我看讲清楚了。这是个好的文件。我的印象是写出了一个政治经济学的初稿，是马克思主义基本原理和中国社会主义实践相结合的政治经济学，我是这么个评价。”

《关于经济体制改革的决定》是改革开放初期指导我国经济体制改革的纲领性文件，它是集中全党集体智慧、总结改革开放 5 年多的实践经验，解放思想、实事求是的产物。《决定》在重大理论和实践问题上的突破，推动了中国改革开放从以农村为主向以城市为重点的全面经济体制改革的转变，标志着我国的改革开放进入新的发展阶段。

参考文献

1. 中共中央文献研究室编：《邓小平思想年编（1975—1997）》，中央文献出版社 2011 年版。
2. 柳红：《破题 1984：马洪的两份手稿》，《经济观察报》2019 年 1 月 7 日。
3. 周叔莲：《我对中国计划经济转变为社会主义市场经济的研究》，《中国浦东干部学院学报》2017 年第 5 期。

1985 年

百万大裁军

1985 年 6 月 4 日，邓小平在中央军委扩大会议上郑重宣布：中国政府决定中国人民解放军员额减少一百万。邓小平说：“我们下这样大的决心，把中国人民解放军的员额减少一百万，这是中国共产党、中国政府和中国人民有力量、有信心的表现。它表明，拥有十亿人口的中华人民共和国，愿意并且用自己实际行动对世界和平作出贡献。”

机关副职过多，“打麻将都得凑好几桌”

1984 年 10 月 25 日，中央军委在京西宾馆召开座谈会，参加会议的有军委领导、三总部负责人和 11 个大军区、各军兵种高级将领。会议的最后一天即 11 月 1 日，邓小平来到会场，在会上作了近 90 分钟的讲话。

邓小平以轻松的语气说：“从哪里讲起呢？从这次国庆阅兵讲起吧！我不是讲这次阅兵如何，这次阅兵是不错的，国际国内反映都很好。”顿了片刻，他话锋一转，较为严肃地说：“我说有个缺陷，就是 80 岁的人来检阅部队，本身就是个缺陷。这表明我们军队高层老化，这种状态不改变不行。”邓小平的讲话触及了对在座的人来说最敏感的问题，即军队高层领导老化的问题。邓小平由此继续讲到军队进行精简和体制改革的必要性，提出了让所有在座者都出乎意料的裁军方案——裁减员额 100 万。

军队“消肿”，是邓小平长久关注和思考的问题。早在 1975 年，在中国人民解放军总参谋部机关团以上干部会议上，邓小平就指出，军队现在把好多优良传统丢掉了，军队臃肿不堪，不精干，打起仗来就不行。军队的总人数要减少，编外干部太多要处理，优良传统要恢复。他强调，军队整顿要从肿、散、骄、奢、惰上入手。1980 年 3 月，在中央军委常委扩大会议上，他再次指出：“军队要提高战斗力，提高工作效率，不‘消肿’不行。”“要‘消肿’，不改革体制不行。”

对于军队存在的问题，邓小平直击问题和“病灶”。在谈到各级机构臃肿问题时，他幽默地说，每个军区的领导班子有十几名、二十几名之多，打麻将都得凑好几桌。虽然经过四次精简整编，但“消肿”的问题一直没有很好地解决，甚至陷入“精简—增编—再精简—再增编”的怪圈，出现增编大于减员的不正常现象。1985 年时，中国军费只有 191 亿元，约合 60 亿美元，约占同年美国军费的 2%，还不及苏联的一个零头，但军队员额相当于美军的两倍，和苏军的人数差不多。军费中相当大的一部分被众多兵员的“人头费”占去了。此外，中国军队结构不合理，官多兵少，甚至还有“团职保密员”“营职打字员”，各级机关副职很多。邓小平一针见血地指出，不是“肿”在作战部队，而是在各级领导机关。因此，与其说是“精兵”，不如说是“精官”。减人要同体制改革结合起来，百万裁军，表面上是减人，实际上是一次大的革命，对人的革命，对体制的革命，靠修修补补、零敲碎打等改良办法根本行不通。他还坦率地说：“这是个得罪人的事情，我来得罪吧，不把这个矛盾留给新的军委主席。”

一根指头与一百万

1985 年 5 月 23 日至 6 月 6 日，中央军委召开扩大会议，研究讨论《军队体制改革、精简整编方案》。6 月 4 日，邓小平在会议上郑重宣布：中国人民解放军员额减少 100 万。他伸出食指宣布决定的瞬间，被新华社军事摄影记者用镜头记录了下来，“一根指头与一百万”，就这样定格在了人民解放军现代化建设的史册上。

百万大裁军是军队整顿的重大举措，体现了邓小平对军队员额和军

▸ 1985 年 6 月 4 日，在北京举行的中央军委扩大会议上，中央军委主席邓小平宣布：中国政府决定军队减少员额 100 万。以百万大裁军为标志，我国国防和军队建设从此转到了和平时期建设的轨道。图为中央军委主席邓小平在军委扩大会议上。

队战斗力之间辩证关系的深刻思考。

在邓小平看来，军队“消肿”和改革体制的根本目的是实现军队现代化。为了实现军队现代化，首先要解决的问题是军队建设与国家经济建设的关系问题。对于这一问题，邓小平思考得很多，他在军委扩大会议上强调：“四化总得有先有后。军队装备真正现代化，只有国民经济建立了比较好的基础才有可能。先把经济搞上去，一切都好办。”

那么，一心一意搞经济建设的国际环境是否具备呢？经过科学的观察，以邓小平同志为核心的党中央作出了“在较长时间内不发生大规模的世界战争是有可能的，维护世界和平是有希望的”的重大判断。根据这一重大判断，邓小平认为，我国应该不失时机地集中精力搞社会主义现代化建设。这是一个大局，军队建设要服从国家建设大局。

对于裁减一百万，有人担心会减弱军队的战斗力。邓小平反问一句：“虚胖子能打仗？”人们的思想很快统一起来。从此，一场轰轰烈烈的百万大裁军正式拉开帷幕。

1985 年 7 月 11 日，党中央、国务院、中央军委批准转发《军队体制改革、精简整编方案》，提出两项改革任务：一是压缩军队总员额，全军总人数减少 100 万；二是改革体制编制，改革和建立一些相关的制度。方案明确提出，要通过军队体制改革、精简整编，“逐步把人民解放军建设成为一支机构精干、指挥灵便、装备精良、训练有素、反应快速、效率很高、战斗力很强的精兵”。

按照中央军委的部署，1985 年下半年开始，精简整编依照先机关，后部队、院校和保障单位的顺序，自上而下组织实施。通过裁减员额、撤并机构、调整结构、削减武器装备、开放部分军用设施、精干编制、实行文职制度和调整部队院校编制体制等逐项开展。

百万裁军开启强军之路

百万大裁军，是我军军队体制改革、精简整编的一个重大举措，其裁员之多、难度之大、涉及面之广前所未有。按照裁军方案，保留了北京、沈阳、济南、南京、广州、成都、兰州七大军区，而武汉、福州、昆明、乌鲁木齐等军区被撤并。在精简整编的同时，还进行了大规模的军队体制改革，从总部机关精简、大军区调整、部队裁减，到县级人民武装部划归地方建制，边防部队移交公安部门等，都有比较大的改革。这牵动着每一个军人、每一个军人家庭的心。可以毫不夸张地说，这次大裁军是军队机体的一次脱胎换骨的“大手术”。

▶ 图为北京军区某集团军在华北某地举行的战役演习中进行火箭布雷。（1986 年 8 月摄，新华社发）

尽管裁军难度空前之大，然而，裁军方案宣布后，人民子弟兵发扬我军“一切行动听指挥”的优良传统，坚决服从改革大局。在党的坚强领导下，百万大裁军的浩大工程顺利进行。

1987 年 4 月 4 日，在全国人大六届五次全会举行的中外记者招待会上，中国人民解放军副总参谋长徐信自豪地宣布：中国人民解放军精简整编的任务已基本完成。全军总员额由 423.8 万人减至 323.5 万人。国防费用在国家财政支出中的比例减至 9.27%。

“百万大裁军”这一重大决策，不仅有利于促进我国经济社会发展和军队现代化建设，而且对维护世界和平也具有十分重要的意义。同时，这次大裁军也是中国军队实现战略性转变的重要里程碑，标志着中国人民解放军朝着现代化军队转型的方向开始明确，开启了中国特色精兵强军之路的伟大进程。

参考文献

1.《邓小平文选》第二卷，人民出版社 1983 年版。

2. 张宝忠：《跟随邓小平四十年》，中央文献出版社 2015 年版。

3.《南京日报》编辑部：《1985 年大裁军：邓小平伸出一根手指裁军百万》，《南京日报》2013 年 4 月 18 日第 A12 版。

1987 年

“三步走”发展战略

1987 年 10 月 25 日，党的十三大报告提出：“党的十一届三中全会以后，我国经济建设的战略部署大体分三步走。第一步，实现国民生产总值比一九八〇年翻一番，解决人民的温饱问题。这个任务已经基本实现。第二步，到本世纪末，使国民生产总值再增长一倍，人民生活达到小康水平。第三步，到下个世纪中叶，人均国民生产总值达到中等发达国家水平，人民生活比较富裕，基本实现现代化。然后，在这个基础上继续前进。”此后，“三步走”战略作为我国经济社会发展长期战略简洁形象的概括用语，激励着中国人民不断为其所勾画的社会主义建设蓝图而努力奋斗。

把贫困的中国变成小康的中国

1975年6月2日，邓小平在会见美国报纸主编协会代表团时谈道：“我们发展社会主义经济，建设国家，是按照毛主席的指示分两步走。第一步是用十年左右的时间，把中国的工业、农业、科学技术这些方面建成独立的比较完整的体系，使各方面都有比较好的发展。第二步是在这个世纪的末期达到现代化水平。”党的十一届三中全会后，全党全国的工作重点转到社会主义现代化建设上来，邓小平开始进一步构想中国的经济社会发展战略。

1979年3月，在《坚持四项基本原则》的著名讲话中，邓小平明确提出了“实现中国式的现代化”的概念。他设想，等到人均达到1000美元的时候，我们的日子可能就比较好过了。同年12月6日，邓小平在会见日本首相大平正芳时，首次用“小康”概念解释了中国的现代化目标。他指出：“我们要实现的四个现代化，是中国式的四个现代化。我们的四个现代化的概念，不是像你们那样的现代化的概念，而是‘小康之家’。到本世纪末，中国的四个现代化即使达到了某种目标，我们的国民生产总值人均水平也还是很低的。要达到第三世界中比较富裕一点的国家的水平，比如国民生产总值人均1000美元，也还得付出很大的努力。就算达到那样的水平，同西方来比，也还是落后的。所以，我只能说，中国到那个时候也还是一个小康的状态。”就这样，中国式的现代化有了比较具体的量化标准。此后，邓小平在多个场合阐述或论证小康目标问题。1980年12月25日，在中央工作会议上，邓小平正式提出：“经过二十年的时间，使我国现代化经济建设的发展达到小康水平，然后继续前进，逐步达到更高程度的现代化。”

根据邓小平的设想，党的十二大确定了到 20 世纪末，力争使全国工农业年总产值翻两番，使全国人民的物质文化生活达到小康的战略目标。

达到中等发达的水平，这是我们的雄心壮志

在确立了到 20 世纪末使人民的物质文化生活达到小康水平的战略目标后，邓小平又开始思考更长远的战略问题。

1984 年 4 月 18 日，邓小平在会见英国外交大臣杰弗里 · 豪时说：同我们的大目标相比，这几年的发展仅仅是开始。达到小康水平以后，我们要在 30 年至 50 年内达到或接近发达国家的水平。同年 5 月 29 日，他在会见巴西总统菲格雷多时又说：“我们的目标是到本世纪末人均达到 800 美元。更重要的是，在这样一个基础上，再发展 30 年到 50 年，我们就可以接近发达国家的水平。”10 月 6 日，在会见中外经济合作问题讨论会全体中外代表时，他再次说：“发展经济，到本世纪末翻两番，国民生产总值按人口平均达到 800 美元，人民生活达到小康水平。在这个基础上，再发展 30 年到 50 年，力争接近世界发达国家水平。”

随着时间的推移，邓小平对 21 世纪中叶发展战略目标的表述越来越清晰。1987 年 4 月 30 日，在会见西班牙副首相格拉时，邓小平第一次

▲ 1984 年 4 月 18 日，中共中央顾问委员会主任邓小平在人民大会堂会见英国外交大臣杰弗里 · 豪。图为邓小平同杰弗里 · 豪握手。（新华社记者王敬德摄）

提出了三步发展战略目标的设想。他说："我们原定的目标是，第一步在 80 年代翻一番。以 1980 年为基数，当时国民生产总值人均只有 250 美元，翻一番，达到 500 美元。第二步是到本世纪末，再翻一番，人均达到 1000 美元。实现这个目标意味着我们进入小康社会，把贫困的中国变成小康的中国。我们制定的目标更重要的还是第三步，在下世纪用 30 年到 50 年再翻两番，大体上达到人均 4000 美元。做到这一步，中国就达到中等发达的水平。这是我们的雄心壮志。"

在 1987 年 10 月召开的党的十三大上，邓小平提出的"三步走"战略构想正式写入大会报告："党的十一届三中全会以后，我国经济建设的战略部署大体分三步走。第一步，实现国民生产总值比 1980 年翻一番，

▲ 1987 年 10 月 25 日至 11 月 1 日，中国共产党第十三次全国代表大会在北京举行。图为邓小平在中共十三大开幕式上。

解决人民的温饱问题。第二步，到 20 世纪末，使国民生产总值再增长一倍，人民生活达到小康水平。第三步，到 21 世纪中叶，人均国民生产总值达到中等发达国家水平，人民生活比较富裕，基本实现现代化。然后，在这个基础上继续前进。”

党的十三大之后，“三步走”发展战略家喻户晓，既是激励中国人民为美好生活奋斗的指引，也是实现宏伟发展目标的蓝图。“三步走”发展战略，对中华民族百年图强的宏伟目标作了积极而稳妥的规划，既体现了党和人民勇于进取的雄心壮志，又反映了从实际出发、遵循客观规律的科学精神，是中国共产党探索中国特色社会主义建设规律的重大成果。实践证明，“三步走”是中国迈向现代化的正确战略。

▲ 党的十三大的突出贡献是系统阐述了社会主义初级阶段的理论，明确概括了党在社会主义初级阶段的基本路线，制定了“三步走”现代化发展战略。图为中国共产党第十三次全国代表大会会场。

参考文献

1. 中共中央文献研究室编：《邓小平思想年编（1975—1997）》，中央文献出版社 2011 年版。
2.《邓小平文选》第二卷，人民出版社 1983 年版。
3. 中共中央党史研究室：《中国共产党的九十年（改革开放和社会主义现代化建设新时期）》，中共党史出版社、党建读物出版社 2016 年版。

1988 年

“两个大局”战略构想

1988 年 9 月 2 日，邓小平在听取关于价格和工资改革初步方案汇报时阐发了“两个大局”战略构想。这一构想是邓小平根据我国各地区生产力发展水平和各方面的条件，作出东部地区先加快发展，然后带动和支持中西部地区发展，最终实现全国各地区共同繁荣和共同富裕的战略安排。

利用和发展沿海来发展和支持内地工业

我国幅员辽阔，由于历史和地理的原因，工业大多布局在东部沿海地区，中西部地区长期处于未开发状态，东中西部发展差距明显。新中国成立后，毛泽东开始着手探索适合中国国情的社会主义建设道路，形成了以《论十大关系》为代表的新思路，其中提出了“好好地利用和发展沿海的工业老底子，可以使我们更有力量来发展和支持内地工业”的设想。

1956 年 4 月 25 日，毛泽东发表了《论十大关系》。在谈到如何认识和处理“沿海工业与内地工业的关系”时，他指出：“我国全部轻工业和重工业，都有约百分之七十在沿海，只有百分之三十在内地”，“这是历史上形成的一种不合理的状况。沿海的工业基地必须充分利用，但是，为了平衡工业发展的布局，内地工业必须大力发展。”毛泽东分析国际形势，认为新的侵华战争或世界大战短时间内打不起来，可能会有十年或更多一点的和平时期，因此，“如果还不充分利用沿海工业的设备能力和技术力量，那就不对了”。根据他的设想，“新的工业大部分应当摆在内地，使工业布局逐步平衡，并且利于备战，这是毫无疑义的”。同时，“好好地利用和发展沿海的工业老底子，可以使我们更有力量来发展和支持内地工业”。这些论述清楚地表明，早在社会主义建设初期，党中央就开始考虑东西部均衡发展问题。

“让一部分地方先富裕起来”，是个大政策

改革开放之后，邓小平开始深入思考我国东部与中西部协调互助发展，先富带动后富实现共同富裕问题，作出了很多精辟论述。

1978 年 12 月，邓小平在《解放思想，实事求是，团结一致向前看》的报告中，第一次明确提出让人民群众摆脱贫困，走向共同富裕的重大思想。他说：“在经济政策上，我认为要允许一部分地区、一部分企业、一部分工人农民，由于辛勤努力成绩大而收入先多一些，生活先好起来。一部分人生活先好起来，就必须产生极大的示范力量，影响左邻右舍，带动其他地区、其他单位的人们向他们学习。这样，就会使整个国民经济不断地波浪式地向前发展，使全国各族人民都比较快地富裕起来。”并且认为，“这是一个大政策，一个能够影响和带动整个国民经济的政策”。

邓小平认为，共同富裕是有先有后有差别的共同富裕，而不是同时同步富裕。党的十二届三中全会通过的《关于经济体制改革的决定》指出：“共同富裕决不等于也不可能是完全平均，决不等于也不可能是所有社会成员在同一时间以同等速度富裕起来。如果把共同富裕理解为完全平均和同步富裕，不但做不到，而且势必导致共同贫穷。”

邓小平多次谈到“部分先富”政策的正确性。1983 年 1 月，在同国家经委、国家计委和农业部门负责人谈话时指出，农村、城市都要允许一部分人先富裕起来，勤劳致富是正当的。一部分人先富裕起来，一部分地区先富裕起来，是大家都拥护的新办法，新办法比老办法好。

1984 年 2 月，他在同几位中央负责同志谈话时说，要让一部分地方先富裕起来，搞平均主义不行。这是个大政策，大家要考虑。

1984 年 11 月 9 日，邓小平会见意大利共产党书记处书记巴叶塔时说，在社会主义制度下，可以让一部分地区先富裕起来，然后带动其他地区共同富裕。1986 年 3 月，邓小平在会见新西兰总理朗伊时说："我们的政策是让一部分人、一部分地区先富起来，以带动和帮助落后的地区，先进地区帮助落后地区是一个义务。我们坚持走社会主义道路，根本目的是实现共同富裕，然而平均发展是不可能的。过去搞平均主义，吃'大锅饭'，实际上是共同落后、共同贫穷，我们就吃了这个亏。改革首先要打破平均主义，打破'大锅饭'。"当年 8 月，在天津视察时，邓小平又强调："我的一贯主张是，让一部分人、一部分地区先富起来，大原则是共同富裕。一部分地区发展快一点，带动大部分地区，这是加速发展、达到共同富裕的捷径。"

按照邓小平的构想，共同富裕要通过一定的步骤来完成。1988 年 9 月，在听取关于价格和工资改革初步方案汇报时，邓小平说："沿海地区要加快对外开放，使这个拥有两亿人口的广大地带较快地先发展起来，从而带动内地更好地发展，这是一个事关大局的问题。内地要顾全这个大局。反过来，发展到一定的时候，又要求沿海拿出更多力量来帮助内地发展，这也是个大局。那时沿海也要服从这个大局。"这是他首次明确提出"两个大局"战略构想。10 月 5 日，他在会见肯尼亚总统莫伊，谈到中国的经济发展规划时，概括了"两个大局"战略构想。他说："我们的发展规划，第一步，让沿海地区先发展；第二步，沿海地区帮助内地发展，达到共同富裕。"

先富带动后富，最终实现共富

我国地区条件差异显著，发展极不平衡是国情的一个基本特征。因此，不可能做到同时、同步、同等富裕，要求不同的地区同步发展、同步富裕是不可能的，摆脱贫穷，走向富裕是一个有先有后、有快有慢，逐步实现的过程。邓小平在改革开放新形势下酝酿和提出“两个大局”战略构想，既充分考虑了我国东西部发展不平衡和当时我国生产力比较落后、国家财力有限、发展经济的任务又十分迫切的实际，推动东部地区利用优势条件优先发展起来；同时又强调等东部充分发展起来后，利用东部的人才、技术、资金以及发展经验来发展西部，实现东西部地区协调发展，使全国人民实现共同富裕。

1992 年春，邓小平在南方视察途中，再次从共同富裕的战略高度，系统地阐述了“两个大局”战略构想。他说：“共同富裕的构想是这样提出来的：一部分地区有条件先发展起来，一部分地区发展慢点，先发展起来的地区带动后发展的地区，最终达到共同富裕。如果富的愈来愈富，穷的愈来愈穷，两极分化就会产生，而社会主义制度就应该而且能够避免两极分化。解决的办法之一，就是先富起来的地区多交点利税，支持贫困地区的发展。当然，太早这样办也不行，现在不能削弱发达地区的活力，也不能鼓励吃‘大锅饭’。”

对于什么时候提出以及如何解决发达地区带动不发达地区的问题，邓小平在南方谈话中明确地给出了答案，他设想：“在本世纪末达到小康水平的时候，就要突出地提出和解决这个问题。到那个时候，发达地区要

▲ 1992 年 1 月 23 日，邓小平在广东考察时指出，广东要上几个台阶，力争用 20 年的时间赶上亚洲"四小龙"。邓小平南方谈话阐发的一系列全新的思想，犹如一股强劲的东风，驱散了人们思想上的迷雾。它从理论上深刻回答了长期困扰和束缚人们思想的许多重大问题，是把改革开放和现代化建设推向新阶段的又一个解放思想、实事求是的宣言书，对中国整个社会主义现代化建设事业具有重大而深远的意义。

▲ 图为 2021 年 10 月 21 日拍摄的被誉为“川藏第一桥”的雅康高速公路泸定大渡河特大桥（左）和雅康高速公路。雅康高速公路是成都平原连接甘孜藏区进而通往西藏的重要通道，也是国家高速公路网四川雅安至新疆叶城的重要组成部分。党的十八大以来，川蜀大地已经建成并正在兴建众多大型工程，一个个“超级工程”正成为中国西部发展崛起的关键支撑，并将为实现碳达峰、碳中和目标，促进我国经济社会发展全面绿色转型作出更大贡献。（新华社记者沈伯韩摄）

继续发展，并通过多交利税和技术转让等方式大力支持不发达地区。不发达地区又大都是拥有丰富资源的地区，发展潜力是很大的。总之，就全国范围来说，我们一定能够逐步顺利解决沿海同内地贫富差距的问题。”

在“两个大局”战略构想的指引下，在世纪之交、我国总体实现小康目标时，党中央及时提出并实施了西部大开发、振兴东北老工业基地、促进中部地区崛起等区域发展战略，最终形成了东中西部协调发展的大格局。

参考文献

1.《邓小平文选》第三卷，人民出版社 1993 年版。
2.《邓小平年谱（1975—1997）》（下），中央文献出版社 2004 年版。
3. 高长武：《西部大开发战略的酝酿与决策实施》，《中共党史研究》2011 年第 3 期。

1992 年

南方谈话

1992 年 1 月，邓小平像往年一样去了南方。这是他晚年遵从医生建议形成的惯例，不过这一次他没有先到上海。邓小平直接一路南行，于 1 月 18 日至 2 月 21 日先后视察武昌、深圳、珠海、上海，并发表了一系列重要谈话，发出了震撼时代的声音。

皇甫平系列评论遭批判

1991年1月28日至2月18日，邓小平到上海过春节，这是他从1988年开始第四次来上海过春节了。与前几次不同，这一次他频频外出视察工厂、参观企业，并听取有关浦东开发开放的汇报，发表了一系列有关深化改革的谈话。他强调要继续推进改革开放，也不要担心有不同意见："开放不坚决不行，现在还有好多障碍阻挡着我们。"他着重指出："不要以为，一说计划经济就是社会主义，一说市场经济就是资本主义，不是那么回事，两者都是手段，市场也可以为社会主义服务。"他希望"上海人民思想更解放一点，胆子更大一点，步子更快一点"，"要克服一个'怕'字，要有勇气。什么事情总要有人试第一个，才能开拓新路。"

1991年是中国农历羊年。《解放日报》根据邓小平的谈话精神，从2月15日至4月12日先后发表了署名"皇甫平"的4篇评论文章：《做改革开放的"带头羊"》《改革开放要有新思路》《扩大开放的意识要更强些》和《改革开放需要大批德才兼备的干部》。这些文章宣传了邓小平在上海谈话的最新思想，大声疾呼深化改革开放。文章发表后，在国内外引起强烈反响。

与此同时，国内一些媒体对评论文章发起了责难。有文章责问"改革开放可以不问姓'社'姓'资'吗"？并列举不问姓"资"姓"社"的恶果，宣称"有人确实把改革开放引向了资本主义的邪路"，诸如经济上的"市场化"、政治上的"多党制"，还有意识形态上的"多元化"，说“不问姓‘社’姓‘资’，必然会把改革开放引向资本主义道路而断送社会主义事业”。还有媒体说“改革不要问姓‘社’姓‘资’本来是‘精英’们为了暗度陈仓而施放的烟幕弹”。甚至有文章称“皇甫平”文章罪莫大焉：“引向资本主义邪路”，“断送社会主义事业”，“不合党章条款”，“改变共产党人的政治纲领”，如此等等。

“东方风来满眼春”

此时，邓小平正冷静地观察和思考着 1991 年这场思想交锋。在国内国际经历严峻考验的重大历史关头，邓小平开始了他的南方之行。

1992 年 1 月 18 日上午，邓小平在武昌短暂停留。在武昌火车站，他同时任湖北省委领导关广富、郭树言、钱运录等人谈话，严肃批评了广泛存在的形式主义和官僚主义现象，要求腾出时间来多多办实事，多做少说；指出右可以葬送社会主义，“左”也可以葬送社会主义，中国要警惕右，但主要是防止“左”。邓小平还提出，发展才是硬道理，能快就不要慢，要坚持党的十一届三中全会的路线、方针、政策，关键还是坚持“一个中心，两个基本点”，不坚持社会主义，不改革开放，不发展经济，不改善人民生活，只能是死路一条，基本路线要管一百年，动摇不得。

在深圳，邓小平说：“对办特区，从一开始就有不同意见，担心是不

▲ 1992 年 1 月 18 日至 2 月 21 日，邓小平同志视察了我国南方的武昌、深圳、珠海和上海等地，并发表重要谈话，强调我们必须坚定不移地坚持党的“一个中心，两个基本点”的基本路线，解放思想，实事求是，抓住有利时机，加快改革开放步伐，集中精力把经济建设搞上去，不断地把有中国特色的社会主义事业全面推向前进。图为 1992 年岁首，邓小平同志在深圳中国民俗文化村参观。（新华社记者牛正武摄）

是搞资本主义。深圳的建设成就，明确回答了那些有这样那样担心的人。特区姓‘社’不姓‘资’。”“从深圳的情况看，公有制是主体，外商投资只占四分之一，就是外资部分，我们还可以从税收、劳动等方面得到益处嘛！多搞点‘三资’企业，不要怕。”邓小平还对广东省领导人说：“广东二十年赶上亚洲‘四小龙’，不仅经济上要上去，社会秩序、社会风气也要搞好，两个文明都要超过他们，这才是有中国特色的社会主义。”1 月 21 日下午，邓小平接见了深圳市五套班子的负责同志。他语重心长地说：

▲ 邓小平（前中）、杨尚昆（前右）同志 1992 年 2 月 7 日上午考察上海杨浦大桥浦东工地，听取指挥部负责人的情况汇报。（新华社记者柳中央摄）

“改革开放胆子要大一些，敢于试验，不能像小脚女人一样，看准了的，就大胆试，大胆闯。深圳的重要经验就是敢闯。没有一点闯的精神，没有一点‘冒’的精神，没有一股气呀、劲呀，就走不出一条好路，走不出一条新路，就干不了新的事业。”临别时，邓小平又说：“你们要搞快一点！”这是他对深圳特区的殷殷嘱托。

在珠海，邓小平充分肯定了广东和珠海的工作成绩，要求抓住时机，发展自己，关键是发展经济。他说，现在周边一些国家和地区经济发展比我们快，如果我们不发展或发展太慢，老百姓一比较就有问题了。所以，能发展就不要阻挡，有条件的地方要尽可能搞快点，只要是讲效益、讲质量，搞外向型经济，就没有什么可以担心的。

邓小平南行的最后一站是上海，他在这里住了 18 天。在上海，他谈话的主要议题还是要求抓住机遇，加快发展，要思想更解放一些，胆子更大一些，步子更快一些。

3 月 26 日，《深圳特区报》发表长篇通讯《东方风来满眼春——邓小平同志在深圳纪实》。正是在这篇通讯中，人们今天耳熟能详的一些重要观点得以第一次跟读者见面，通讯最后用“东方风来满眼春”这个诗句，表达了作者对邓小平视察后深圳将进一步涌起改革开放春潮的美好期盼。通讯发表后，立即在国内外广大读者中引起了轰动。

“又一个解放思想、实事求是的宣言书”

邓小平视察南方谈话，宛如强劲东风，吹遍了华夏大地。海内外媒体敏锐地觉察到，邓小平这次视察南方将使中国的改革开放再次进入快车道。国内舆论更是热火朝天，人民群众欢呼又一次思想解放，期待着改革开放的又一个高潮。

以江泽民同志为核心的党中央对邓小平的南方谈话非常重视，迅速作出反应。邓小平还没有回到北京，中央政治局就召开会议传达谈话。2 月 28 日，党中央将南方谈话要点作为中央文件下发，要求尽快逐级传达

▲图为深圳前海深港现代服务业合作区。（新华社记者毛思倩 2021 年 9 月 8 日摄）

到全体党员干部。3 月 9 日至 10 日，中央政治局召开会议，专题学习和研究谈话精神，并决定以南方谈话为指导思想，着手起草党的十四大报告。6 月，江泽民在中央党校发表重要讲话，全面系统阐述南方谈话精神，并指出邓小平的这个谈话为即将召开的党的十四大作了思想上和组织上的充分准备。

南方谈话是在国内外形势严峻的重大历史关头发表的，它科学总结了党的十一届三中全会以来的实践探索和基本经验，从理论上深刻回答长期困扰和束缚人们思想的许多重大问题，是把改革开放和现代化建设推向新阶段的又一个解放思想、实事求是的宣言书。以邓小平南方谈话和党的十四大为标志，改革开放和现代化建设事业进入新的发展阶段。

参考文献

1.《邓小平文选》第三卷，人民出版社 1993 年版。
2. 周瑞金：《“皇甫平”文章引发一场思想交锋》，《财经》2008 年第 20 期。
3. 武市红、高屹主编：《邓小平与共和国重大历史事件》，人民出版社 2019 年版。

1993 年

划时代的体制创新

1993 年 11 月 14 日，党的十四届三中全会在北京召开，全会把党的十四大提出的经济体制改革目标和基本原则进一步具体化，制定了建立社会主义市场经济体制的总体规划，因此被誉为“划时代的体制创新”。

计划与市场之争

党的十一届三中全会后，在深化经济体制改革的过程中，党对计划与市场的关系有了新的认识。邓小平、陈云等先后提出社会主义不等于计划经济和必须重视市场调节等重要思想。

1979 年 11 月，邓小平在接见美国不列颠百科全书出版公司副总裁吉布尼时说："说市场经济只存在于资本主义社会，只有资本主义的市场经济，这肯定是不正确的。社会主义为什么不可以搞市场经济，这个不能说是资本主义。我们是计划经济为主，也结合市场经济，但这是社会主义的市场经济。"陈云也指出："现在的计划太死，包括的东西太多，结果必然出现缺少市场自动调节的部分"，"计划又时常脱节，计划机构忙于日常调度"。他认为："不一定计划经济部分愈增加，市场调节部分所占绝对数额就愈缩小，可能是相应地增加。"这些思考，对于确立经济体制改革的目标发挥着重要的指导作用。

1982 年 9 月召开的党的十二大，提出"计划经济为主、市场调节为辅"的原则。1984 年 10 月，党的十二届三中全会通过的《关于经济体制改革的决定》，突破了把计划经济和市场经济对立起来的观念，明确社会主义经济是"公有制基础上的有计划的商品经济"。1987 年 10 月，党的十三大提出，社会主义有计划商品经济的体制应该是计划与市场内在统一的体制。1989 年 6 月，党的十三届四中全会作出的《关于进一步治理整顿和深化改革的决定》提出："改革的核心问题，在于逐步建立计划经济和市场调节相结合的经济运行机制。计划经济和市场调节相结合的程度、方式和范围，要经常根据实际情况进行调整和改进。”

由此可见，经过十年探索，尽管党的十二届三中全会承认社会主义不能逾越商品经济阶段，但经济体制改革仍停留在计划与市场的关系上打转，在理论上没有重大的突破。

1991 年 8 月，江泽民主持召开了专家座谈会，目的是为次年召开的党的十四大作思想准备，“考虑十四大提出什么样的经济体制作为改革指导思想，特别是关于计划与市场的关系应该用什么样的提法”。座谈会主要讨论三个问题：分析资本主义为什么“垂而不死”，其体制机制中有哪些值得学习的东西；分析苏联和东欧国家的剧变；探讨中国进一步推进改革开放的重大议题。大家认为，苏东共产党垮台，最重要的是经济因素，是传统的计划经济体制在竞争中惨败了，败给了以美国为首的市场经济国家。

尽管这次座谈会取得了积极的成果，但社会上有关姓“资”姓“社”的争论还在延续，直到来年春天，邓小平发表著名的南方谈话。

在南方视察中，邓小平说：“改革开放迈不开步子，不敢闯，说来说去就是怕资本主义的东西多了，走了资本主义道路。要害是姓‘资’还是姓‘社’的问题。判断标准，应该主要看是否有利于发展社会主义社会的生产力，是否有利于增强社会主义国家的综合国力，是否有利于提高人民的生活水平。”他强调：“计划多一点还是市场多一点，不是社会主义与资本主义的本质区别。计划经济不等于社会主义，资本主义也有计划；市场经济不等于资本主义，社会主义也有市场。计划和市场都是经济手段。”

邓小平的谈话掷地有声，如滚滚春雷惊醒了思想“蛰伏”的人，起到了一锤定音的作用。

建立社会主义市场经济体制

邓小平南方谈话之后，1992 年 6 月 9 日，江泽民在中央党校省部级干部进修班上发表讲话，第一次确认了“社会主义市场经济体制”这一提法。

江泽民将学术界、理论界的一些认识概括为三种提法：一是建立计划与市场相结合的社会主义商品经济体制；二是建立社会主义有计划的市场经济体制；三是建立社会主义的市场经济体制。他说，现在经过十多年的探索和总结国内外经验，我们对建立社会主义的新经济体制在理论上和实践上的认识，已经比较成熟了，在全党也进一步统一了，完全可以进入加快实施的阶段。江泽民还说，关于新经济体制，“我个人的看法，比较倾向于使用‘社会主义市场经济体制’这个提法”。

在这次讲话中，江泽民概括了所要建立的新的经济体制的主要特征：在所有制结构上，坚持以公有制经济为主体，个体经济、私营经济和其他经济成分为补充，多种成分共同发展；在分配制度上，坚持以按劳分配为主体，其他分配方式为补充，允许和鼓励一部分地区、一部分人先富起来，逐步实现共同富裕，防止两极分化；在经济运行机制上，把市场经济

▲ 党的十四大提出用邓小平同志建设有中国特色社会主义的理论武装全党的任务。建立社会主义市场经济体制是党的十四大作出的重大决策。图为大会会场。

▲ 党的十四大确定我国经济体制改革的目标是建立社会主义市场经济体制。随后，财政、税收、金融、外贸、外汇、计划、投资、价格、流通等方面体制改革步伐加快，全国呈现出改革开放全面推进、经济建设迅猛发展的景象。至 1993 年夏，中国粮食价格已全部放开。图为安徽省颍上县南照镇买卖兴隆的米市。

和计划经济的长处有机结合起来，充分发挥各自的优势作用，促进资源的优化配置，合理调节社会分配。

这一讲话成为起草党的十四大报告的重要指南。1992年10月12日，党的十四大在北京召开，江泽民作《加快改革开放和现代化建设步伐，夺取有中国特色社会主义事业的更大胜利》的报告。报告指出，实践的发展和认识的深化，要求我们明确提出，我国经济体制改革的目标是建立社会主义市场经济体制，以利于进一步解放和发展生产力。我们要建立的社会主义市场经济体制是同社会主义基本制度结合在一起的，目的就是要使市场在社会主义国家宏观调控下对资源配置起基础性作用，使经济活动遵循价值规律的要求，适应供求关系的变化。

把社会主义制度与市场经济结合起来，建立和完善社会主义市场经济体制，是前无古人的伟大创举，是中国共产党人对马克思主义的重大发展，也是社会主义发展史上的重大突破。

从纲领到行动

建立社会主义市场经济体制，是一项艰巨复杂的系统工程，需要相应的体制改革总体规划与实施方案。党的十四大要求，围绕社会主义市场经济体制的建立，抓紧制定总体规划，有计划、有步骤地进行相应的体制改革和政策调整。

◂ 1993 年 11 月，党的十四届三中全会审议通过《中共中央关于建立社会主义市场经济体制若干问题的决定》，制定了建立社会主义市场经济体制的总体规划。改革带来了供给能力的提升和物质的丰富。同年，我国取消粮票，实行了 40 年的粮食统购统销制度宣告终结。粮票见证了我国从计划经济到市场经济的巨大变迁。图为 1955 年我国发行的全国通用粮票。

1993 年 11 月 14 日，党的十四届三中全会通过《中共中央关于建立社会主义市场经济体制若干问题的决定》(以下简称《决定》)。《决定》分为十个部分，共 50 条。《决定》把社会主义市场经济体制的基本框架勾画为一个基石和五大支柱，一个基石是以公有制为主体、多种经济成分共同发展的方针，五大支柱包括现代企业制度、市场体系、宏观调控体系、收入分配制度和社会保障制度。这“一个基石、五大支柱”既相互联系又相互制约，共同构成社会主义市场经济体制的有机整体。这些基本内容体现了党的十一届三中全会以来我国经济体制改革在理论和实践上的创新，是继续深化改革的重要纲领。

党的十四届三中全会结束后不久，国务院分别于 1993 年 12 月 15

日、25 日和 1994 年 1 月 11 日作出《关于实行分税制财政管理体制的决定》《关于金融体制改革的决定》和《关于进一步深化对外贸易体制改革的决定》。此外，党中央、国务院还相继推出了许多其他改革措施，如投资体制改革、价格管理体制改革等。

以建立社会主义市场经济体制为标志，我国由计划经济体制向社会主义市场经济体制的转变，实现了改革开放新的历史性突破，打开了我国经济、政治和文化发展的崭新局面。

参考文献

1.《邓小平文选》第三卷，人民出版社 1993 年版。
2. 中共中央文献研究室编：《三中全会以来重要文献选编》（上、下），中央文献出版社 2011 年版。
3. 韩保江：《建立和完善社会主义市场经济体制的实践探索和基本经验》，《中共党史研究》2018 年第 10 期。

1995 年

科教兴国战略

1995 年 5 月 6 日，党中央、国务院作出《关于加速科学技术进步的决定》（以下简称《决定》），提出坚定不移地实施科教兴国的策略。《决定》指出："科教兴国，是指全面落实科学技术是第一生产力的思想，坚持教育为本，把科技和教育摆在经济、社会发展的重要位置，增强国家的科技实力及将科学技术向现实生产力转化的能力，提高全民族的科技文化素质，把经济建设转移到依靠科技进步和提高劳动者素质的轨道上来，加速实现国家的繁荣强盛。"

“科学技术是第一生产力”

“文化大革命”结束后，邓小平主动向中央提出抓教育和科技工作。1977 年 8 月 8 日，在出席全国科学和教育工作座谈会时，邓小平提出：“我们国家要赶上世界先进水平，从何着手呢？我想，要从科学和教育着手。”9 月 17 日，他在同教育部负责同志谈话时又强调说：我知道科学、教育是难搞的，但是我自告奋勇来抓。不抓科学、教育，四个现代化就没有希望。1978 年 3 月 18 日，在全国科学大会开幕式上，邓小平提出，“科学技术是生产力”是马克思主义历来的观点。他再次阐发了科教工作与现代化事业的辩证关系，强调“我们要在短短的二十多年中实现四个现代化，大大发展我们的生产力，当然就不能不大力发展科学研究事业和科学教育事业，大力发扬科学技术工作者和教育工作者的革命积极性”。这表明，他是把科学和教育放在实现四个现代化的高度去考虑的。

邓小平十分重视教育工作，在谈教育工作时，始终关心人才培养问题。

1982 年 9 月初，邓小平陪同金日成去四川访问，他谈到党的十二大的奋斗目标时说：“搞好教育和科学工作，我看这是关键。没有人才不行，没有知识不行。”

1985 年 3 月 7 日，在全国科技工作会议上，邓小平指出：“改革经济体制，最重要的、我最关心的，是人才。改革科技体制，我最关心的，还是人才。”这次会议通过了《关于科学技术体制改革的决定》，确立了

◀ 1978 年，全国召开了第二次科技大会。会上，邓小平同志提出了“科学技术是生产力”的英明论断。这次会议是新中国科学技术发展史上又一里程碑。图为 1978 年 4 月，邓小平同志接见出席全国科技大会的代表。（新华社记者钱嗣杰摄）

“经济建设必须依靠科学技术、科学技术工作必须面向经济建设”的战略方针。同年 5 年 19 日，在全国教育工作会议上，邓小平号召各级党委和政府把教育工作认真抓起来，他强调：“我们国家，国力的强弱，经济发展后劲的大小，越来越取决于劳动者的素质，取决于知识分子的数量和质量。”这次会议通过了《关于教育体制改革的决定》，确立了“教育必须为社会主义建设服务，社会主义建设必须依靠教育”的战略方针。

随着改革开放的推进，科学和教育在现代化建设中发挥着越来越重要的作用，邓小平对科技重要性的认识不断深化。1988 年 9 月 5 日，在会见捷克斯洛伐克总统胡萨克时，邓小平提出了“科学技术是第一生产力”的著名论断。他说：“世界在变化，我们的思想和行动也要随之而变。

▲ 1986 年 3 月，在中国科学家倡议下，经邓小平指示，中国制定实施了跟踪世界先进水平的高技术研究发展计划“863”计划。图为 1991 年 4 月 25 日，科学家王淦昌、杨嘉墀、王大珩、陈芳允（右起）荣获“863”计划荣誉证书。

过去把自己封闭起来，自我孤立，这对社会主义有什么好处呢？历史在前进，我们却停滞不前，就落后了。马克思说过，科学技术是生产力，事实证明这话讲得很对。依我看，科学技术是第一生产力。”在 1992 年的南方谈话中，邓小平继续强调和阐释“科学技术是第一生产力”的思想，提出经济发展得快一点，必须依靠科学和教育。他还希望科技“在九十年代，进步得更快一些”。

“科学技术是第一生产力”这一重要思想，继承和发展了马克思主义

▲ 1988 年 10 月 16 日，我国第一座高能加速器——北京正负电子对撞机对撞成功。24 日，邓小平在视察正负电子对撞机工程时指出，中国必须发展自己的高科技，在世界高科技领域占有一席之地。图为北京正负电子对撞机的大型探测系统——谱仪。

科学技术观和生产力理论，成为党和国家提出并实施科教兴国战略的重要指南。

“必须在科技方面掌握自己的命运”

邓小平南方谈话加快了改革开放和社会主义现代化建设的进程，科学和教育被提到更加优先发展的地位。1992 年 10 月 12 日，江泽民在党的十四大报告中，把“加速科技进步，大力发展教育，充分发挥知识分子的作用”作为加速改革开放，推动经济发展和社会全面进步的主要任务之一。1993 年 2 月 13 日，党中央、国务院转发《中国教育改革与发展纲要》，提出“必须把教育摆在优先发展的战略地位，努力提高全民族的思想道德和科学文化水平，这是实现我国现代化的根本大计”。

科教兴国战略，是以江泽民同志为核心的党中央在全面落实邓小平“科学技术是第一生产力”思想，迎接世界科技革命浪潮，应对日益激烈的国际竞争，同时提升我国整体技术水平和经济实力，确保实现我国“三步走”战略目标的大背景下提出来的。

1995 年 5 月 6 日，党中央、国务院作出《关于加速科学技术进步的决定》，正式提出科教兴国战略。5 月 26 日至 30 日，党中央、国务院召开全国科学技术大会。江泽民在大会上指出，党中央、国务院决定在全国实施科教兴国战略，是总结历史经验和根据我国现实情况所作出的重大部

▲ 1995 年 5 月，党中央准确分析科技发展趋势和国内外形势，作出关于加速科学技术进步的决定，确定实施科教兴国战略。上海市中小学普遍重视对学生进行全面的素质教育，取得了良好效果。图为威海路第三小学学生在老师的指导下学习电脑。（新华社记者张耀智摄）

署。没有强大的科技实力，就没有社会主义现代化。他强调，当代世界科技进步日新月异，技术更替不断加速。创新是一个民族进步的灵魂，是国家兴旺发达的不竭动力。他指出："如果自主创新能力上不去，一味靠技术引进，就永远难以摆脱技术落后的局面。作为一个独立自主的社会主义大国，我们必须在科技方面掌握自己的命运。"

同年 9 月，党的十四届五中全会在《关于国民经济和社会发展"九五"计划和二〇一〇年远景目标的建议》中，把实施科教兴国战略列为今后 15 年直至整个 21 世纪加速我国社会主义现代化建设的重要方针之一。1996 年 3 月，八届全国人大四次会议正式通过《国民经济和社会发展"九五"计划和二〇一〇年远景目标》，将科教兴国作为重要指导方针和发展战略上升为国家意志，成为必须长期坚持的一项基本国策。

▲ 1995 年国家正式启动“211 工程”，1999 年国家开始实施“985 工程”。1999 年全国高校在原定招生计划基础上，扩大招生 33.1 万人，为中国 21 世纪经济发展储备人才。图为清华大学 1999 年应届毕业生身着学位服在校园内拍照。

在发展科技教育和推进科教兴国战略进程中，党和国家先后制订了一系列国家级科技计划，形成了较为完整的科技计划体系。实践证明，科教兴国战略是总结历史经验和根据我国现实情况作出的重大战略部署，是保证国民经济持续、快速、健康发展的根本措施，是实现社会主义现代化的必然抉择，也是中华民族振兴的必由之路。

参考文献

1.《邓小平文选》第三卷，人民出版社 1993 年版。
2.《十二大以来重要文献选编》，中央文献出版社 2011 年版。
3.《十四大以来重要文献选编》，中央文献出版社 2011 年版。
4. 中共中央党史研究室：《中国共产党的九十年（改革开放和社会主义现代化建设新时期）》，中共党史出版社、党建读物出版社 2016 年版。

1997 年

香港回归

1997 年 6 月 30 日午夜至 7 月 1 日凌晨，举世瞩目的中英两国政府香港政权交接仪式在香港会议展览中心举行。零时，军乐队奏响中华人民共和国国歌，中华人民共和国国旗和香港特别行政区区旗冉冉升起。时任国家主席江泽民庄严宣告：中国对香港行使主权。中华人民共和国香港特别行政区正式成立。这是中华民族的盛事，也是世界和平与正义事业的胜利。

“不把香港的主权收回来，我们这些人谁都交不了账”

香港问题是历史遗留问题。香港，包括香港岛、九龙和新界三个部分，自古以来就是中国领土。鸦片战争之后，英国先后通过强迫清政府签订《南京条约》《北京条约》《展拓香港界址专条》三个条约，强行租借九龙半岛大片土地以及附近200多个岛屿（后统称“新界”），租期99年，1997年6月30日期满。

上述三个条约都是侵略战争的产物。新中国成立后，在相当长的时期内，中国政府的基本态度是，不承认这些不平等条约，在条件成熟的时候恢复行使对香港地区的主权，在通过和平谈判解决这一遗留问题之前，暂时维持香港现状不变。1974年5月25日，毛泽东会见来访的英国首相希思，在谈到香港问题时，指着参加会见的邓小平等人说：“是他们的事情了。”

到了20世纪70年代末，租期届满的时间日益临近，国际市场上投资者多持观望态度，港英政府的财政收入大为减少，并且对香港经济未来发展产生了一定程度的消极影响。1979年3月26日，香港总督麦理浩访华，向我国政府提出1997年到期的批地契约问题，第一次将中英两国政府“搁置”的香港前途问题明朗化。3月29日，邓小平会见麦理浩，谈到中国政府对香港问题的立场和态度。他说：“我们历来认为，香港主权属于中华人民共和国，但香港又有它的特殊地位，香港是中国的一部分，这个问题本身不能讨论，但我们将把香港作为一个特殊的地区来处理，在相当长的时期内，香港还可以搞资本主义，而我们搞我们的社会主义。请所有投资者放心，中国政府不会伤害继续投资人的利益。”

1981 年 4 月 3 日，英国外交大臣卡林顿访华，邓小平在回答如何继续保持香港的繁荣和稳定的问题时再次重申：他们的生活方式、政治制度不变，这是一项长期政策，而非权宜之计，“即使香港的地位有变化，投资者的利益也不会受到损害”。

1982 年 4 月 6 日，邓小平会见英国前首相爱德华 · 希思。希思提到 1974 年 5 月同毛泽东、周恩来会见的情形，并问道：“你是如何考虑在这个期间处理香港问题的？”邓小平回答说：“香港的主权是中国的。中国要维护香港作为自由港和国际金融中心的地位，也不影响外国人在那里的投资，在这个前提下，由香港人管理香港。”在谈到 1997 年收回香港问题时，邓小平对希思说：“我们是多年的老朋友了，如中国到时不把香港的主权收回来，我们这些人谁都交不了账。新界的租让，香港岛、九龙半岛的割让，是过去不平等条约定的，现在实际上是废除条约的问题。”邓小平还表示，现在是“考虑解决香港问题的时候了”。

和“铁娘子”的较量

1982 年 9 月 22 日，一架英国皇家空军专机在北京首都机场降落，具有“铁娘子”之称的英国首相撒切尔夫人带着马岛战争胜利的骄矜之色

▲ 1982 年 9 月 24 日，邓小平在北京人民大会堂会见英国首相撒切尔夫人，明确阐述中国政府对香港问题的基本立场，拉开了中英关于香港问题谈判的序幕。

来到了北京。她是为同中方会谈解决香港问题而来的。行前，她曾声明“有关香港的三个条约有效”，企图在国际上制造舆论，并试探中国的反应，她以为只要手段强硬，香港问题的解决便会如马岛一样。

24 日上午，邓小平在人民大会堂福建厅会见撒切尔夫人。针对撒切尔夫人的强硬态度，邓小平表情严肃地说：“关于主权问题，中国在这个问题上没有回旋余地。坦率地讲，主权问题不是一个可以讨论的问题。”邓小平郑重地阐明了我国政府对香港问题的基本立场。他寸步不让，毫不含糊地回应：“我们对香港问题的基本立场是明确的，这里主要有三个问题。一个主权问题；再一个问题，是 1997 年后中国采取什么方式来管理香港，继续保持香港繁荣；第三个问题，是中国和英国两国政府要妥善商谈如何使香港从现在到 1997 年的 15 年中不出现大的波动。”

邓小平对帝国主义强加给中国人民的不平等条约倍感耻辱。他说：“如果中国在 1997 年，也就是中华人民共和国成立 48 年后还不把香港收回，任何一个中国领导人和政府都不能向中国人民交代，甚至也不能向世界人民交代。如果不收回，就意味着中国政府是晚清政府，中国领导人是李鸿章。”

受到强硬回击的撒切尔夫人把话锋转到保持香港繁荣稳定上来，认为香港只有在英国的管辖下才能继续繁荣。她以威胁的口吻说，如果中国宣布收回香港，将会给香港带来灾难性的影响。邓小平说，香港继续保持繁荣，根本上取决于中国收回香港后，在中国管辖下，实行适合于香港的政策。至于有可能发生波动，如果中英两国抱着合作的态度来解决这个问题，就能避免大的波动。中国政府在作出这个决定的时候，各种可能都估计到了。如果在 15 年的过渡时期内香港发生严重的波动，中国政府将被迫不得不对收回香港的时间和方式另作考虑。邓小平接着说：“如果说宣布要收回香港就会像夫人说的‘带来灾难性的影响’，那我们要勇敢地面对这个灾难，作出决策。我相信我们会制定出收回香港后应该实行的、能为各方面所接受的政策。我不担心这一点。我担心的是今后 15 年过渡时期如何过渡好，担心在这个时期中会出现很大的混乱，而且这些混乱是人为的。”

在邓小平的倡议下，中英双方同意通过外交途径开始进行香港问题的磋商。

“一国两制”与香港回归

自 1982 年 10 月至 1984 年 9 月，中英两国政府就香港问题先后举行了第一阶段的 5 轮“秘密磋商”和第二阶段的 22 轮谈判。在前 4 轮会谈中，英方坚持治权不放，致使会谈毫无进展。在谈判出现紧张之际，1983 年 9 月，希思再次访华。邓小平请希思转告撒切尔夫人，想用主权换治权是行不通的，劝告英方不要在治权上纠缠，以免出现中方不得不单方面公布解决香港问题方针政策的局面。同年 10 月，撒切尔夫人来信表示同意在中方建议的基础上讨论香港的持久性安排。之后，谈判重新打开局面。

1984 年 9 月，双方经过第二阶段 22 轮的谈判，终于达成协议。同年 12 月 18 日，撒切尔夫人在外交大臣杰弗里 · 豪的陪同下再度来到北京，对中国进行正式访问，并签署中英联合声明。撒切尔夫人还特别说道：“从历史的观点看，‘一国两制’是最富天才的创造，这个构想看起来是个简单的办法，但却是充满想象力的构想，是解决香港问题的关键，是我们达成协议的关键。”

1997 年 6 月末尾的几天，香港连续下雨，香港居民说那几天雨真大，老天爷好像打开了闸门，要把所有的雨水都倒向香港，维多利亚港都是浓墨重彩的天空，还有被雨水冲刷得干干净净的树木、街道、屋顶和高墙。连日大雨似要彻底洗刷香港百年耻辱。时任外交部长钱其琛在回忆录中深情记录道：“我想，不同心境的人会由此产生不同的感受。全世界的炎黄子孙，都会觉得这场大雨畅快淋漓，将中国的百年耻辱洗涤干净，使

▲ 1997 年 6 月 30 日午夜至 7 月 1 日凌晨，香港交接仪式在香港会展中心举行。历经百年沧桑的香港胜利回到祖国的怀抱，洗刷了中华民族百年耻辱，完成了实现祖国完全统一的重要一步。

香港迎来一个全新的未来。”

历史的时刻终于到来。1997 年 6 月 30 日 23 时 59 分，英国国旗和香港港旗缓缓降下，象征着英国对香港一个半世纪的殖民统治宣告结束。7 月 1 日零时，乐队奏响中华人民共和国国歌，中国国旗和香港特别行政区区旗冉冉升起。江泽民向全世界郑重宣告：“经历百年沧桑的香港回归祖国，标志着香港同胞从此成为这块土地上的真正主人，香港的发展从此进入一个崭新的时代。”交接仪式结束后，举行了中华人民共和国香港特别行政区成立暨特区政府宣誓就职仪式。

我国政府正式恢复行使对香港的主权，使香港问题得到圆满解决。邓小平提出的“一国两制”构想，发展成为现实。实践充分证明，“一国两制”是历史遗留的香港问题的最佳解决方案，也是香港回归后保持长期繁荣稳定的最佳制度安排。

参考文献

1.《邓小平文选》第三卷，人民出版社 1993 年版。

2. 中华人民共和国国务院新闻办公室：《“一国两制”在香港特别行政区的实践》，《人民日报》（海外版）2014 年 6 月 11 日。

3. 习近平：《在庆祝香港回归祖国二十周年大会暨香港特别行政区第五届政府就职典礼上的讲话》，《人民日报》2017 年 7 月 2 日。

1997 年

跨世纪的战略部署

1997 年 2 月 19 日 21 时 08 分，邓小平逝世。这一噩耗传遍全国和世界，全国各族人民陷入巨大的悲痛之中。中国面临着举什么旗、走什么路、如何把中国特色社会主义事业继续推向前进的历史选择。在世纪之交的关键时刻，党的十五大继承邓小平遗志，承前启后、继往开来，明确回答了中国改革开放和社会主义现代化建设的一系列重大理论和实践问题，从思想上、政治上、组织上为我国实现跨世纪发展提供了重要保证。

邓小平理论确立为党的指导思想

一代伟人与世长辞之后，党内外、国内外都关注着中国的方向与形象，关注着中国共产党人以什么样的面貌跨入新世纪。

1997 年 9 月 12 日至 18 日，中国共产党第十五次全国代表大会在北京召开，大会正式代表 2048 人、特邀代表 60 人，代表了全党 5800 多万党员。江泽民代表第十四届中央委员会作题为《高举邓小平理论伟大旗帜，把建设有中国特色社会主义事业全面推向二十一世纪》的报告。大会审议并通过了报告和《中国共产党章程（修正案）》，批准了中央纪律检查委员会的工作报告，选举产生了新一届中央委员会和中央纪律检查委员会。

大会首次使用“邓小平理论”这个概念，并把这一理论作为指引党继续前进的旗帜。江泽民在报告中指出，旗帜问题至关紧要。旗帜就是方向，旗帜就是形象。坚持党的十一届三中全会以来的路线不动摇，就是高举邓小平理论的旗帜不动摇。大会强调，在改革开放和社会主义现代化建设的新时期，在跨越世纪的新征途上，一定要高举邓小平理论的伟大旗帜，用邓小平理论来指导我们整个事业和各项工作。这是党从历史和现实中得出的不可动摇的结论。

党的十五大把邓小平理论与马克思列宁主义、毛泽东思想作为指导思想一起写入党章。党的十五大通过的党章修订案明确规定，“中国共产党以马克思列宁主义、毛泽东思想、邓小平理论作为自己的行动指南”，

▲ 党的十五大把邓小平理论同马克思列宁主义、毛泽东思想一起作为党的指导思想写入党章。邓小平理论开拓了马克思主义的新境界，是马克思主义在中国发展的新阶段，是当代中国的马克思主义，是中国特色社会主义理论体系的开创之作。图为大会会场。

并强调指出，十一届三中全会以来，以邓小平同志为主要代表的中国共产党人，总结建国以来正反两方面的经验，解放思想，实事求是，实现全党工作中心向经济建设的转移，实行改革开放，开辟了社会主义事业发展的新时期，逐步形成了建设有中国特色社会主义的路线、方针、政策，阐明了在中国建设社会主义、巩固和发展社会主义的基本问题，创立了邓小平理论。邓小平理论是马克思列宁主义的基本原理同当代中国实践和时代特征相结合的产物，是毛泽东思想在新的历史条件下的继承和发展，是马克思主义在中国发展的新阶段，是当代中国的马克思主义，是中国共产党集体智慧的结晶，引导着我国社会主义现代化事业不断前进。

党的十五大对邓小平理论在我们党和国家发展史上的重要历史地位和指导意义作出了深刻阐释和高度评价。大会指出，在当代中国，只有把马克思主义同当代中国实践和时代特征结合起来的邓小平理论，而没有别的理论能够解决社会主义的前途和命运问题。邓小平理论是当代中国的马克思主义，是马克思主义在中国发展的新阶段。

高举邓小平理论的伟大旗帜，用邓小平理论来指导整个事业和各项工作，是中国共产党经过近二十年改革开放和社会主义现代化建设的成功实践作出的历史性决策。作出这个决策，表明中央领导集体和全党把邓小平开创的建设有中国特色社会主义事业全面推向新世纪的决心和信念，也反映了全国人民的共识和心愿。

跨世纪发展的战略部署

党的十五大站在世纪之交，回顾了一个世纪以来，中国人民在前进道路上经历的辛亥革命、新中国成立和改革开放三次历史性变化，得出了百年巨变的结论，即：“只有中国共产党才能领导中国人民取得民族独立、人民解放和社会主义的胜利，才能开创建设有中国特色社会主义的道路，实现民族振兴、国家富强和人民幸福。”

江泽民在报告中分析了新世纪发展面临的机遇和挑战，提出邓小平在南方谈话中对我国发展形势的判断仍然是正确的、适用的，认为：“现在我们国内条件具备，国际环境有利，再加上发挥社会主义制度能够集中力量办大事的优势，在今后的现代化建设过程中，出现若干个发展速度比较快、效益比较好的阶段，是必要的，也是能够办到的。我们就是要有这个雄心壮志！”

大会在我国经济发展“三步走”战略的第二步目标即将实现之际，对如何实现第三步目标作出了进一步规划，提出了新的“三步走”发展战略，即：21 世纪第一个十年实现国民生产总值比 2000 年翻一番，使人民的小康生活更加宽裕，形成比较完善的社会主义市场经济体制；再经过十年的努力，到建党 100 年时，使国民经济更加发展，各项制度更加完善；到 21 世纪中叶新中国成立 100 年时，基本实现现代化，建成富强民主文明的社会主义国家。

大会围绕这个战略，对我国的跨世纪发展作出战略部署，提出从现在起到 21 世纪的前十年，是我国实现现代化建设第二步战略目标、向第三步战略目标迈进的关键时期。在这个时期，建立比较完善的社会主义市场经济体制，保持国民经济持续快速健康发展，是必须解决好的两大课题。为此，一定要坚持社会主义市场经济的改革方向，使改革在一些重大方面取得新的突破，并在优化经济结构、发展科学技术和提高对外开放水平等方面取得重大进展，真正走出一条速度较快、效益较好、整体素质不断提高的经济协调发展路子。要在坚持四项基本原则的前提下，继续推进政治体制改革，进一步扩大社会主义民主，健全社会主义法制，依法治国，建设社会主义法治国家。要全面开展有中国特色社会主义的文化建设，着力提高全民族的思想道德素质和科学文化素质，为经济发展和社会全面进步提供强大的精神动力和智力支持。要按照党的建设新的伟大工程的总目标，从思想上、组织上、作风上全面加强党的建设，不断提高领导水平和执政水平，不断增强拒腐防变能力，以新的面貌和更加强大的战斗力，带领人民完成新的历史任务。

参考文献

1. 中共中央文献研究室编：《十七大以来重要文献选编》（上），中央文献出版社 2009 年版。
2. 中共中央党史研究室：《中国共产党的九十年（改革开放和社会主义现代化建设新时期）》，中共党史出版社、党建读物出版社 2016 年版。

1998 年

抗洪抢险

1998 年夏季，入汛之后，由于气候异常，我国大部分地区降雨明显偏多，部分地区出现持续性强降雨，雨量成倍增加，致使一些地方遭受严重的洪涝灾害。长江发生继 1954 年以来又一次全流域性大洪水，先后出现八次洪峰，部分流域水位长时间超过历史最高纪录。嫩江、松花江发生超历史纪录的特大洪水；珠江流域的西江和福建闽江也一度发生大洪水。湖北、湖南、江西、安徽、江苏、黑龙江、吉林、内蒙古等省区沿江沿湖的众多城市和广大农村，经济社会发展和人民生命财产安全都受到洪水的严重威胁。坚决战胜这场洪水，是保护人民生命财产安全，保卫改革开放和现代化建设成果的一场重大斗争，也是对中国人民与天奋斗的勇气、信心和力量的一场严峻考验。

中央明令严防死守

在滔滔洪水面前，中华民族在斗争中显示出强大的凝聚力和战斗力。

党和国家主要领导人亲临抗洪前线进行部署指挥。在整个抗洪抢险中，党中央高度关注灾区群众的生命安全和切身利益，直接指挥这场斗争，始终与抗洪军民心心相连，同舟共济。入汛之后，中央就一直密切注视气候的变化和江河的汛情，及时对全国抗洪工作进行了周密部署。根据受到洪水威胁地区的实际情况，中央明确提出了严防死守，确保长江大堤安全、确保重要城市安全、确保人民生命安全的战略方针，作出了大规模动用人民解放军投入抗洪抢险、军民协同作战的重大决策。在抗洪抢险最危急的时刻，中央审时度势，正确判断，发出总动员令，要求广大军民坚定信心，坚持坚持再坚持，直到取得最后的胜利。

1998 年 8 月 13 日，江泽民赴湖北长江抗洪抢险第一线，看望、慰问、鼓励广大军民，指导抗洪抢险斗争。8 月 14 日，江泽民在武汉发表重要讲话，就决战阶段的长江抗洪抢险工作作总动员。江泽民说，现在，长江抗洪抢险到了紧要关头，处于决战的关键时刻。只要坚定信心，坚持坚持再坚持，就能够取得抗洪抢险的最后胜利。8 月 16 日下午，江泽民向参加抗洪的人民解放军发布命令：沿线部队全部上堤，军民团结，死守决战，夺取全胜。同时，要求地方各级党政干部率领群众，与部队官兵共同严防死守，确保长江干堤安全。随后，江泽民又辗转江西九江、黑龙江嫩江、松花江流域等抗洪救灾第一线。

8 月 9 日，朱镕基赴湖北长江抗洪第一线，察看长江大堤防守情况。

◂ 1998 年 8 月 13 日，江泽民赴湖北长江抗洪抢险第一线，看望、慰问、鼓励广大军民，指导抗洪抢险斗争。

朱镕基传达了党中央和江泽民最近关于长江抗洪抢险工作的指示，强调当前长江防汛形势十分严峻，沿江各地要把长江抗洪抢险作为头等大事，全力以赴抓好。要坚决严防死守，确保长江大堤的安全，不能有丝毫松懈和动摇。随后，朱镕基又到九江市抢险现场，察看长江南岸防洪墙决口处的堵口抢险工作。

党和国家领导人李鹏、李瑞环、胡锦涛等都先后赴嫩江、松花江、长江流域抗洪前线，查看汛情，指导抢险。温家宝作为抗洪前线总指挥，奔走于各地抗洪抢险最前线，坐镇指挥。党中央、国务院的坚强领导和科学部署，保证了抗洪抢险工作的顺利进行。

“新的历史时期最可爱的人”

在长江和嫩江、松花江流域的严重洪灾发生后，依照党中央的决策和指示，人民军队火速开赴灾区，在南北两大战场与自然灾害打了一场特殊的战争。

这场与洪水的大会战，是新中国成立之后仅次于抗美援朝战争的大规模军事行动，也是解放战争渡江战役以来我军在长江沿岸投入兵力最多的一次重大行动。人民解放军和武警部队坚决响应党和人民的召唤，广州、南京、济南、沈阳、北京军区和空军、海军、第二炮兵、武警部队及四总部直属单位，先后投入 30 余万兵力，出动飞机 2200 多架次、车辆 12500 余台、舟艇 1170 余艘。114 位将军、5000 多名师团级干部和广大指战员把长江当作前线，发扬一不怕苦、二不怕死的革命精神和不怕疲劳、连续作战的作风，起到了中流砥柱的作用。从坚守荆江大堤到抢堵九江决口，从会战武汉三镇到防守洞庭湖区，从保卫大庆油田到决战哈尔滨，哪里最危险，哪里任务最艰巨，哪里就有人民的子弟兵。从将军到士兵，人人奋勇争先，用血肉之躯铸起了冲不垮的坚强大堤，有的战士甚至献出了宝贵的生命。公安干警积极投入抗洪抢险，不畏艰苦，维护了灾区社会秩序的稳定。人民解放军和武警官兵为党和人民建立了新的历史

▲ 成功应对各种困难和风险挑战，充分显示了我们党抵御各种风险、驾驭各种复杂局面的能力，显示了党的坚强领导和我国社会主义制度能够集中力量办大事的政治优势，显示了“任何困难都难不倒英雄的中国人民”的大无畏气概。图为 1998 年 8 月，参加抗洪抢险的解放军、武警部队和江西省九江的干部群众，在九江城防堤决口处会战。

功勋。在抗洪前线，不仅涌现出了高建成那样的“抗洪英雄”，而且涌现了一大批英雄群体。灾区老百姓发自内心地说：“解放军一到，更有主心骨了。”

在与洪魔的战斗中，抗洪部队始终承担着最艰巨的任务，战斗在最艰险的地方，出现在最危急的关头，成为抗击长江和嫩江、松花江洪水，保卫武汉、岳阳、九江、大庆、哈尔滨等重要城市的中坚力量。人民解放军没有辜负党和人民的期望，胜利完成了任务，交了一份出色的答卷！

江泽民在了解到高建成等抗洪英雄的感人事迹之后，动情地说：“在过去的战争年代，我军就具有这样的光荣传统。在今天的和平时期，我们的子弟兵能够继续这样做，他们是真正的英雄，是新的历史时期‘最可爱的人’。这样的事例还很多。我看了这些材料以后，十分感动。我作为中央军委主席，为人民军队培养出这样好的干部战士感到骄傲。”

“军民团结如一人，试看天下谁能敌？”

中国人民具有团结一致、顽强拼搏的光荣传统，中华民族有着巨大的凝聚力，是任何困难、任何风险都压不垮的。

8 月 7 日夜，在长江第四次洪峰袭来的危急关头，江泽民主持召开中央政治局常委扩大会议，听取国家防总的汇报，研究长江抗洪抢险工作。会上，曾庆红介绍电视上播放解放军战士不顾生命危险，驾冲锋舟解救被困在树上的儿童和屋顶上的老大娘的事迹。江泽民说：“这些镜头我都看到了，很感人哪！事实证明，我们的部队不愧是一支用马列主义、毛泽东思想和邓小平理论武装起来的，与老百姓有着鱼水之情和血肉联系的人民军队。还是那句话：军民团结如一人，试看天下谁能敌？”

人民群众是夺取抗洪抢险胜利的主力军和真正英雄。

在受到洪水威胁和袭击的各个地区，人民群众在惊涛骇浪面前没有惊惶失措，在失去家园和亲人的时刻没有悲观消沉，他们忍着悲痛更加斗志昂扬地迎战洪水。儿子牺牲了，父亲冲上来；丈夫殉职了，妻子顶上

▲ 在湖北长江抗洪抢险第一线，海军陆战队的女兵们吃苦耐劳，英勇善战，赢得了当地群众的广泛赞誉。图为前来慰问的一位农村妇女搂住一名女兵连声说："姑娘，辛苦了！"（新华社记者查春明 1998 年 8 月 26 日摄）

去。他们舍小家保大家，舍局部保全局，表现出很高的思想觉悟和高尚的情操。水利、气象、水文等方面的科技工作者夜以继日地工作，发挥了重要的技术指导作用；来自祖国四面八方的医疗卫生工作者深入抗洪前线防疫治病，保证了抗洪军民的身体健康；新闻工作者及时报道党中央、国务院的指示精神，不畏艰险、深入一线积极宣传抗洪军民的英雄事迹，弘扬正气，鼓舞斗志；通信、铁路、交通和其他战线的同志都把支持抗洪抢险当作首要任务，大力协同，在各自的岗位上作出了重要贡献。全国人民心系灾区，情系灾区，发扬中华民族团结友爱、互助互济的优良传统，无私地大力支持第一线军民。从白发苍苍的老人到系着红领巾的孩子，从工人、农民、知识分子到各级干部，十二亿人民团结得像一个人。中国大地上涌动起全民族同心同德、团结战斗的澎湃热潮，展现出全民族万众一心战胜洪涝灾害的壮丽画卷。

在党中央、国务院的坚强领导下，经过两个多月的持续奋战，历经磨难、百折不挠的中国人民终于战胜了这场肆虐我国重要流域的特大洪水，夺取了抗洪救灾的全面胜利。在全国抗洪抢险总结表彰大会上，江泽民指出，在同洪水的搏斗中，我们的民族和人民展示出了一种十分崇高的精神。这就是万众一心、众志成城，不怕困难、顽强拼搏，坚韧不拔、敢于胜利的伟大抗洪精神。

抗洪精神，是爱国主义、集体主义和社会主义精神的大发扬，是社会主义精神文明的大发扬，是我们党和军队的光荣传统和优良作风的大发扬，是中华民族的民族精神在当代中国的集中体现和新的发展。伟大的抗洪精神成为中国继续前进的宝贵财富。

参考文献

1. 江泽民：《在全国抗洪抢险总结表彰大会上的讲话》，《人民日报》1998 年 9 月 29 日。
2. 《夺取抗洪抢险决战的最后胜利》，人民出版社 1998 年版。
3. 何平、万武义、王文杰、杜华举：《在决战决胜的紧要关头——记江泽民总书记在湖北抗洪抢险第一线》，《人民日报》1998 年 8 月 17 日。

2000 年

提出“三个代表”重要思想

在推进中国特色社会主义伟大事业和党的建设新的伟大工程进程中，以江泽民同志为主要代表的中国共产党人，科学分析国内外形势和党所处的历史方位，深入思考面临的新情况新问题，形成了“三个代表”重要思想，丰富和发展了中国特色社会主义理论体系。

“三个代表”重要思想的提出

2000年1月20日，江泽民向中央政治局通报了中央政治局常委开展“讲学习、讲政治、讲正气”活动的情况。在回顾和总结担任总书记10年来的工作后，江泽民向全党提出：要全面分析国际国内形势的变化，全面分析和准确把握我国改革和建设中带有全局性、战略性、前瞻性的重大问题。

一个月后的2月19日，21世纪的第一个春节刚过，带着对这些重大问题的思考，江泽民来到广东省高州市，提出“三个代表”重要思想，实现了一次与时俱进的重大理论创新。

高州，是一个县级市，位于广东省西南部山区，人口155万，归茂名市管辖，是经济发展较快的山区县。随着“三讲”教育在县以下党组织展开，中央政治局常委会决定每位常委联系一个点，调查研究，掌握情况。高州，是江泽民的联系点。

2月20日下午，江泽民在高州市礼堂主持召开“三讲”教育动员会。参加会议的人员上到中央总书记，下至村党支部书记。他在讲话中指出，我们党要做到“五个始终”：始终保持工人阶级先锋队性质，始终代表最广大人民群众的利益，始终成为社会先进生产力的代表，始终领导全国各族人民促进社会生产力的发展，始终坚强有力地发挥好领导核心作用。这“五个始终”讲到了“三个代表”中的两个“代表”，即代表最广大人民群众的利益、代表社会先进生产力。

◂2000 年 2 月 20 日，江泽民出席广东茂名高州市领导干部“三讲”教育会议并发表重要讲话。（新华社记者兰红光摄）

江泽民离开高州后，又去了深圳、顺德、广州。

25 日上午，江泽民听取广东省委和省政府的工作汇报后，发表了长达两个多小时的重要讲话。他说：“总结我们党七十多年的历史，可以得出一个重要结论，这就是：我们党之所以赢得人民的拥护，是因为我们党在革命、建设、改革的各个历史时期，总是代表着中国先进生产力的发展要求，代表着中国先进文化的前进方向，代表着中国最广大人民的根本利益，并通过制定正确的路线方针政策，为实现国家和人民的根本利益而不懈奋斗。”他要求“所有共产党员和领导干部，都要深刻认识和牢牢把握这‘三个代表’，用以指导自己的思想和行动”。

在高州讲话提出“代表最广大人民群众的利益”和“代表社会先进生产力”的基础上，江泽民在这次讲话中又提出了“代表着中国先进文化的前进方向”，同时，在文字表述和排序上作了调整，并强调这是需要全党同志“深刻思考的重大课题”。这一表述，构建了“三个代表”重要思想。

“三个代表”重要思想产生的时代背景

“三个代表”重要思想是在科学判断党的历史方位基础上形成的。

“三个代表”重要思想提出后，江泽民马不停蹄奔赴全国各地考察。2000 年 5 月 14 日，在考察了江苏、浙江、上海之后，江泽民在上海主持召开党建工作座谈会并发表讲话。他全面分析了国际形势已经和正在发生的广泛而深刻的变化，分析了国内改革和建设出现的许多新情况、新特点，进一步阐明他提出“三个代表”重要思想的深刻思考。

世纪之交的中国，面对的是一个怎样的世界？党的十三届四中全会

◂ 2000 年 5 月 8 日至 15 日，江泽民先后在江苏、浙江、上海考察，重点就加强新时期党的建设进行调研。图为 5 月 10 日，江泽民在浙江德力西集团公司考察。（新华社记者鞠鹏摄）

以来，国际国内形势究竟发生了哪些深刻变化？面对这些发展变化，中国共产党能不能进行理论创新、敢不敢进行理论创新，这一切关系到能不能在新的历史条件下保持党的先进性，使党和国家的全部工作跟上时代前进的步伐，关系到中华民族伟大复兴事业的成败。这自然成为江泽民最为关注的问题。

江泽民在上海讲话中说的一句话，最能体现他的这种心境："怎样使我们党在复杂的国内外形势下始终充满活力，带领全国各族人民推进建设有中国特色社会主义的宏伟事业，实现中华民族的伟大复兴，是我想得最多的一个问题。"他还指出："我们建设中国特色社会主义，许多问题没有本本可以找，需要运用马克思主义基本原理，在总结新的情况和新的实践中求得解答。死搬教条，不顾实践发展提出的新要求，就不能前进。"怀着对党、国家和民族的强烈责任感和使命感，江泽民表现出马克思主义者的巨大理论勇气。他后来甚至感慨地说："我现在的责任，也可以说我的历史责任，就是要带头解放思想，勇于进行理论探索和创新。"他大声疾呼："我们必须与时俱进，继续丰富和发展马克思主义。如果因循守旧、停滞不前，我们就会落伍，我们党就有丧失先进性和领导资格的危险。"

在上海讲话中，江泽民以深远的目光审视中外历史，列举了东罗马帝国、阿拉伯帝国、奥斯曼帝国以及近代中国的众多历史演进过程。最引起他深思的，是具有 80 多年历史的中国国民党在台湾地区选举中下台、世界上第一个社会主义国家苏联在经历了 70 多年执政之后解体以及苏联共产党垮台。他不断地追问：这是为什么？

总结历史的经验教训，江泽民得出结论：“违背历史规律和人民要求，不紧跟人类社会经济文化和科技进步发展的潮流，一个民族不论曾经多么强大，最终也是要落伍的。”他告诫说：“历史上，不看世界发展的大势，故步自封，作茧自缚，导致国家和民族衰亡的例子比比皆是。”

紧跟时代潮流，立足新的实践，实现党的指导思想的与时俱进，永葆党的先进性；使党和国家工作适应新趋势，合乎新要求；使中华民族伟大复兴的这艘航船不落后于时代，使中国特色社会主义的改革和建设不断向前迈进。这就是“三个代表”重要思想的着眼点。

“三个代表”重要思想写入党章

2000 年夏天，江泽民又到宁夏、甘肃考察，他在考察过程中进一步阐述“三个代表”重要思想。他说：“时代在发展，形势在变化，我们党要不断巩固自己的执政地位，必须紧跟世界发展进步的潮流，始终代表中国先进生产力的发展要求、先进文化的前进方向和最广大人民的根本利益，坚决解决党内存在的突出问题。”

2000 年 10 月，党的十五届五中全会在北京召开。江泽民强调，“三个代表”是我们党的立党之本、执政之基、力量之源，是我们加强新时期党的建设的基本方针。同时，他还指出，要使全党同志深刻认识和全面、正确地把握“三个代表”要求，还有大量的工作要做，首先需要从理论和实践的结合上进一步加以研究，进一步进行阐述。

2001 年 7 月 1 日，首都各界在人民大会堂隆重集会，庆祝中国共产党成立 80 周年。江泽民发表了重要讲话。

江泽民在“七一讲话”中，系统阐述“三个代表”重要思想的科学内涵，对代表中国先进生产力的发展要求、代表中国先进文化的前进方向、代表最广大人民的根本利益在当前的具体内涵作了精辟阐述。他在讲话中指出，发展先进生产力，是发展先进文化、实现最广大人民根本利益的基础条件。人民群众是先进生产力和先进文化的创造主体，也是实现自身利益的根本力量。不断发展先进生产力和先进文化，归根到底都是为了满足人民群众日益增长的物质文化生活需要，不断实现最广大人民的根本利益。这篇讲话还精辟回答了中国特色社会主义实践中提出的一系列重大问题，提出了许多重要的新思想、新观点、新论断。

2002 年 11 月，党的十六大通过的《中国共产党章程》修正案，把“三个代表”重要思想与马克思列宁主义、毛泽东思想和邓小平理论一道，作为党必须长期坚持的指导思想写入了党章。这是党的十六大的一个历史性决策和贡献。

“三个代表”重要思想进一步回答了什么是社会主义、怎样建设社会主义的问题，创造性地回答了建设什么样的党、怎样建设党的问题，进一步丰富和发展了中国特色社会主义理论体系，是对马克思列宁主义、毛泽东思想、邓小平理论的继承和发展，反映了当代世界和中国的发展变化对党和国家工作的新要求，是加强和改进党的建设、推进我国社会主义自我

▲ 2002 年 11 月 8 日，中国共产党第十六次全国代表大会在北京人民大会堂隆重开幕。党的十六大的一个历史性贡献，是把“三个代表”重要思想同马克思列宁主义、毛泽东思想、邓小平理论一道，作为党必须长期坚持的指导思想写入党章。图为大会会场。

完善和发展的强大理论武器，是中国共产党集体智慧的结晶，是党必须长期坚持的指导思想。

参考文献

1.《江泽民文选》第 3 卷，人民出版社 2006 年版。

2. 江泽民：《在庆祝中国共产党成立八十周年大会上的讲话》，《人民日报》2001 年 7 月 2 日。

3. 兰红光：《江泽民出席广东茂名高州市领导干部“三讲”教育会议发表重要讲话进行动员》，《人民日报》2000 年 2 月 21 日。

2001 年

扣人心弦的中国入世谈判

坐落在瑞士日内瓦莱芒湖畔的世界贸易组织总部的正门，是两扇虽不大但很沉重的门。为了推开这扇门，中国人用了整整 15 年的时间。

▲图为设立在瑞士日内瓦的世界贸易组织总部。（新华社发）

世贸组织好比是经济联合国

世界贸易组织（WTO）是与世界银行、国际货币基金组织并列的现今全球最具广泛性的三大国际经济组织之一，其前身为关税与贸易总协定（GATT）。

世界贸易组织被比作经济联合国。实际上，在一般情况下，它对一个国家在经济上的影响，远比联合国对一个正常国家的政治影响要大。改革开放的中国，徘徊在世贸组织之外，对经济发展非常不利，也跟一个大国的地位很不相称。一度，加入世贸组织成为中国人的一个心结、一个中心话题。

中国曾为关贸总协定的 23 个创始缔约国之一，由于历史的原因，中国一度失去了这一地位。1986 年 7 月 10 日，中国正式向关贸总协定递交复关申请。谈判一开始是较为顺利的。当时，中国的改革从 1978 年以来已经进行了多年。以美国为首的西方发达国家看好中国的改革前景，中国虽然在很多方面没有达到关贸总协定的要求，但它们还是想把中国吸收进来。但是，20 世纪 80 年代末，以美国为首的西方发达国家粗暴干涉中国内政，对华实行经济制裁，把阻止中国“复关”作为其中重要内容，以前谈的全部推翻，中国工作组的工作中断了一年零十个月。面对这种严重的形势，我们不仅把恢复关贸总协定地位看成是一场恢复国际外交和经济地位的谈判，更看成是打破当时西方对中国围堵和制裁的重要政治举措。当时，中央领导同志亲自做工作，李鹏总理出面给关贸总协定所有缔约方的政府首脑都写了信。由于李鹏总理的信，再加上我们做了其他方面的大量工作，中国复关谈判在 1991 年下半年恢复。

1995 年，世贸组织取代关贸总协定，中国“复关”谈判也转为入世谈判。根据要求，中国与 WTO 的 37 个成员国逐一开始拉锯式的双边谈判。1997 年 8 月，中国与新西兰签署了世贸组织市场准入谈判的双边协议，新西兰成为第一个与中国结束双边谈判的西方国家。1999 年 11 月，中美两国就中国加入世贸组织问题达成双边协议，这是中国进入 WTO 的关键性一步。2000 年 5 月，中国与欧盟就中国加入世贸组织问题达成双边协议。2001 年 9 月，中国与墨西哥结束了关于中国加入世贸组织的双边谈判，至此全部完成了与世贸组织成员的双边市场准入谈判。整个过程跌宕起伏，山重水复。其中，最复杂、最艰难的莫过于中美之间的谈判，共进行了 25 轮；其次是中欧谈判，进行了 15 轮。

加入世贸组织的谈判过程是一个在政治和经济、规则和实力的较量与权衡中艰难行进的过程，是一个在不同理念、不同体制、不同文化的碰撞与磨合中艰难行进的过程。

“市场经济”4 个字谈了 6 年

1986 年 7 月，出于对内改革、对外开放的需要，中国正式提出关于恢复关贸总协定缔约方地位的申请。

然而，恢复中国在关贸总协定的地位，必须完成对中国贸易体制的审查，即看中国的经济体制是否有能力来执行关贸总协定的一套游戏规则。这一阶段谈了 6 年，中国 WTO 首席谈判代表龙永图说了一句意味深长的话：为“市场经济”这 4 个字整整谈了 6 年的时间。

搞市场经济是执行关贸总协定和世贸组织一整套规则和协议的前提。20 世纪 70 年代前，中国从理论到实践都是讲社会主义计划经济有无比优越性；后来又说，中国是有计划的商品经济。在思想上、理论上一直没提“市场经济”这几个字。在谈判中，人们问中国代表团：中国究竟是不是市场经济国家？在经济运行的细胞企业中，究竟是厂长说了算，还是党委书记说了算？那时，这些问题常常让人无法回答，不敢回答。

直到 1992 年初邓小平发表南方谈话，提出社会主义也可以搞市场经济。紧接着，在当年 10 月召开的党的十四大上，确定我国经济体制改革的目标是建立社会主义市场经济体制，情况才有了变化。

1992 年 10 月在日内瓦举行的中国工作组第 12 次会议上，中国代表团团长佟志广自豪地宣布：我们中国也是搞市场经济的，我们搞的是社会主义条件下的市场经济。这个宣布在当时的关贸总协定总部引起了极大的轰动，从而结束了对中国贸易体制的审议。

朱镕基总理亲自出面，一锤定音

1999 年 11 月 10 日至 15 日，中国对外经济贸易合作部部长石广生率领的中国代表团，与美国贸易代表巴尔舍夫斯基率领的美国代表团在北京进行了 6 天 6 夜的艰苦谈判。中美双方为各自国家的利益唇枪舌剑，锱铢必较，甚至为争执难下的谈判条件敲桌子、砸板凳。谈判进行得异常艰苦，中方人员将行军床搬到了外经贸部住下来。巴尔舍夫斯基后来回忆说，在 54 个小时的谈判中，她只睡了 20 分钟。

14 日晚上，美方代表就像从人间蒸发了一样，突然集体失踪，并有消息说美方代表已购买了第二天回国的机票。直到当晚 11 时，中方才与美方代表联系上，在电话里，中国 WTO 首席谈判代表龙永图对他们说，既然这是一次全球瞩目的谈判，我们双方是否应该给这次谈判下个结论？对方一听，马上说：行，就早上 4 点吧！

11 月 15 日，中美谈判最后一天的凌晨 4 点，龙永图与卡西迪各带几个人开始了“工作会谈”。中方代表敏锐地捕捉到一个细节，即美国谈判代表团提议，把这些年达成的几百页协议逐一地校对，严谨到协议的每一个标点。龙永图此时意识到，美方真的有签署协议的愿望，而不是仅仅口头上说说。

应该给国家最高决策层传递这一重要的信息。龙永图设想了所有的后果之后，给总理办公室打了电话。朱镕基问：“龙永图，你谈判这么多年，你给我一个判断，美国到底愿不愿意签？”龙永图说，根据我多年和美国人打交道的经验，他们是想签的。朱镕基接着问：“你有什么证明？”龙永图说，他们已经开始跟我校对文本了，校对文本说明他们准备签了。朱镕基决断地说：“好，我相信你的判断，你一定要和美国人谈成，不要让美国人跑了。”

当天正在召开中央经济工作会议，但是就在那样一个重要的会议开始之后不久，朱镕基亲自来到谈判现场，直接参加谈判。

在谈判的最后环节，中美双方最后只剩 7 个问题无法达成共识。龙永图回忆说：“当美国人抛出前 3 个问题时，朱镕基都只有一个回答：‘我同意。’我着急了，这不是要全盘放弃嘛！我不断给朱总理递条子，写着‘国务院没有授权’。没想到朱总理一拍桌子说：‘龙永图，你不要再递条

▲ 加入世界贸易组织（WTO），是我国改革开放进程中具有历史意义的一件大事，也是进一步推进全方位、多层次、宽领域对外开放的重要契机。图为 2001 年 11 月 11 日，时任中国外经贸部部长石广生在卡塔尔首都多哈代表中国政府在中国加入世贸组织的议定书上签字。同年 12 月 11 日，中国正式加入世贸组织，成为其第 143 个成员。

子了。’我当时真没面子。想不到，当美方抛出第 4 个问题时，朱总理说：‘后面 4 个问题你们美方让步吧，如果你们让步我们就签字。’5 分钟后，美方同意让步。”

15 日下午 4 点，石广生与巴尔舍夫斯基在北京签署了两国关于中国加入 WTO 的双边市场准入协议。龙永图事后回忆说：“1999 年和美国的谈判是一个转折性的谈判，一直到 11 月 15 日上午朱总理参加谈判，我们才知道抓住了最后的机遇。当时中央确实从战略全局的高度来考虑这个问题。如果没有朱镕基亲自在 11 月 15 日上午和美国人谈判，那么我们中美谈判达成这个协议也许会推迟 10 年，也许会推迟 5 年。”而时任美方代表的巴尔舍夫斯基卸任后也同意这一观点。

中美达成协议后，中国入世道路上最大的障碍已经清除。随后，中国与欧盟在 2000 年 5 月达成协议。与其他进行双边市场准入谈判的成员国也纷纷达成协议。2001 年 11 月 10 日，在卡塔尔多哈举行的世界贸易组织第四届部长级会议通过了中国加入世贸组织的法律文件，标志着经过 15 年的艰苦努力，中国终于成为世贸组织新成员。同年 12 月 11 日，我国正式加入世界贸易组织，成为其第 143 个成员。

关于中国加入世界贸易组织的意义，江泽民有过一段非常生动的描述。他说：从 21 世纪国际竞争日趋激烈的大环境看，我们搞现代化建设，必须到国际市场的大海中去游泳，并且要奋力地去游，力争上游，不断提高我们搏风击浪的本领。

参考文献

1. 石广生：《历史的回顾——纪念中国加入世界贸易组织十周年》，《WTO 经济导刊》2011 年第 12 期。
2. 赵忆宁：《中国入世十周年：石广生回溯中国入世的艰难历程》，《21 世纪经济报道》2011 年 12 月 12 日。
3. 吴志菲：《龙永图：今天仍在“闯关”的经济外交家》，《湘潮》2007 年第 3 期。

2004 年

加强党的执政能力建设

为谁执政、靠谁执政、怎样执政——这是中国共产党执政实践中不断探索并努力回答的重大问题。2004 年 9 月，党的十六届四中全会通过《关于加强党的执政能力建设的决定》（简称《决定》），对这一全局性、战略性问题进行了回答。《决定》指出，党的执政能力，就是党提出和运用正确的理论、路线、方针、政策和策略，领导制定和实施宪法和法律，采取科学的领导制度和领导方式，动员和组织人民依法管理国家和社会事务、经济和文化事业，有效治党治国治军，建设社会主义现代化国家的本领。

以“赶考”的心态行使执政之权

2004 年，也是农历甲申年。

60 年前，1944 年 3 月 19 日，郭沫若的《甲申三百年祭》在重庆《新华日报》上发表。该文以马克思列宁主义的科学态度对明末农民起义的原因、经验教训作了总结，引起毛泽东的共鸣。毛泽东把这篇文章列为全党的整风文件，要求全党干部阅读，引以为戒。在写给郭沫若的信中，毛泽东写道：“小胜即骄傲，大胜更骄傲，一次又一次吃亏，如何避免此种毛病，实在值得注意。”

如何避免重蹈历史覆辙，走出“历史周期律”，是新中国成立前以毛泽东为代表的中国共产党人深入思考的问题。1949 年 3 月，党的七届二中全会在河北西柏坡举行。在这次全面思考执政问题的重要会议上，毛泽东向全党郑重提出：务必使同志们继续地保持谦虚、谨慎、不骄、不躁的作风，务必使同志们继续地保持艰苦奋斗的作风。七届二中全会闭幕 10 天后，毛泽东和周恩来等中央领导人离开西柏坡，动身前往北平。面对执掌全国政权的历史使命，毛泽东意味深长地说：“今天是进京赶考的日子，走，我们赶考去。”“我们绝对不当李自成，我们都希望考个好成绩。”周恩来回应道：“我们应当都能考试及格，不要退回来，退回来就是失败了。”

2004 年这个甲申之年到来之时，中国共产党已经在全国执政 55 年、改革开放也进行了 26 年。正是铭记《甲申三百年祭》揭示的深刻教训，

▲ 1949 年 3 月 25 日，中共中央和人民解放军总部机关由西柏坡迁至北平。当日，毛泽东、朱德、刘少奇、周恩来等中央领导人在北平西苑机场检阅人民解放军部队。

恪守为人民服务的宗旨，始终以一种“赶考”的心态慎行执政之权，中国共产党才能团结带领人民不断战胜各种风险和挑战，把一个四分五裂、贫穷落后的旧中国建设成人民生活总体上达到小康水平、正在蓬勃发展、生机盎然的新中国。

“加强党的执政能力建设，是时代的要求、人民的要求”

中国共产党成为执政党，是历史的选择、人民的选择。加强党的执政能力建设，是时代的要求、人民的要求。经过 50 多年的执政，党的执政能力同党肩负的重任和使命总体是适应的。但是，进入新世纪、新阶段，国际局势发生新的深刻变化，世界多极化和经济全球化的趋势继续在曲折中发展，科技进步日新月异，综合国力竞争日趋激烈，各种思想文化相互激荡，各种矛盾错综复杂，敌对势力对我国实施西化、分化的战略图谋没有改变，我们仍面临发达国家在经济、科技等方面占优势的压力。我国改革发展处在关键时期，社会利益关系更为复杂，新情况、新问题层出不穷。面对新形势、新任务，党的领导方式和执政方式、领导体制和工作机制还不完善；一些领导干部和领导班子思想理论水平不高、依法执政能力不强、解决复杂矛盾本领不大，素质和能力同贯彻落实“三个代表”重要思想、全面建设小康社会的要求还不适应；一些党员干部事业心和责任感不强、思想作风不端正、工作作风不扎实、脱离群众等问题比较突出；一些党的基层组织软弱涣散，一些党员不能发挥先锋模范作用；腐败现象在一些地方、部门和单位还比较严重。这些问题影响党的执政成效。

党中央深刻认识到，党的执政地位不是与生俱来的，也不是一劳永逸的。面对世情、国情、党情的深刻变化，面对改革发展稳定的艰巨任务，深刻汲取世界上一些执政党兴衰成败的经验教训，大力加强党的执政能力建设，进一步提高党的执政能力，巩固党的执政地位，完成党的执政使命，是全党面临的一项重大而紧迫的战略课题。2002 年 11 月，党的

▲ 2004 年 9 月 16 日至 19 日举行的中共十六届四中全会，提出加强党的执政能力建设，并对中央军委组成人员进行了调整充实。图为大会主席台。（2004 年 9 月 19 日摄，新华社发）

十六大第一次把“加强党的执政能力建设”的任务正式提到全党面前。随后，在党的十六届一中全会、二中全会、三中全会上，胡锦涛反复强调，我们党是执政党，党的各方面建设的成效最终都应该体现到提高党的执政能力上来、体现到巩固党的执政地位上来；我们必须以“三个代表”重要思想为指导，以加强党的执政能力建设为重点，持之以恒地加强和改进党的思想、组织、作风和制度建设，持之以恒地加强和改善党的领导。

2003 年 11 月 24 日，中共中央政治局会议决定，2004 年秋天召开的党的十六届四中全会，讨论加强党的执政能力建设问题并作出相应决定。这是以胡锦涛同志为总书记的党中央深入贯彻落实“三个代表”重要思想和十六大精神，科学分析国际国内形势，高瞻远瞩，审时度势，居安思危，未雨绸缪，作出的重大战略决策。

在机遇和挑战并存的国内外条件下，中国共产党要带领全国各族人民全面建设小康社会，实现继续推进现代化建设、完成祖国统一、维护世界和平与促进共同发展这三大历史任务，必须大力加强执政能力建设。

始终为人民执好政、掌好权

无产阶级政党夺取政权不容易，执掌好政权尤其是长期执掌好政权更不容易。执政能力建设是中国共产党执政后的一项根本建设，是关系中国社会主义事业兴衰成败、关系中华民族前途命运、关系党的生死存亡和国家长治久安的重大战略课题。

十六届四中全会作出的《关于加强党的执政能力建设的决定》，系统阐明了加强党的执政能力建设的一系列重大问题，是中国共产党历史上第一份关于加强党的执政能力建设的纲领性文件，是指导全党担当起执政兴国历史使命的行动纲领。

▲ 为配合《关于加强党的执政能力建设的决定》的学习，中央有关部门组织编写了《〈中共中央关于加强党的执政能力建设的决定〉辅导读本》和《党的十六届四中全会〈决定〉学习辅导百问》，分别由人民出版社、学习出版社、党建读物出版社出版发行。（新华社发）

《决定》深刻阐述了加强党的执政能力建设的重要性和紧迫性，从认识和把握执政规律的角度，总结了党执政 55 年来的 6 条主要经验，明确了加强党的执政能力建设的指导思想、总体目标和主要任务。《决定》提出，要通过全党的努力，使党始终成为立党为公、执政为民的执政党，成为科学执政、民主执政、依法执政的执政党，成为求真务实、开拓创新，勤政高效、清正廉洁的执政党。《决定》还第一次明确提出党要重点加强 5 个方面的能力建设，即驾驭社会主义市场经济的能力、发展社会主义民主政治的能力、建设社会主义先进文化的能力、构建社会主义和谐社会的能力、应对国际局势和处理国际事务的能力。

围绕这些目标任务，党中央要求，要不断研究新情况、解决新问题、创建新机制、增长新本领，全面加强和改进党的建设，使党的执政方略更加完善、执政体制更加健全、执政方式更加科学、执政基础更加巩固，使我们的党在世界形势深刻变化的历史进程中始终走在时代前列，在应对国内外各种风险和考验的历史进程中始终成为全国人民的主心骨，在建设中国特色社会主义的历史进程中始终成为坚强的领导核心，更加自觉地加强执政能力建设，始终为人民执好政、掌好权。

参考文献

1. 中共中央文献研究室编：《十六大以来重要文献选编》（中），中央文献出版社 2006 年版。
2. 张宿堂、孙承斌：《〈中共中央关于加强党的执政能力建设的决定〉诞生记》，华夏经纬网 2004 年 9 月 28 日。

2005 年

取消农业税

2005 年 12 月 29 日下午，第十届全国人大常委会第十九次会议以 162 票赞成、0 票反对、1 票弃权的表决结果，决定《中华人民共和国农业税条例》自 2006 年 1 月 1 日起废止。从公元前 594 年春秋时期鲁国实施的“初税亩”，到 2006 年我国废止农业税条例，全面取消农业税，标志着在我国历史上曾实行了 2600 年的“皇粮国税”退出了历史舞台。

▲ 2005 年 12 月 29 日，十届全国人大常委会第十九次会议在北京人民大会堂闭会。会议经过表决，通过全国人大常委会关于废止农业税条例的决定。（新华社发）

农业税是农民的伟大贡献

农耕文明在中华民族历史上具有极其重要的地位，几千年来，农业一直是国家税收的主要来源。我国的农业税实际上包括农业税、农业特产税和牧业税，是国家对一切从事农业生产、有农业收入的单位和个人征收的一种税，俗称“公粮”。据史料记载，农业税始于春秋时期鲁国的“初税亩”，到汉初形成制度。

1958 年 6 月 3 日，一届全国人大常委会第 96 次会议通过了第一个全国统一的农业税法——《中华人民共和国农业税条例》。农业税条例采用地区差别比例税率，规定全国平均税率为常年产量的 15.5%，最高不得超过 25%。1983 年，由于农林特产与粮食争地现象突出，为稳定粮食播种面积，国家设立农业特产税。1985 年，农业税由征收粮食改为按比例征收货币，实现了从实物税向货币计税的过渡。

新中国成立初期，国家积贫积弱，国库空虚，工业基础薄弱，农业在国民经济中占很大比例，农业税成为国家财力的基石，推进工业化建设的重要财政来源，为国家工业的发展、城市的繁荣作出了巨大历史性贡献。《中华人民共和国农业税条例》实施以来，对于正确处理国家与农民的分配关系、发展农业生产、保证国家掌握必要的粮源、保证基层政权运转等发挥了重要作用，但也在一定程度上加重了农民负担。据统计，从 1949 年到 2005 年的 57 年间，全国累计征收农业税约 4200 亿元。

沉重负担呼唤改革

改革开放初期，我国在农业方面实施了一系列正确的政策措施，农业获得长足发展，农业普遍增产增收，农民生活水平有了极大改善。但在 20 世纪 80 年代中后期，逐渐出现了“卖粮难”、农民收入增长乏力等问题。随着时间的推移，农民负担逐渐增加，“三农”问题日益严重，在农业征税之外的各种杂费，让农民不堪重负。

农民不仅要缴纳农业税，还要承担许多维持基层运转和公共事业发展的费用，俗称“三提五统”。再加上各种乱摊派、乱收费、乱集资，农民负担越发沉重。“头税轻，二税重，三税是个无底洞”，“两工强要钱，暗税最要命”……说起那些年农业税的征收乱象，许多农民还记忆犹新。

一方面，有的地方政府虚报数字，农民实际收入没增加，“三提五统”却一增再增，超过农业税数额的 2 倍甚至 3 倍以上。另一方面，乱收费、乱摊派、乱罚款屡禁不止：农民建房、结婚登记、子女上学、计划生育罚款……所有的生活以及公共支出、用度，不但都要农民这个纳税人自己来负担解决，还要应付涉及部门的各种“搭车收费”。当时购买一台农用拖拉机上路行驶，就有 20 多个附加收费项目要缴纳，农民要额外负担 2000 多元。

农村一些地方陆续爆出多起因农民负担过重引发的恶性案件，成为乡村社会的“不定时炸弹”。虽然从 1990 年开始，中央几乎每年都出台为农民减负的文件，甚至一些地方政府还祭出了农民负担“高压线”，但各地农民负担始终呈减而复增态势。根据农业部门提供的数据，从 1990 年到 2000 年 10 年间，农民税费负担总额从 469 亿增长到 1359 亿元，人均负担增长了 3 倍。

繁重的税负严重限制了农民实际收入的增长，也挫伤了农民的生产积极性，恶化了干群关系，给社会带来各种不稳定因素，农业税费改革势在必行。于是，农村税费改革从地方自发尝试到中央政府主导、从局部试点改革到全面推进。

◂2006 年 12 月 5 日，王三妮在展示自己铸造的“告别田赋鼎”。河北省灵寿县清廉村农民王三妮，对国家取消农业税政策充满感激之情。他利用自家办的小型青铜工艺厂，铸成巨型青铜“告别田赋鼎”。（新华社记者侯东涛摄）

审时度势的德政之举

中国农业博物馆 4 号展馆里陈列着一尊青铜圆鼎——“告别田赋鼎”，这是我国取消农业税的标志性纪念物。这尊青铜鼎由河北省灵寿县农民王三妮用一年八个月的时间自筹资金铸造，直径 82 厘米，高 99 厘米，重 252 千克，上书铭文 560 字，刻写了田赋也就是农业税的由来。铭文最后写道：“我是农民的儿子，祖上几代耕织，辈辈纳税，今朝告别了田赋，我要代表农民，铸鼎刻铭，告知后人，万代歌颂，永世不忘。”

从 1990 年起，中央开始抓减轻农民负担工作，并取得一定成效。1992 年，安徽省涡阳县新兴镇自发进行了税费制度改革的实验，按照全镇每年的支出总额确定农民的税费总额，税费一并征收，分摊到亩，每亩一年只需交税 30 元。随后，安徽太和、河北正定、湖南武冈、贵州湄潭……各地悄悄开始试水。这些早期自发进行的局部改革尝试，在短期内不同程度地减轻了农民负担，但是存在做法不尽规范、不甚妥当的问题。

1998 年 10 月，在党的十五届三中全会上，农村税费改革被列为改革重点内容。基层的自发实验，逐渐演变为由中央推动的全局性改革。当年 11 月，国务院成立了由时任财政部部长项怀诚、农业部部长陈耀邦、中央农村工作领导小组办公室主任段应碧组成的农村税改“三人小组”，开始设计全局改革路线图。

进入新世纪，税费改革开始按照“减轻、规范、稳定”的目标进行试点。2000 年 3 月 2 日，中共中央、国务院正式下发《关于进行农村税费改革试点工作的通知》，并在安徽全省进行了改革试点，正式启动了农村税费改革。这一改革，使农民除了缴纳 7%的农业税和 1.4%的农业税附加之外，不再承担其他任何收费。由于在改革过程中，相关的配套措施没有到位，致使乡村两级经费缺口较大，有的问题难以解决，所以，中央在 2001 年 4 月要求暂停扩大试点，此前“加快推进”的提法变成了“稳步实施”。

能不能彻底取消农业税，让农民甩掉包袱轻装前行？其实，随着工业化进程基本完成，从 1950 年到 2004 年，农业税在我国财政收入中的比重已经从 40% 下降到不足 1%，逐步降低乃至取消农业税条件已逐渐具备。

2004 年 3 月，在第十届全国人大第二次会议上，温家宝总理在政府工作报告中宣布，自 2004 年起“逐步降低农业税税率，平均每年降低 1

◂ 2000 年 6 月 10 日，安徽省和县南义乡百余名农民手持农业税纳税通知书，在丰西村农业税征收点排队缴纳农村税费改革后的第一笔税款。当年，安徽省农村税费改革试点工作全面展开。（新华社发）

个百分点以上，五年内取消农业税”。由此，农村税费改革由“减轻、规范、稳定”的目标转向逐步降低直至最终取消农业税。

此后，首先在黑龙江、吉林进行免征农业税试点，同时鼓励沿海及其他有条件的省份先行改革。不久，北京、天津、浙江、福建宣布免征农业税。2005 年元旦前后，广东、江苏、河南等 16 个省宣布全面取消农业税，为亿万农民送上了一份厚重的“新年礼”。到 2005 年底，全国已有 28 个省市区免征农业税。另外 3 个省即河北、山东、云南也已经将农业税率降到了 2% 以下，并且在这 3 个省中也有 210 个县免征了农业税。至此，正式取消农业税已是水到渠成。

2005 年 12 月 29 日，十届全国人大常委会第十九次会议决定，从 2006 年 1 月 1 日起正式废止《中华人民共和国农业税条例》，“五年内取消农业税”的目标，两年即成现实。从公元前 594 年春秋时期鲁国实施的“初税亩”，到 2006 年全面废止《中华人民共和国农业税条例》，在中

▸ 党和政府采取一系列重大措施，切实减轻农民负担。图为宁夏回族自治区粮农马海福家每亩地年净收益达 1000 多元，喜上眉梢。

国历史上曾经实行了 2600 年的“皇粮国税”就此退出历史舞台。

全面取消农业税，是解决“三农”问题、促进农村经济社会发展具有标志性意义的关键一步；是减轻农民负担，增加农民收入，调动农民生产积极性，巩固农业基础地位的重要举措。全面取消农业税后，与免税前的 1999 年同口径相比，全国农民人均减负 140 多元，农民负担重的状况得到根本性扭转，农民得到了休养生息。农业税的取消，给亿万农民带来了看得见的物质利益，极大提高了农民生产积极性，在中国农业发展史上具有划时代意义。

参考文献

1. 李丽辉：《农业税走进了历史——财政部部长金人庆就全面取消农业税相关问题接受采访》，《人民日报》2005 年 12 月 31 日。
2. 李竟涵：《取消农业税：千年税赋一朝免》，《农民日报》2018 年 12 月 7 日。

2006 年

构建社会主义和谐社会

2006 年 10 月 11 日下午 3 时，党的十六届六中全会审议并通过《中共中央关于构建社会主义和谐社会若干重大问题的决定》(以下简称《决定》)，从中国特色社会主义事业总体布局和全面建设小康社会全局出发，提出构建社会主义和谐社会的指导思想、目标任务、工作原则和重大部署，是我国改革发展进入关键时期的客观要求，体现了广大人民群众的根本利益和共同愿望。

社会和谐是党不懈奋斗的目标

我国历史上有丰富的有关社会和谐的思想。比如，孔子说过“和为贵”；墨子提出了“兼相爱”“爱无差等”的理想社会方案；孟子描绘了“老吾老以及人之老，幼吾幼以及人之幼”的社会状态；《礼记·礼运》中描绘了“大道之行也，天下为公，选贤与能，讲信修睦。故人不独亲其亲，不独子其子，使老有所终，壮有所用，幼有所长，矜、寡、孤、独、废、疾者皆有所养”这样一种理想社会；康有为在《大同书》中提出要建立一个“人人相亲，人人平等，天下为公”的理想社会。这些思想在一定程度上反映了广大人民群众对美好生活的向往。当然，在存在阶级压迫和阶级剥削的旧制度下，这些设想是根本无法实现的。

在革命、建设、改革的长期实践中，我们党不断探索和发展了中国特色社会主义社会建设理论，把马克思主义基本原理同中国具体实际相结合，取得了新民主主义革命的胜利，建立了人民当家做主的新中国，进而建立了社会主义制度，消除了导致社会对立、产生社会不和谐的制度根源，为实现社会和谐开辟了广阔的道路。

党的十一届三中全会以后，以邓小平同志为核心的党中央深刻总结新中国成立以来正反两方面的经验，果断地把党和国家的工作重点转移到社会主义现代化建设上来，坚定不移地实行改革开放，开辟了建设中国特色社会主义的新道路。邓小平提出“社会主义的本质，是解放生产力，发展生产力，消灭剥削，消除两极分化，最终达到共同富裕”“要按照统筹兼顾的原则来调节各种利益的相互关系，正确处理人民内部矛盾，调动人民群众的积极性”“没有安定团结的政治环境，没有稳定的社会秩序，什么事也干不成”等重要思想。

党的十三届四中全会以后，以江泽民同志为核心的党中央根据国内外形势的发展变化，根据我国经济社会发展的新要求和我们党肩负的新任务，进一步丰富和发展了我们党关于社会主义社会建设的理论。他强调，“发展是党执政兴国的第一要务，要坚持用发展的办法解决前进中的问题”，“要坚持稳定压倒一切的方针，正确处理改革、发展、稳定的关系，把不断改善人民生活作为处理改革、发展、稳定关系的重要结合点，在社会稳定中推进改革发展，通过改革发展促进社会稳定”。

党的十六大之后，以胡锦涛为总书记的党中央强调，“坚持立党为公、执政为民，做到权为民所用、情为民所系、利为民所谋”，“坚持以人为本，始终把最广大人民的根本利益作为党和国家工作的根本出发点和落脚点，切实做好关心群众生产生活的工作”，等等，都是为了推进社会主义社会建设。

构建和谐社会是新形势下的战略举措

把构建社会主义和谐社会作为我们党要为之奋斗的一个重要目标明确提出来，在我们党历次代表大会的报告中是第一次，这既是对我国改革开放和现代化建设经验的科学总结，也是在新的国内外形势下提高党的执政能力、贯彻落实科学发展观、更好地推进我国经济社会发展的战略举措。

2005 年 2 月 19 日，胡锦涛在省部级主要领导干部提高构建社会主义和谐社会能力专题研讨班上的讲话中，全面分析了新世纪新阶段我国发展面临的机遇和挑战，集中概括了影响我国社会和谐的主要矛盾和问题，深刻阐明了构建社会主义和谐社会的重要性和紧迫性，及其时代背景和重大意义。

从国内看，构建社会主义和谐社会，是抓住和用好重要战略机遇期、实现全面建设小康社会宏伟目标的必然要求。这就要求我们党必须正确应对我国经济社会发展面临的矛盾和问题，花更大气力妥善协调各方面的利益关系，正确处理各种社会矛盾，大力促进社会和谐。这既是全面建设小康社会的重要内容，也是实现全面建设小康社会宏伟目标的重要前提。

从国际看，构建社会主义和谐社会，是我们把握复杂多变的国际形势、有力应对来自国际环境的各种挑战和风险的必然要求。在复杂多变的国际形势下，要有力应对来自外部的各种挑战和风险，必须把国内的事情办好，始终保持国家统一、民族团结、社会稳定的局面。这是我们集中全党全民族的智慧和力量、全面推进中国特色社会主义事业的重要保障。

从党肩负的使命看，构建社会主义和谐社会，是巩固党执政的社会基础、实现党执政的历史任务的必然要求，是党实现好、维护好、发展好最广大人民的根本利益的重要体现，也是党实现执政的历史任务的重要条件。党只有更加自觉主动地做好工作，践行全心全意为人民服务的宗旨，才能不断增强执政的社会基础，才能更好地实现党承担的历史任务。

社会和谐是中国特色社会主义的本质属性

《中共中央关于构建社会主义和谐社会若干重大问题的决定》明确提出，社会和谐是中国特色社会主义的本质属性，把和谐写入我国社会主义现代化建设的总体目标。构建社会主义和谐社会，是我们党以马克思列宁主义、毛泽东思想、邓小平理论和“三个代表”重要思想为指导，全面贯彻落实科学发展观，从中国特色社会主义事业总体布局和全面建设小康社会全局出发提出的重大战略任务，反映了建设富强民主文明和谐的社会主义现代化国家的内在要求，体现了全党全国各族人民的共同愿望。这标志着我们对社会主义本质认识的进一步深化。《决定》提出，“我们要构建的社会主义和谐社会，是在中国特色社会主义道路上，中国共产党领导全体人民共同建设、共同享有的和谐社会”，阐明了社会主义和谐社会的性质和定位，深刻揭示了构建社会主义和谐社会的领导核心、发展道路、实践主体和根本目的，在理论和实践上都具有重大指导意义。

《决定》明确了构建社会主义和谐社会要遵循的六大原则，即：必须坚持以人为本，必须坚持科学发展，必须坚持改革开放，必须坚持民主法治，必须坚持正确处理改革发展稳定的关系，必须坚持在党的领导下全社会共同建设。

《决定》还勾勒了社会主义和谐社会的美好图景：社会主义民主法制

▲ 构建社会主义和谐社会，民生是根本。图为 2006 年 1 月 10 日，云南省石林彝族自治县圭山乡尾乍黑村村民在观看村委会公布的群众参加新型农村合作医疗的情况。（新华社记者周重要摄）

▲ 加快劳动保障事业改革发展，是构建社会主义和谐社会的客观需要。图为 2006 年 3 月 4 日，进城务工人员谭晓平正在向招聘单位出示“春风卡”。“春风卡”的主要内容为劳动保护、农民工维权、外来工就业须知和就业服务导示。（新华社发）

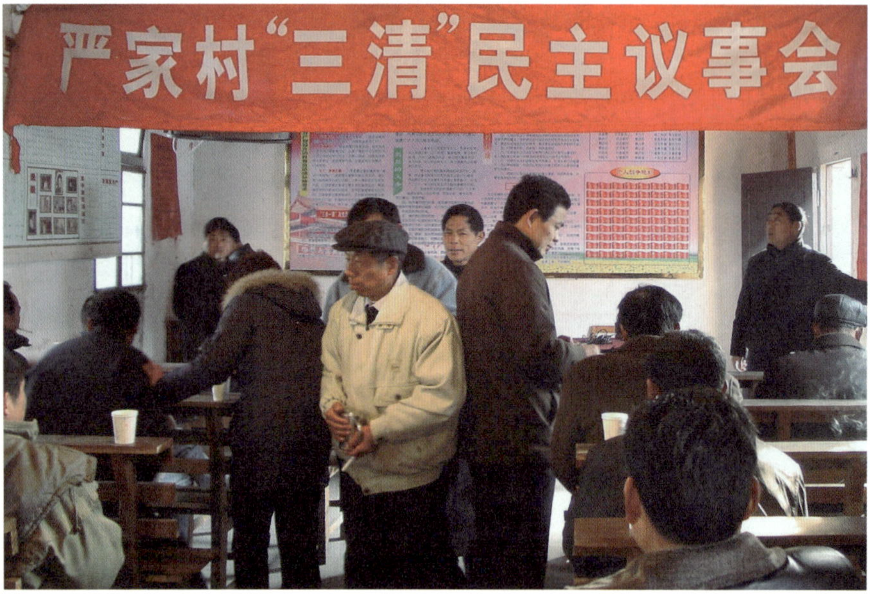

▲图为 2006 年 2 月 10 日，江苏泰州兴化市昭阳镇严家村的村民代表在民主议事室参加“三清（清洁水源、清洁家园、清洁田园）”民主议事会。（新华社记者朱旭东摄）

更加完善，依法治国基本方略得到全面落实，人民的权益得到切实尊重和保障；城乡、区域发展差距扩大的趋势逐步扭转，合理有序的收入分配格局基本形成，家庭财产普遍增加，人民过上更加富足的生活；社会就业比较充分，覆盖城乡居民的社会保障体系基本建立；基本公共服务体系更加完备，政府管理和服务水平有较大提高；全民族的思想道德素质、科学文化素质和健康素质明显提高，良好道德风尚、和谐人际关系进一步形成；全社会创造活力显著增强，创新型国家基本建成；社会管理体系更加完善，社会秩序良好；资源利用效率显著提高，生态环境明显好转；实现全面建设惠及十几亿人口的更高水平的小康社会的目标，努力形成全体人民各尽其能、各得其所而又和谐相处的局面。

和谐凝聚力量，和谐成就伟业。明确提出构建社会主义和谐社会，反映了我们党对中国特色社会主义事业发展规律的新认识，也反映了我们党对执政规律、执政能力、执政方略、执政方式的新认识。随着和谐社会理念逐步深入人心，一个更加和谐的社会正向我们走来。

参考文献

1. 胡锦涛：《在省部级主要领导干部提高构建社会主义和谐社会能力专题研讨班上的讲话》，《人民日报》2005 年 6 月 27 日。

2. 吴邦国：《构建社会主义和谐社会的纲领性文件》，《人民日报》2006 年 10 月 20 日。

3. 严书翰：《构建社会主义和谐社会：我们党的重大理论创新》，《人民日报》2005 年 6 月 6 日。

2007 年

“嫦娥”探月

2007 年 10 月 24 日 18 时 05 分，我国在西昌卫星发射中心用长征三号甲运载火箭将“嫦娥一号”卫星成功送入太空。“嫦娥一号”是我国自主研制的第一颗月球探测卫星，它的发射成功，标志着我国实施绕月探测工程迈出重要一步。

▲ 2007 年 10 月 24 日 18 时 05 分，搭载着我国首颗探月卫星嫦娥一号的长征三号甲运载火箭在西昌卫星发射中心三号塔架点火发射。（新华社记者李刚摄）

“嫦娥”揭开神秘面纱

月球是距离人类家园最近的天体，寄托着人类的无限神往。在中华文化宝库中，留下了无数赞月咏月的瑰丽诗篇。“嫦娥奔月”“万户飞天”，是中华民族久远的美好梦想。

1978 年 5 月 28 日，中美建交前夕，美国总统国家安全事务顾问布热津斯基访华，给中国领导人送来卡特总统的两件礼物，其中一件为一块 1 克重的月球岩石。这块特殊的“石头”很快被安全护送到远在贵阳的中国科学院地球化学研究所，天体化学专家欧阳自远等科学家由此开始承担了艰巨的科研任务。

实际上，中国对月球的关注和研究早在 20 世纪 60 年代中期就已经开始了，但那时主要是西方探月升温迫使中国跟进，主要是学习积累阶段。

2002 年 10 月，朱镕基听取探月工程的汇报并作出重要批示：要抓紧搞探月工程的论证工作。2004 年 1 月 23 日，农历大年初二，温家宝批准了国防科工委、财政部《关于绕月探测工程的立项请示》，国家划拨 13.6 亿元人民币支持项目建设。立项后不久，国防科工委就成立了以张云川为组长的绕月探测工程领导小组，在小组第一次会议上，正式将探月工程命名为“嫦娥工程”，将第一颗月球探测器命名为“嫦娥一号”。

嫦娥一号工程始终为全国人民高度关注。2005 年 8 月 15 日，月球探测工程中心在北京中华世纪坛启动了月球探测工程形象标识征集活动，在国内外引起广泛响应，仅仅 20 多天就收到作品 100 多件。次年 2 月 10 日，以“月”字为主体的月球探测工程标识在众多方案中脱颖而出。标识以中国书法勾勒出一轮圆月，怀抱着一对清晰而坚实的脚印，象征着中国月球探测的终极梦想。圆月起笔自然形成的龙头，象征如巨龙腾空的中国航天事业，落笔由一群飞翔的和平鸽组成，表达了中国和平利用太空的美好愿望。

从 2004 年立项研制到 2007 年发射，中国首颗探月卫星仅用了三年多时间，创造了航天史上的奇迹。嫦娥一号卫星总指挥、总设计师叶培建回忆说：“从立项到完成一共三年半，是我国新型航天器中最快的。”

中国探月
CLEP

▸ 2006 年 2 月 10 日，国防科学技术工业委员会副主任金壮龙在北京宣布，历时 5 个多月的"月球探测工程标识征集活动"圆满落下帷幕，由上海设计师顾永江设计的作品被确定为月球探测工程标识。(新华社发)

"给'嫦娥'打 100 分！"

2009 年 3 月 1 日 16 时 13 分 10 秒，在安全飞行 494 天，绕月飞行 5514 圈后，嫦娥一号卫星迎来完美的告别：在北京航天飞行控制中心科技人员的精确控制下，"嫦娥"最终撞击在东经 52.36 度、南纬 1.50 度的丰富海区域，我国探月一期工程至此画上圆满的句号。

"嫦娥一号"任务有四项科学目标，即获取月球表面三维影像、分析月球表面有用元素含量和物质类型的分布特点、探测月壤特性和探测地月空间环境。嫦娥一号卫星的使命已经结束，这些目标是否实现了呢?

绕月探测工程卫星系统总指挥、总设计师叶培建院士激动地说："我要给'嫦娥一号'打 100 分！""发射很成功，运行很成功，延长寿命过

◂ 2019 年 1 月 3 日，在北京航天飞行控制中心，嫦娥四号成功落月的那一刻，74 岁的中国航天科技集团五院深空探测和空间科学首席科学家、嫦娥一号卫星总设计师叶培建院士（左一）静静走到嫦娥四号探测器项目执行总监张熇的身后，对她表示祝贺和鼓励。两代“嫦娥人”的手紧紧握在了一起。（新华社记者金立旺摄）

程中工作很成功，各项试验很成功，撞月非常准时，非常准确！”“我可以很欣慰地告诉大家，‘嫦娥一号’任务完成得非常出色。”绕月探测工程测控系统副总设计师周建亮说：“‘嫦娥一号’完成任务非常圆满，非常精彩，撞月又是画龙点睛的一笔，完全是按照我们预定的方案在进行。”

我国首次探月工程的圆满成功，使中华民族千年的奔月梦想开始变为现实，并再一次雄辩地向世人昭示：中国人民有志气、有信心、有能力在攀登现代科技高峰的征途上不断谱写新的华章！

探月工程是我国航天活动的第三个里程碑

探月工程是继人造地球卫星、载人航天之后，我国航天活动的第三个里程碑。首次探月工程的圆满完成，使我国跨入世界上为数不多的具有深空探测能力国家的行列，这是我国综合国力显著增强、自主创新能力和科技水平不断提高的重要体现，对于提高我国国际地位，增强民族凝聚力，具有十分重大的现实意义和深远的历史意义，必将进一步鼓舞全国各族人民为建设创新型国家、加快现代化进程而努力奋斗。

首次探月工程的成功实施，为我们进一步推进科技事业发展与创新，提高我国整体科技能力和水平，开辟了新的道路，积累了宝贵的经验。温家宝在嫦娥一号卫星第一张月面图片发布仪式上的讲话中指出，探月工程是新时期国家 16 个重大科技专项中第一个向祖国和人民汇报的工程。首次探月工程的圆满成功，不仅实现了工程目标，取得了重大科技创新成果，而且积累了新形势下组织实施重大科技工程的成功经验，探索出一套符合我国国情和工程要求的科学管理模式和方法，培养造就了一支高素质的深空探测人才队伍，实现了"出成果、出经验、出模式、出人才"的要求，为深入开展月球科学研究创造了良好的条件。

按照我国月球探测工程的发展规划，嫦娥工程规划为三期，简称为

▲ 2020 年 12 月 4 日，国家航天局公布了探月工程嫦娥五号探测器在月球表面国旗展示的照片。嫦娥五号着陆器和上升器组合体全景相机环拍成像，五星红旗在月面成功展开，此外，图像上方可见已完成表取采样的机械臂及采样器。（新华社发，国家航天局供图）

“绕、落、回”三步走。每一步都是对前一步的深化，并为下一步奠定基础。第一步为“绕”，即发射我国第一颗月球探测卫星，突破至地外天体的飞行技术，实现首次绕月飞行。第二步为“落”，即发射月球软着陆器，并携带月球巡视勘察器，在着陆器落区附近进行就位探测，这一阶段将主要突破在地外天体上实施软着陆技术和自动巡视勘测技术。第三步为“回”，即发射月球采样返回器，软着陆在月球表面特定区域，并进行分析采样，然后将月球样品带回地球，在地面上对样品进行详细研究。这一步将主要突破返回器自地外天体自动返回地球的技术。

2020 年 11 月 24 日 4 时 30 分，中国文昌航天发射场，长征五号遥五运载火箭腾空而起，全力托举嫦娥五号向着月球飞驰而去。23 天后的 12 月 17 日凌晨，内蒙古四子王旗，在闯过月面着陆、自动采样、月面起飞、月轨交会对接、再入返回等多个难关后，历经重重考验的嫦娥五号返回器携带月球样品，成功返回地面。

“嫦娥五号”任务的圆满成功，标志着探月工程“绕、落、回”三步走规划圆满收官。经过 16 年努力，中国探月工程取得了“六战六捷”的优异成绩，不超预算、不降指标、不拖时间，如期完成三步走规划，圆满完成我国首次地外天体采样返回任务，在月球探测领域向全世界交出了一份亮丽的答卷。

“与月亮相约，我们无疑是认真的！”现任探月工程总设计师、中国工程院院士吴伟仁说，中国探月的每一个大胆设想、每一次成功实施，都是为了兑现对人民的庄严承诺，都是一棒接着一棒干、一步一个脚印走出来的逐梦之旅。

参考文献

1. 温家宝：《在“嫦娥一号”卫星第一张月面图片发布仪式上的讲话》，《人民日报》2007 年 11 月 27 日。
2. 廖文根：《“嫦娥”揭开神秘面纱》，《人民日报》2007 年 8 月 17 日。
3. 庞之浩：《中国探月工程概览》，中国探月与深空探测网。

2007 年

科学发展观的提出

2007 年 10 月 15 日至 21 日，党的十七大在北京举行，胡锦涛代表第十六届中央委员会作题为《高举中国特色社会主义伟大旗帜　为夺取全面建设小康社会新胜利而奋斗》的报告。大会将科学发展观写入党章，党的旗帜上增添了新的思想光辉。

▲ 党的十七大首次概括提出，中国特色社会主义理论体系，就是包括邓小平理论、“三个代表”重要思想以及科学发展观等重大战略思想在内的科学理论体系。大会认为，科学发展观是中国特色社会主义理论体系重大创新成果，决定将这一成果写入党章。图为大会会场。

科学发展观的形成

党的十六大后，全面建设小康社会刚刚开局，一场“非典”疫情突然袭来，并在全国蔓延，给人民身体健康和生命安全带来严重威胁，对我国经济社会发展造成极大冲击。党中央领导全国人民开展了一场艰苦卓绝的抗击“非典”斗争。

2003 年 4 月 15 日，胡锦涛赴疫情严重的广东考察工作，在听取广东省委、省政府工作汇报时，针对发展中存在的问题，尤其是“非典”疫情迅速蔓延集中暴露出的薄弱环节和突出问题，提出了“全面的发展观”

概念，要求做到集约发展、全面发展、系统发展、可持续发展。7 月 28 日，他在全面总结抗击“非典”斗争经验时，第一次用“全面发展、协调发展、可持续发展”的表述来概括正在探索中的发展观。在分析发展与增长概念的异同时，他说，我们讲发展是执政兴国第一要务，这里的发展绝不只是指经济增长，而是要坚持以经济建设为中心，在经济发展的基础上实现社会全面发展。同年 8 月 28 日至 9 月 1 日，胡锦涛在江西考察时提出要“牢固树立协调发展、全面发展、可持续发展的科学发展观”。

2003 年 10 月，党的十六届三中全会正式提出了科学发展观。全会通过的《中共中央关于完善社会主义市场经济体制若干问题的决定》指出：“坚持以人为本、全面协调可持续的科学发展观，促进经济社会和人的全面发展。”胡锦涛在这次全会的讲话中指出，树立和落实科学发展观，是 20 多年改革开放实践的经验总结，是战胜“非典”疫情给我们的重要启示，也是推进全面建设小康社会的迫切要求；树立和落实全面发展、协调发展和可持续发展的科学发展观，对于更好地坚持“发展才是硬道理”的战略思想具有重大意义。

此后，胡锦涛又在不同场合对科学发展观的内涵、核心、基本内容和要求等，多次作出阐述，使树立和落实科学发展观成为全党、全国人民的共识。

2004 年 3 月 10 日，胡锦涛在中央人口资源环境座谈会上发表讲话，阐述了科学发展观与党的指导思想既一脉相承又与时俱进的关系，第一次对“以人为本”“全面发展”“协调发展”“可持续发展”这些概念分别作出明确阐释和科学界定，科学发展观理论从而具有了较为系统的基本概念体系。胡锦涛在讲话中特别指出“科学发展观，是用来指导发展的，不能离开发展这个主题”，强调“坚持以人为本是科学发展观的本质要求”。这些论述是对科学发展观科学内涵和精神实质的初步概括。

同年 9 月，胡锦涛在党的十六届四中全会上进一步明确指出：“科学发展观是我们继承和发展党的三代中央领导集体关于发展的一系列重要思想，从新世纪新阶段党和国家事业发展全局出发提出的重大战略思想，反映了我们党对发展问题的新认识，对于全面建设小康社会、加快推进社会主义现代化具有十分重要的指导意义。”

2005 年 10 月，胡锦涛在党的十六届五中全会上的讲话进一步强调，科学发展观是指导发展的世界观和方法论的集中体现，是推动经济社会发展、加快推进社会主义现代化必须长期坚持的重要指导思想。

2007 年 6 月 25 日，胡锦涛在中央党校省部级干部进修班发表讲话。他指出，科学发展观的第一要义是发展，核心是以人为本，基本要求是全面协调可持续，根本方法是统筹兼顾。贯彻落实科学发展观，要求我们始终坚持党的基本路线，积极构建社会主义和谐社会，坚定不移地推进改革开放，切实加强和改进党的建设。

科学发展观进入中国特色社会主义理论体系

党的十七大对举什么旗、走什么路这一根本问题作出了明确回答。

报告首次对马克思主义中国化第二次飞跃的成果——中国特色社会主义理论体系作出了新的概括。报告指出，中国特色社会主义理论体系，就是包括邓小平理论、“三个代表”重要思想以及科学发展观等重大战略思想在内的科学理论体系。报告强调，改革开放以来我们取得一切成绩和进步的根本原因，归结起来就是：开辟了中国特色社会主义道路，形成了中国特色社会主义理论体系。高举中国特色社会主义伟大旗帜，最根本的就是要坚持中国特色社会主义道路和中国特色社会主义理论体系。

党的十七大强调指出，中国特色社会主义理论体系，坚持和发展了马克思列宁主义、毛泽东思想，凝结了几代中国共产党人带领人民不懈探索实践的智慧和心血，是马克思主义中国化的最新成果，是党最可宝贵的政治和精神财富，是全国各族人民团结奋斗的共同思想基础。大会要求，全党同志要加倍珍惜、长期坚持和不断发展党历尽艰辛开创的理论体系，坚持解放思想、实事求是、与时俱进，使中国特色社会主义道路越走越宽广，让当代中国马克思主义放射出更加灿烂的真理光芒。

科学发展观写入党章

科学发展观是马克思主义同当代中国实际和时代特征相结合的产物，是马克思主义关于发展的世界观和方法论的集中体现，对新形势下实现什么样的发展、怎样发展等重大问题作出了新的科学回答，把对中国特色社会主义规律的认识提高到新的水平，开辟了当代中国马克思主义发展的新境界。科学发展观针对我国发展过程中出现的发展不够平衡的问题，着眼于实现经济社会又好又快发展，总揽全局、统筹规划，抓住牵动全局的主要工作、事关群众利益的突出问题，着力推进、重点突破，进一步指明了我国经济社会发展的正确方向，是我国经济社会发展的重要指导方针，对于发展中国特色社会主义具有长远的指导意义。

将科学发展观等重大战略思想写入党章，是十七大党章修正案引人注目的亮点之一。修改后的党章不仅在总纲增写一个段落，强调科学发展观是同马克思列宁主义、毛泽东思想、邓小平理论和“三个代表”重要思想既一脉相承又与时俱进的科学理论，是我国经济社会发展的重要指导方针，是发展中国特色社会主义必须坚持和贯彻的重大战略思想。

2012 年 11 月 8 日，胡锦涛在党的十八大报告中对科学发展观作出了最新概括：科学发展观是中国特色社会主义理论体系最新成果，是中国共产党集体智慧的结晶，是指导党和国家全部工作的强大思想武器。科学发展观同马克思列宁主义、毛泽东思想、邓小平理论、“三个代表”重要思想一道，是党必须长期坚持的指导思想。

参考文献

1. 冷溶：《充分认识科学发展观的历史地位和指导意义——认真学习〈胡锦涛文选〉》，《人民日报》2016 年 9 月 23 日。

2. 中共中央党史研究室：《中国共产党的九十年（改革开放和社会主义现代化建设新时期）》，中共党史出版社、党建读物出版社 2016 年版。

3. 王炳林、张立梅：《科学发展观形成记》，《中国经济周刊》2012 年第 44 期。

2008 年

百年奥运，中华圆梦

2008 年 8 月 8 日晚 20 时，“鸟巢”造型的国家体育场华灯灿烂、流光溢彩，可容纳 9 万余人的体育场内座无虚席，万众期盼激动人心时刻的到来。国家主席胡锦涛宣布：北京第二十九届奥林匹克运动会开幕！顿时，璀璨的焰火绽放夜空，激昂的旋律响彻全场，具有两千多年历史的奥林匹克运动与五千多年传承的中华文化交相辉映，共同谱写人类文明气势恢宏的新篇章。为了这一刻，中国人民整整追求和奋斗了 100 年。

▲ 2008 年 8 月 8 日晚，北京第二十九届奥运会开幕式在国家体育场隆重举行。图为开幕式上的焰火表演。（新华社记者徐家军摄）

从“旁观”到参与

1908 年，《天津青年》发出无奈三问：中国何时能派一名运动员参加奥运会？中国何时能派一支代表队参加奥运会？中国何时能自己举办一届奥运会？这一声声呼喊，在那个中国人被蔑称为“东亚病夫”的年代，是如此的悲壮。

早在 1896 年，第一届奥运会的圣火在希腊雅典点燃，国际奥委会的一封邀请函寄至清政府，可正值甲午战败，被迫签订丧权辱国的《马关条约》后不久，清朝统治者哪还有闲暇顾及奥运？！

1924 年，中国第一个全国性体育组织——中华全国体育协进会成立。1928 年，中华全国体育协进会干事宋如海作为观察员参加在荷兰阿姆斯特丹举行的第 9 届奥运会。孤身一人在看台上的宋如海百感交集，反复用英语吟诵“奥林匹亚”，忽然喊出一句中国话：“我能比呀！”后来，他将奥林匹克运动会音译为“我能比呀”！

▲“中国奥运第一人”刘长春在 1932 年洛杉矶奥运会田径场留影。

代表中国实现“我能比”这个愿望的，是东北大学学生刘长春。

1932 年 7 月，刘长春作为中国派出的唯一一名运动员参加在美国洛杉矶举行的第 10 届奥运会。在爱国将领张学良的资助下，他与中国代表团在海上漂泊 21 天到达洛杉矶。疲惫不堪的刘长春在男子 100 米预赛中最终被淘汰。

1936 年，第 11 届奥运会在德国柏林举行，进入撑杆跳决赛的中国运动员符保卢，竟买不起比赛用杆。

1948 年，第 14 届奥运会在英国伦敦举行，中国代表团是参赛团中唯一住不起奥运村的。奥运会结束后，代表团在当地华侨总会的帮助下，

▲ 左上：符保卢；左下：位于重庆南山空军坟的符保卢墓地。（新华社记者陈诚摄）
右图：符保卢参加 1936 年柏林奥运会。（新华社发）

解决了路费，运动员才得以返回祖国。

新中国成立前，我国运动员费尽周折先后参加了 3 届奥运会。虽然竭尽全力，但从未获得一块奖牌。在那个积贫积弱、灾难深重、民不聊生的年代，中国人在奥运史上走过的道路不堪回首。

新中国成立后，中国参加奥运会的历史也翻开了新的一页。

1952 年，第 15 届奥运会在芬兰赫尔辛基举行。中国正式接受邀请较晚，只派出了 40 人的代表团，可当代表团到达赫尔辛基时，比赛已接近尾声。只有吴传玉参加了百米仰泳比赛，五星红旗第一次在奥运赛场上升起，向世界宣告了新中国奥林匹克运动的存在。

后来，由于种种原因，我国同国际奥委会的联系中断了。1956 年到 1979 年间，中国奥委会没有派代表参加奥运会。

实现“零”的突破

1978 年 12 月党的十一届三中全会以后，我国实行改革开放，体育事业迎来跨越式发展。

1979 年 11 月，国际奥委会恢复了中华人民共和国的合法席位。

1980 年 2 月，中国体育代表团参加了第 13 届冬季奥运会。

1984 年，第 23 届奥运会在美国洛杉矶举行，中国派出由 225 名运动员、50 名教练员组成的强大阵容参赛。

7 月 29 日，开赛第一天，中国神枪手许海峰，以总成绩 566 环获得本届奥运会的首枚金牌，从而实现了中国在奥运会历史上“零”的突破。国际奥委会主席萨马兰奇亲自将金牌戴在许海峰胸前，并激动地说：“这是中国体育史上伟大的一天！”

▲1984 年 7 月 28 日，中国体育代表团在洛杉矶奥运会开幕式上。（新华社记者刘心宁摄）

▶1984 年 7 月 29 日，许海峰在第 23 届奥运会男子自选手枪慢射比赛中荣获冠军，夺得中国运动员在奥运会历史上的首枚金牌。图为国际奥委会主席萨马兰奇为许海峰颁奖。（新华社发）

8 月 3 日，栾菊杰连闯三关，打破了欧洲人对奥运会击剑冠军的垄断，成为第一个获得女子花剑冠军的亚洲人。8 月 4 日，“体操王子”李宁以出神入化的动作、无懈可击的表现力，一人独得男子体操单项决赛自由体操、鞍马和吊环 3 块金牌，并以 3 金 2 银 1 铜的佳绩成为本届奥运会夺得奖牌最多的运动员，被誉为“力量之塔”。8 月 7 日，中国女排姑娘以勇不可当之势，击败东道主美国队夺冠。

洛杉矶成为中国人大显身手的舞台。第一次全面出征奥运会的中国体育代表团，在有 140 个国家参加的盛会中，共夺得 15 枚金牌、8 枚银牌、9 枚铜牌，金牌数仅次于美国、罗马尼亚、联邦德国等世界体育强国，位居第四。五星红旗一次次升起，《义勇军进行曲》一遍遍奏响。中国，是第 23 届奥运会当仁不让的明星。

此后中国连续参加汉城、巴塞罗那、亚特兰大、悉尼、雅典奥运会。

百年梦圆

1991 年，中国政府作出决策，支持北京市申办 2000 年第 27 届奥运会。尽管当时未能获得举办权，但中国人民向国际社会表达了举办奥运会的热切期望。进入 21 世纪，中国政府再次作出决策，支持北京市申办 2008 年第 29 届奥运会，13 亿中国人民又一次向国际社会表达了举办奥运会的愿望。

▲ 2001 年 7 月 13 日，在莫斯科举行的国际奥委会第 112 次全会的第二轮投票中，北京以 56 票的巨大优势赢得了 2008 年奥运会主办权。图为北京申奥代表团成员在莫斯科为北京赢得奥运会主办权而欢呼。（新华社发）

2001 年 7 月 13 日，国际奥委会作出决定，将第 29 届奥运会举办权授予中国北京。当晚北京时间 22 时 10 分，当萨马兰奇宣布："2008 年夏季奥运会主办城市是——北京"时，举国欢腾，群情振奋，真的是"初闻涕泪满衣裳""漫卷诗书喜欲狂"。

7 年之后，作为最后申奥陈述的 8 位陈述人之一——时任中共中央政治局常委、国务院副总理李岚清回忆在莫斯科申奥的日日夜夜，感慨地说："时间过得真快，当时的情景，还历历在目。"李岚清清楚地记得自己申奥成功后讲了一段话，讲着讲着自己也激动起来，情不自禁地带领大家呼起口号："祖国万岁！""人民万岁！"他说："为什么不假思索地喊出这两句口号？事后我想，因为我脑海里深深铭刻着两个词——祖国和人民。没有繁荣强大的祖国，没有人民的支持，是争取不到奥运会主办权的，所以申奥成功应归功于祖国，归功于人民。"奥运前夕，他篆刻了三方印章：

▲ 2008 年 8 月 8 日晚 8 时，北京第二十九届夏季奥林匹克运动会在国家体育场隆重开幕。图为开幕式上的表演。（新华社记者杨磊摄）

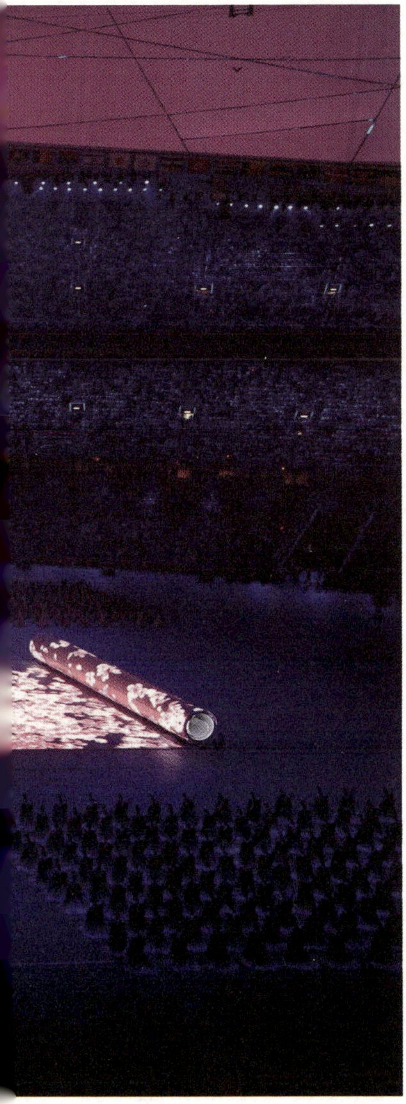

“北京奥运”“祖国万岁”“人民万岁”，还刻了边款“预祝二〇〇八年北京奥运会圆满成功”，以志纪念和心意。

2008 年 8 月 8 日晚，第二十九届奥林匹克运动会开幕式在国家体育场隆重举行。举办一届有特色、高水平的奥运会，是中国人民对国际社会的郑重承诺。为了实现中华民族的百年期盼，为了履行中国人民对国际社会的郑重承诺，全国人民经过 7 年多不懈努力，终于取得北京奥运会的巨大成功。在北京奥运会上，中国体育代表团取得 51 枚金牌、100 枚奖牌的优异成绩，第一次名列奥运会金牌榜首位，创造了中国体育代表团参加奥运会以来的最好成绩。

北京奥运会弘扬了团结、友谊、和平的奥林匹克精神，大力促进了世界各国人民的相互了解和友谊，让“同一个世界、同一个梦想”的口号响彻寰球，在现代奥林匹克运动史册上深深钤上了彤红的中国印。

参考文献

1. 兰红光等：《第二十九届奥林匹克运动会在北京隆重开幕》，《人民日报》2008 年 8 月 9 日。
2. 温红彦：《回忆昔日申奥，见证百年梦圆——访原中共中央政治局常委、国务院副总理李岚清》，《人民日报》2008 年 7 月 18 日。

2011 年

国家“名片”——中国高铁

曾经，一段瑞典籍旅客在开行中的京沪高铁列车车窗边立起一枚一元硬币，列车速度不断变化，这枚硬币立住 8 分钟未倒的视频刷爆了网络，惊艳了世界，引起众人效仿和国际高铁“立硬币大赛”。2011 年 6 月 30 日，全长 1318 千米的京沪高铁全线正式通车运营。这条世界上一次建成线路里程最长的高铁，混凝土浇注量相当于三峡大坝的 4 倍多，工程用钢量相当于 120 个“鸟巢”，不仅是中国铁路建设史上的一大壮举，也是中国高铁发展历程中的标志性成果。

▲ 2011 年 6 月 30 日，首列正式运营的京沪高铁列车从北京南站驶出，开往上海。当日，京沪高铁正式开通运营。（新华社记者刘勇贞摄）

时代脉动

铁路是人类社会文明进步的重要产物，也是促进经济社会发展的重要基础设施，在综合交通体系中处于骨干地位，被称为国民经济的“大动脉”。

新中国铁路建设史，既是中国人民奋发图强的历史，也是中国铁路跨越发展的历史。1952 年，成渝铁路建成通车，这是新中国成立后中国人民自力更生建成的第一条铁路。到 1978 年时，中国大部分铁路运营还是靠烧煤的蒸汽机车。是年 10 月，邓小平访问日本，乘坐新干线“光-81号”超特快列车，以每小时 210 公里的速度从东京到京都。这是世界第一条高速铁路。邓小平对采访的日本记者谈乘坐新干线的感受时说：“很快，就像风一样快”，“就像推着我们跑一样，我们现在很需要跑”。

改革开放之后，我国铁路建设取得了长足进步，但是与国民经济发展需求和满足人民群众需要还有不小差距。据统计，到 2002 年底，我国铁路运营里程已达 7.2 万公里，但按人均里程计算，仅为 5.5 厘米，不及一根香烟长，排名在世界百位以后。其中，铁路货运 95% 以上的运输能力只能用于关系国计民生的国家重点物资；在客运方面，随着人民群众生活水平的提高，乘坐火车需求不断增加，对运输服务质量要求不断提高，每逢春运、暑运以及节假日，全国各大火车站更是一票难求。

为了解决中国铁路建设长期低速前进的局面，破解铁路发展远低于经济增长速度、制约国民经济发展瓶颈的问题，20 世纪 90 年代，国家开始对高速铁路进行研究。1990 年，我国启动了高铁技术科研攻关；同年，铁路主管部门组织专家完成了《京沪高速铁路线路方案构想报告》。这是我国首次正式提出高速铁路兴建计划。1999 年，我国第一条标准意义上的高速铁路——秦沈客运专线全线开工建设，并于 2003 年 1 月顺利开通运营。

进入 21 世纪，我国高铁建设全面“提速”。2005 年 7 月 4 日，京津城际铁路正式动工，全长 120 公里，2008 年 8 月 1 日正式通车，并在试验中创下了时速 394.3 公里的世界运营轨道列车最高速度纪录。京

▲2013 年 1 月 14 日，一列动车组列车在哈大高铁营口附近运行。（新华社记者杨青摄）

津城际铁路是我国第一条具有完全自主知识产权、世界一流水平的高速铁路，也是世界上第一条按时速 350 公里运营的高速铁路，为以后庞大的高速铁路网建设提供了宝贵经验。

2009 年，武广高铁全线投入运营，标志中国从机车制造，到铁路设计、施工建设以及列车运行控制等全面掌握高速铁路技术。

2011 年 6 月，京沪高铁建成通车，是当时世界上一次建成线路最长、技术标准最高的高速铁路。

2012 年 12 月 1 日，世界上第一条地处高寒地区的高铁线路——哈大高铁正式通车运营。

▲ 世界首条环岛高铁——海南环岛高铁以旅游轴线为骨架，将海南几乎所有著名景点和重要城市串联起来，全长 653 公里。图为 2018 年 3 月 15 日在环岛高铁东段陵水站附近，列车从海边驶过。（新华社记者杨冠宇摄）

2012 年 12 月 26 日，京广高铁北京至郑州段开通运营，并与此前已经开通运营的郑州至武汉段、武汉至广州段连接，实现世界上运营里程最长的高速铁路全线贯通。

2015 年 12 月 30 日，海南环岛高铁开通运营，这是世界上第一条环岛高铁。

……

一条条高速铁路相继开通建成，国家规划中“八纵八横”主通道为骨架、区域连接线衔接、城际铁路补充的高速铁路网越织越密。截至

2020 年，中国高铁（含城际铁路）营业总里程约 3.9 万公里，占全球高铁网的七成。当前，中国已成为世界上高速铁路发展最快、系统技术最全、集成能力最强、运营里程最长、运行时速最高、在建规模最大的国家，中国高铁引领着世界高铁发展的新潮流。

大国“名片”

2018 年 6 月 8 日，上海合作组织成员国元首理事会第十八次会议在青岛举办的前一天，习近平总书记同俄罗斯总统普京共同乘坐高铁从北京前往天津，出席中俄友好交流活动。习近平总书记向普京介绍高铁的时速、规划等情况，普京表示“有种浪漫的感觉”。

许多外国政要来华访问，体验中国高铁、感受中国速度已成为必选项目。

早在 2012 年 8 月 31 日，德国总理默克尔就曾乘坐京津城际高铁从北京前往天津。对于来自高铁技术大国的默克尔来说，中国的高铁之旅让她感受到了中国的快速发展。

2013 年 7 月 6 日，巴基斯坦总理谢里夫乘坐京沪高铁从北京前往上海，他说：“乘坐中国的高铁，想想怎样推动巴基斯坦第一大城市卡拉奇到西北部城市白沙瓦之间的高铁建设。”

2015 年 3 月 28 日，刚参加完博鳌亚洲论坛年会开幕式的斯里兰卡总统西里塞纳乘坐高铁前往三亚，他在途中赞扬中国高铁“高速、舒适”，并且称自己是在习近平主席的建议下选择乘坐高铁的。

2017 年 9 月 19 日，新加坡总理李显龙在中国访问时，与媒体记者分享了自己在中国两次乘坐高铁的经历，盛赞中国高铁“非常方便，很平稳，很舒服”。

2018 年 8 月 18 日，93 岁的马来西亚总理马哈蒂尔临时改变行程，从杭州乘高铁到上海，并进入高铁驾驶舱听取解说，专门为体验高铁速度和服务。

作为中国高铁的代表作之一，京津城际铁路是亮丽的“国家名片”。开通 10 年以来，先后有 65 个国家 300 余名政要，各类国际组织 200 余批次、5000 多人前来体验“打卡”（国铁集团统计数据到 2018 年）。不管外国政要或者旅客对中国高铁的体验有何不同，但他们流露出对中国高铁的欣赏和赞美是相同的。

作为中国故事的“首席讲解员”，无论是出访或是在国际会议上，高铁都是习近平总书记向国际社会主推的“中国名片”之一。他曾多次在不同国际场合，亲自介绍中国高铁的发展情况，给多国政要留下深刻印象。近年来，特别是“一带一路”倡议提出以来，中国高铁合作不断走向海外，逐渐面向全球市场布局。习近平总书记之所以如此自信地向海外推介高铁，是因为“高铁动车体现了中国装备制造业水平，在‘走出去’‘一带一路’建设方面也是‘抢手货’，是一张亮丽的名片”。

▲2022 年 1 月 21 日，京张高铁列车经过居庸关隧道，从北京驶向太子城。（新华社记者邢广利摄）

1909 年，詹天佑主持完工了中国第一条自行设计建设的铁路——京张铁路，让国人扬眉吐气；2019 年年底，京张高铁开通，成为世界上第一条时速 350 公里的高寒、大风沙高铁，第一条采用北斗卫星导航系统并实现自动驾驶等功能的智能高铁。跨越百年时空，从京张铁路到京张高铁，见证了国家从积贫积弱到伟大复兴的艰辛历程。习近平总书记说："高铁是我国自主创新的一个成功范例，从无到有，从引进、消化、吸收再创新到自主创新，现在已经领跑世界。"中国需要高铁，世界也需要高铁。高铁不仅为中国的经济社会发展助力，也将为全世界、全人类的发展作出贡献。

参考文献

1. 霍小光：《习近平长春考察聚焦国有企业》，新华网 2015 年 7 月 17 日。
2. 田宏：《这张"中国名片"习近平多次展示给外国政要》，央视新闻 2018 年 8 月 11 日。
3. 周益帆、郭淼：《共和国超级工程：中国高铁》，央广网 2019 年 8 月 3 日。

2012 年

中国特色社会主义进入新时代

2012 年 11 月党的十八大以来，以习近平同志为核心的党中央以巨大的政治勇气和强烈的责任担当，提出一系列新理念、新思想、新战略，出台一系列重大方针政策，推出一系列重大举措，推进一系列重大工作，解决了许多长期想解决而没有解决的难题，办成了许多过去想办而没有办成的大事，推动党和国家事业发生历史性变革。

▲ 党的十八大是在我国进入全面建成小康社会决定性阶段召开的一次十分重要的大会。大会回顾总结过去五年的工作和党的十六大以来的奋斗历程及取得的历史性成就，确定全面建成小康社会和全面深化改革开放的目标，阐明中国特色社会主义道路、中国特色社会主义理论体系、中国特色社会主义制度的科学内涵及其相互联系。2012 年 11 月 8 日，大会在北京人民大会堂隆重开幕。图为大会会场。

中国特色社会主义新时代的大幕徐徐拉开

2012 年 11 月 8 日至 14 日，举世瞩目的中国共产党第十八次全国代表大会在北京举行。党的十八大是在我国进入全面建成小康社会决定性阶段召开的一次十分重要的大会。大会的主题是：高举中国特色社会主义伟大旗帜，以邓小平理论、“三个代表”重要思想、科学发展观为指导，解放思想，改革开放，凝聚力量，攻坚克难，坚定不移沿着中国特色社会主义道路前进，为全面建成小康社会而奋斗。

大会贯穿始终的主线是坚持和发展中国特色社会主义。大会强调，中国特色社会主义道路、中国特色社会主义理论体系、中国特色社会主义制度，是党和人民 90 多年奋斗、创造、积累的根本成就，必须倍加珍惜、始终坚持、不断发展。建设中国特色社会主义，总依据是社会主义初级阶段，总布局是社会主义经济建设、政治建设、文化建设、社会建设、生态文明建设“五位一体”，总任务是实现社会主义现代化和中华民族伟大复兴。大会提出，在中国共产党成立一百年时全面建成小康社会，在新中国成立一百年时建成富强民主文明和谐的社会主义现代化国家。

大会选举产生了十八届中央委员会和中央纪律检查委员会。党的十八届一中全会选举习近平、李克强、张德江、俞正声、刘云山、王岐山、张高丽为中央政治局常委，习近平为中央委员会总书记，决定习近平为中央军委主席。

新当选的习近平总书记在十八届一中全会上指出，历史的接力棒传到了我们手里，我们一定不负重托，忠于党、忠于祖国、忠于人民，以自己的最大智慧、力量、心血，作出无愧于历史、无愧于时代、无愧于人民的业绩。从此，围绕实现社会主义现代化和中华民族伟大复兴的总任务，一系列理论创新和实践创新相继展开，中国特色社会主义新时代的大幕徐徐拉开。

中国特色社会主义进入新的发展阶段

党的十八大以来，面对深刻复杂变化的国内外形势，以习近平同志为核心的党中央统揽伟大斗争、伟大工程、伟大事业、伟大梦想，统筹推进经济建设、政治建设、文化建设、社会建设、生态文明建设“五位一体”总体布局，协调推进全面建成小康社会、全面深化改革、全面依法治国、全面从严治党“四个全面”战略布局，以全面深化改革增添发展动力，以高压反腐净化政治生态，以扶贫攻坚解决突出民生问题，解决了许多长期想解决而没有解决的难题，办成了许多过去想办而没有办成的大事，推动党和国家事业取得历史性成就、发生历史性变革。

首先看历史性成就。2017 年 10 月，习近平总书记在党的十九大报告中把五年来我国取得的重要进展概括为十个方面：经济建设取得重大成就，全面深化改革取得重大突破，民主法治建设迈出重大步伐，思想文化建设取得重大进展，人民生活不断改善，生态文明建设成效显著，强军兴军开创新局面，港澳台工作取得新进展，全方位外交布局深入展开，全面从严治党成效卓著。这些重大成就，涵盖改革发展稳定、内政外交国防、治党治国治军各个领域，显然是全方位的。同时，这些重大成就还具有开创性意义，已经并将继续对中国社会发展产生深远影响。

其次看历史性变革。党的十八大以来，党中央提出一系列新理念、新思想、新战略，出台一系列重大方针政策，推出一系列重大举措，推进一系列重大工作，解决了许多长期想解决而没有解决的难题，办成了许多过去想办而没有办成的大事，推动党和国家事业发生历史性变革。

这些历史性变革，具有深层次、根本性，是用非常之力、下非常之功才能实现的。

党的十八大以来的历史性成就和历史性变革，推动中国特色社会主义进入一个新的发展阶段。这个新的发展阶段，既同改革开放近 40 年来的发展一脉相承，又有很多与时俱进的新特征。科学认识和全面把握中国特色社会主义新的发展阶段，需要从新的历史方位、新的时代坐标来思考来谋划。

我国社会主要矛盾发生了新变化

2017 年 6 月 26 日 11 时 5 分，时速高达 350 公里的“复兴号”动车组在京沪高铁线双向首发。犹如银色长龙的“复兴号”在中华大地上疾驰穿梭，跑出了列车速度新纪录，让全世界为之惊叹。它承载着亿万人民追求美好生活的无限希望，承载着中华民族复兴的伟大梦想，驶入了一个崭新时代——中国特色社会主义新时代。

2017 年 10 月，习近平总书记在党的十九大报告中指出：“中国特色社会主义进入新时代，我国社会主要矛盾已经转化为人民日益增长的美好生活需要和不平衡不充分的发展之间的矛盾。”人民群众不仅对物质文化生活提出了更高要求，还期望有更好的教育、更稳定的工作、更满意的收入、更可靠的社会保障、更优美的环境……

1956年9月，党的八大对社会主义改造基本完成后我国国内的主要矛盾作出科学判断："我们国内的主要矛盾，已经是人民对于建立先进的工业国的要求同落后的农业国的现实之间的矛盾，已经是人民对于经济文化迅速发展的需要同当前经济文化不能满足人民需要的状况之间的矛盾。"这个论断是符合当时我国实际的。但是后来发生"左"的错误，背离了党的八大关于我国社会主要矛盾的正确判断。改革开放以后，中国共产党在对历史经验和中国国情作出科学分析的基础上，对党的八大关于社会主要矛盾的提法作了进一步概括。1981年6月，党的十一届六中全会通过的《关于建国以来党的若干历史问题的决议》进一步对我国社会主要矛盾作出新界定，明确指出："在社会主义改造基本完成以后，我国所要解决的主要矛盾，是人民日益增长的物质文化需要同落后的社会生产之间的矛盾。"这一判断在随后召开的党的十二大上得到确认。此后到党的十九大前，我们党一直沿用这个判断和表述，并根据这一论断制定和坚持了正确的路线方针政策，推动中国特色社会主义事业取得了巨大成就。

随着改革开放的深入推进，随着中国特色社会主义的深入发展，我国社会主要矛盾发生了重大变化。

从社会生产看，经过改革开放近40年快速发展，我国社会生产力水平总体上显著提高，社会生产能力在很多方面进入世界前列，我国长期存在的短缺经济和供给不足状况已经发生根本性变化，再笼统讲"落后的社会生产"已经不符合今天的实际。从社会需求看，随着人们生活水平显著提高，人民对美好生活需要日益广泛，不仅对物质文化生活水平提出了更高要求，而且对民主、法治、公平、正义、安全、环境等方面也提出更多更高要求，更加追求人的全面发展和社会全面进步。如果只讲“日益增长的物质文化需要”，也已经不能真实反映人民群众变化的需求。

同时，我国社会生产力水平总体上显著提高，社会生产能力在很多方面进入世界前列，当前和今后面临的突出问题是发展不平衡不充分。发展不平衡，主要指各区域、各领域、各方面发展不够平衡，存在“一条腿长、一条腿短”的失衡现象，制约了整体发展水平提升。发展不充分，主要指一些地区、一些领域、一些方面还存在发展不足的问题，发展的任务仍然很重。这已经成为满足人民日益增长的美好生活需要的主要制约因素。因此，党的十九大明确提出“人民日益增长的美好生活需要和不平衡不充分的发展之间的矛盾”是新时代中国社会的主要矛盾，这是我国经济社会发展的必然结果，是求真务实的，也是十分及时的。

中国特色社会主义进入新时代，我国社会主要矛盾发生了变化，但我国仍处于并将长期处于社会主义初级阶段的基本国情没有变，我国是世界上最大发展中国家的国际地位没有变。解决好人民日益增长的美好生活需要和不平衡不充分的发展之间的矛盾，让 14 亿多人民都过上富裕的日子，仍然有很长的路要走，仍然需要付出长期艰苦的努力。

中国特色社会主义进入新时代，意味着近代以来久经磨难的中华民族迎来了从站起来、富起来到强起来的伟大飞跃，迎来了实现中华民族伟大复兴的光明前景；意味着科学社会主义在 21 世纪的中国焕发出强大生机活力，在世界上高高举起了中国特色社会主义伟大旗帜；意味着中国特色社会主义道路、理论、制度、文化不断发展，拓展了发展中国家走向现代化的途径，为人类对更好社会制度的探索提供了中国方案。

参考文献

1.《中国共产党第十九次全国代表大会文件汇编》，人民出版社 2017 年版。

2. 中共中央党校（国家行政学院）：《习近平新时代中国特色社会主义思想基本问题》，人民出版社、中共中央党校出版社 2020 年版。

2012 年

出台 “中央八项规定”

2021 年 6 月 18 日，北京，中国共产党历史展览馆。正在参观“‘不忘初心、牢记使命’中国共产党历史展览”的习近平总书记，在中央八项规定展板前停下脚步：“现在这里面的 8 条，精简会议活动、改进警卫工作、改进新闻报道、厉行勤俭节约，做得都不错，还是要反复讲、反复抓……”习近平总书记坚定地说：“八项规定要一以贯之。”

8 年多前，习近平总书记正是以八项规定为突破口，扭住作风建设不放松，解决了“老虎吃天无从下口”的问题，党风政风为之一新。

“打铁还需自身硬”

2013年1月，习近平总书记在十八届中央纪委二次全会上，直指当时党内不良作风的种种表现：

现在，一些地方，楼堂馆所何其豪华，迎来送往何其热闹，前呼后拥何其壮观，鸟语花香何其艳丽，觥筹交错何其铺张……

5个“何其”，画出党内形式主义官僚主义享乐主义突出、奢靡之风盛行之相，而不少领导干部却对此习以为常，安之若素。

“党的作风就是党的形象，关系人心向背，关系党的生死存亡。执政党如果不注重作风建设，听任不正之风侵蚀党的肌体，就有失去民心、丧失政权的危险。”习近平总书记告诫全党。

2012年11月15日，人民大会堂东大厅。十八届中央政治局常委首次亮相，面对500多名中外记者，新当选为中共中央总书记的习近平郑重地说：

新形势下，我们党面临着许多严峻挑战，党内存在着许多亟待解决的问题。尤其是一些党员干部中发生的贪污腐败、脱离群众、形式主义、官僚主义等问题，必须下大气力解决。全党必须警醒起来。打铁还需自身硬。

“打铁还需自身硬。”新一届党中央率先垂范，坚定信念，勇往直前。2012 年 12 月 4 日，习近平总书记主持中央政治局会议，审议通过《十八届中央政治局关于改进工作作风、密切联系群众的八项规定》，即“中央八项规定”。这是党中央加强党的建设，改进工作作风的第一步。规定要求：（1）要改进调查研究，切忌走过场、搞形式主义；要轻车简从、减少陪同、简化接待。（2）要精简会议活动，切实改进会风；提高会议实效，开短会、讲短话，力戒空话、套话。（3）要精简文件简报，切实改进文风，没有实质内容、可发可不发的文件、简报一律不发。（4）要规范出访活动，严格控制出访随行人员，严格按照规定乘坐交通工具。（5）要改进警卫工作，减少交通管制，一般情况下不得封路、不清场闭馆。（6）要改进新闻报道，中央政治局同志出席会议和活动应根据工作需要、新闻价值、社会效果决定是否报道，进一步压缩报道的数量、字数、时长。（7）要严格文稿发表，除中央统一安排外，个人不公开出版著作、讲话单行本，不发贺信、贺电，不题词、题字。（8）要厉行勤俭节约，严格执行住房、车辆配备等有关工作和生活待遇的规定。

在这次会议上，习近平总书记带头作出承诺、发起号召：

党风廉政建设，要从领导干部做起，领导干部首先要从中央领导做起。正所谓己不正，焉能正人。

规矩是起约束作用的，所以要紧一点。

我们不舒服一点、不自在一点，老百姓的舒适度就好一点、满意度就高一点，对我们的感觉就好一点。这也是新形象、新气象。

习近平总书记始终带头严格执行“中央八项规定”，为中央政治局、为全党作出了示范。

2012 年 12 月 30 日晚，新华社“新华视点”微博发布了一份特殊的“菜单”。

“4 个热菜：红烧鸡块、阜平炖菜、五花肉炒蒜薹、拍蒜茼蒿；一个猪肉丸子冬瓜汤；主食水饺、花卷、米饭和杂粮粥。特别交代不上酒水。”

这是习近平总书记在河北阜平考察期间，一行人在所住宾馆的晚餐菜单。

“八项规定”改变中国

随着中央八项规定等一系列制度的出台，全面从严治党在全党展开。

“从具体事抓起，才能落到实处。”从抓“舌尖上的浪费”到抓“车轮上的铺张”，从查“月饼盒里的不正之风”到查“楼堂馆所的豪华”，坚决反对形式主义、官僚主义、享乐主义和奢靡之风，一系列举措剑指人民群众反映强烈的突出问题。党中央以鲜明的立场、顽强的意志品质，言必信、行必果，言出纪随，寸步不让。

▲党的十八大以来，各地区各部门采取出台相关文件、开展“光盘行动”等措施，大力整治浪费之风，“舌尖上的浪费”现象有所改观，特别是群众反映强烈的公款餐饮浪费行为得到有效遏制。党的中央全会带头自觉贯彻落实节俭办会的精神。图为党的十九届五中全会期间，京西宾馆厨师利用香菜根和萝卜皮等边角余料制作的小菜。

2013 年 9 月 28 日，中央纪委公开通报了一起违反中央八项规定精神的典型问题：海南省卫生学校违规购买 384 份月饼券发放给教职工，共计 12 万余元，所需费用在学费收入财政返还资金中列支。

这是全国第一起因违规购买月饼而被处理并通报的案例。小小月饼背后，折射出抓作风的清晰思路。

“为什么我们要抓景区会所、送节礼、送月饼、送贺年卡这些看起来不起眼的事情？为什么要抓办公用房、公车配备、出差餐饮等问题？就是要从细节处着手，养成习惯。”2014 年 5 月 9 日，习近平总书记在参加兰考县委常委班子专题民主生活会时，用朴素的话语阐明了抓党风必作于细的道理。

先从公款购买赠送月饼、贺年卡、烟花爆竹等群众反映强烈的具体问题抓起，一连下发 3 道禁令；之后又拓展到抓违规公款吃喝送礼、公款旅游、公车私用、违规建设楼堂馆所、大办婚丧喜庆、滥发钱物、出入私人会所等 12 个方面具体问题。中纪委坚持一个节点一个节点地抓，每逢重大节日开通群众举报专区，密集查处一批顶风违纪的典型案例，持续释放越往后执纪越严的信号，将“八项规定”4 个字深深地刻印在了广大党员心中，在社会上形成了强烈的震慑作用。新加坡《联合早报》曾这样描述八项规定：“当时很少人预见到，公款吃喝、文山会海等中国官场的‘老大难’问题，竟然在一年内出现如此明显的改善。”

2017 年 10 月 27 日，党的十九大闭幕第三天，习近平总书记主持召开十九届中央政治局第一次会议，审议通过了《中共中央政治局贯彻落实中央八项规定实施细则》，根据过去几年中央八项规定实施过程中遇到的新情况、新问题，着重对相关内容作了进一步规范、细化和完善，更加切合工作实际，增强了指导性和操作性。

▲ 秦岭是我国重要的生态安全屏障，是黄河、长江流域的重要水源涵养地，也是中华民族的祖脉、中华文化的重要象征。图为 2021 年 6 月 17 日拍摄的秦岭和谐森林公园。

咬定青山不放松

习近平总书记指出：“发布八项规定只是开端、只是破题，还需要下很大功夫。我们要以踏石留印、抓铁有痕的劲头抓下去，善始善终、善作善成，防止虎头蛇尾，让全党全体人民来监督，让人民群众不断看到实实在在的成效和变化。”

2019 年 1 月 9 日晚，一部反映秦岭违建别墅整治始末的新闻专题片《一抓到底正风纪》引起刷屏，产生巨大警示效应。

▲ 解决形式主义、官僚主义突出问题，为基层减负是作风建设的重点内容。2019 年是党中央确定的首个“基层减负年”。越来越多基层干部从文山会海中松绑减负，更好地投入实际工作中去。图为 2019 年 12 月 12 日，河北省景县纪检监察干部在青兰乡韩堡定村引导群众关注县纪委“儒乡廉韵”微信公众号，了解全面从严治党新形势、新要求。

专题片对有关地方党委和政府存在的违反政治纪律、政治规矩以及形式主义走过场、官僚主义不作为等问题进行深入剖析。2019 年 6 月，陕西开展秦岭生态环境保护专项巡视，并对反映强烈的秦岭生态环保问题立行立改。

2019 年 3 月 6 日，中共中央办公厅印发《关于解决形式主义突出问题为基层减负的通知》，将 2019 年确定为“基层减负年”，首次就基层减负工作作出全面部署。

2020 年 4 月 13 日，中共中央办公厅印发《关于持续解决困扰基层的形式主义问题为决胜全面建成小康社会提供坚强作风保证的通知》，纠正新冠疫情防控中的形式主义问题，有针对性地提出八项实际举措，凝聚广大党员、干部决战决胜的磅礴力量。

此前的 2 月 23 日，党中央召开的一次会议为各地作出表率。

这一天，党中央以视频会议方式召开统筹推进新冠肺炎疫情防控和经济社会发展工作部署会议，习近平总书记发表重要讲话。

这是新中国成立以来规模最大的电视电话会议，参加人数达到 17 万人。基层同志原汁原味直接聆听习近平总书记重要讲话，大家普遍反映，这样的会议方式好、效果好。

2021 年初，中共中央办公厅印发《关于进一步解决形式主义问题做好 2021 年为基层减负工作主要措施及分工方案》，查摆形式主义老问题和改头换面的新表现，逐项提出解决措施。

党的十八大至 2021 年 5 月，全国纪检监察机关立足职责定位，深挖细查顶风违纪问题，深化整治形式主义、官僚主义，一个个节点坚守，一个个问题解决，查处违反中央八项规定精神问题 62.6 万件。干部作风严实了，干群关系密切了，基层负担减轻了，政治生态清朗了。经过不懈努力，党风政风持续向好，社风民风向上向善，作风建设成为党的建设的亮丽名片。

民意是最好的标尺。国家统计局民意调查显示，95.7% 的群众认为

2020 年落实中央八项规定精神、纠正“四风”卓有成效，比 2013 年提高了 14.4 个百分点；95.8% 的群众认为 2020 年全面从严治党卓有成效，比 2012 年提高了 16.5 个百分点。2020 年 7 月，哈佛大学的一份报告显示，中国民众对中央政府的满意度高达 93.1%。

党的十八大以后，以习近平同志为核心的党中央从细节入手，坚持“常”“长”二字，坚持不懈推动“中央八项规定”精神落实、驰而不息纠治“四风”，让全党和人民群众感到了变化，从改进作风的实际成效中看到了希望，起到了徙木立信的作用，为深入推进全面从严治党凝聚了党心民心。

参考文献

1. 朱基钗等：《八项规定，激浊扬清之剑》，《人民日报》2017 年 9 月 29 日。
2. 朱基钗：《2019 年以习近平同志为核心的党中央贯彻执行中央八项规定、推进作风建设纪实》，新华社 2020 年 1 月 6 日。

2012 年

建设“美丽中国”

2012 年 11 月，党的十八大报告把“生态文明建设”纳入中国特色社会主义事业“五位一体”总体布局，首次把“美丽中国”作为生态文明建设的宏伟目标。这份由习近平总书记担任起草组组长的报告，把生态文明建设作为治国理政的重要内容，体现了中国共产党人对中国特色社会主义建设发展规律的认识更加深化。

习近平提出“绿水青山就是金山银山”理念

改革开放 40 多年来，中国经济社会发展取得历史性成就，创造了举世瞩目的“中国奇迹”，人民群众普遍富裕起来。但是粗放的发展方式，也使我们在资源环境方面付出了沉重代价。2012 年，中国经济总量约占全球 11.5%，却消耗了全球 21.3% 的能源、45% 的钢、43% 的铜、54% 的水泥，排放的二氧化硫、氮氧化物总量居世界第一。

“如果仍是粗放发展，即使实现了国内生产总值翻一番的目标，那污染又会是一种什么情况？届时资源环境恐怕完全承载不了。”2013 年 4 月 25 日，习近平总书记在中共中央政治局常委会会议上说，“经济上去了，但环境污染了，老百姓的幸福感大打折扣，甚至强烈的不满情绪上来了，那是什么形势？”

马路宽了，高楼多了，钱包鼓了，可是清澈的河水、洁净的空气、安全的食品却成为奢侈品。生态环境在群众生活幸福指数中的地位不断凸显，环境问题日益成为重要的民生问题。老百姓过去“盼温饱”，现在“盼环保”；过去“求生存”，现在“求生态”。旧的经济发展方式若再不改变，资源环境将难以支撑中国的可持续发展。

因此，习近平总书记指出：“我们在生态环境方面欠账太多了，如果不从现在起就把这项工作紧紧抓起来，将来会付出更大的代价。”

习近平总书记很早就敏锐地察觉到了这个问题，在福建、浙江主政

▲ 位于福建省龙岩市长汀县的长汀汀江国家湿地公园。（新华社记者魏培全 2020 年 7 月 28 日摄，无人机照片）

期间率先谋划生态省建设，大力倡导绿色发展理念。

地处闽西山区的长汀县曾是南方水土流失最严重的地区之一。1999 年 11 月 27 日，时任福建省委副书记、代省长的习近平专程来到长汀。当了解到水土流失面积仍超过百万亩时，他的神情严肃起来，对在场的干部说："要锲而不舍、统筹规划，用八到十年时间，争取国家、省、市支持，完成国土整治，造福百姓。"不久，长汀建设生态园，习近平专门托人送去 1000 元，为生态园捐种了一棵香樟树。

2005 年 8 月 15 日，时任浙江省委书记的习近平在安吉县余村调研，在得知余村关停矿山、靠发展生态旅游让农民借景致富的情况后，给予高

▲2019 年 7 月 22 日，游客在浙江省安吉县余村游览。（新华社记者谭进摄）

度评价，并提出了“绿水青山就是金山银山”的科学论断。

2013 年 9 月 7 日，习近平总书记在哈萨克斯坦纳扎尔巴耶夫大学发表演讲，进一步阐述了“绿水青山就是金山银山”理念：“我们既要绿水青山，也要金山银山。宁要绿水青山，不要金山银山，而且绿水青山就是金山银山。”他进而强调：“我们绝不能以牺牲生态环境为代价换取经济的一时发展。我们提出了建设生态文明、建设美丽中国的战略任务，给子孙留下天蓝、地绿、水净的美好家园。”

2019 年 4 月 28 日，习近平总书记在北京世界园艺博览会开幕式上强调：“我们应该追求绿色发展繁荣。绿色是大自然的底色。我一直讲，绿水青山就是金山银山，改善生态环境就是发展生产力。良好生态本身蕴含着无穷的经济价值，能够源源不断创造综合效益，实现经济社会可持续发展。”

2020 年 3 月 30 日，习近平总书记再次来到浙江安吉余村考察。他强调，“绿水青山就是金山银山”理念已经成为全党全社会的共识和行动，成为新发展理念的重要组成部分。实践证明，经济发展不能以破坏生态为代价，生态本身就是经济，保护生态就是发展生产力。

“绿水青山就是金山银山”理念深入人心

党的十八大以后，“绿水青山就是金山银山”的理念逐步成为全党全社会的共识与行动，绿色发展按下快进键，生态文明建设驶入快车道。

2015 年 3 月 24 日，习近平总书记主持召开中央政治局会议，通过了《关于加快推进生态文明建设的意见》，这是中央就生态文明建设作出专题部署的第一个文件。文件明确提出“坚持绿水青山就是金山银山，深入持久地推进生态文明建设”。把“绿水青山就是金山银山”理念写进中央文件，标志着这一科学论断正在“美丽中国”落地生根，开花结果。

2015 年 9 月，中共中央、国务院制定出台《生态文明体制改革总体方案》，明确提出到 2020 年，构建起由自然资源资产产权制度等八项制度构成的生态文明制度体系，推进生态文明领域国家治理体系和治理能力现代化，努力走向社会主义生态文明新时代。

在“绿水青山就是金山银山”理念的指导下，为从根本上解决最突出、最紧迫的环境问题，国务院相继出台了《大气污染防治行动计划》《水污染防治行动计划》《土壤污染防治行动计划》等一系列制度，先后实施了《党政领导干部生态环境损害责任追究办法（试行）》《生态文明建设目标评价考核办法》等管理办法。

2017 年 7 月，中共中央办公厅、国务院办公厅就甘肃祁连山国家级自然保护区生态环境问题发出通报，“不作为、不担当、不碰硬”“没有站在政治和全局的高度”“监管层层失守”“弄虚作假、包庇纵容”等严厉措辞频现，包括 3 名副省级干部在内的几十名领导干部被严肃问责，引起社会强烈震动，彰显党中央保护生态环境的坚定意志。

2017 年 10 月，党的十九大首次将“必须树立和践行绿水青山就是金山银山的理念”写入大会报告，“增强绿水青山就是金山银山的意识”写入党章。大会明确提出加快生态文明体制改革，建设美丽中国。此后，将贯彻新发展理念、生态文明建设等要求写入宪法，生态文明建设在治国理政中的地位日益凸显。

2018 年 5 月，党中央、国务院召开全国生态环境保护大会，大会正式确立了习近平生态文明思想。习近平生态文明思想是习近平新时代中国特色社会主义思想的有机组成部分，为建设“美丽中国”、实现中华民族永续发展提供了根本遵循。

▲推动黄河流域生态保护和高质量发展，实现黄河流域“绿”“富”共赢，具有重大战略意义。图为 2020 年 9 月 12 日拍摄的河南济源“黄河三峡”景色。

建设“美丽中国”迈出重要步伐

“这几天我每天早晨起来以后的第一件事，就是看看北京空气质量如何，希望雾霾小一些，以便让各位远方的客人到北京时感觉舒适一点。”

2014 年 11 月 10 日，夜晚的水立方灯光璀璨。亚太经合组织（APEC）欢迎宴会正在这里举行。面对中外来宾，习近平主席坦诚地说。

“我们正在全力进行污染治理，力度之大，前所未有，我希望北京乃至全中国都能够蓝天常在，青山常在，绿水常在，让孩子们都生活在良好的生态环境之中，这也是中国梦中很重要的内容。”

党的十八大以后，以习近平同志为核心的党中央把生态文明建设摆在全局工作的突出位置，全面加强生态文明建设，一体治理山水林田湖草沙，开展了一系列根本性、开创性、长远性工作，决心之大、力度之大、成效之大前所未有，生态文明建设从认识到实践都发生了历史性、转折性、全局性的变化。

2018 年 5 月，习近平总书记在全国生态环境保护大会上要求坚决打好污染防治攻坚战。中央随后下发相关文件，明确提出坚决打赢蓝天保卫战，着力打好碧水保卫战，扎实推进净土保卫战。

城市黑臭水体治理、农业农村污染治理等七大标志性战役陆续开战，中央生态环境保护督察利剑高悬……战果频频，让生态文明从认识到实践发生历史性、转折性、全局性变化。

2021 年 5 月 26 日，生态环境部正式发布《2020 中国生态环境状况公报》。这是一份绿意满满的报告，2020 年和“十三五”生态环境重点目标任务均圆满超额完成，全国生态环境质量明显改善，人民群众切实感受到生态环境质量的积极变化。

蓝天更多，全国 337 个地级及以上城市平均优良天数比例为 87.0%，同比上升 5.0 个百分点；细颗粒物浓度为 33 微克 / 立方米，同比下降 8.3%。PM10 年平均浓度为 56 微克 / 立方米，同比下降 11.1%。

河流更清，全国地表水国控断面水质优良（I–III 类）断面比例为 83.4%，同比上升 8.5 个百分点；劣 V 类断面比例为 0.6%，同比下降

▲ 2022 年 8 月 16 日，一名小朋友在北京永定门公园内玩耍骑行。当日，北京天朗气清，蓝天白云。（新华社记者鞠焕宗摄）

2.8 个百分点。全国地级及以上城市 902 个在用集中式生活饮用水水源达标率为 94.5%。

家园更美，各级各类自然保护地总数达到 1.18 万处。

全国农用地土壤环境状况总体稳定。2020 年全国生态质量优和良的县域面积占国土面积的 46.6%。

绿色答卷的背后，是中国这个最大发展中国家迈上绿色发展之路的坚定步伐，是 14 亿中国人用实际行动推动绿色转型的不懈努力。

跟雾霾交锋的战场上，我国北方地区 2500 多万户实施清洁取暖改造，全国淘汰 2400 多万辆黄标车、老旧车，229 家钢铁企业 6.2 亿吨粗钢产能实施超低排放改造，全面整治散乱污企业及集群，许多地方的钢铁、煤炭等落后产能被淘汰……

▲ 贵州在撕下千年绝对贫困标签后迅速迈开高质量发展坚实步伐，利用万亩林海发展林下经济和乡村旅游，服务业创新发展。图为2021年4月15日，游客在荔波县小七孔景区游玩。

为守护碧水长流，养殖户收起网箱将河湖还给自然，城市污水管网快速推进，污水处理能力不断提升，长江沿线化工企业“关改搬转”……

以制度力量护航绿色发展之路。近年来，涉及生态文明建设的改革方案相继出台，尤其是中央生态环境保护督察这把“利剑”，守护着祖国的绿水青山。

“人不负青山，青山定不负人。”党的十八大以来，在以习近平同志为核心的党中央坚强领导下，在习近平生态文明思想指引下，全国人民凝心聚力，坚定不移走绿色发展之路，一幅望得见山、看得见水、记得住乡愁的“美丽中国”新画卷，正在新时代徐徐铺展开来。

参考文献

1. 董峻等：《开创生态文明新局面》，《人民日报》2017 年 8 月 3 日。

2. 齐中熙等：《建设人与自然和谐共生的美丽中国》，《人民日报》2021 年 6 月 5 日。

2013 年

打赢脱贫攻坚战

党的十八大以来，以习近平同志为核心的党中央把脱贫攻坚摆在治国理政的突出位置，把脱贫攻坚作为全面建成小康社会的底线任务，组织实施了人类历史上规模最大、力度最强、惠及人口最多的脱贫攻坚战。此后，无数人的梦想因此而实现，无数人的命运因此而改变，无数人的幸福因此而成就，脱贫地区处处呈现山乡巨变、山河锦绣的时代画卷。

总书记的“扶贫”情结

新中国成立以来，党和政府始终高度重视扶贫工作。1982 年，我国启动“三西”农业建设专项计划；1994 年，新中国第一个有明确目标、对象、措施和期限的扶贫开发工作纲领——《国家八七扶贫攻坚计划》出台；进入 21 世纪，中国实施两个为期十年的农村扶贫开发纲要……截至 2012 年底，现行扶贫标准下尚有 9899 万农村贫困人口，特别是 14 个集中连片特殊困难地区，是最难啃的“硬骨头”，还有数千个村不通电，近 10 万个村不通水泥沥青路。

2012 年 11 月，党的十八大召开，作出了全面建成小康社会的战略部署，脱贫攻坚是实现第一个百年奋斗目标的底线任务和标志性指标。

党的十八大召开后不久，习近平总书记就指出，“小康不小康，关键看老乡，关键在贫困的老乡能不能脱贫”，强调“决不能落下一个贫困地区、一个贫困群众”，拉开了新时代脱贫攻坚的序幕。

2012 年 12 月 29 日，担任总书记 40 多天的习近平冒着零下十几摄氏度的严寒，赶赴地处集中连片特困地区的河北省阜平县。

29 日下午 3 时从北京出发，30 日下午 1 时离开，20 多个小时，往来奔波 700 多公里，习近平总书记为了“看真贫”。他踏着皑皑白雪，走进龙泉关镇骆驼湾村、顾家台村这两个特困村。在顾家台村，他走进村民顾成虎家破旧的土坯房，心情沉重。习近平总书记走后，顾成虎发现收到

▲2021 年 7 月 23 日，河北省阜平县骆驼湾村景色。（新华社记者朱旭东摄，无人机照片）

的慰问品中比别家多了一件棉大衣。顾成虎回忆说：“后来我才知道，那是总书记看到我左袖口破了，特意让人给加的。”

从梁家河、正定、宁德，一直到浙江、到上海、到中央，40 多年来，从一个生产大队的党支部书记，到一个泱泱大国的最高领导人，习近平总书记始终高度重视脱贫攻坚，始终把扶贫使命扛在肩上。这源于他多年来从农村到县、市、省、中央的工作过程中始终牵挂贫困群众的“扶贫”情结，源于他全面建成小康社会、实现中华民族伟大复兴的使命担当。

1969 年初，不到 16 岁的习近平从北京来到了陕北一个小村庄梁家河当农民，和村民们一同辛苦劳作，一干就是 7 年。那时，中国农村的贫困状况给他留下了刻骨铭心的记忆。

2020 年 5 月 23 日，习近平总书记看望参加政协会议的经济界委员。在谈到全面建成小康社会时，他回忆起当年陕北黄土地上的艰苦岁月：

我那时饿着肚子问周围的老百姓，你们觉得什么样的日子算幸福生活？他们讲了几个心愿。第一个目标是希望不再要饭，能吃饱肚子。别管吃什么，半年糠菜半年粮也好。再进一步，当地的土话叫吃“净颗子”，就是能吃上纯高粱米、玉米面。第三个目标，他们认为那就高不可攀了，“想吃细粮就吃细粮，还能经常吃肉”，说是“下辈子的愿望”。

从那时起，让贫困地区的乡亲们“想吃细粮就吃细粮，还能经常吃肉”，便成为青年习近平矢志奋斗的质朴心愿。

“我们这代人有一份情结，扶一把老百姓特别是农民。社会主义道路上一个也不能少，全面小康大家一起走！”

此后，这份朴素的“情结”不断生根发芽。

党的十八大以后，习近平总书记几乎走遍了我国最贫困的地区，从黄土高坡到雪域高原，从大山深处到棚户陋室，把大量心血用在了打赢脱贫攻坚战、全面建成小康社会的伟大事业上。

脱贫攻坚就是要“精准扶贫”

党的十八大以后，以习近平同志为核心的党中央站在中华民族伟大复兴和人类减贫事业的历史高度，精心谋划中国脱贫事业，采取了许多具有原创性、独特性的重大举措，打响了人类历史上规模最大、力度最强、惠及人口最多的脱贫攻坚战。

湖南省花垣县十八洞村地处武陵山腹地，山高路远，穷乡僻壤，2013 年，全村人均纯收入仅 1668 元，全村贫困发生率高达 57%。

2013 年 11 月 3 日，习近平总书记在这里首次提出“精准扶贫”理念，作出“实事求是，因地制宜，分类指导，精准扶贫”的重要指示。

为什么要精准扶贫？习近平总书记形象地指出，“手榴弹炸跳蚤”是不行的。抓扶贫切忌喊大口号，也不要定那些好高骛远的目标，要一件事一件事做。

“扶贫开发贵在精准，重在精准，成败之举在于精准。”精准扶贫，是打赢脱贫攻坚战的制胜法宝。

2013 年 12 月，中共中央办公厅、国务院办公厅印发《关于创新机制扎实推进农村扶贫开发工作的意见》，提出建立精准扶贫工作机制。一系列配套政策相继出台，精准扶贫，迅速落实到行动与实施层面。

▲ 2020 年 5 月 15 日，在湖南湘西十八洞村，十八洞村扶贫队长麻辉煌（左）与返乡大学生施林娇（中）一起直播推销土特产。（新华社记者陈思汗摄）

2015 年 10 月，党的十八届五中全会提出坚决打赢脱贫攻坚战。值得注意的是，党的文件把“扶贫攻坚”改为“脱贫攻坚”。

同年 11 月 27 日至 28 日，“史上最高规格”的中央扶贫开发工作会议在北京京西宾馆举行，吹响了脱贫攻坚战的冲锋号。

“我们要立下愚公移山志，咬定目标、苦干实干，坚决打赢脱贫攻坚战，确保到 2020 年所有贫困地区和贫困人口一道迈入全面小康社会。”习近平总书记代表全党作出庄严承诺。

11 月 29 日，中共中央、国务院作出《关于打赢脱贫攻坚战的决定》，成为指导脱贫攻坚的纲领性文件。文件明确提出脱贫攻坚的目标：到 2020 年，稳定实现现行标准下农村贫困人口“两不愁、三保障”（不愁吃、不愁穿，义务教育、基本医疗和住房安全有保障）；贫困地区农民人均可支配收入比 2010 年翻一番以上，增长幅度高于全国平均水平，基本公共服务主要领域指标接近全国平均水平；确保在现行标准下全国农村贫困人口实现脱贫，贫困县全部摘帽，解决区域性整体贫困。

之后，按照中央统一部署，“五个一批”脱贫路径的 101 项具体任务，落实到 32 个牵头部门和 77 个参与部门。中央和国家机关先后制定、出台了 200 多个扶贫政策文件和实施方案，各省区市也纷纷出台和完善“1+N”扶贫政策举措。中国构筑起从上到下全面联动的贫困治理政策体系。

发展产业是根本。宜种则种，宜养则养，山西大同的小黄花、陕西的小木耳……一个个特色产业茁壮成长，到 2020 年底，832 个贫困县全部编制了产业扶贫规划，累计建成各类产业基地超过 30 万个。

易地搬迁是实现贫困群众跨越式发展的重要途径之一。全国 960 多万贫困人口搬进了新落成的 266 万多套住房，水、电、路、气、网一一配齐，基本实现了有劳动力的搬迁家庭至少一人就业。

▲ 黄文秀生前是广西壮族自治区百色市委宣传部派驻乐业县新化镇百坭村第一书记，2019 年 6 月 17 日牺牲在脱贫攻坚一线，时年仅 30 岁。图为黄文秀到外村考察养蜂产业，计划将养蜂技术引到百坭村。（资料照片）

2013 年开始，全国累计选派 25.5 万个驻村工作队、300 多万名第一书记和驻村干部下沉基层，对接贫困地区贫困群体，为脱贫攻坚提供了强有力的组织保证。

从 2016 年到 2020 年，中央政府不断加大财政投入，累计安排补助地方专项扶贫资金 5305 亿元，连续 5 年每年新增安排 200 亿元，为脱贫攻坚提供强有力的保障。

夺取脱贫攻坚战全面胜利

脱贫攻坚越到最后难度越大。2017 年底，我国贫困发生率下降到 3.1%，但剩下的脱贫难度都比较大。

2017 年，党中央及时作出聚焦深度贫困地区脱贫攻坚的重大决策。深度贫困地区主要包括西藏、新疆南疆四地州、川青甘滇四省藏区和甘肃临夏州、四川凉山州、云南怒江州等“三区三州”，这些地区占据了中国西部的大半版图，自然条件差、经济基础弱、贫困程度深，是打赢脱贫攻坚战难度最大、任务最重的地方。

2017 年 10 月党的十九大召开，打好精准脱贫攻坚战被确定为全面建成小康社会的三大攻坚战之一。

2018 年 5 月 31 日，习近平总书记主持召开中央政治局会议，审议《关于打赢脱贫攻坚战三年行动的指导意见》，专门对“三区三州”等深贫地区作出部署。“三区三州”所在 6 省区分别制订脱贫攻坚实施方案，明确了作战图、时间表。

2019 年 4 月，习近平总书记在重庆主持召开解决“两不愁、三保障”突出问题座谈会时强调，要摸清底数，聚焦突出问题，明确时间表、路线图，加大工作力度，拿

▲ 为隆重表彰在脱贫攻坚历史进程中涌现出的先进个人和先进集体，在全社会营造崇尚先进、学习先进、争当先进、赶超先进的浓厚氛围，党中央、国务院决定，授予康柏利等 1981 名同志“全国脱贫攻坚先进个人”称号；授予北京首农供应链管理有限公司等 1501 个集体“全国脱贫攻坚先进集体”称号。2021 年 2 月 25 日，全国脱贫攻坚总结表彰大会在北京人民大会堂隆重举行。在此次大会上，中共中央总书记、国家主席、中央军委主席习近平庄严宣告，我国脱贫攻坚战取得了全面胜利。图为大会会场。

出过硬举措和办法，确保如期完成任务。各地各有关部门立行立改，到2019年年底，520多万人的“两不愁、三保障”问题基本解决。

2020年3月6日，中国新冠疫情防控阻击战胶着之际，习近平总书记主持召开决战决胜脱贫攻坚座谈会进行再部署再动员，指出农村贫困人口全部脱贫“必须如期实现，没有任何退路和弹性。这是一场硬仗，越到最后越要紧绷这根弦，不能停顿、不能大意、不能放松”，要求全党全国以更大的决心、更强的力度，做好“加试题”、打好收官战，信心百倍向着脱贫攻坚的最后胜利进军。

在以习近平同志为核心的党中央坚强领导下，进入新时代的中国共产党人经过8年的持续奋斗，如期完成了脱贫攻坚目标任务。2020年11月23日，随着贵州省宣布剩余的9个贫困县退出贫困县序列，我国832个贫困县全部脱贫摘帽，困扰中华民族千百年的绝对贫困问题历史性画上句号。

2021年2月25日，北京人民大会堂，全国脱贫攻坚总结表彰大会隆重举行。习近平总书记在这里的庄严宣告，传遍了万水千山：

经过全党全国各族人民共同努力，在迎来中国共产党成立一百周年的重要时刻，我国脱贫攻坚战取得了全面胜利，现行标准下9899万农村贫困人口全部脱贫，832个贫困县全部摘帽，12.8万个贫困村全部出列，区域性整体贫困得到解决，完成了消除绝对贫困的艰巨任务，创造了又一个彪炳史册的人间奇迹！

脱贫攻坚战是中国农村的又一次伟大革命，深刻改变了贫困地区落后面貌，有力推动了中国农村整体发展，补齐了全面建成小康社会最突出短板，为全面建设社会主义现代化国家、实现第二个百年奋斗目标奠定了坚实基础。

参考文献

1. 顾仲阳：《我国 832 个贫困县全部脱贫摘帽》，《人民日报》2020 年 11 月 25 日。
2. 朱隽等：《精准扶贫：脱贫攻坚的制胜法宝》，《人民日报》2021 年 4 月 30 日。

2013 年

共建“一带一路”

2013 年秋，习近平总书记深刻洞察人类前途命运以及中国和世界发展大势，着眼推动中国和世界合作共赢、共同发展，提出共建“一带一路”重大合作理念。此后，从谋篇布局的“大写意”到精谨细腻的“工笔画”，共建“一带一路”绘就了一幅共享机遇、共同发展的美好图景。

习近平提出“一带一路”倡议

2013年9月7日、10月3日，习近平主席分别在哈萨克斯坦纳扎尔巴耶夫大学、印度尼西亚国会发表演讲，先后提出共同建设“丝绸之路经济带”与“21世纪海上丝绸之路”，即“一带一路”倡议。

同年12月10日，习近平总书记在中央经济工作会议上强调：建设“丝绸之路经济带”“21世纪海上丝绸之路”，“是党中央统揽政治、外交、经济社会发展全局作出的重大战略决策，是实施新一轮扩大开放的重要举措，也是营造有利周边环境的重要举措”。

习近平主席提出的“一带一路”倡议，赢得国际社会广泛响应。共建“一带一路”倡议及其核心理念已写入联合国、二十国集团、亚太经合组织以及其他区域组织等有关文件中。2016年9月5日，《二十国集团领导人杭州峰会公报》通过关于建立“全球基础设施互联互通联盟”倡议。2016年11月17日，联合国193个会员国协商一致通过决议，欢迎共建“一带一路”等经济合作倡议，呼吁国际社会为“一带一路”建设提供安全保障环境。2017年3月17日，联合国安理会一致通过了第2344号决议，呼吁国际社会通过“一带一路”建设加强区域经济合作，并首次载入“人类命运共同体”理念。

2017年5月10日，中国推进“一带一路”建设工作领导小组办公室发布《共建“一带一路”：理念、实践与中国的贡献》白皮书，指出了共建“一带一路”的五大方向。“丝绸之路经济带”有三大走向：一是从中国西北、东北经中亚、俄罗斯至欧洲、波罗的海；二是从中国西北经中亚、西亚至波斯湾、地中海；三是从中国西南经中南半岛至印度洋。“21世纪海上丝绸之路”有两大走向：一是从中国沿海港口过南海，经马六甲海峡到印度洋，延伸至欧洲；二是从中国沿海港口过南海，向南太平洋延伸。

这五大方向途经的 64 个国家，就是当前统计工作中经常使用的“‘一带一路’共建国家”，但这并不是参与“一带一路”的国家范围，“一带一路”是开放包容的合作平台，不设高门槛，也不是“小圈子”。

根据上述五大方向，按照共建“一带一路”的合作重点和空间布局，中国提出了“六廊六路多国多港”的合作框架。

“六廊”——六大国际经济合作走廊：新亚欧大陆桥、中蒙俄、中国—中亚—西亚、中国—中南半岛、中巴、孟中印缅经济走廊。

“六路”——公路、铁路、航运、航空、管道、空间综合信息网络，是基础设施互联互通的主要内容。

“多国”——一批先期合作国家，争取示范效应，体现合作成果。

“多港”——共建一批重要港口和节点城市，繁荣海上合作。

“六廊六路多国多港”是共建“一带一路”的主体框架，为各国参与“一带一路”合作提供了清晰的导向。

▲ 雅万高铁项目是中国高铁全系统、全要素、全生产链走出国门的“第一单”，也是“一带一路”倡议的标志性工程和印度尼西亚国家战略项目。图为 2020 年 5 月 10 日拍摄的印尼雅万高铁首个多跨连续梁合龙现场。

“它将成为 21 世纪最伟大的故事之一”

2017 年 5 月 14 日至 15 日，首届“一带一路”国际合作高峰论坛在北京成功召开。来自 29 个国家的元首和政府首脑，140 多个国家、80 多个国际组织的 1600 多名代表与会。习近平主席出席开幕式并发表主旨演讲，强调要将“一带一路”建成和平之路、繁荣之路、开放之路、创新之路、文明之路。5 月 15 日，论坛圆桌峰会在雁栖湖国际会议中心举行。

◂ 2021 年 11 月 5 日，阿富汗参展商阿里 · 法伊兹（右）在第四届进博会阿富汗手工羊毛地毯展台忙碌。

从“加强政策和发展战略对接，深化伙伴关系”，到“推进互联互通务实合作，实现联动发展”，习近平主席全程主持上、下午两个阶段会议，工作午宴时又同各方围绕“促进人文交流合作”议题展开讨论，为“一带一路”建设注入强大政治推动力。首届高峰论坛形成了 5 大类、76 大项、279 项具体成果，这些成果已全部得到落实。

“‘一带一路’是中国为人类文明贡献的真正的、原创的、开拓的方案。”美国库恩基金会主席罗伯特 · 库恩说，“它将成为 21 世纪最伟大的故事之一。”

2018 年 11 月，首届中国国际进口博览会成功举办，172 个国家、地区和国际组织参加，3600 余家境外企业参展，4500 多名政商学研各界嘉宾在虹桥国际经济论坛上对话交流，发出了“虹桥声音”。中国还举办了丝绸之路博览会暨中国东西部合作与投资贸易洽谈会、中国—东盟博览会、中国—亚欧博览会、中国—阿拉伯国家博览会、中国—南亚博览会、中国—东北亚博览会、中国西部国际博览会等大型展会，都成为中国与共建各国共商合作的重要平台。

2019 年 4 月 25 日至 27 日，第二届“一带一路”国际合作高峰论坛继续在北京举办。习近平主席出席开幕式并发表主旨演讲，强调要秉持共商共建共享原则，坚持开放、绿色、廉洁理念，努力实现高标准、惠民生、可持续目标，推动共建“一带一路”沿着高质量发展方向不断前进。“一带一路”国际合作高峰论坛已经成为各参与国家和国际组织深化交往、增进互信、密切往来的重要平台。

2020 年 6 月 18 日，“一带一路”国际合作高级别视频会议在北京举行。“一带一路”建设沿着高质量发展方向不断前进。

共建“一带一路”为各国带来巨大机遇和红利

共建“一带一路”倡议提出近 8 年来，越来越多的国家和国际组织参与进来，朋友圈越来越大，合作伙伴越来越多。截至 2021 年 6 月，140 个国家、32 个国际组织加入“一带一路”大家庭，政策沟通不断深化，

▲ 2021 年 8 月 16 日拍摄的河钢集团塞尔维亚斯梅代雷沃钢厂。（新华社发，河钢塞尔维亚有限公司供图）

资金融通不断扩大，设施联通不断加强，贸易畅通不断提升，民心相通不断发展。

2016 年 6 月 19 日，塞尔维亚斯梅代雷沃。

正在塞尔维亚访问的习近平主席专程来到这里，考察两国共建“一带一路”项目——斯梅代雷沃钢厂。在国际经济形势剧变冲击下，曾被称为“塞尔维亚的骄傲”的百年钢厂一度濒临倒闭。2016 年 4 月，中国河钢集团的一笔投资，让 5000 名面临失业风险的工人看到了曙光。

来到钢厂，习近平主席如同来到一片热情的海洋。“言必信，行必果。”他对饱含期待的工人们说，“我们承诺的事情，包括引进先进技术、开拓更广阔市场、保障当地就业、惠及广大民生，一定要做到。”

话音未落，掌声如雷。

“救活一座厂，带动一座城。”近 8 年来，共建“一带一路”一大批重点项目全面推进，造福共建国家和地区人民。

非洲竣工第一条跨国电气化铁路，马尔代夫建起第一座跨海大桥，昔日“崎岖而老旧”的瓜达尔港成为巴基斯坦振兴的希望，希腊比雷埃夫斯港迎来新的辉煌，黑山共和国第一条高速公路穿越群山，白俄罗斯第一次发展起轿车制造业，哈萨克斯坦拥有出海口的梦想正变为现实……

从 2013 年习近平主席提出“一带一路”倡议到 2020 年，中国同“一

▲ 根据“十四五”规划和 2035 年远景目标纲要，我国将坚持实施更大范围、更宽领域、更深层次对外开放，依托我国超大规模市场优势，促进国际合作，实现互利共赢，推动共建“一带一路”行稳致远，推动构建人类命运共同体。图为 2021 年 4 月 13 日拍摄的 X9041 次中欧班列（西安）从西安国际港站出发开往哈萨克斯坦，这是 2021 年陕西开行的第 1000 列中欧班列。

带一路”共建国家货物贸易总额约 9.2 万亿美元，对“一带一路”共建国家直接投资约 1360 亿美元。一大批互联互通项目成功落地，“六廊六路多国多港”的互联互通架构基本形成。共建“一带一路”成为当今世界范围最广、规模最大的国际合作平台。

“一带一路”建设为世界经济增长开辟了新空间，为国际贸易和投资搭建了新平台，为完善全球经济治理拓展了新实践，为增进各国民生福祉作出了新贡献，成为共同的机遇之路、繁荣之路。

参考文献

1. 推进“一带一路”建设工作领导小组办公室：《共建“一带一路”倡议：进展、贡献与展望》（2019 年），《人民日报》2019 年 4 月 23 日。

2. 赵承等：《砥柱人间是此峰》，《人民日报》2021 年 6 月 30 日。

2013 年

开启全面深化改革的新时代

2013 年 11 月，中国共产党召开十八届三中全会，以习近平同志为核心的党中央对全面深化改革作出顶层设计和全面部署，提出到 2020 年在重要领域和关键环节改革上取得决定性成果的目标任务。全会吹响了全面深化改革的号角，开创了我国改革开放的全新局面。

习近平发出深化改革动员令

“文化大革命”结束后，我国经济濒临崩溃的边缘，人民温饱都成问题，国家建设百业待兴。在党和国家面临何去何从的重大历史关头，邓小平振聋发聩地指出：“如果现在再不实行改革，我们的现代化事业和社会主义事业就会被葬送。”在邓小平领导下和老一辈革命家支持下，1978年12月，中国共产党召开了十一届三中全会，作出把党和国家工作中心转移到经济建设上来、实行改革开放的历史性决策，实现了新中国成立以来党的历史上具有深远意义的伟大转折。从那时以来，中国共产党领导中国人民以一往无前的进取精神和波澜壮阔的创新实践，不断战胜前进道路上的各种艰难险阻，推动中国经济实力、综合国力、人民生活水平不断跨上新台阶。

2012年11月，在党的十八大上中央领导集体完成了新老交替，习近平当选为新一届中共中央总书记。

此时的中国，再次来到了事关前途命运的历史关口。改革开放的复杂程度、艰巨程度、敏感程度，丝毫不亚于当年。

经过30多年的改革开放，中国经济总量从1978年的“世界第十”，一跃成为“世界第二”，并成为世界第一制造大国和世界最大货物出口国。但是，随着改革进入攻坚期和深水区，容易的、皆大欢喜的改革已经完成了，好吃的肉都吃掉了，剩下的都是难啃的硬骨头，面对的暗礁、潜流、漩涡也越来越多。中国经济的潜在增长率已经降低，传统的发展方式已经不可持续。可持续发展的动力在哪里？收入分配差距过大、腐败严重等社会矛盾压力日增。中国能不能越过中等收入陷阱？这些问题已经不仅仅是经济层面的问题，必须在更多领域、更深层次冲破利益固化的藩篱。

改不改、如何改？问题千头万绪、矛盾错综复杂，这一切考验着以习近平同志为核心的党中央的勇气、智慧与担当。

2012 年 12 月初，习近平总书记来到广东深圳莲花山公园，向伫立在山顶的邓小平铜像敬献花篮，并向铜像三鞠躬。俯瞰特区的繁荣景象，习近平总书记感慨地说："我们来瞻仰邓小平铜像，就是要表明我们将坚定不移推进改革开放，奋力推进改革开放和现代化建设取得新进展、实现新突破、迈上新台阶。"他还说："改革开放是决定当代中国命运的关键一招，也是决定实现'两个一百年'奋斗目标、实现中华民族伟大复兴的关键一招。实践发展永无止境，解放思想永无止境，改革开放也永无止境，停顿和倒退没有出路。"

党的十八大结束不到一个月，习近平总书记第一次赴地方考察，就来到改革开放前沿广东深圳，这是一次意义重大的政治宣示，这是一次影响深远的思想引导，这是一次催人奋进的改革动员。

2013 年 4 月，党中央政治局作出了一项意义重大而深远的决策——党的十八届三中全会重点研究全面深化改革问题并作出决定。

▶ 深圳莲花山上的邓小平铜像。（新华社记者彭勇摄）

党的十八届三中全会提出了全面深化改革的蓝图

2013 年 11 月 9 日，党的十八届三中全会开幕。习近平总书记在全会上就《中共中央关于全面深化改革若干重大问题的决定》讨论稿向全会作了说明。出席全会的 204 名中央委员、169 名候补中央委员，对讨论稿进行了充分讨论。

11 月 12 日，下午 3 时，北京人民大会堂。

党的十八届三中全会举行闭幕会，出席全会的中央委员经表决，一致通过了《中共中央关于全面深化改革若干重大问题的决定》（以下简称《决定》）。

《决定》共 16 个部分、60 条、300 多项改革举措，在理论和实践上取得一系列重大创新：

——《决定》明确了全面深化改革的总目标：完善和发展中国特色社会主义制度，推进国家治理体系和治理能力现代化。

——《决定》指明了全面深化改革的任务：坚持社会主义市场经济改革方向，紧紧围绕使市场在资源配置中起决定性作用深化经济体制改革。

——《决定》部署了全面深化改革的重点：必须以经济体制改革为重点、发挥经济体制改革牵引作用。

党的十八届三中全会提出了全面深化改革的蓝图，包括经济、政治、文化、社会、生态文明和党的建设等各个方面，涉及 336 项重要改革举措。全会对全面深化改革作出系统部署，要求到 2020 年，在重要领域和关键环节改革上取得决定性成果。全会实现了改革理论创新的一系列新的重大突破，对推动中国特色社会主义事业发展产生了重大而深远的影响。习近平总书记后来对此评价指出："党的十一届三中全会是划时代的，开启了改革开放和社会主义现代化建设历史新时期；党的十八届三中全会也是划时代的，开启了全面深化改革、系统整体设计推进改革的新时代，开创了我国改革开放的全新局面。"

党的十八届三中全会闭幕一个多月，2013 年 12 月 30 日，中央政治局召开会议，决定成立由习近平总书记担任组长的中央全面深化改革领导小组，负责改革总体设计、统筹协调、整体推进、督促落实。对此，习近平总书记在十八届三中全会上专门作出说明，强调“全面深化改革是一个复杂的系统工程，单靠某一个或某几个部门往往力不从心，这就需要建立更高层面的领导机制”。

2014 年春节前夕，习近平总书记主持召开中央全面深化改革领导小组第一次会议，通过工作规则，并成立了经济体制和生态文明体制改革、民主法制领域改革、文化体制改革、社会体制改革、党的建设制度改革、纪律检查体制改革等 6 个专项小组，根据领导小组统一部署开展工作。会议审议通过了《中央有关部门贯彻落实党的十八届三中全会〈决定〉重要举措分工方案》，将改革任务分解为 336 项重要举措，逐一确定协调单位、牵头单位和参加单位，为保证任务落到实处明确了责任。

2014 年 8 月 18 日，习近平总书记主持召开中央全面深化改革领导小组第四次会议，审议通过了《党的十八届三中全会重要改革举措实施规划（2014—2020 年）》，逐项明确了 336 项重要举措的目标、路径、时间节点和可检验的成果形式，为未来 7 年全面深化改革绘制了完整系统的大施工图。

2018 年 2 月，党的十九届三中全会适应改革工作面临的新任务、新要求，将中央全面深化改革领导小组改为中央全面深化改革委员会，进一步加强党对全面深化改革工作的领导，习近平总书记亲自担任委员会主任，运筹帷幄，总揽全局，亲力亲为谋划领导改革工作。

全面深化改革取得历史性伟大成就

党的十八届三中全会召开以来，以习近平同志为核心的党中央以前所未有的决心和力度冲破思想观念的束缚、突破利益固化的藩篱，推动许多领域实现历史性变革、系统性重塑、整体性重构，全面深化改革取得历史性伟大成就。

2020 年 12 月 31 日，习近平总书记出席全国政协新年茶话会并发表重要讲话。他宣布：“中共十八届三中全会召开 7 年多来，各方面共推出 2485 个改革方案。中共十八届三中全会提出的改革目标任务总体如期完成。”

截至 2020 年底，习近平总书记亲自主持召开 40 次中央全面深化改革领导小组会议和 17 次中央全面深化改革委员会会议，审议通过 500

▸ 在推进全面深化改革的发展历程中，党中央着力抓好基础性、长远性、系统性的制度设计。2015 年以来，宁夏银川市以行政审批“清零”工作为突破口，全力打造优质高效服务环境，在行政审批制度改革中，共作废 59 枚原审批公章。图为 2015 年 1 月 30 日拍摄的作废封存的 59 枚公章摆放在银川市市民大厅内。

多个重要改革文件，推出 2000 多项改革方案。全面深化改革大刀阔斧、攻坚克难，呈现出全面发力、多点突破、蹄疾步稳、纵深推进的局面。经济、政治、文化、社会、生态文明、国防和军队、党的建设等重要领域和关键环节改革取得突破性进展，主要领域改革主体框架基本确立。中国特色社会主义制度更加完善，国家治理体系和治理能力现代化水平明显提高。

全面深化改革始终坚持重大制度创新，带动相关领域发生了历史性、转折性、全局性变化。社会主义市场经济体制的健全完善驶入“快车道”：首次以中央文件形式对依法保护产权、弘扬企业家精神作出部署，实施全国统一的市场准入负面清单制度，要素市场化改革全面推进，市场在资源配置中的决定性作用得到充分发挥；“放管服”改革持续深入，营商环境不断优化，政府作用更好发挥；以“三权分置”改革为龙头，深化农村土地制度改革，释放中国农村巨大活力……

在全面深化改革的过程中，“人民”始终是最核心的关键词。改革，就是要让普通人拥有越来越多的获得感、幸福感。

全面深化改革致力于解决收入分配不公、公共产品供给不均衡等问题，致力于建设更加公平可持续的社会保障制度，致力于推动共享发展，不断提升人民对全面深化改革的认同和支持：全面建立统一的城乡居民养老保险制度，养老保险基金省级统筹按期实现，基本养老保险覆盖近 10 亿人；整合城乡居民基本医保制度，建成世界上规模最大的基本医疗保障网，参保人数超过 13.5 亿人；社会救助体系基本建立，有效发挥保民生、托底线、促公平的重要作用。

◂ 医药卫生体制改革关乎基本民生。全面深化改革以来，从偏远乡村到繁华城市，一张全球最大规模的基本医疗保障网正在我国织密织牢。图为 2018 年 11 月 27 日，甘肃省敦煌市医共体工作人员在敦煌市医院为患者和家属办理住院结算手续。

◂ 引导医疗卫生工作重心下移、资源下沉，健全遍及城乡的公共卫生服务体系。图为 2021 年 6 月 19 日，拉萨市当雄县格达乡格达村，援藏医生王克明（左一）为村民讲解健康知识。

以习近平同志为核心的党中央把维护人民健康摆在更加突出的位置，确立新时代卫生与健康工作方针，印发《“健康中国 2030”规划纲要》，发出建设健康中国的号召，开辟了一条符合我国国情的卫生与健康发展道路。

▲ 人民群众的痛点、难点、堵点，就是全面深化改革的着力点。其中，教育改革深刻体现着办好人民满意的教育的坚定初心，朝着更加公平、更有质量的方向迈进。图为 2017 年 11 月 29 日，在广西融水苗族自治县白云乡中心校，红瑶女童班的学生在课堂上举手回答问题。随着免费义务教育的普及等一系列教育惠民政策的全面落实，当地红瑶女童已经能够充分接受到良好的教育。

党的十八届三中全会以来，全面深化改革取得了历史性伟大成就。幼有所育、学有所教、劳有所得、病有所医、老有所养、住有所居、弱有所扶全面推进，人民生活不断改善。中华民族千百年来的绝对贫困问题历史性地画上句号，千百年来“民亦劳止，汔可小康”的憧憬变为现实。

参考文献

1. 霍小光等：《新时代的伟大变革》，《人民日报》2021 年 3 月 19 日。

2. 徐隽等：《党的十八届三中全会：坚定不移高举改革开放大旗》，《人民日报》2021 年 4 月 21 日。

2013 年

设立上海自由贸易试验区

上海浦东，基隆路 9 号。2013 年 9 月 29 日，中国（上海）自由贸易试验区管理委员会挂牌。那天上午，天空飘着小雨，一场隆重而朴素的揭牌仪式在外高桥保税区举行。那天晚间，世界各大媒体彻夜守候。最终他们见证了中国首个自由贸易试验区的诞生，也等到了中国第一份外商投资负面清单的落地。

推进改革开放的“试验田”

党的十八大以后，以习近平同志为核心的党中央经过缜密调研、深邃思考，果断决策启动设立上海自由贸易试验区，赋予其“加快政府职能转变，创新对外开放模式，进一步探索深化改革开放的经验”的时代重任。

2013 年上半年，中国（上海）自由贸易试验区以超常规的速度完成了从成立联合推进工作小组到形成总体方案的阶段。

8 月 17 日，国务院正式批准设立中国（上海）自由贸易试验区。

8 月 27 日，中共中央政治局召开会议，听取中国（上海）自由贸易试验区筹备工作的汇报。

9 月 27 日，国务院正式公布了《中国（上海）自由贸易试验区总体方案》（以下简称《方案》）。上海自贸试验区的总体目标是，经过两至三年的改革试验，努力形成促进投资和创新的政策支持体系，着力培育国际化和法治化的营商环境，力争建设成为具有国际水准的投资贸易便利、货币兑换自由、监管高效便捷、法制环境规范的自由贸易试验区，为我国扩大开放和深化改革探索新思路和新途径。任务是形成与国际投资、贸易通行规则相衔接的基本制度框架。

《方案》对外商投资试行准入前国民待遇，研究制订试验区外商投资与国民待遇等不符的负面清单，改革外商投资管理模式。过去，外商投资

▲2013 年 9 月 29 日，俯瞰中国（上海）自由贸易试验区内的外高桥保税区集装箱码头。（新华社记者陈飞摄）

采用正面清单管理，告诉投资者可以做什么。而负面清单管理告诉投资者什么不能做，没有规定的则都可以做。

《方案》重点突出扩大服务业开放。选择金融服务、航运服务、商贸服务、专业服务、文化服务以及社会服务领域扩大开放。在这些领域暂停或取消投资者资质要求、股比限制、经营范围限制等准入限制措施（银行业机构、信息通信服务除外），营造有利于各类投资者平等准入的市场环境。针对试验区内的企业，一系列的开放措施，对原有限制一一突破。

9 月 29 日，中国（上海）自由贸易试验区正式成立。它是中国政府设立在上海的区域性自由贸易园区，位于浦东境内。试验区范围涵盖上海市外高桥保税区、外高桥保税物流园区、洋山保税港区和上海浦东机场综合保税区等 4 个海关特殊监管区域，总面积为 28.78 平方公里。2014 年 12 月 28 日，全国人大常委会授权国务院扩展中国（上海）自由贸易试验区区域，将面积扩展到 120.72 平方公里。扩展区域包括陆家嘴金融片区、金桥开发片区和张江高科技片区。

同年 11 月，党的十八届三中全会通过的《中共中央关于全面深化改革若干重大问题的决定》指出："建立中国上海自由贸易试验区是党中央在新形势下推进改革开放的重大举措，要切实建设好、管理好，为全面深化改革和扩大开放探索新途径、积累新经验。在推进现有试点基础上，选择若干具备条件地方发展自由贸易园（港）区。"

2015 年 4 月，国务院批准《进一步深化中国（上海）自由贸易试验区改革开放方案》；2017 年 3 月，国务院印发《全面深化中国（上海）自由贸易试验区改革开放方案》，将自由贸易试验区的建设推向新的高度。

上海自由贸易试验区作为新一轮改革开放的"试验田"，对加快政府职能转变、扩大投资领域开放、推动贸易转型升级、深化金融领域开放创新等多个领域的改革都具有重要意义。

"大胆试、大胆闯、自主改"

2013 年 9 月 29 日，《中国（上海）自由贸易试验区外商投资准入

▲ 2013 年 10 月 14 日，众多企业代表来到自贸区综合服务大厅咨询办理业务。当日是上海自贸区 8 日起正式受理入驻企业登记注册申请后的第 4 个工作日，即首个“领证日”。在自贸区的管理模式下，未列入负面清单的外商投资一般项目，最快 4 天即可拿到营业执照、企业代码和税务登记证，比原来承诺的 29 天时间大大缩短。（新华社发，徐网林摄）

特别管理措施（负面清单）（2013 年）》发布。这是中国第一次用负面清单管理外商对华投资。最初的负面清单，设立了 18 个行业门类 190 条不予准入或有限制的“禁区”，非禁止即准入。此后经过数次“瘦身”，2020 年 6 月发布的《自由贸易试验区外商投资准入特别管理措施（负面清单）（2020 年版）》，负面清单仅剩 30 条。

改革接踵而来：注册资本实缴制变认缴制，审批改备案、实施告知承诺，先照后证、证照分离、一业一证……

细节往往更能彰显改革变化的魅力。

以前，开一间便利店，办齐各种行业许可证得奔忙数月。自贸试验区“一业一证”改革，把一个行业准入的多个审批事项，整合为一张“行业综合许可证”，审批时限压减近 90%，申请材料压减近 70%。

如今，进出外高桥保税区七号门的集卡司机，会注意到海关卡口处多了一条黄色减速带。上海自贸试验区成立前，由于通关速度慢，集卡常常排长龙，恨不能插翅飞过；自贸区成立后，随着各项改革推进，平均过卡时间缩短至 30 秒，减速带的设立居然是为了防止追尾。

习近平总书记时刻关心着上海自贸试验区建设和改革的进展情况。

2013 年至 2017 年每年全国“两会”期间，习近平总书记都到他所在的上海代表团参加审议，多次关心和指导浦东开发开放和上海自贸试验区建设。

2014 年 5 月 23 日，习近平总书记来到上海考察，专门走进上海自贸试验区的外高桥综合服务大厅，听取试验区总体建设推进情况汇报，同工商、海关、检验检疫等窗口工作人员交流。得知试验区成立 8 个月来，已聚集 1.6 万多家投资企业、28 万从业人员，在形成更加开放透明的投资管理制度、提高贸易便利化水平、深化金融制度创新、推进政府管理改革等方面取得积极成效，初步形成 30 多项可复制、可推广的改革事项，习近平总书记很高兴。他强调：“上海自由贸易试验区是块大试验田，要播下良种，精心耕作，精心管护，期待有好收成，并且把培育良种的经验推广开来。”

2016 年底，上海自贸试验区运行 3 周年之际，习近平总书记再次作出重要指示："大胆试、大胆闯、自主改，力争取得更多可复制推广的制度创新成果，进一步彰显全面深化改革和扩大开放的试验田作用。"

在以习近平同志为核心的党中央的关心指导下，上海自贸试验区改革取得了一系列成果。截至 2020 年底，上海自贸试验区累计新设企业 6.9 万户，是前 20 年同一区域的 1.7 倍，其中新设外资企业 1.2 万户，更有 328 项制度创新成果从上海推广至全国。上海自贸试验区成立 7 年后，改革良种已撒播全国。2020 年 9 月，中国宣布设立北京、湖南、安徽自由贸易试验区及浙江自贸试验区扩容。至此，我国自贸试验区达到 21 个。

上海自贸试验区再扩容

披襟向洋的临港，距上海市中心 70 多公里，每逢节假日，滴水湖畔游人如鲫。

2018 年 11 月 5 日，习近平总书记在首届中国国际进口博览会开幕式主旨演讲中宣布"将增设中国上海自由贸易试验区的新片区"。

2019 年 8 月 6 日，《中国（上海）自由贸易试验区临港新片区总体方案》公布，明确新片区参照经济特区管理。要建立以投资贸易自由化为

▲ 正确处理政府和市场关系，推动有效市场和有为政府更好结合，深化“放管服”改革，持续优化营商环境，让市场主体轻装上阵。图为 2019 年 8 月 20 日拍摄的上海自贸区临港新片区行政服务中心内景。

核心的制度体系。在适用自由贸易试验区各项开放创新措施的基础上，支持新片区以投资自由、贸易自由、资金自由、运输自由、人员从业自由等为重点，推进投资贸易自由化、便利化。要建立全面风险管理制度。以风险防控为底线，以分类监管、协同监管、智能监管为基础，全面提升风险防范水平和安全监管水平。要建设具有国际市场竞争力的开放型产业体系。发挥开放型制度体系优势，推动统筹国际业务、跨境金融服务、前沿科技研发、跨境服务贸易等功能集聚，强化开放型经济集聚功能。加快存量企业转型升级，整体提升区域产业能级。

2019 年 8 月 20 日，中国（上海）自由贸易试验区临港新片区正式揭牌。

截至 2021 年 8 月，两年来，临港新片区对标国际上公认的竞争力最强的自由贸易园区、自由贸易港和高水平国际经贸规则，着力打造更具国际市场影响力和竞争力的特殊经济功能区。临港将目光聚焦于前沿产业，围绕“4+2+2”的战略定位，正形成高质量发展的增长极。其中，“4”是指集成电路、生物医药、民用航空、人工智能四大核心产业；两个“2”则是智能新能源汽车和高端装备制造两大既有优势产业，以及绿色再制造和氢能产业两大未来产业。一个个点上的突破，带动了临港整个产业链的发展。

两年来，临港新片区累计签约项目 765 个，涉及投资额 4478.31 亿元；新增企业 40329 户，平均年增速 53.7%；注册资金增长 6742 亿元，平均年增速 218.5%。临港新片区不断集聚新动能，产业发展正在加速，

▲ 2020 年 11 月 11 日拍摄的中国（上海）自由贸易试验区标志门。（新华社记者方喆摄）

彰显出上海经济发展增长极和发动机的作用。

截至 2021 年 8 月，临港新片区总体方案分解出的 78 项任务中，已完成、正在走流程和先行先试的有 72 项，国家、市、管委会出台各类政策 190 余项，初步形成了以“五自由一便利”为核心的制度型开放体系。

两年来，临港持续构建高效营商环境，优化公共服务，一个个项目的快速签约落地不断刷新纪录。2020 年，临港新片区投资项目审批审查中心成立；2021 年，临港再次加快审批服务，力争率先实现“一站式拿地开工”和“一站式竣工投产”。同时，当地为企业推出供水、供电、供气配套工程免费机制。

上海自由贸易试验区成立以来，敢闯敢试、先行先试，创造了诸多敢为人先的纪录，为全国贡献了“上海经验”。随着临港新片区的火热建设，这块“试验田”始终坚定不移地实施国家战略，推动各项改革任务全面落地，在建设国际一流水准的自贸区道路上勇往直前。

参考文献

1. 姜微等：《潮涌东方再扬帆》，《人民日报》2020 年 11 月 12 日。
2. 谢卫群等：《改革创新，让更多“首单”落地》，《人民日报》2021 年 8 月 26 日。

2013 年

“老虎”“苍蝇”一起打

党的十八大以后，以习近平同志为核心的党中央着眼于严峻复杂的反腐败斗争形势，以力挽狂澜的气魄和胆识，以猛药去疴、重典治乱的决心，以刮骨疗毒、壮士断腕的勇气，作出了坚决打赢反腐败这场硬仗的战略决断。2013 年 1 月，习近平总书记在十八届中央纪委二次全会上，明确提出要坚持“老虎”“苍蝇”一起打，既坚决查处领导干部违纪违法案件，又切实解决发生在群众身边的不正之风和腐败问题。此后，反腐败斗争取得了压倒性胜利并巩固发展，党心民心为之大振。

重拳“打老虎”

2014 年 12 月 5 日，中共中央决定给予中央政治局原常委、中央政法委员会原书记周永康开除党籍处分，打破了一些人对党惩治腐败“刑不上大夫”“反腐有禁区”的臆想和疑虑。一时间，“打老虎”成为广大群众热议的话题。

“不得罪成百上千的腐败分子，就要得罪十三亿人民。这是一笔再明白不过的政治账、人心向背的账！”习近平总书记铿锵有力的话语震撼人心。

腐败是社会毒瘤，是中国共产党面临的最大威胁。人民群众最痛恨腐败现象。如果任凭腐败问题愈演愈烈，最终必然亡党亡国。以习近平同志为核心的党中央旗帜鲜明、立场坚定，有腐必反、有贪必肃，无禁区、零容忍、全覆盖。

2012 年 12 月 6 日，当选十八届中央候补委员还未满月的四川省委副书记李春城落马，拉开了党的十八大以后中央密集“打虎”的序幕。此后 5 年间，周永康、薄熙来、徐才厚、郭伯雄、孙政才、令计划等“大老虎”相继被反腐重拳击落。这再次向世人昭示，党纪国法面前一律平等，谁也没有免罪的“丹书铁券”，谁也不是“铁帽子王”。

2016 年，大型电视专题片《永远在路上》引爆电视荧屏和网络。周本顺、白恩培、蒋洁敏、李春城、万庆良……10 多名党的十八大后落马

▲ 党的十八大以来，各级纪检监察机关打出一套反腐“组合拳”，提振了全党信心，赢得了人民信任，党风廉政建设和反腐败斗争取得了历史性成就。2012 年 12 月 6 日，四川省委原副书记李春城涉嫌严重违纪接受调查，拉开了党的十八大以来中央密集“打虎”的序幕。图为 2015 年 4 月 23 日，湖北省咸宁市中级人民法院一审依法公开开庭审理李春城被控受贿、滥用职权一案。

的党内高级领导干部，面对镜头，现身说法、深刻忏悔，大量令人触目惊心的贪腐细节首次曝光，引发广泛关注、产生巨大警示。

“新形势下加强和规范党内政治生活，重点是各级领导机关和领导干部，关键是高级干部特别是中央委员会、中央政治局、中央政治局常务委员会的组成人员。高级干部特别是中央领导层组成人员必须以身作则，模范遵守党章党规，严守党的政治纪律和政治规矩，坚持不忘初心、继续前进，坚持率先垂范、以上率下，为全党全社会作出示范。”在 2016 年 10 月召开的党的十八届六中全会上，党中央强调，从严治党，要首先从高级干部这个“关键少数”做起，仅公报中就 10 次提及“高级干部”，引起社会广泛关注。

从党的十八大到十九大 5 年间，几乎每月都有中管干部被查处，最多时"一月打七虎"。短短 5 年，全国共立案审查省军级以上党员干部及其他中管干部 440 人。其中，十八届中央委员、候补中央委员 43 人，中央纪委委员 9 人。全国纪检监察机关立案 154.5 万件，处分 153.7 万人，其中厅局级干部 8900 余人，县处级干部 6.3 万人，涉嫌犯罪被移送司法机关处理 5.8 万人。

党的十九大以后至 2018 年底，全国共有 2.7 万名党员干部主动交代了违纪违法问题，5000 余名党员干部主动投案；2019 年，全国有 10357 人主动投案，其中中管干部 5 人、省管干部 119 人；2020 年，全国有 1.6 万人主动投案，6.6 万人主动交代问题。

"打虎"步伐一刻不停，一个又一个贪腐高官落马，这样的高压反腐，从中折射的是人民群众对正风肃纪的获得感不断增强、信心逐步提升，从中验证的是"人心向背关系党的生死存亡"这一朴素真理。

发力"拍苍蝇"

2015 年 8 月的一天，当接过被追回的 7130 元低保金时，黄艳的奶奶泪流满面。对于这个困难家庭而言，这是一笔救急、救命的"巨款"。

14 岁的黄艳是贵州省大方县对江镇大山村人，因为父亲去世，母亲改嫁，她和弟弟与奶奶相依为命，生活贫苦，但没有拿到过低保金。然而，民生监督员在镇里存档的低保金发放备案表上，却看到姐弟俩的名字赫然在列，清查发现，原来低保金被村委会原副主任冒领多年。

近年来，国家逐步加大惠民政策力度，民生资金和项目越来越多。这些资金和项目，一头连着党和国家的惠民政策，一头连着老百姓的切身利益，其中许多是“保命钱”、救济款。类似黄艳姐弟的遭遇，民生资金被“蝇贪”中途截留、跑冒滴漏、侵占骗取的现象在全国各地时有发生。相对于远在天边的“老虎”，老百姓对近在眼前嗡嗡乱飞的“蝇贪”感受更为真切。这些“微腐败”损害的是老百姓切身利益，啃食的是群众获得感，挥霍的是基层群众对党的信任。

党的十八大以后，党中央以坚定决心、顽强意志、空前力度推进党风廉政建设和反腐败斗争。习近平总书记提出“推动全面从严治党向基层延伸”的要求，明确强调“对基层贪腐以及执法不公等问题，要认真纠正和严肃查处，维护群众切身利益，让群众更多感受到反腐倡廉的实际成果”。中国共产党坚持以人民为中心的执政理念，把整治群众身边的腐败和作风问题作为极其重要的政治任务，在“打老虎”的同时，发力“拍苍蝇”，重点整治侵害群众切身利益的“蝇贪蚁腐”。从教育医疗到就业创业，从养老社保到环境保护，人民群众关心的痛点在哪儿，正风反腐的焦点就在哪儿，从而赢得了广大人民群众的信任和信赖。

党的十八大至十九大 5 年来，全国共处分乡科级及以下党员干部 134.3 万人，处分农村党员干部 64.8 万人。中央纪委开展 5 轮督办，对

▲ 党的十八大以来，以习近平同志为核心的党中央坚定不移推动党风廉政建设和反腐败斗争向基层一线、群众身边延伸，大力整治群众身边的腐败和作风问题，对扶贫、民生领域腐败和涉黑涉恶“保护伞”一查到底，赢得人民群众广泛点赞。图为 2020 年 6 月 8 日，河北省大厂回族自治县纪检监察干部（左二）在肉牛养殖场同建档立卡贫困户核实产业扶贫资金落实情况。

乱作为、不作为的 3.1 万名基层党员干部严肃追责。5 年间，巡察发现和推动解决了一批惠民惠农领域违纪违规问题，2.2 万名党员干部受到处分；发现并推动解决一大批“微腐败”“小官大贪”“雁过拔毛”等突出问题，处分乡科级及以下党员干部 4100 余人，村居两委班子成员 1.16 万人。

党的十九大召开之后，2017 年底，中央纪委部署在 2018 年至 2020 年开展为期三年的扶贫领域腐败和作风问题专项治理。

雁过拔毛、截留私吞、吃拿卡要、优亲厚友……一个个扶贫领域的

▲ 2019 年 10 月 11 日，河北省巨鹿县纪检监察干部在巨鹿县寻虎村向村民了解惠民资金发放情况。

腐败和作风问题在强大的监督执纪问责力度下被坚决查处。2018 年，全国查处扶贫领域腐败和作风问题 13.1 万件；2019 年，查处扶贫领域腐败和作风问题 8.5 万件；2020 年，查处扶贫领域腐败和作风问题 6.5 万件。

反腐败斗争，既是一场攻坚战，更是一场持久战。党的十九大后，以习近平同志为核心的党中央把一体推进“不敢腐、不能腐、不想腐”作为反腐败斗争的基本方针和全面从严治党的重要方略，惩治震慑、制度约束、提高觉悟一体发力，标本兼治综合效应更加凸显。把党的十八大后不收敛不收手，特别是党的十九大后仍不知止、胆大妄为的，作为惩治重点，严肃查处政治问题和经济问题相互交织的腐败分子，着力整治权力集中、资金密集、资源富集部门的腐败案件，加大金融、政法等领域反腐力度，强化不敢腐的震慑。

党的十八大以后，反腐败斗争从“腐败和反腐败呈胶着状态”，到推动反腐败斗争取得压倒性胜利并全面巩固，再到取得了历史性成就，步步深入，成绩斐然。随着党风廉政建设和反腐败斗争深入推进，中国的政治生态得到净化，经济社会更加健康发展，更重要的是，让群众看得到、体会得到、享受得到全面从严治党成果。这也正是习近平总书记所说的“让人民群众有更多获得感”。

参考文献

1. 霍小光等：《再塑党的形象的伟大工程》，《人民日报》2017 年 10 月 22 日。
2. 赵兵：《打虎拍蝇　惩腐肃贪》，《人民日报》2017 年 10 月 17 日。

2014 年

全面推进依法治国

2014 年金秋十月，中国共产党十八届四中全会在北京召开，这是党的历史上第一次以“依法治国”为主题召开的中央全会。全会通过了《中共中央关于全面推进依法治国若干重大问题的决定》，清晰地展现了以习近平同志为核心的党中央全面依法治国的顶层设计和战略部署。

▲党的十八大把“法治政府基本建成”确立为 2020 年全面建成小康社会的一项重要目标。加快建设法治政府，是全面深化改革的迫切需要，更是全面依法治国的重大任务。图为 2019 年 8 月 30 日，云南省怒江傈僳族自治州贡山县人民法院法官邓兴背着国徽与同事们跨过怒江。为方便居住在高山峡谷里的农村群众，邓兴和同事们一起背着国徽，组建巡回法庭。每年足迹遍及 50 多个村镇，行程近万公里。

依法治国是中国共产党人的时代命题

2012 年 11 月，党的十八大作出“全面推进依法治国”的战略部署，强调依法治国是党领导人民治理国家的基本方略，法治是治国理政的基本方式。

此时，经过 30 多年改革开放，中国改革已进入“深水区”，中国社会已进入“转型期”，中国面对的改革发展稳定任务之重前所未有，矛盾风险挑战之多前所未有，人民群众对法治的期待和要求之高前所未有。以习近平同志为核心的党中央从关系党和国家前途命运的战略全局出发，制定一系列重大战略举措，出台一系列重大方针政策，推进一系列重大工作，开创了全面依法治国新局面。

2012 年 12 月 4 日，习近平总书记出席首都各界纪念现行宪法公布施行 30 周年大会并发表重要讲话，明确提出“坚持依法治国、依法执政、依法行政共同推进，坚持法治国家、法治政府、法治社会一体建设”的重大论断。

2013 年 1 月，习近平总书记对全国政法工作会议作出重要批示，提出了建设“法治中国”的新要求，随后在十八届中央政治局第四次集体学习时强调：“要完善立法规划，突出立法重点，坚持立改废并举，提高立法科学化、民主化水平，提高法律的针对性、及时性、系统性。”

2013 年 11 月，党的十八届三中全会召开，在这次谋划未来中国改革开放宏伟蓝图的大会上，“推进法治中国建设”成为全面深化改革的重大主题和显著内容，中国开启了整体推进法治中国建设的新阶段。“依法治国”和社会主义法治国家建设呈现出新特点。

2013 年 12 月 28 日，十二届全国人大常委会第六次会议通过《关于废止有关劳动教养法律规定的决定》，标志着已经实施 50 多年的劳教制度被依法废止，彰显了我国人权司法保障制度的进步。

2014 年 1 月 7 日，习近平总书记在中央政法工作会议上指出，要把维护社会大局稳定作为基本任务，把促进社会公平正义作为核心价值追求，把保障人民安居乐业作为根本目标。坚持严格执法公正司法，积极深化改革，加强和改进政法工作，维护人民群众切身利益。

2014 年 2 月 28 日，习近平总书记在中央全面深化改革领导小组第二次会议上强调，凡属重大改革都要于法有据。在整个改革过程中，都要高度重视运用法治思维和法治方式，发挥法治的引领和推动作用，加强对相关立法工作的协调，确保在法治轨道上推进改革。

2014 年 3 月，中共中央办公厅、国务院办公厅出台《关于依法处理涉法涉诉信访问题的意见》，要求实行诉讼与信访分离制度，把涉及民商事、行政、刑事等诉讼权利救济的信访事项从普通信访体制中分离出来，由政法机关依法处理。中央政法委员会要求，“切实做到每一个环节都依法按程序办理，每一个处理结论都于法有据”。“依法治访”逐步成为社会各界的共识，涉法涉诉信访也逐步回归法治轨道。

2014 年 6 月 6 日，中央全面深化改革领导小组第三次会议审议通过《关于司法体制改革试点若干问题的框架意见》和《上海市司法改革试点工作方案》。习近平总书记强调，完善司法人员分类管理、完善司法责任制、健全司法人员职业保障、推动省以下地方法院检察院人财物统一管理、设立知识产权法院，都是司法体制改革的基础性、制度性措施。试点工作要在中央层面顶层设计和政策指导下进行，改革具体步骤和工作措施，鼓励试点地方积极探索、总结经验。

2014 年 6 月 27 日，十二届全国人大常委会第九次会议表决通过《关于授权在部分地区开展刑事案件速裁程序试点工作的决定》，授权最高人民法院、最高人民检察院在北京、沈阳、厦门等 18 个地区开展刑事案件速裁程序试点工作。

2014 年 9 月 5 日，习近平总书记在庆祝全国人民代表大会成立 60 周年大会上强调，要坚持党的领导、人民当家做主、依法治国有机统一。

党的十八大以后，以习近平同志为核心的党中央将全面依法治国纳入“四个全面”战略布局，为在新的起点上建设法治中国奠定了坚实基础。

党的十八届四中全会吹响了建设法治中国的号角

2014 年 10 月 20 日至 23 日，党的十八届四中全会在北京召开，全会一致通过了《中共中央关于全面推进依法治国若干重大问题的决定》，吹响了中国共产党和中国人民面向未来建设法治中国的号角。

全会作出了全面推进依法治国的顶层设计，制定了路线图、施工图，明确全面推进依法治国总目标是“建设中国特色社会主义法治体系，建设社会主义法治国家”。这个总目标既明确了全面推进依法治国的性质和方向，又突出了工作重点和总抓手，具有纲举目张的意义。围绕这一总目标，全会提出了 180 多项重大改革举措，涵盖了依法治国各个方面。变立案审查制为立案登记制、最高人民法院设立巡回法庭、探索设立跨行政区划的人民法院和人民检察院、探索建立检察机关提起公益诉讼制度、推进以审判为中心的诉讼制度改革……许多新理念、新思想、新战略，都是在这次全会上首次提出的。

全会闭幕 4 天后，习近平总书记在中央全面深化改革领导小组第六次会议上指出，要把全会提出的 180 多项对依法治国具有重要意义的改革举措纳入改革任务总台账，一体部署、一体落实、一体督办。

2015 年 4 月 1 日，习近平总书记主持召开中央全面深化改革领导小组第十一次会议，审议通过了《党的十八届四中全会重要举措实施规划（2015—2020 年）》，成为此后一个时期推进全面依法治国的总施工图和总台账。

2017 年 10 月，党的十九大对新时代全面推进依法治国提出了新任务，描绘了到 2035 年基本建成法治国家、法治政府、法治社会的宏伟蓝图。

2018 年 8 月 24 日，习近平总书记主持召开中央全面依法治国委员会第一次会议并亲自担任中央全面依法治国委员会主任，标志着中央全面依法治国委员会工作正式全面启动。习近平总书记强调，要加强党对全面依法治国的集中统一领导，更好发挥法治固根本、稳预期、利长远的保障作用。此前，中共中央印发《深化党和国家机构改革方案》明确提出组建中央全面依法治国委员会。

党的十八大以来，习近平总书记创造性地提出了关于全面依法治国的一系列新理念、新思想、新战略，形成了习近平法治思想，实现了中国特色社会主义法治理论的重大突破、重大创新、重大发展。

习近平法治思想内涵丰富、论述深刻、逻辑严密、系统完备，在 2020 年 11 月召开的中央全面依法治国工作会议上，得到集中凝练的概括——

“坚持党对全面依法治国的领导”；

“坚持以人民为中心”；

“坚持中国特色社会主义法治道路”；

“坚持依宪治国、依宪执政”；

“坚持在法治轨道上推进国家治理体系和治理能力现代化”；

“坚持建设中国特色社会主义法治体系”；

“坚持依法治国、依法执政、依法行政共同推进，法治国家、法治政府、法治社会一体建设”；

“坚持全面推进科学立法、严格执法、公正司法、全民守法”；

“坚持统筹推进国内法治和涉外法治”；

“坚持建设德才兼备的高素质法治工作队伍”；

“坚持抓住领导干部这个‘关键少数’”。

全面依法治国实践取得重大进展

“原审被告人聂树斌无罪！”2016 年 12 月 2 日，最高人民法院第二巡回法庭里，聂树斌 72 岁的母亲张焕枝流下热泪。

1994 年 8 月，河北石家庄市西郊一块玉米地里发生一起强奸杀人案。聂树斌被指控为犯罪嫌疑人并被定罪，于次年 5 月被执行死刑。

▸ 2016 年 12 月 2 日，最高人民法院第二巡回法庭在辽宁沈阳对原审被告人聂树斌故意杀人、强奸妇女再审案公开宣判，宣告撤销原审判决，改判聂树斌无罪。图为聂树斌母亲张焕枝在听取判决结果。（新华社发，最高人民法院供图）

2005 年 1 月，王书金在河南落网，主动供出自己是“聂树斌案”的“真凶”。2014 年 12 月，最高人民法院指令山东省高级人民法院复查聂树斌故意杀人、强奸案。聂树斌案再审改判，充分展示了党的十八大以来全面深化司法改革的实际成效，是证据裁判、疑罪从无等法律原则的坚定实践，是健全完善冤假错案防范、纠正机制的重要成果。

党的十八大以来，以习近平同志为核心的党中央带领人民不懈探索符合我国国情和实际的法治道路，我国社会主义法治建设取得历史性成就、发生历史性变革，全面依法治国实践取得重大进展。

坚持依宪治国，不断完善中国特色社会主义法律体系。2014 年 11 月，十二届全国人大常委会以立法形式将 12 月 4 日设立为国家宪法日。2015 年 7 月，又明确规定国家工作人员就职时公开进行宪法宣誓，庄严承诺忠于宪法、忠于祖国、忠于人民。立法机关加快推进国家安全领域立法，制定了国家安全法、反间谍法、反恐怖主义法、网络安全法、国防交通法、核安全法等一系列法律，坚决维护国家安全与核心利益。同时，经济、社会、民生、文化、生态环境等重点领域立法工作不断推进。截至 2020 年 8 月，我国现行有效法律 279 件、行政法规 600 余件。科学立法、民主立法、依法立法不断推进，以宪法为核心的中国特色社会主义法律体系更加完善。

法治政府建设全面深入推进。2015 年 12 月，党中央、国务院印发《法治政府建设实施纲要（2015—2020 年）》，提出到 2020 年基本建成“职能科学、权责法定、执法严明、公开公正、廉洁高效、守法诚信”的法治政府的总体目标和行动纲领。此外，“放管服”改革持续推进，到 2020 年，国务院先后取消、下放行政审批事项 618 项，终结所有非行政许可审批，极大地激发了市场和社会活力。法治政府建设展现出前所未有的“加速度”。

推进司法体制改革。实行法官、检察官员额制，进一步全面落实司法责任制，不断健全“让审理者裁判、由裁判者负责”“谁决定谁负责”

▸ 2020 年 12 月 4 日，河北衡水市人民检察院检察官助理刘学敏在衡水中学为学生们讲解宪法知识。（新华社记者王民摄）

的新型司法权力运行机制。根据中央部署，从 2014 年起，全国分批开展司法人员分类管理、完善司法责任制、健全司法人员职业保障、省以下地方法院检察院人财物统一管理改革试点，2016 年改革试点在全国推开。推进以审判为中心的诉讼制度改革，深化认罪认罚从宽制度改革。设立巡回法庭，实现最高审判机关重心下移；完善人民陪审员、人民监督员制度。司法机关通过办理一个个案件，让人民群众切实感受到看得见、摸得着的公平正义。

法治社会建设不断强化。2017 年 5 月，中共中央办公厅、国务院办公厅印发《关于实行国家机关“谁执法谁普法”普法责任制的意见》，首次将国家机关明确为法治宣传教育的责任主体，逐步形成了党委统一领导、部门分工负责、各司其职、齐抓共管的大普法格局。2020 年 12 月，党中央印发《法治社会建设实施纲要（2020—2025 年）》，强调法治社会是构筑法治国家的基础，建设信仰法治、公平正义、保障权利、守法诚信、充满活力、和谐有序的社会主义法治社会，是增强人民群众获得感、幸福感、安全感的重要举措。人们的法治观念、法律意识明显提升，“遇事讲法、遇事找法”逐步成为全社会普遍共识。

党的十八大以来，在以习近平同志为核心的党中央坚强领导下，在习近平法治思想的科学指引下，新时代全面依法治国正乘风破浪、浩荡前行，为全面建设社会主义现代化国家、实现中华民族伟大复兴的中国梦提供有力法治保障。

参考文献

1. 杨维汉等：《开启法治中国新时代》，《人民日报》2019 年 10 月 22 日。
2.《改革开放简史》，人民出版社、中国社会科学出版社 2021 年版。

2014 年

推动京津冀协同发展

京张高铁、京雄城际相继建成并开通运营，京津城际实行月票制，京唐城际、京滨城际等建设全面提速……如今，京津冀“一小时交通圈”越画越大，“轨道上的京津冀”跑出令人惊叹的加速度。这不仅给老百姓日常出行带来巨大便利，也成为京津冀协同发展取得显著成效的一个生动缩影。

▲ 京津冀协同发展，交通一体化是骨骼系统和先行领域。图为 2020 年 10 月 6 日，一列“复兴号”高铁列车穿过京张高铁居庸关隧道。

京津冀协同发展是习近平亲自决策推动的重大国家战略

“北京吃不完，天津吃不饱，河北吃不着。”京津冀流传多年的这句话，无奈折射了强大的“虹吸效应”下地区发展的不均衡、不协调。北京集聚过多的非首都功能，“大城市病”问题突出，人口过度膨胀，交通日益拥堵，大气污染严重，房价持续高涨，社会管理难度大。京津两极过于“肥胖”，周边中小城市过于“瘦弱”，特别是河北与京津两市发展水平差距较大，区域发展差距悬殊、城镇体系结构失衡。“翻过一座山，工资翻三番”并不夸张——河北省保定市下辖的涞水县义合庄村，2009 年人均收入只有1200元，而与之接壤的北京市房山区土堤村却达到8000多元。

党的十八大以来，以习近平同志为核心的党中央以强烈的使命担当，高度重视城市工作，重视首都发展、京津冀协同发展问题。

2013 年 5 月，习近平总书记在天津调研时提出，要谱写新时期社会主义现代化的京津“双城记”。同年 8 月，习近平总书记在北戴河主持研究河北发展问题时，又提出要推动京津冀协同发展。习近平总书记多次强调，解决好北京发展问题，必须纳入京津冀和环渤海经济区的战略空间加以考量，以打通发展的大动脉，更有力地彰显北京优势，更广泛地激活北京要素资源，同时天津、河北要实现更好发展也需要连同北京发展一起来考虑。

2014 年 2 月 26 日，习近平总书记在北京市主持召开座谈会听取京津冀协同发展专题汇报，明确提出实现京津冀协同发展是一个重大国家战略。习近平总书记深刻指出，京津冀协同发展“着力点和出发点，就是动一动外科手术，疏解北京非首都功能，解决‘大城市病’问题”。如果说京津冀协同发展是一盘大棋，那么有力有序有效疏解北京非首都功能，治理北京“大城市病”，就是这盘棋的“棋眼”。一招活，全盘皆活。习近平总书记强调：“要坚持和强化首都核心功能，调整和弱化不适宜首都的功能，把一些功能转移到河北、天津去，这就是大禹治水的道理。”

实施京津冀协同发展，是习近平总书记亲自谋划、亲自部署、亲自推动的国家战略。在京津冀协同发展每一个重要阶段和关键环节，习近平总书记都亲自把脉定向，为京津冀协同发展工作指明方向。习近平总书记多次强调，京津冀协同发展是个大思路、大战略，要通过疏解北京非首都功能，调整经济结构和空间结构，走出一条内涵集约发展的新路子，探索出一种人口经济密集地区优化开发的模式，促进区域协调发展，形成新增长极。

2017 年 10 月，“以疏解北京非首都功能为‘牛鼻子’推动京津冀协同发展”，被写入党的十九大报告。

《京津冀协同发展规划纲要》描绘出宏伟蓝图

2015 年 4 月 30 日，习近平总书记主持召开中央政治局会议，审议通过《京津冀协同发展规划纲要》。一个覆盖 21.6 万平方公里、一亿多人口的宏大国家战略进入全面实施、加快推进的新阶段。

同年 6 月 9 日，中共中央、国务院印发《京津冀协同发展规划纲要》，确定了“功能互补、区域联动、轴向集聚、节点支撑”的布局思路，描绘了京津冀协同发展的宏伟蓝图。其中，最受瞩目的是首次提出京津冀区域整体定位和三省市功能定位。京津冀整体定位是“以首都为核心的世界级城市群、区域整体协同发展改革引领区、全国创新驱动经济增长新引擎、生态修复环境改善示范区”。三省市定位分别为：北京市“全国政治中心、文化中心、国际交往中心、科技创新中心”；天津市“全国先进制造研发

▲高质量高标准建设雄安新区。图为 2021 年 7 月 1 日拍摄的京雄城际铁路雄安站。

基地、北方国际航运核心区、金融创新运营示范区、改革开放先行区”；河北省“全国现代商贸物流重要基地、产业转型升级试验区、新型城镇化与城乡统筹示范区、京津冀生态环境支撑区”。随后，全国首个跨省级行政区的京津冀“十三五”规划以及京津冀土地、城乡、水利、卫生等 12 个专项规划印发实施，京津冀城际铁路网规划、北京新机场临空经济区规划等相继出台。

2016 年 3 月 24 日，习近平总书记主持召开中央政治局常委会会议，听取北京市行政副中心和疏解北京非首都功能集中承载地有关情况的汇报并作了重要讲话。习近平总书记强调，北京正面临一次历史性抉择，从摊大饼转向在北京中心城区之外，规划建设北京城市副中心和集中承载地，将形成北京新的“两翼”，也是京津冀区域新的增长极。同年 5 月 27 日，习近平总书记主持召开中央政治局会议，听取了关于规划建设北京城市副中心和研究设立河北雄安新区有关情况的汇报。2017 年 4 月 1 日，党中央、国务院决定设立河北雄安新区的消息公布，京津冀协同发展开启了历史新篇章。

此后，党中央、国务院先后批复《河北雄安新区规划纲要》《北京城市副中心控制性详细规划》。设立河北雄安新区，高标准高质量打造北京非首都功能疏解集中承载地；建设北京城市副中心，优化重组北京功能布局——河北雄安新区和北京城市副中心，以北京“两翼”之势，为区域发展开拓新空间。

京津冀协同发展战略深刻改变了京津冀大地

在以习近平同志为核心的党中央坚强领导下，京津冀三地抓住疏解北京非首都功能这个“牛鼻子”，打破“一亩三分地”思维定式，心往一处想，劲往一处使，京津冀形成目标同向、措施一体、优势互补、互利共赢的发展新格局，协同发展取得累累硕果。截至 2021 年 3 月，《京津冀协同发展规划纲要》确定的到 2020 年的目标任务全面顺利完成。

（一）有序推进北京非首都功能疏解，空间布局和经济结构得到优化提升。出台实施了《关于严格控制北京市域范围内新增项目审批的暂行规定》，严格执行《北京市新增产业的禁止和限制目录》，累计不予办理新设立或变更登记业务超过 2.3 万件。非首都功能存量得到疏解。推动 20

多所北京市属学校、医院向京郊转移，疏解一般制造业企业累计近 3000 家，疏解提升区域性批发市场和物流中心累计约 1000 个。2014 年，北京“动物园批发市场”启动疏解。现在，这个批发市场已转型为国家级金融科技示范区——金科新区。经济结构和人口规模得到调整优化。北京市常住人口规模自 2017 年以来持续下降，2020 年北京市常住人口控制目标顺利完成。截至 2020 年底，森林覆盖率达到 44.4%，劣Ⅴ类水体断面全部消除，交通拥堵趋势得到缓解，城市宜居水平实现跃升。

（二）加快推进重点地区发展，引领带动周边地区协同发展。北京市通州区与河北省北三县协同发展深入推进。北京城市副中心行政办公区一期工程基本建成，北京市级机关 35 个部门共 1.2 万人已搬入办公。《北京市通州区与河北省三河、大厂、香河三县市协同发展规划》印发实施，先行启动的 7 个方面 23 项重点事项加快落实，累计签约 85 个产业合作转移项目。张家口首都水源涵养功能区和生态环境支撑区加快建设。累计退减坝上地区水浇地 40 多万亩，完成营造林 1100 多万亩，可再生能源装机容量超过 1800 万千瓦，首都生态屏障功能更加突出。张家口赛区 76 个冬奥项目完成建设，赛事筹备工作有序推进。天津滨海新区改革开放深入推进。制定出台《关于支持天津滨海新区高质量发展的意见》，天津港通关效能提升和成本节约效果显著。

（三）大力推进重点领域协同发展，交通、生态、产业等不断取得新突破。交通一体化加快建设。京津冀城际铁路投资公司完成股权结构调整，京张高铁、京沈高铁建成通车，“轨道上的京津冀”加快构建。北京大兴国际机场建成投运并运行良好，京津冀机场群和港口群协同联动建设深入推进。生态联防联控联治力度不断加大。京津冀地下水超采、风沙源

▲以举办北京冬奥会为契机，冰雪运动正在成为带动区域协同发展的重要引擎，成为推动京津冀一体化发展的重要抓手。图为 2021 年 9 月 27 日拍摄的北京 2022 年冬奥会张家口赛区崇礼太子城冰雪小镇。

治理等工程持续实施。2020 年京津冀地区 PM2.5 平均浓度为 44 微克 / 立方米，比 2014 年下降 51%。在京津冀 119 个国控断面监测中，水质达到或好于 III 类比例上升到 64.5%。产业升级转移扎实推进。北京现代汽车沧州工厂建成投产以来累计产销整车超过 50 万辆，北京 · 沧州生物医药园共吸引 95 家北京医药企业签约落户，北京大数据产业链部分环节加快向张北云计算产业基地集聚。

实践充分证明，以习近平同志为核心的党中央作出京津冀协同发展的重大战略决策是完全正确的。展望未来，京津冀正按照党中央确立的目标扬帆远航，京津冀协同发展将创造新的更大的辉煌。

参考文献

1. 李斌等：《开辟高质量发展的光明前景》，《人民日报》2019 年 2 月 26 日。

2. 京津冀协同发展领导小组办公室：《牢牢把握北京非首都功能疏解“牛鼻子”，努力推动京津冀协同发展迈上新台阶取得新成效》，《人民日报》2021 年 3 月 12 日。

2015 年

提出新发展理念

2015 年 10 月，以习近平同志为核心的党中央坚持以人民为中心的发展思想，在党的十八届五中全会上鲜明提出“创新、协调、绿色、开放、共享”的新发展理念。在新发展理念引领下，我国经济社会发展取得历史性成就、发生历史性变革。实践有力证明，新发展理念是经得起实践检验、历史检验的科学理念。

新发展理念提出的深刻背景

经过 30 多年改革开放，中国站上了前所未有的发展平台，却也面临着矛盾愈发凸显、机遇挑战并存的发展课题。我国经济经历了长期快速发展，奠定了雄厚的物质基础，造就了广阔的市场空间，发展潜力巨大。同时，我国发展质量和效益还不够高，发展不平衡不充分的一些突出问题尚未得到解决。比如，创新能力不强、科技支撑能力不足；区域、城乡、经济社会等发展不协调；资源约束趋紧、环境污染严重、生态系统退化；对外开放水平总体上不够高，用好国际国内两个市场、两种资源的能力不够强；分配不公问题比较突出，收入差距、城乡区域公共服务水平差距较大；等等。进入经济发展新常态，我们该如何继续前行？时代呼唤着思想的导航，实践期待着理念的指引。

2013 年，习近平总书记提出，我国经济发展正处于“增长速度换挡期、结构调整阵痛期、前期刺激政策消化期”的“三期叠加”阶段，他要求“理性对待高速增长转向中高速增长的新常态”。

2014 年 7 月，习近平总书记在中央政治局会议上对经济工作要适应经济发展新常态的思想作出完整的表述。在这年年底召开的中央经济工作会议上，习近平总书记强调“我国经济发展进入新常态，是我国经济发展阶段性特征的必然反映，是不以人的意志为转移的。认识新常态、适应新常态、引领新常态，是当前和今后一个时期我国经济发展的大逻辑”。

我国经济发展进入新常态，是习近平总书记综合分析世界经济长周期和我国发展阶段性特征及其相互作用作出的重大判断。

进入 2015 年后，党中央的一项重要任务就是研究制定“十三五”规划建议。“十三五”规划是我国经济发展进入新常态后的第一个五年规划，习近平总书记在“十三五”规划建议开始起草时就强调：“首先要把应该树立什么样的发展理念搞清楚，发展理念是战略性、纲领性、引领性的东西，是发展思路、发展方向、发展着力点的集中体现。发展理念搞对了，目标任务就好定了，政策举措跟着也就好定了。”

2015 年 5 月、6 月、7 月，习近平总书记先后赴经济发达的华东地区、扶贫攻坚任务繁重的中西部地区、加快振兴发展的东北地区展开了深入细致的调查研究。经过调研，习近平总书记对适应、把握、引领新常态的认识不断深入。他认为，在新常态下，必须彻底摒弃简单以 GDP 论英雄，确立以人民为中心的发展思想，用新的发展理念引领发展行动。

2015 年 10 月，习近平总书记在党的十八届五中全会上创造性地提出了创新、协调、绿色、开放、共享的发展理念。他指出，提出新发展理念是针对我国经济发展进入新常态、世界经济复苏低迷开出的药方。他强调，创新发展注重的是解决发展动力问题，协调发展注重的是解决发展不平衡问题，绿色发展注重的是解决人与自然和谐问题，开放发展注重的是解决发展内外联动问题，共享发展注重的是解决社会公平正义问题。他强调，新的发展理念就是指挥棒，要坚决贯彻。对不适应、不适合甚至违背新的发展理念的认识要立即调整，对不适应、不适合甚至违背新的发展理念的行为要坚决纠正，对不适应、不适合甚至违背新的发展理念的做法要彻底摒弃。

▲ 创新，是一个民族进步的灵魂，是一个国家兴旺发达的不竭源泉。“十三五”时期，我国创新指数排名从第 29 位升至第 14 位，研发人员全时当量从 2015 年的 376 万人年增长到 2019 年的 480 万人年，一批领军人才和创新团队脱颖而出，青年科技人才逐步成为科研主力军。图为 2019 年 2 月 25 日，国防科技大学计算机学院计算机研究所科研人员在天河机房，测试“天河二号”超级计算机系统。

新发展理念具有丰富的内涵

2015 年 10 月 26 日，习近平总书记在党的十八届五中全会上作关于《中共中央关于制定国民经济和社会发展第十三个五年规划的建议》的说明中指出，新发展理念是“‘十三五’乃至更长时期我国发展思路、发展方向、发展着力点的集中体现，也是改革开放 30 多年来我国发展经验的集中体现，反映出我们党对我国发展规律的新认识”。

10 月 29 日，习近平总书记在党的十八届五中全会第二次全体会议上发表讲话，对新发展理念作了全面的阐述，强调坚持创新发展、协调发展、绿色发展、开放发展、共享发展，是关系我国发展全局的一场深刻变革。他指出："发展理念是否对头，从根本上决定着发展成效乃至成败。"全会通过的《建议》进一步展开了对新发展理念的阐述。

创新是引领发展的第一动力，坚持创新发展，就是要坚持创新在我国现代化建设全局中的核心地位，把发展基点放在创新上，通过创新培育发展新动力，不断推进理论创新、制度创新、科技创新、文化创新等各方面创新，让创新贯穿党和国家一切工作，让创新在全社会蔚然成风。创新发展居于发展新理念的首要和引领地位。协调是持续健康发展的内在要求，坚持协调发展，就是要牢牢把握中国特色社会主义事业的总体布局，正确处理发展中的重大关系，重点推动区域协调发展、城乡协调发展、物质文明精神文明协调发展，推动经济建设国防建设融合发展，不断增强发展整体性协调性。绿色是永续发展的必要条件，坚持绿色发展，就是要坚持节约资源和保护环境的基本国策，构建生态文明体系，促进经济社会发展全面绿色转型，建设人与自然和谐共生的现代化。开放是国家繁荣发展的必由之路，坚持开放发展，就是要坚持对外开放的基本国策，构建开放型经济新体制，发展更高层次的开放型经济。共享是中国特色社会主义的本质要求，坚持共享发展，就是要坚持全民共享、全面共享、共建共享、渐进共享，不断推进全体人民共同富裕。

新发展理念五大方面既有各自内涵，更是一个相互贯通、相互促进、内在联系的整体，要一体坚持、一体贯彻，不能顾此失彼，也不能相互替代。这些理念深刻揭示了实现更高质量、更有效率、更加公平、更可持续发展的必由之路，具有战略性、纲领性、引领性，是关系我国发展全局的一场深刻变革。

让新发展理念落地生根

太钢不锈钢精密带钢有限公司的车间里，一条条薄如纸页的亮银色箔材吸引了习近平总书记的目光。

2020 年 5 月 12 日，正在山西考察的习近平总书记来到这里，实地调研企业转型发展。

拿起一片“手撕钢”，习近平总书记仔细察看，轻轻折了一下，称赞道：“百炼钢做成了绕指柔。希望你们再接再厉，在高端制造业科技创新上不断勇攀高峰。”

在实现第一个百年奋斗目标的关键阶段，“创新”成为推动中国经济高质量发展的高频词。

“现在，我国经济社会发展和民生改善比过去任何时候都更加需要科学技术解决方案，都更加需要增强创新这个第一动力。”习近平总书记的话语切中要害。

发展理念是发展行动的先导，管全局、管根本、管方向、管长远。

在新发展理念引领下，“十三五”时期我国经济社会发展取得巨大成就：经济总量突破 100 万亿元，人均国内生产总值迈上 1 万美元台阶，对世界经济增长贡献率保持在 30% 左右；脱贫攻坚战取得全面胜利，现行标准下 9899 万农村贫困人口全部脱贫，832 个贫困县全部摘帽，12.8 万个贫困村全部出列，消除了绝对贫困和区域性

◀ 根据“十四五”规划和 2035 年远景目标纲要，我国坚持尽力而为、量力而行，健全基本公共服务体系，加强普惠性、基础性、兜底性民生建设，完善共建共治共享的社会治理制度，制定促进共同富裕行动纲要，自觉主动缩小地区、城乡和收入差距，让发展成果更多更公平惠及全体人民，不断增强人民群众获得感、幸福感、安全感。左图为 2012 年 9 月 3 日，在广西大化瑶族自治县板升乡弄勇村弄顶屯，孩子们扛着生活用具，爬悬梯上学；右图为 2019 年 5 月 10 日，在弄勇村，孩子们走在放学路上。弄勇村所有的屯都已告别没有公路的历史。

▲ 共享发展使全民都真切感受到全面小康带来的实惠和福利，必然会极大激发全体人民全面建成小康社会的愿望与决心。图为 2020 年 11 月 22 日，江西省南昌市幽兰镇下魏村的农民手拿照片与志愿者合影。

▲ 党的十八大以来，在以习近平同志为核心的党中央领导下，中国组织实施了人类历史上规模空前、力度最大、惠及人口最多的脱贫攻坚战。在中国共产党成立 100 周年的重要时刻，我们党在团结带领人民创造美好生活、实现共同富裕的道路上迈出了坚实的一大步。图为 2017 年 6 月 14 日，宁夏西吉县震湖乡陈岔小学的孩子在教室吃午餐，学生每天在学校有两顿国家提供补助的营养餐。

整体贫困，取得了令全世界刮目相看的重大胜利。2020 年 9 月初，世界知识产权组织发布《2020 年全球创新指数报告》，在全球 131 个经济体中，我国创新指数排名跃升至第 14 位，连续两年位居世界前 15，是跻身综合排名前 30 位的唯一中等收入经济体。面对突如其来的新冠疫情，以习近平同志为核心的党中央带领全党全国各族人民，统筹推进疫情防控和经济社会发展工作，我国在全球范围内率先控制住疫情，成为 2020 年唯一实现经济正增长的主要经济体。在新发展理念的指引下，人民群众获得感、幸福感、安全感不断增强，稳步走上全面小康的光明大道。

党的十八大以来，中国共产党对经济社会发展提出了许多重大理论和理念，其中新发展理念是最重要、最主要的。新发展理念传承党的发展理论，坚持以人民为中心的发展思想，进一步科学回答了实现什么样的发展、怎样实现发展的问题，深刻揭示了实现更高质量、更有效率、更加公平、更可持续发展的必由之路，深化了我们党对中国特色社会主义经济发展规律的认识，有力地指导了我国新的社会经济发展实践。

参考文献

1. 霍小光等：《风卷红旗过大关》，《人民日报》2021 年 1 月 4 日。

2. 中共中央宣传部：《习近平新时代中国特色社会主义思想学习问答》，学习出版社、人民出版社 2021 年版。

2015 年

“巡视利剑”展锋芒

党的十八大以后，以习近平同志为核心的党中央把巡视作为党内监督的战略性制度安排，纳入全面从严治党战略布局。2015 年 8 月 3 日，党中央颁布修订的《中国共产党巡视工作条例》(2017 年 7 月 1 日该条例再次修订)，为巡视工作常态化、制度化，推动巡视工作向纵深发展提供了制度保障。巡视逐步成为正风肃纪、肃贪反腐的国之利器、党之利器。

习近平亲自指导巡视工作

党的十八大以后，以习近平同志为核心的党中央着眼于严峻复杂的反腐败斗争形势，从坚持党的领导、加强党的建设和全面从严治党的大局出发，把巡视工作摆在更加突出的位置。

2013 年 4 月 25 日，中央政治局常委会审议《关于中央巡视工作领导小组第一次会议研究部署巡视工作情况的报告》。习近平总书记指出："巡视是党章赋予的重要职责，是加强党的建设的重要举措，是从严治党、维护党纪的重要手段，是加强党内监督的重要形式。"他用"四个重要"强调了巡视工作的重要地位和作用，为十八届中央巡视工作指明了方向。

面对严峻复杂的形势，党中央加强对巡视工作的领导。每轮中央巡视之后，中央政治局常委会都要听取中央巡视工作领导小组的情况汇报。习近平总书记每次都详细审阅巡视报告，并对巡视中发现的问题有针对性地评判，对重要的整改、处置工作作出指示，对巡视的目标任务、方式方法、成果运用、队伍建设和制度建设提出明确要求。他指出：

中央给了巡视组"尚方宝剑"，是"钦差大臣"，是"八府巡按"，就要尽职履责，不能大事拖小，小事拖了，对腐败问题要零容忍。不管级别有多高，谁触犯法律都要问责，都要处理，我看天塌不下来。

要以问题为导向，派出"侦察兵"，哪里反映声音大、问题多，就派到哪里去侦察，就像公安系统的 110、路面巡警制度，要在创新机制上下功夫。

向被巡视地区、单位反馈时，要直指问题，一五一十把问题抖搂出来，根本不要搞任何遮掩，责成其认真整改。

巡视过的三十一个省区市，不是一巡视了就完事，要出其不意，杀个“回马枪”，让心存侥幸的感到震慑常在。

这些“大白话”，鲜明生动地体现出习近平总书记对惩治腐败的坚强决心。

发现问题、形成震慑，中央巡视如利剑出鞘

发现问题、形成震慑，是巡视工作的基本职能。

通过巡视，发现了一批领导干部的问题线索和突出问题。山西塌方式腐败、辽宁拉票贿选案、南充市党代会发生的有组织公款拉票贿选案，都是巡视发现的。中央纪委查处的孙政才、王珉、王三运、黄兴国、苏荣、武长顺等高级领导干部中，超一半问题线索来自巡视。“一家两制”“靠山吃山”“结干亲”“能人腐败”，亦是巡视发现。

2013 年 5 月到 8 月，中央巡视组对江西进行巡视。

在中央第八巡视组个别谈话中，有同志反映的一个情况引起了巡视组高度重视：2012 年下半年，苏荣在离开江西之前，省里有两次重要选

举，全国人大代表选举和党的十八大代表推选。作为省委书记，他在这两次选举中排名倒数第一、二名。

干部群众对苏荣意见大、反映强烈的原因是什么？一定要搞清楚。经验丰富的中央第八巡视组组长王鸿举和副组长宁延令敏锐地意识到，问题的背后必定隐藏着重大玄机，值得探究。

在接下来的巡视工作中，巡视组开始寻找答案。通过"下沉"基层、调查谈话、受理信访等情况，最终发现了苏荣严重违纪的问题线索，并涉及家族腐败。

而对天津市公安局长武长顺的调查更是斗智斗勇，"他是公安局长，对付他，我们还是有点'担心'"。巡视人员说的这个"担心"，并非因武长顺是威震津门的风云人物，而是他手中掌握的公安特殊手段。"我们担心手机、会议被监听，担心打草惊蛇。"巡视人员说，据反映，武长顺在公安系统工作多年，嗅觉灵敏，为人狡诈，手段毒辣，反调查能力非同一般。

锁定武长顺，源于大量干部群众的反映。2014 年 3 月 28 日，中央第五巡视组进驻天津。巡视组为了拿到第一手证据、保护被约谈人员的安全，将约谈地点从天津转移到北京，而被约谈者为了防止武长顺打击报复"一路上换三次车牌"的表现更加印证了巡视组的判断。巡视组根据线索顺藤摸瓜，一桩桩权钱交易的事实浮出水面。

2017 年 6 月 21 日，随着十八届中央第十二轮巡视对中国农业大学、

▸ 巡视“利剑”，更准更快更灵活——新版《中国共产党巡视工作条例》三大看点。（2015 年 8 月 13 日新华社发，大巢制图）

北京航空航天大学等 15 所中管高校党委巡视反馈情况的集中公布，十八届中央最后一轮巡视反馈情况全部向社会公布。这标志着党的十八大以来，中央巡视如期完成对省区市地方、中央和国家机关、国有重要骨干企业、中央金融单位和中管高校等 5 个“板块”的巡视全覆盖，实现了党的历史上首次一届任期内中央巡视全覆盖。

党的十八大至十九大期间，在以习近平同志为核心的党中央坚强领导下，中央巡视组开展 12 轮巡视，共巡视 277 个党组织，对 16 个省区市进行了“回头看”，对 4 个中央单位开展了“机动式”巡视，兑现了全覆盖的政治承诺；同时，各省区市党委完成对省辖 8362 个地方、部门和企事业单位党组织巡视全覆盖。根据巡视移交问题线索，各地纪检监察机关立案查处厅局级干部 1326 人、县处级干部 8957 人，起到了强大震慑效果。

"巡视利剑"越擦越亮

党的十八大以后，中央巡视工作不折不扣贯彻中央精神，深化巡视政治定位，完善巡视工作格局，强化巡视成果运用，不断在创新中向纵深发展，为全面从严治党提供了有力支撑。

2013 年，第一轮巡视开始探索实行"三个不固定"，即组长不固定、巡视对象不固定、巡视组和巡视对象的关系不固定，同时建立中央巡视组组长库，一次一授权，不搞"铁帽子"。

2014 年，第三轮巡视在常规巡视的同时首次探索开展专项巡视，即针对某个省区市、部门或单位的突出问题开展巡视，机动灵活、闻风而动，精准发现、定点突破。经过试点，专项巡视从第五轮起全面推开。"哪里反映强烈、哪里问题突出就到哪里巡视。"

2015 年，中央第六轮巡视开始探索分类专项巡视，实行"一托二"，即每轮一个组巡视 2 个单位，一个组长配备 2 名副组长，多个巡视组同类同步安排、分批集中汇报。第八轮巡视，在普遍实行"一托二"的基础上，开始试点"一托三"。

2016 年，第九轮巡视首次开展"回头看"。"回马枪"杀出后发现，对比上一轮巡视，4 个省份均存在老问题屡巡未改的情况。"回头看"向全党全社会释放了强烈信号：巡视绝不是巡过了就完事，巡视监督永远在路上。自"回头看"开始后，山东、辽宁、湖南、安徽等 12 省市多名省

▲ 2018 年 9 月 6 日，大型机械在陕西省西安市长安区秦岭违建别墅群“群贤别业”内进行拆除工作。（新华社记者邵瑞摄）

部级干部相继落马。

2017 年，第十二轮巡视试点开展“机动式”巡视。“机动式”巡视人员少、时间短、节奏快，通过“小队伍、短平快、游动哨”的方式灵活机动安排，着力发现“灯下黑”问题。

“巡视利剑作用彰显”。2017 年 10 月 18 日，习近平总书记在党的十九大报告中对巡视工作给予充分肯定，并提出了新的更高要求，“深化政治巡视，坚持发现问题、形成震慑不动摇，建立巡视巡察上下联动的监督网”。

党的十九大以后，巡视工作紧紧盯住被巡视党组织的政治建设、政治责任落实情况，查找政治偏差，坚定不移深化政治巡视。

在中央和省一级巡视中，均注重强化政治监督，做到党中央重大决策部署到哪里，监督检查就跟进到哪里，确保党中央政令畅通：贵州聚焦脱贫攻坚开展巡视，发现问题线索 700 多件；陕西开展秦岭生态环境保护专项巡视，切实巩固秦岭北麓西安境内违建别墅问题专项整治成果；安徽省委部署开展“严规矩、强监督、转作风”集中整治专项行动，对各类形式主义官僚主义进行大排查大整治；交通银行开展防范化解金融风险专项巡视，监督检查 8 家被巡视单位贯彻执行中央金融工作方针政策和总行党委重大决策部署，特别是落实防控风险工作部署和要求情况……通过巡视巡察督促各级党组织和党员领导干部增强“四个意识”，坚定“四个自信”，做到“两个维护”。

“尖兵”显神勇，“利剑”展锋芒。以习近平同志为核心的党中央把巡视作为推进全面从严治党的重大举措，坚持党内监督和群众监督相结合，对深化反腐、形成震慑起到了重要作用。巡视工作不断在坚持中深化、在深化中发展，“巡视利剑”越擦越亮，推动全面从严治党不断向纵深发展。

参考文献

1. 景玥：《十八届中央巡视：当好“八府巡按”，用好“党之利器”》，人民网—中国共产党新闻网 2017 年 4 月 7 日。

2. 罗宇凡、朱基钗：《高举巡视利剑，推进全面从严治党》，《人民日报》2017 年 6 月 22 日。

3. 姜洁：《巡视利剑彰显监督威力》，《人民日报》2019 年 12 月 31 日。

2015 年

走中国特色强军之路

2015 年 11 月 24 日，这一天注定要载入人民军队史册。中央军委改革工作会议在北京举行。在中共中央总书记、国家主席、中央军委主席习近平亲自指挥、亲自部署下，国防和军队全面实施改革强军战略，坚定不移走中国特色强军之路。我军历史上力度、深度、广度空前的整体性、革命性变革由此拉开大幕。

“军事上的落后一旦形成，对国家安全的影响将是致命的”

党的十八大以来，如何适应国际战略格局和国家安全形势的深刻变化，建设一支与我国国际地位相称、与国家安全和发展利益相适应的巩固国防和强大军队，是习近平主席和中央军委始终高度关注的重大战略问题。

从鸦片战争开始，西方列强强迫旧中国签订的不平等条约多达 750 多个。1900 年，八国联军进攻北京，临时拼凑的一万八千多人长驱直入，从泱泱大国手里索取了四万万五千万两白银的赔款，创下了世界战争史上的纪录。

“军事上的落后一旦形成，对国家安全的影响将是致命的。我经常看中国近代的一些史料，一看到落后挨打的悲惨场景就痛彻肺腑！”在军队一次重要会议上，习近平主席语重心长地说。

“我想的最多的就是，在党和人民需要的时候，我们这支军队能不能始终坚持住党的绝对领导，能不能拉得上去、打胜仗，各级指挥员能不能带兵打仗、指挥打仗。”在军队一次重要会议上，习近平主席这番话振聋发聩。

落后就要挨打——这个国际竞争的丛林法则从来不怜悯弱者。在中华民族复兴的征程中，强大的国防与军队至关重要。2012 年 11 月 15 日，刚刚当选为中共中央总书记的习近平主持新一届中央军委第一次常务会议时就鲜明提出，始终以改革创新精神开拓前进，深入推进中国特色军事变革，努力夺取军事竞争主动权。

2013 年 11 月，党的十八届三中全会召开。经习近平主席提议，党中央决定将国防和军队改革纳入全面深化改革的大盘子，上升为党的意志和国家行为。

2014 年 3 月，中央军委成立深化国防和军队改革领导小组，开展改革方案研究论证和拟制工作。习近平主席亲自担任领导小组组长，主持召开领导小组第一次全体会议，审议通过了改革重要举措分工方案和改革工作路线图。深化国防和军队改革工作进入实质性推进阶段。

在习近平主席的筹划和指挥下，中央军委陆续成立改革领导小组办公室、专项小组、专家咨询组、筹备工作组，一大批精兵强将汇聚一堂，改革方案研究论证蹄疾步稳展开。

从 2014 年春开始，围绕改什么、怎么改，多个改革专项小组和专家咨询组，从军内到军外，从国内到国外，广泛调研，集中智慧，反复论证。改革方案前后历经 150 多次调整、修改和完善。比如军委机关的设置，经过了很长时间的研究论证。最后，超过 90% 的同志认为，这轮改革，四总部不动，是不可能成功的。

2015 年 1 月 27 日，习近平主席在中南海怀仁堂主持召开中央军委改革领导小组第二次全体会议，对拟制改革方案作出部署。

“我们的政策举措出台之前必须经过反复论证和科学评估，力求切合实际、行之有效、行之久远，不能随便‘翻烧饼’。”在习近平主席的组织推动下，从研究论证到方案拟制，始终体现了科学创新的思路和方法。

2015 年 7 月 14 日、22 日，习近平主席先后主持召开中央军委改革领导小组第三次会议和中央军委常务会议，审议并原则通过《深化国防和军队改革总体方案》。7 月 29 日，习近平总书记主持召开中央政治局常委会会议正式审议通过改革总体方案。10 月 16 日，习近平主席再次主持召开中央军委常务会议，审议通过《领导指挥体制改革实施方案》。此后，一整套解决深层次矛盾问题、有重大创新突破、体现人民军队特色的改革设计破茧而出。

习近平发出深化国防和军队改革动员令

2015 年 11 月 24 日至 26 日，中央军委改革工作会议在京西宾馆召开，习近平主席向全军发出深化国防和军队改革动员令：全面实施改革强军战略，坚定不移走中国特色强军之路。

会议明确，先改领导指挥体制，再调力量规模结构，政策制度配套跟上，梯次接续，压茬推进。2020 年前，在领导管理体制、联合作战指挥体制上取得突破性进展，在优化规模结构、完善政策制度、推动军民融合深度发展等方面取得重要成果，努力构建能够打赢信息化战争、有效履行使命任务的中国特色现代军事力量体系，进一步完善中国特色社会主义军事制度。

11 月 28 日，中央军委印发《关于深化国防和军队改革的意见》。指出，牢牢把握军委管总、战区主战、军种主建的原则，以领导管理体制、联合作战指挥体制改革为重点，协调推进规模结构、政策制度和军民融合深度发展改革。

“不改革是打不了仗、打不了胜仗的”“没有军队组织形态现代化，就没有国防和军队现代化”。在习近平主席领导推动下，人民军队历史上规模空前的改革吹响了进军号。

2015 年 12 月 31 日，陆军领导机构、火箭军、战略支援部队成立，习近平主席亲自授予军旗并致训词；

2016 年 1 月 11 日，习近平主席接见调整组建后的军委机关各部门负责同志；

2016 年 1 月 16 日零时，根据习近平主席的命令，从此时起，原七大军区停止行使指挥权，新成立的五大战区开始运转；

2016 年 2 月 1 日，习近平主席向五大战区授予军旗并发布训令；

2016 年 4 月 20 日，一身迷彩的习近平主席，首次以“军委联指总指挥”的身份，视察军委联合作战指挥中心。

早在 20 世纪 80 年代，人民军队就开始了联合作战指挥体制的探索。然而，几十年过去了，“联不起来”的问题依然没有从根本上解决。习近平主席一锤定音：建立健全军委联合作战指挥机构和战区联合作战指挥体制，要有紧迫感，不能久拖不决。

这次改革，把联合作战指挥的重心放在战区，把部队建设管理的重

▲党中央、中央军委聚焦备战打仗主责主业，把能打仗、打胜仗这一“强军之要”作为实现党在新时代的强军目标的核心来抓。图为 2018 年 5 月 17 日，陆军第 74 集团军某旅实兵实弹演练中，利用无人机对“敌”进行侦察。（新华社发，黄海摄）

心放在军兵种。战区专司打仗、主营联合，军种以战领建、抓建为战。“战区”和“军区”一字之差，性质却是天壤之别。

2016 年 12 月 2 日，中央军委军队规模结构和力量编成改革工作会议召开。习近平主席指出，要坚持减少数量、提高质量，优化兵力规模构成，打造精干高效的现代化常备军。他强调，要坚持需求牵引、创新驱动，改革作战部队编成，打造具备多种能力和广泛作战适应性的部队。

2017 年 4 月 18 日，习近平主席接见全军新调整组建的 84 个军级单位主官。在新调整组建的军级单位中，还包括海军陆战队、空军空降兵军以及火箭军、战略支援部队中的诸多新型作战力量。10 天之后，国防部记者会披露，陆军 18 个集团军番号撤销，同时公布了调整组建后的 13 个集团军番号。

深化国防和军队改革取得的历史性成就

在习近平主席亲自领导、亲自设计和亲自推动下，不到两年时间，人民军队迎来了伟大跨越。

重塑领导指挥体制。按照“军委管总、战区主战、军种主建”原则，强化军委集中统一领导和战略指挥、战略管理功能，打破长期实行的总部体制、大军区体制、大陆军体制，构建新的军队领导管理和作战指挥体制。

调整组建新的军委机关部门。优化军委机关职能配置和机构设置，由过去的总参谋部、总政治部、总后勤部、总装备部四总部调整为军委机关 15 个职能部门，作为军委集中领导的参谋机关、执行机关、服务机关。指挥、建设、管理、监督等路径更加清晰，决策、规划、执行、评估等职能配置更加合理。

完善军兵种领导管理体制。整合原四总部的陆军建设职能，成立陆军领导机构；整合各军种和军委机关的战略支援力量，成立战略支援部队；第二炮兵更名为火箭军；整合主要承担通用保障任务的战略战役力量，成立联勤保障部队，构建起“中央军委—军种—部队”的领导管理体系。

建立健全联合作战指挥体制。健全军委联合作战指挥机构，组建战区联合作战指挥机构，形成平战一体、常态运行、专司主营、精干高效的联合作战指挥体系。撤销沈阳、北京、兰州、济南、南京、广州、成都7个大军区，成立东部、南部、西部、北部、中部5个战区。通过改革，构建起“中央军委—战区—部队”的作战指挥体系。

实行“中央军委—武警部队—部队”领导指挥体制，武警部队的根本职能属性没有发生变化，不列入解放军序列。调整后，武警部队包括内卫部队、机动部队、海警部队等。按照多能一体、有效维稳的战略要求，加强执勤、处突、反恐、海上维权和行政执法、抢险救援等能力建设，努力建设一支强大的现代化武警部队。

建立健全法治监督体系。组建新的军委纪律检查委员会（军委监察委员会），由中央军委直接领导，向军委机关部门和各战区派驻纪检组；组建新的军委政法委员会，按区域设置军事法院、军事检察院；组建军委审计署，改革审计监督体制，全部实行派驻审计，形成决策权、执行权、监督权既相互制约又相互协调的权力运行体系。

优化规模结构和力量编成。按照调整优化结构、发展新型力量、理顺重大比例关系、压减数量规模的要求，推动军队由数量规模型向质量效能型、人力密集型向科技密集型转变。

调整军队规模比例，重塑力量结构布局。裁减军队员额30万，现役总员额减至200万。扩大士官和文职人员编配范围，压减各级机关编制，减少各级机关内设机构、领导层级和人员，精简文艺体育新闻出版、服务

▲2016 年 7 月 8 日，导弹护卫舰运城舰发射反舰导弹。

▲2017 年 7 月 30 日，庆祝中国人民解放军建军 90 周年阅兵在位于内蒙古的朱日和训练基地举行。图为受阅部队。

保障和院校、医疗、仓库、科研院所等机构和人员，团级以上机关人员减少约四分之一，非战斗单位人员压减近一半。

调整作战部队编成，重构新型作战力量。陆军原18个集团军整合重组为13个集团军。在全军主要作战部队实行“军—旅—营”体制，充实兵种作战力量，减少指挥层级，降低合成重心。增加特种作战、立体攻防、两栖作战、远海防卫、战略投送等新型作战力量，推动部队编成向充实、合成、多能、灵活方向发展。

优化院校力量布局，重构军事科研体系。解放军和武警部队原有77所院校整合为44所，重塑国防大学、国防科技大学。成立军委军事科学研究指导委员会，调整组建新的军事科学院、军种研究院，形成以军事科学院为龙头、军兵种科研机构为骨干、院校和部队科研力量为辅助的军事科研力量布局。

至2017年10月党的十九大召开前，国防和军队改革取得历史性突破，形成“军委管总、战区主战、军种主建”新格局，人民军队组织架构和力量体系实现革命性重塑，人民军队体制一新、结构一新、格局一新、面貌一新。同时，在新时代强军战略的丰富实践中，习近平强军思想应运而生。党的十九大将习近平强军思想写入党章，确立了这一思想在国防和军队建设中的指导地位。

参考文献

1. 李宣良等：《在中国特色强军之路上阔步前行》，《人民日报》2016年3月1日。
2. 曹智等：《伟大的变革 历史的跨越》，《人民日报》2017年9月11日。
3. 国务院新闻办公室：《新时代的中国国防》，《人民日报》2019年7月25日。

2016 年

开展“两学一做”学习教育

2016 年 2 月 24 日，中共中央办公厅印发《关于在全体党员中开展“学党章党规、学系列讲话，做合格党员”学习教育方案》。

开展“两学一做”学习教育，是落实党章关于加强党员教育管理要求、面向全体党员深化党内教育的重要实践，是推动党内教育从“关键少数”向广大党员拓展、从集中性教育向经常性教育延伸的重要举措，是加强党的思想政治建设的重要部署。

习近平亲自指导推动“两学一做”学习教育

“加强党的建设，首要任务是加强思想政治建设，关键是教育管理好党员、干部。”2016 年 4 月，习近平总书记对在全党开展“两学一做”学习教育作出重要指示强调，党的十八大以来，我们党先后开展了党的群众路线教育实践活动、“三严三实”专题教育，对于解决党员干部特别是县处级以上领导干部存在的突出问题、推进全面从严治党起到了重要作用。

“思想政治建设不可能毕其功于一役。部署‘两学一做’学习教育，就是要推动党内教育从‘关键少数’向广大党员拓展，从集中性教育向经常性教育延伸，坚定广大党员的马克思主义立场，保证全党始终在思想上政治上行动上同党中央保持高度一致，使我们党始终成为有理想、有信念的马克思主义政党。”

习近平总书记强调，“只有基层党组织坚强有力，党员发挥应有作用，党的根基才能牢固，党才能有战斗力。开展‘两学一做’学习教育，要把全面从严治党落实到每个支部、每名党员”。

以习近平同志为核心的党中央高度重视“两学一做”学习教育，习近平总书记亲自指导推动，主持中央政治局常委会会议审议“两学一做”学习教育方案，多次作出重要指示批示，为开展学习教育指明方向。中央政治局带头开展学习教育，为全党作出示范。中央政治局常委、政治局委员以讲党课、参加支部组织生活等方式带头参加学习教育，以上率下，树标立规。2016 年 12 月，中央政治局召开民主生活会，以深入学习领会党的十八届六中全会精神为主题，围绕“两学一做”学习教育要求，重点对照《关于新形势下党内政治生活的若干准则》和《中国共产党党内监督条例》，结合思想和工作实际，进行自我检查、党性分析，开展批评和自我批评。

在以习近平同志为核心的党中央坚强领导下，全国各级党组织坚持全覆盖、常态化、重创新、求实效，“学”得深入，“做”得扎实，坚持思想问题和实际问题一起解决，党员干部问题和党组织问题一起整改，党员干部展示了新形象、党组织工作呈现了新气象。

“两学一做”学习教育基础在学

“两学一做”学习教育开展以后，全国各地区各部门各单位以党支部为基本单位，以“三会一课”等党的组织生活为基本形式，以党章党规和习近平总书记系列重要讲话为基本内容，组织和引导党员真学深学，开展专题讨论交流，全方位多层次讲党课，做到学有所得、学有所悟。

运用党支部“三会一课”制度，各地区各部门各单位把党员大会、党小组会作为组织党员集中学习的主要形式，普遍做到党支部每 2 至 3 个月开展 1 次集中学习，党小组每月开展 1 次集体学习。湖北推行咸宁市“支部主题党日”做法，为全省 15.4 万个基层党支部打造学习教育基

▲ 2016 年 2 月 24 日，中共中央办公厅印发《关于在全体党员中开展“学党章党规、学系列讲话，做合格党员”学习教育方案》，对开展“两学一做”学习教育作出部署。图为 2016 年 6 月 15 日，河北深州市魏家桥镇孟家村老党员孟凡涛（中）在“胡同党校”朗读党章。

本载体。国土资源部总督察办党支部坚持“每月一课”制度，每次一个专题，全体党员参与。

有主题、有讨论、有共识，推动学习教育往深处走、往实处落。山西围绕“四讲四有”设计 4 个专题，指导全省基层党支部紧扣党章规定，每次 1 个专题组织党员学习；西藏围绕“党章党规、系列讲话、党的治藏方略、做合格党员”4 个专题，党支部每两个月进行 1 次集中学习研讨；交通运输部组织全系统 4400 多名党员，对照党章规定和“四讲四有”标准，集中开展党性分析，查摆问题。

多种方式讲党课，变大水“漫灌”为精准“滴灌”。河北开展“我到基层讲党课”活动，采取公开报名方式遴选 400 多名党员志愿者，深入

▲ 2016 年 10 月 26 日，河北省廊坊市广阳区社区党员在扫描“广阳区两学一做微讲堂”微信公众号二维码。“两学一做”学习教育开展以来，河北省廊坊市广阳区开设微信公众号等“互联网 +”学习教育平台，及时发布“两学一做”具体要求，确保基层党员干部及时了解最新动态。

全省 170 个县市区的基层党组织讲党课；内蒙古、青海针对农牧民党员实际，以“流动党校”“驼背宣讲队”等方式把党课送到牧区；“七一”前后，广大基层党支部结合庆祝建党 95 周年，以回顾光辉历程、学习先进典型为主要内容，普遍讲了 1 次专题党课。

一些地方还依托红色教育基地、运用先进典型深化学习教育，让党员思想上有触动、行动上有榜样。上海把中共“一大”“二大”会址纪念馆作为教育基地；陕西利用延安、照金、梁家河等红色传统资源，对党员进行党性、作风教育；石油、航空航天、林业等系统运用“三老四严”精神、航天精神、塞罕坝精神教育和激励党员。

通过集中式、制度化的学习，广大党员对党章党规的基本要求有了比较系统的掌握，对系列讲话的基本内容有了比较全面的了解，参加组织生活、履行党员义务更加自觉，党性观念和党员意识得到显著增强。

“两学一做”学习教育关键在做

“两学一做”学习教育，关键在做。学习教育成效怎么样，最重要的是看人的变化，看党员的先锋模范作用发挥怎么样。

服务中心担当作为。面对经济发展新常态，改革施工高峰期和任务攻坚期，各地区各部门各单位坚持干字当头，带头践行新发展理念。浙江以“保障 G20 争先锋、担当有为谋新篇”为主题，在党员干部中开展攻坚克难“大比武大督查大考核”；北京引导广大党员以讲政治、顾大局、作奉献的良好状态，投身北京城市副中心建设；大庆油田中 16 联合站党支部开展“先锋岗位”“降耗标兵”评比，党员人人作出“向我看齐”承诺。

立足岗位履职尽责。各行业各领域党组织普遍结合实际，搭建党员发挥作用的实践载体。许多社区组建党员服务队，为居民提供“爱心午餐”“四点半课堂”等服务；窗口服务单位普遍推行戴党徽、亮身份，设立党员示范岗等做法，改进服务群众质量；清华大学要求院系支部书记和教师普遍谈心，查找学科建设、教学教改中存在的问题，提出整改行动计划。

抢险救灾冲锋在前。有关省区在应对洪涝风雹重大灾害中，把抗灾救灾一线作为“两学一做”的现场和考场，动员广大党员冲锋在第一线、坚守在最险处。武汉 400 名党员在江边面向党旗宣誓“人在堤在”“坚决顶起自己该顶的那片天”；安徽组建党员突击队 2.1 万支，动员 61.3 万名党员参与抗洪抢险，芜湖县老党员王能珍从外地连夜冒雨赶回抢险，在封堵水下管涌时不幸牺牲；江苏盐城在龙卷风冰雹灾害中成立党员突击队、党群互助组，开展现场搜救、灾民安置等工作。

各地还把学习教育与脱贫攻坚有机结合起来，推动贫困村党组织把党员组织起来，带头脱贫致富、带领脱贫致富。许多地方采取务实措施，支持有帮带能力的党员创办领办致富项目，发挥在脱贫攻坚中的先锋模范作用。陕西安康市把 2600 多名农村优秀党员培养成致富能手，把 1900 多名群众中的致富能手培养成党员，壮大脱贫致富骨干力量。各地还普遍组织有帮带能力的党员与重点扶贫对象结成对子，为贫困群众提供力所能及的帮助。西藏山南市开展“党员干部进村入户、结对认亲交朋友”活动，组织全市 2.15 万名党员干部结对帮扶 1.91 万户贫困群众。

通过“两学一做”学习教育，全党在思想、作风、党性上进行了又一次集中“补钙”和“加油”，广大党员干部“四个意识”显著增强，党内政治生活更加严格规范，基层党建突出问题得到有效解决，领导干部骨干带头作用、基层党组织战斗堡垒作用、党员先锋模范作用得到进一步发挥。

2017 年 3 月 20 日，中央办公厅印发《关于推进“两学一做”学习教育常态化制度化的意见》，把“两学一做”学习教育纳入党支部“三会一课”等基本制度，作为全面从严治党的基础性工程。随着“两学一做”学习教育常态化制度化深入推进，全面从严治党要求落实到每个支部、每名党员，党的肌体更加健康、细胞更具活力，广大党员以更加奋发有为的精神状态投入各项工作中。

参考文献

1. 盛若蔚等：《“学”得深入，“做”得扎实》，《人民日报》2016 年 10 月 22 日。
2. 盛若蔚：《“学”中筑牢根基，“做”中彰显本色》，《人民日报》2017 年 4 月 16 日。

2016 年

推进东西部扶贫协作

2016 年 7 月 20 日，习近平总书记在宁夏银川主持召开东西部扶贫协作座谈会时强调，东西部扶贫协作和对口支援，是推动区域协调发展、协同发展、共同发展的大战略，是加强区域合作、优化产业布局、拓展对内对外开放新空间的大布局，是实现先富帮后富、最终实现共同富裕目标的大举措。

福建宁夏“千里结亲”

1996 年 5 月，根据邓小平同志提出的先富帮后富、最终实现共同富裕的“两个大局”战略构想，党中央作出了“东西部扶贫协作”重大决策，确定 9 个东部省市和 4 个计划单列市与西部 10 个省区开展扶贫协作。自那时起，北京与内蒙古，天津与甘肃，上海与云南，广东与广西，江苏与陕西，浙江与四川，山东与新疆，辽宁与青海，福建与宁夏，大连、青岛、深圳、宁波与贵州……开始了结对牵手。

此后，武夷山牵手六盘山，闽江水连着黄河水，远隔千山万水的闽宁两省区结下了不解之缘。1996 年 11 月，中共福建省委、省政府成立对口帮扶宁夏领导小组，时任福建省委副书记的习近平担任组长，直接组织实施闽宁对口扶贫协作。当时，确立东西部对口帮扶原则时，国务院的文件里是 12 个字——“优势互补，互惠互利，共同发展”。但闽宁双方却主动增加了“长期协作”4 个字。此后，“优势互补、互利互惠、长期协作、共同发展”方针成为闽宁对口扶贫协作的遵循原则。

宁夏北部俗称川区，得黄河水之利，地势平坦，河渠纵横，湖泊众多，宛如江南；中部荒漠戈壁，干旱少雨，风大沙多，土地贫瘠；南部丘陵沟壑林立，阴湿高寒，素有“苦瘠甲天下”之称，是国家级贫困地区之一。

西海固是西吉、海原和固原等宁夏南部山区县的合称，包括 8 个国家扶贫重点县和一个移民开发区，人口不到 228 万，占宁夏总人口的

1/3。这里干旱少雨、生态脆弱、交通不便，自然灾害频繁、水土流失严重，1972 年曾被联合国粮食开发署确定为“全球最不适宜人类居住的地区”之一。

“剁开一粒黄土，半粒在喊渴，半粒在喊饿”，这里年均降水量不过 300 毫米，蒸发量却超过 2000 毫米。最早的年头，渴极了的牛嗅到水味，会挣脱缰绳，追着送水车一路狂奔；水盖打开，几只麻雀自天而降，扎进水桶，溺水而亡。缺水，扼杀了西海固的生机。干旱的耕地里，即使高产的玉米，亩产也不过 200 余斤，而种子就占 40 多斤。等雨耕种，靠天吃饭，直到 1995 年，当地人均收入还只有 600 元。由此，西海固“名声”远扬，被视作中国贫困的代名词。

“如果西海固都能脱贫，还有什么不能创造的奇迹？”外国媒体曾断言。

由此，福建把帮扶重点落在了穷出了名的西海固。

习近平提出建设“闽宁村”的设想

1997 年 4 月，习近平率福建党政代表团奔赴塞上，深入宁夏南部山区考察。6 天里，习近平翻山越沟，深入西海固 5 个县访贫问苦，为如何谋划对口帮扶做调研，找思路。

曾在陕北梁家河插队7年的习近平对西北的贫穷早有切身体会，然而当他踏上西海固这片黄土地时，还是被深深震撼：村民们在料峭春寒里排了一整夜队，只为将土豆卖给县里唯一的企业；孩子们上课的教室没有门，玻璃窗是破的，有的地方甚至连这样的教室都没有，老师只能用树枝在土地上写写画画；喝的水是苦咸味的，要从很远的地方挑来，洗澡更是一种奢望……一幕幕触目惊心的场景牵动着习近平的心。

习近平总书记后来回忆说："我才真正体会到什么叫家徒四壁。一家子既没有桌椅板凳，也没有铺盖。家里唯一的'财产'是挂在房梁上的一撮发菜，就靠卖这么一点发菜来买油盐酱醋。"他不无感慨地说："穷地方我见过也住过，但到了上世纪90年代，改革开放好多年了，仍有那么穷、那么苦的地方，我心里受到了很大冲击。"

西海固地区由于自然条件恶劣，"一方水土难以养活一方人"，一直以来都陷入"年年扶贫年年贫，一年不扶又返贫"的窘境。想要彻底解决这个难题，只能让乡亲们搬出来。在调研西吉移民吊庄搬迁的玉泉营一带时，习近平提出了建设"闽宁村"的设想。他后来回忆说，"吊庄"是宁夏的词，意思是把这个村从那儿吊到这儿，福建叫移民。移民吊庄投资很大，那时基本上只能搞一个试点。当时，福建搞了闽宁村，从西海固移民到银川附近，搬迁了几千户，花了上千万。

1997年7月15日，在福建援助资金的支持下，"闽宁村"在银川城外永宁县的一片戈壁滩上破土动工。奠基当天，习近平专门发去了贺信。第一年，1100户6000人从西吉县搬到闽宁村安家落户。当时，那里还是一片"天上无飞鸟、地下不长草、十里无人烟、风吹沙粒跑"的荒

▲ 上图为宁夏银川市永宁县闽宁镇建设初期的资料照片；下图为 2018 年 8 月 17 日无人机拍摄的宁夏银川市永宁县闽宁镇原隆村（新华社记者王鹏摄）。受益于福建、宁夏多层次、多形式、宽领域、全方位的扶贫协作，闽宁镇这片曾经的戈壁荒滩，被建设成现代化的生态移民示范镇。

滩，初到的移民回忆，一场沙暴，除了怀里抱的锅、压在身下的铺，啥都刮跑了。但习近平看到了未来。他预言：“闽宁村现在是个干沙滩，将来会是一个金沙滩。”此后连续 3 年，福建每年从财政中拿出 1500 万元，用于解决西海固群众最迫切的民生问题，共同建设“闽宁村”。

“光政府行为还不够，只有把企业加进来，才能从根本上改变。”1997 年，在第二次两省区联席工作会上，习近平代表福建省委、省政府提出“广泛深入地开展多种形式的扶贫协作，促进闽宁双方共同发展”“动员企业家到宁夏投资办厂”“开展经贸合作”等具体措施。这些思路，为“闽宁模式”注入了市场因素，也使其从初期就明确走向全方位协作、互融式发展。

伴随着人欢马叫，第一批自发搬迁的移民打破了荒原的寂静，在这片土地上开始了改天换地的家园建设。他们挖地坑、住窝棚、盖房打井，筛土平田，建起了公路、学校，盖起了幼儿园、卫生院，建设扬水站，千年的戈壁荒滩种出了粮食。他们还种蘑菇、种葡萄、养黄牛，福建专家过来手把手教技术。许多困难群众一边在家门口务工挣钱，一边就近照顾老人孩子。

春去秋来，沧海桑田。在福建省倾情帮扶下，经过不懈奋斗，当年的“闽宁村”已经发展成为人口 6.6 万的闽宁镇，年人均可支配收入由移民之初的 500 元跃升到 2020 年的 14961 元，群众住上新居，孩子在家门口读书，群众在辖区企业内务工，“三下乡”、农民歌手大赛等大型文艺演出舞台搭在家门口，一座功能完备、配套齐全的戈壁特色小城镇逐渐崛起。闽宁镇还获得全国民族团结进步模范集体、全国乡村治理示范乡镇、

▲ 2019 年 9 月 3 日，在银川市永宁县闽宁镇立兰酒庄酿酒葡萄种植基地，农户在田间采摘葡萄。（新华社记者王鹏摄，无人机照片）

▲ 脱贫攻坚任务完成之后，乡村振兴全面推进之时，东西部协作和定点帮扶持续深化推进，闽宁合作正走向发展“快车道”。图为 2021 年 4 月 21 日，工作人员在宁夏银川市永宁县闽宁镇立兰酒庄酒窖检查橡木桶。（新华社记者王鹏摄）

全国脱贫攻坚楷模等荣誉称号，2017 年入选全国特色小镇。昔日的“干沙滩”，变成了绿树成荫、良田万顷、经济繁荣、百姓富裕的“金沙滩”。

福建、宁夏两地通力合作，打造了东西扶贫协作的“闽宁模式”，使贺兰山脚下的闽宁镇成为东西部扶贫协作和对口支援的一个样板。2013 年 9 月，国务院扶贫办将“闽宁模式”正式列入《中国社会扶贫创新行动优秀案例集》。

在闽宁镇示范带动下，截至 2021 年，宁夏涌现出 110 个闽宁协作示范村、78 个闽宁协作移民新村、320 个易地搬迁安置区，累计接收西海固地区易地搬迁移民 100 多万人，实现搬得出、稳得住、致得富。

“闽宁镇探索出了一条康庄大道”

2016 年 7 月 19 日，习近平总书记来到闽宁镇考察。1997 年从西吉县移民到闽宁镇的谢兴昌激动地告诉习近平总书记，一家人搬到这里近 20 年，感到天天都在发生新变化，要说共产党的恩情三天三夜也说不完。习近平总书记回应他说，在我们的社会主义大家庭里，就是要让老百姓时时感受到党和政府的温暖。

“闽宁镇探索出了一条康庄大道，我们要把这个宝贵经验向全国推广。”习近平总书记指出。

▲ 图为 2019 年 12 月 7 日，在广东廉江市红橙节暨家电博览会上，两地参展商在一起展示特色产品。2017 年 9 月，广东廉江市和广西融水苗族自治县签订扶贫协作框架协议，开展“携手奔小康”定点帮扶工作，两地 30 所中小学校、5 家医院、12 个乡镇、12 个行政村分别结成帮扶对子。

2016 年 10 月 27 日，中共中央办公厅、国务院办公厅印发《关于进一步加强东西部扶贫协作工作的指导意见》。中央调整东西部扶贫协作结对关系，扩大帮扶范围，首次实现对全国 30 个民族自治州结对帮扶的全覆盖。经过调整，加强了云南、四川、甘肃、青海等重点贫困市州的帮扶力量，调整了辽宁、上海、天津的帮扶任务。调整后，共有东部 9 省（直辖市）、13 个城市对口帮扶西部 10 个省（区、市），吉林、湖北、湖南的 3 个少数民族自治州和河北省张家口、承德、保定 3 个市也对接起来。同时，国务院扶贫办启动“携手奔小康”行动。截至 2016 年 11 月底，共确定了东部 249 个经济较发达县（市、区），与西部地区 354 个贫困县开展“携手奔小康”行动，其中少数民族自治县占 267 个。

对口帮扶，东西互通，南北相助，不仅输送资源，也传播理念。偏远贫困的山区，活跃着“北京医生”“上海老师”，迎来了“广东老板”“浙江工程师”……以东部之优补西部之短，以先发优势促后发效应，变“输血式扶贫”为“造血式扶贫”，激发贫困地区的内生动力，奋起直追。

东西部扶贫协作和对口支援 25 年来，在“闽宁模式”的示范下，我国已形成多层次、多形式、全方位的扶贫协作和对口支援格局，为解决贫困问题、实现共同富裕提供了“中国方案”，展示了“中国智慧”。正如习近平总书记所言：“这在世界上只有我们党和国家能够做到，充分彰显了我们的政治优势和制度优势。”

参考文献

1. 杜尚泽等：《总书记和乡亲们的脱贫故事》，《人民日报》2021 年 2 月 23 日。
2. 王磊等：《习近平情系西海固》，《瞭望》2021 年第 31 期。

2016 年

推动
长江经济带发展

2016 年 1 月 5 日，习近平总书记在重庆召开推动长江经济带发展座谈会并发表重要讲话，全面深刻阐述了推动长江经济带发展的重大战略思想，绘就了长江经济带发展的宏伟蓝图。

推动长江经济带发展是以习近平同志为核心的党中央作出的重大决策，是关系国家发展全局的重大战略。

习近平亲自谋划长江经济带发展

长江，世界第三长河，全程6300多公里，横贯中国的东中西部。千百年来，长江水滚滚东流，滋养了一代代中华儿女。

新中国成立以来特别是改革开放以来，长江流域经济社会迅猛发展，综合实力快速提升，是我国经济重心所在、活力所在。然而，长期粗放式发展，长江不堪重负：城镇生活污水垃圾、农业面源污染、化工污染、船舶污染、尾矿库污染，复杂的污染源正使得长江水质逐渐变差、生态环境恶化；部分地区长江岸线受到侵蚀，长江干流生态退化趋势加剧，鱼类种类锐减，底栖动物群落优势生物演变为寡毛类，部分区域已无底栖动物，长江生态安全的警钟已经敲响；长江“双肾”洞庭湖、鄱阳湖频频干旱见底，接近30%的重要湖库仍处于富营养化状态，长江生物完整性指数到了最差的“无鱼”等级……

“‘长江病了’，而且病得还不轻”，习近平总书记高度关注长江生态环境问题。

“绝不容许长江生态环境在我们这一代人手上继续恶化下去，一定要给子孙后代留下一条清洁美丽的万里长江！”党的十八大以来，以习近平同志为核心的党中央总揽全局、科学谋划，部署实施长江经济带发展战略。

长江经济带覆盖上海、江苏、浙江、安徽、江西、湖北、湖南、重庆、四川、云南、贵州等11省市，面积约205万平方公里，占全国的

▲ 遥感卫星下显示，近年来长三角夜间灯光亮度越来越强、越来越密，安徽省合肥、滁州、马鞍山等地光亮面积逐渐增大，边缘向外扩展。

21%，人口和经济总量均超过全国的 40%，生态地位重要、综合实力较强、发展潜力巨大。

2016 年 1 月 5 日，习近平总书记在重庆召开推动长江经济带发展座谈会，为长江经济带发展定了向、定了调："推动长江经济带发展必须从中华民族长远利益考虑，走生态优先、绿色发展之路，使绿水青山产生巨大生态效益、经济效益、社会效益，使母亲河永葆生机活力。""当前和今后相当长一个时期，要把修复长江生态环境摆在压倒性位置，共抓大保护，不搞大开发。"

习近平总书记站在历史和全局的高度，从中华民族长远利益出发，亲自谋划、亲自部署、亲自推动长江经济带发展。

实施《长江经济带发展规划纲要》

2016 年 3 月 25 日，习近平总书记主持召开中央政治局会议，审议通过《长江经济带发展规划纲要》。5 月 30 日，中共中央、国务院印发《长江经济带发展规划纲要》，从规划背景、总体要求、大力保护长江生态环境等方面描绘了长江经济带发展的宏伟蓝图，是推动长江经济带发展重大国家战略的纲领性文件。

长江经济带规划的重点以“一轴、两翼、三极、多点”的格局展开。“一轴”是指以长江黄金水道为依托，发挥上海、武汉、重庆的核心作用，以沿江主要城镇为节点，构建沿江绿色发展轴。“两翼”是指发挥长江主轴线的辐射带动作用，向南北两侧腹地延伸拓展，提升南北两翼支撑力。南翼以沪瑞运输通道为依托，北翼以沪蓉运输通道为依托，促进交通互联互通，加强长江重要支流保护，增强省会城市、重要节点城市人口和产业集聚能力，夯实长江经济带的发展基础。“三极”是指以长江三角洲城市群、长江中游城市群、成渝城市群为主体，发挥辐射带动作用，打造长江经济带三大增长极。“多点”是指发挥三大城市群以外地级城市的支撑作用，以资源环境承载力为基础，不断完善城市功能，发展优势产业，建设特色城市，加强与中心城市的经济联系与互动，带动地区经济发展。

2016 年 1 月 5 日、2018 年 4 月 26 日、2020 年 11 月 14 日，习近平总书记分别在重庆、武汉、南京主持召开推动长江经济带发展座谈会、深入推动长江经济带发展座谈会、全面推动长江经济带发展座谈会并发表重要讲话。从上游重庆到中游武汉再到下游南京，从“推动”

▲ 落实长三角一体化发展国家战略，长三角作为我国经济发展最活跃、开放程度最高、创新能力最强的区域之一，不断放大改革创新示范效应。图为 2021 年 10 月 25 日拍摄的江苏省南通市市区。

到“深入推动”再到“全面推动”，长江经济带发展这一国家重大区域发展战略的顶层规划一天天清晰起来，各项要求一步步得到贯彻落实。

从云贵高原、巴山蜀水到江南水乡，沿江 11 省市落实推进长江经济带发展战略，强化环保治理、优化产业结构、统筹协调联动，长江母亲河呈现出新的勃勃生机，长江生态文明建设的壮美画卷正在缓缓铺开。

长江经济带发展取得历史性成就

2021 年春节前夕，习近平总书记赴贵州看望慰问各族干部群众时，来到贵州省第一大河、长江上游右岸最大支流——乌江考察调研。乌江流域覆盖贵州 7 个市（州）、47 个县（市、区），承载了全省一半以上的人口和经济总量。一段时间以来，由于沿岸工业企业经营粗放、沿河网箱养殖超载、两岸污水处理滞后等原因，乌江水受到了污染。

近年来，贵州掀起“铁腕”治污风暴，乌江生态环境质量得到明显改善。

▲2021 年 5 月 20 日拍摄的位于乌江中游的江界河。（新华社记者欧东衢摄）

“你们是怎么治理的？”习近平总书记问。

“我们抓了几个关键点，一方面加强磷化工污染防治，在全国率先实施磷石膏‘以渣定产’；另一方面加强生活面源污染防治，流域建成投运县城及中心城市生活污水处理设施 98 座，实现了全覆盖。”当地负责人介绍道。

“还用网箱养鱼吗？”习近平总书记又问道。

“我们率先全流域取缔网箱养鱼，同时全面落实长江十年禁渔措施。”

习近平总书记听了十分欣慰。

坚持“共抓大保护，不搞大开发”，守好发展和生态两条底线，贵州凝心聚力打好乌江流域碧水保卫战，全面加大乌江流域环境治理力度，贵州境内乌江干流水质由劣 V 类逐年改善，2020 年首次达到 II 类标准，首要污染物总磷年均浓度较 2012 年下降 93%，氨氮年均浓度较 2012 年下降 75%。

贵州境内乌江干流水质恢复至 II 类，是长江经济带生态环境保护发生转折性变化的一个缩影。

习近平总书记主持召开推动长江经济带发展座谈会并发表重要讲话以来，在党中央坚强领导下，沿江省市推进生态环境整治，促进经济社会发展全面绿色转型，力度之大、规模之广、影响之深，前所未有，长江经济带生态环境保护发生了转折性变化，经济社会发展取得历史性成就，人民生活水平显著提高，实现了在发展中保护、在保护中发展。

长江流域水质发生了显著变化。长江流域优良断面比例从 2016 年的 82.3% 提高到 2019 年的 91.7%，2020 年 1—11 月进一步提升至 96.3%。长江流域劣 V 类水质比例从 2016 年的 3.5% 下降到 2019 年的 0.6%，2020 年首次实现消除劣 V 类水体。

生态环境发生明显改善。城镇生活污水垃圾处理能力显著提升，地级及以上城市污水收集管网长度比 2015 年增加 20.7%，城市和县城生活垃圾日处理能力比 2015 年提高 60.7%。一大批高污染高耗能企业被

▲ 2020 年 12 月 31 日，执法船队在重庆江北嘴执法船舶码头整装待发。当日，长江流域重点水域“十年禁渔”全面启动活动（重庆分会场）在重庆江北嘴执法船舶码头举行。重庆市内长江流域重点水域于 2021 年 1 月 1 日 0 时正式进入“十年禁渔期”。（新华社记者唐奕摄）

关停取缔。长江岸线整治全面推进，1361 座非法码头彻底整改，两岸绿色生态廊道逐步形成。长江“十年禁渔”全面实施，生物多样性退化趋势初步得到遏制。

经济保持持续健康发展。长江经济带经济总量占全国的比重从 2015 年的 42.3% 提高到 2019 年的 46.5%，2020 年前三季度进一步提高到 46.6%。新兴产业集群带动作用明显，电子信息、装备制造等产业规模占全国比重均超过 50%。

综合运输大通道加速形成。长江干支线高等级航道里程达上万公里，14 个港口铁水联运项目全部开工建设，沿江高铁规划建设有序推进，一批枢纽机场项目加快实施。截至 2020 年 11 月，长江经济带铁路、高铁通车里程分别达到 4.37 万公里、1.54 万公里，比 2015 年分别新增 9120 公里、7824 公里；高速公路里程达到 6.37 万公里，比 2015 年新增 1.55 万公里。长江经济带黄金水道功能也持续提升。

对外开放水平大幅提高。长江经济带与“一带一路”建设融合程度更高。西部陆海新通道加快形成。2016 年以来，长江经济带新增 8 个自贸试验区、24 个综合保税区，2019 年货物贸易进出口总额突破 2 万亿美元。

2020 年 11 月 14 日，习近平总书记在南京主持召开全面推动长江经济带发展座谈会，在会上赋予长江经济带谱写生态优先绿色发展新篇章，打造区域协调发展新样板，构筑高水平对外开放新高地，塑造创新驱动发展新优势，绘就山水人城和谐相融新画卷，成为我国生态优先绿色发展主战场、畅通国内国际双循环主动脉、引领经济高质量发展主力军的新历史使命。长江滚滚向前，生活蒸蒸日上，蓝图徐徐展开。咬定目标、苦干实干、久久为功，我们就一定能实现“人民保护长江、长江造福人民”的良性循环，让母亲河永葆生机活力，成为中华民族生生不息、永续发展的重要支撑。

参考文献

1. 黄庆畅等：《织密法网，守护一江清水向东流》，《人民日报》2020 年 11 月 26 日。
2. 赵展慧：《长江经济带发展取得历史性成就》，《人民日报》2021 年 1 月 6 日。
3. 程焕等：《乌江水是这样变清的》，《人民日报》2021 年 8 月 13 日。

2016 年

确立“以习近平同志为核心的党中央”

2016 年 10 月 24 日至 27 日，中国共产党第十八届中央委员会第六次全体会议在北京举行。在锤头镰刀的巨大党徽前，全会以举手表决的方式，一致通过了党的十八届六中全会公报，这份举世瞩目的公报中正式提出“以习近平同志为核心的党中央”。

熟悉中国政治话语的人都知道这意味着什么，在这个公报之前，权威的表述一直都是“以习近平同志为总书记的党中央”。

在新的伟大斗争实践中，习近平众望所归地成为党中央的核心

习近平总书记成为党中央的核心、全党的核心，是在领导和推进伟大事业、伟大工程、伟大斗争的实践中自然形成的。

党的十八大后，刚刚履新的习近平总书记以深沉的使命忧患意识，首先把巩固党的执政基础、实现党的长期执政，摆上重要位置。

2012 年 12 月 4 日，十八届中央政治局召开第一次会议，审议通过了关于改进工作作风、密切联系群众的八项规定。

从中央八项规定切入，从中央政治局做起，全面从严治党以自我革命的政治勇气纵深推进。党的十八大后的 4 年多来，周永康、薄熙来、郭伯雄、徐才厚、令计划、苏荣等 200 多名中管领导干部因腐败问题被审查，100 多万人因违纪违规受到组织处理，约 20 万人因违反中央八项规定精神被处理。

“腐败和反腐败呈胶着状态”“反腐败斗争压倒性态势已经形成”“反腐败斗争取得压倒性胜利”，一路走来，习近平总书记领导百年大党以无私的斗争精神，进行了前所未有的自我革命，赢得全国人民的高度信任。全面从严治党成为十八届党中央工作的最大亮点，赢得了广大党员干部的竭诚拥护。

2014 年 12 月 13 日，习近平总书记在江苏镇江世业镇的考察即将

结束。告别时，村民们围了上来。

有 53 年党龄的老党员崔荣海握着总书记的手，激动地说：“你是腐败分子的克星，全国人民的福星！”

习近平总书记语气坚定：“不辜负全国人民的期望。”

2016 年 4 月 25 日，在“当年农家”院落里，习近平总书记俯身认真查看那张大包干契约，重温这“中国改革的一声惊雷”。这是“十三五”规划纲要出台后的首次地方调研；而在他担任总书记后的首次考察，去的是改革开放前沿的广东深圳。

两个改革“地标”，两次对中国改革有关键意义的宣誓。

改革从全局着眼。2013 年 11 月，习近平总书记在党的十八届三中全会上明确指出，这“不是推进一个领域改革，也不是推进几个领域改革，而是推进所有领域改革”。

国企国资、户籍制度、财税金融、农村土地、公立医院……一项项议论多年、阻力重重、牵涉深层次利益调整的改革接续启动，以前不敢想、不敢碰、不敢啃的硬骨头被一一砸开。

全面发力、多点突破、纵深推进，1500 多项改革举措梯次展开，主要领域四梁八柱性质的改革主体框架基本确立，呈现出“大潮奔涌逐浪高”的壮阔景象。

2015 年 1 月 16 日，中南海。中央政治局常委会会议开了一整天。

习近平总书记主持并听取了全国人大常委会、国务院、全国政协、最高人民法院、最高人民检察院党组工作汇报。此后，每年年初，党中央都要听取五大班子党组工作汇报和中央书记处工作报告。

全面深化改革、全面依法治国、财经、外事、国家安全、军民融合、网信、审计……党中央在重要领域都组建顶层机构，习近平总书记亲自挂帅。

党的十八大后，习近平总书记带领新的中央领导集体，以巨大的政治勇气和强烈的责任担当，解决了许多长期想解决而没有解决的难题，办成了许多过去想办而没有办成的大事，推动党和国家事业取得历史性成就、发生历史性变革，推动中国特色社会主义进入新时代。

在治国理政新实践中，习近平总书记作为党、国家和军队的最高领导人，展现出坚定信仰信念、鲜明人民立场、非凡政治智慧、顽强意志品质、强烈历史担当、高超政治艺术，赢得了全党全军全国各族人民衷心拥护，受到国际社会高度赞誉。习近平总书记把握时代大趋势，回答实践新要求，顺应人民新期待，提出了一系列重大思想观点，进一步丰富和发展了党的科学理论，为在新的历史起点上实现新的奋斗目标提供了基本遵循。在新的斗争实践中，习近平事实上已经成为党中央的核心、全党的核心。

确立习近平总书记“核心”地位是时代的需要

当今世界正处于大发展大变革大调整时期，世界面临的不稳定性不确定性突出，世界经济增长动能不足，贫富分化日益严重，地区热点问题此起彼伏，我国发展面临的国际环境更加复杂严峻。从国内来说，中华民族正处于走向伟大复兴的关键时期。改革进入深水区，经济发展进入新常态，各种矛盾叠加，风险隐患集聚。在这样的国内外形势下，要保证我们党始终成为坚强有力的马克思主义执政党，始终成为中国特色社会主义伟大事业的坚强领导力量，使我们党能够团结带领人民有力应对重大挑战、抵御重大风险、克服重大阻力、解决重大矛盾，党中央、全党必须有一个核心。

同时，我们这样一个有 13 亿多人口的大国，必须有一个众望所归的领袖；我们这样一个有 8800 多万名党员和 440 多万个党组织的大党（截至 2016 年 10 月），必须有一个党心所向的核心；我们这样一支党绝对领导下的人民军队，必须有一个雄韬伟略的统帅。这是中国革命、建设、改革实践所揭示的一条规律，已被历史和现实充分证明。有了这样的领袖、这样的核心、这样的统帅，有了党中央的集中统一领导，就能一呼百应，把全党全军全国各族人民紧密地团结起来，形成排山倒海的磅礴力量，去不断推进中国特色社会主义伟大事业和党的建设新的伟大工程，不断赢得具有许多新的历史特点伟大斗争的胜利。

党的十八届六中全会召开之前，党内外形成一种普遍共识和强烈呼声，这就是：维护党中央权威和集中统一领导，必须明确和维护习近平总书记在党中央、全党的核心地位。这是全党全国各族人民的共同愿望，是推进全面从严治党、提高党的创造力凝聚力战斗力的迫切要求，是保持党和国家事业发展正确方向的根本保证。

2017 年 2 月 13 日，习近平总书记在省部级主要领导干部学习贯彻党的十八届六中全会精神专题研讨班上的讲话中指出：

古人云：令之不行，政之不立。党政军民学，东西南北中，党是领导一切的。党中央制定的理论和路线方针政策，是全党全国各族人民统一思想、统一意志、统一行动的依据和基础。只有党中央有权威，才能把全党牢固凝聚起来，进而把全国各族人民紧密团结起来，形成万众一心、无坚不摧的磅礴力量。如果党中央没有权威，党的理论和路线方针政策可以随意不执行，大家各自为政、各行其是，想干什么就干什么，想不干什么就不干什么，党就会变成一盘散沙，就会成为自行其是的“私人俱乐部”，党的领导就会成为一句空话。

经过充分酝酿，2016 年 10 月，党的十八届六中全会明确了习近平总书记党中央的核心、全党的核心地位，正式提出“以习近平同志为核心的党中央”。一年之后举行的党的十九大，把习近平总书记党中央的核心、全党的核心地位写入党章。

确立习近平总书记的核心地位，是实践的选择、历史的选择，是全党的选择、人民的选择。习近平总书记成为党中央的核心、全党的核心，是众望所归、名副其实。坚决维护习近平总书记的核心地位，坚决维护党中央权威和集中统一领导，是党的十八大后的重大政治成果和宝贵经验，是全党在革命性锻造中形成的共同意志，对于更好地凝聚党和人民的力量，推进中国特色社会主义伟大事业和民族复兴大业，具有重大而深远的意义。

参考文献

1. 霍小光等：《再塑党的形象的伟大工程》，《人民日报》2017 年 10 月 22 日。

2. 赵承等：《砥柱人间是此峰》，《人民日报》2021 年 6 月 30 日。

3.《中国共产党简史》，人民出版社、中共党史出版社 2021 年版。

2016 年

推动
全面从严治党向纵深发展

“办好中国的事情，关键在党，关键在党要管党、从严治党。”勇于自我革命，从严管党治党，是我们党最鲜明的品格。

2016 年深秋，拥有 8800 多万党员的中国共产党以一次全会专题研究全面从严治党重大问题，出台了具有历史性意义的规范性文件，推动全面从严治党向纵深发展。

“打铁还需自身硬”

1975年，22岁的习近平就要离开插队7年的梁家河了。那天，全村人排起长队为他送行，老乡们还送给他一个镜框，上面镶着八个字：“贫下中农的好书记”。

光阴荏苒，初心不忘。党的十八大以后，针对一段时间以来党内存在的突出矛盾和问题，习近平总书记以深沉的使命忧患意识，把巩固党的执政基础、实现党的长期执政摆上重要位置。

“打铁还需自身硬。”2012年11月15日，人民大会堂东大厅，刚刚当选为中共中央总书记的习近平，向全国人民立下了从严管党治党的军令状，“我们的责任，就是同全党同志一道，坚持党要管党、从严治党，切实解决自身存在的突出问题”。

2012年12月初，当选十八届中央候补委员还未满月的四川省委副书记李春城没有想到，党的十八大后的反腐“第一枪”会指向他。李春城的落马，拉开了党的十八大以后中央密集“打虎”的序幕。

“我一直有这样一个思想，就是在这个时期，干部队伍出点小问题难免的……”2016年，在中纪委专题片《永远在路上》中，因受贿罪、滥用职权罪锒铛入狱的李春城回首往事，唏嘘不已。

4年前，当受贿近4000万元在李春城眼里不过是“小问题”时，我们党正面临着严峻挑战：一些党员、干部包括高级干部，理想信念不坚定、对党不忠诚、纪律松弛、思想僵化、脱离群众、独断专行，“四风”问题突出，任人唯亲、跑官要官、买官卖官、拉票贿选现象屡禁不止，滥用权力、贪污受贿、腐化堕落、违法乱纪等现象滋生蔓延。特别是高级干部中极少数人政治野心膨胀、权欲熏心，搞阳奉阴违、结党营私、团团伙伙、拉帮结派、谋取权位等政治阴谋活动。与此同时，党内监督也存在着主体责任缺失、监督责任缺位、管党治党宽松软等问题。

“如果管党不力、治党不严，人民群众反映强烈的党内突出问题得不到解决，那我们党迟早会失去执政资格，不可避免被历史淘汰。”2016 年 7 月 1 日，在庆祝中国共产党成立 95 周年大会上，习近平总书记的话振聋发聩、发人深省。

党的十八大以后，以习近平同志为核心的党中央，以不畏艰险的非凡魄力和坚韧不拔的意志品格，以“得罪千百人，不负十三亿”的责任担当和政治勇气，紧紧抓住人民群众反映最强烈、对党的长期执政威胁最大的问题，锲而不舍地狠抓落实中央八项规定精神，严明政治纪律和政治规矩，充分发挥巡视利剑的强大威慑作用，坚决严厉惩治腐败，推动全面从严治党取得重大成果。

根据国家统计局公布的党的十八大前后全国党风廉政建设民意满意度数据，党的十八大召开前为 75%，2013 年为 81%，2014 年为 88.4%，2015 年为 91.5%，2016 年为 92.9%，逐年攀升的人民满意度反映出党的十八大以来全面从严治党取得的卓著成效，彰显出以习近平同志为核心的党中央以强烈的自我革命精神赢得了人民群众的高度认可和充分信任。

召开六中全会专题研究全面从严治党是党中央的整体设计

2016 年 10 月，党的十八届六中全会召开前夕，大型电视专题片《永远在路上》引爆荧屏和网络。周本顺、白恩培、蒋洁敏、李春城、万庆良……10 多名十八大后落马的党内高级领导干部，面对镜头，现身说法、深刻忏悔，大量令人触目惊心的贪腐细节首次曝光，引发广泛关注、产生巨大警示。

敢于自曝“家丑”，勇于自我革新。国内外舆论认为，在六中全会召开前夕播出这部专题片，传递出党中央坚定不移推进全面从严治党、深入开展反腐败斗争的坚强决心。

此前，在开展党的群众路线教育实践活动和“三严三实”专题教育中，不少同志建议结合新的形势，制定一个加强和规范党内政治生活的文件。

2014 年 1 月 12 日，习近平总书记在给刘云山、王岐山的批示中指出：“适当时机由中央就新形势下加强和规范党内政治生活作出一个决定，提出新的要求。”

2015 年 1 月、2016 年 1 月，在中央纪委五次、六次全会上，习近平总书记又对健全党内监督制度提出明确要求。在习近平总书记的批示和要求下，两个文件制定修订的前期准备工作迅速展开、分头推进。

2016 年 2 月，党中央政治局作出决定，党的十八届六中全会专题研究全面从严治党问题，制定新形势下党内政治生活的若干准则，修订《中国共产党党内监督条例（试行）》，并成立文件起草组，由习近平总书记亲自担任组长。此后，起草组按照习近平总书记要求，把高级干部这个“关键少数中的关键少数”突出出来，明确了两个文件针对的重点对象，还认真研究党的十八大以来所有“落马”中管干部忏悔录，从反面教材中吸取教训。

10 月 24 日，党的十八届六中全会在京西宾馆隆重开幕。习近平总书记在全会上就中央政治局决定用一次中央全会专题研究全面从严治党问题所作的说明中指出，这是党中央根据“四个全面”战略布局对全会议题作出的整体设计。

早在 2014 年 12 月，习近平总书记在江苏考察时强调：“全面从严治党是推进党的建设新的伟大工程的必然要求”。这是我们党历史上第一次提出“全面从严治党”，也是习近平总书记首次公开将“全面从严治党”与全面建成小康社会、全面深化改革、全面推进依法治国一并提出。此后，“四个全面”的战略布局吹响了治国理政新号角。

在这次六中全会上，习近平总书记指出：

几年来，党的十八届三中、四中、五中全会相继就全面深化改革、全面依法治国、全面建成小康社会进行了专题研究，这次六中全会再以制定修订两个文件稿为重点专题研究全面从严治党，“四个全面”战略布局就都分别通过一次中央全会进行了研究和部署。这是党中央根据“四个全

▲ 以案促改是坚持标本兼治、推进全面从严治党的创新举措，是以案为鉴、正风肃纪的重要抓手，是营造良好政治生态、加快转型跨越发展的迫切需要。图为 2016 年 5 月 17 日，党员干部在刚刚启用的福州市闽清县反腐倡廉警示教育中心接受警示教育。

面”战略布局对全会议题的一个整体设计。

10 月 27 日下午，六中全会闭幕会在人民大会堂举行，《关于新形势下党内政治生活的若干准则》和《中国共产党党内监督条例》获得一致通过。

党的十八届六中全会闭幕后，有外电评论：“四个全面”战略布局将中共管党治党提升到了国家发展战略的新高度；这次全会对全面从严治党作出新部署，巩固了“四个全面”战略布局治国理政总方略的地位。

踏上全面从严治党新征程

2016 年 10 月 24 日至 27 日，中共十八届六中全会审议通过了《关于新形势下党内政治生活的若干准则》（以下简称《准则》）和《中国共产党党内监督条例》（以下简称《条例》）。一系列新观点新论断新要求新规定，为全面从严治党、深入推进党的建设新的伟大工程提供了行动指南。

1980 年 2 月，党的十一届五中全会通过的《关于党内政治生活的若干准则》，第一次以党内法规形式对党内政治生活作出规范。几十年来，形势任务和党内情况发生了很大变化，党的建设既积累了大量新成果、新经验，又面临许多新情况、新问题。2003 年 12 月，党中央颁布施行《中国共产党党内监督条例（试行）》，对加强党内监督、维护党的团结统一发挥了积极作用。但是，随着形势任务发展变化，其监督主体比较分散、监督责任不够明确、监督制度操作性和实效性不强等与新实践新要求不相适应的问题显现出来。这次制定修订的《准则》和《条例》紧紧围绕全面从严治党这个主题，继承和发扬党的优良传统和宝贵经验，充分总结和反映了党的十八大以来党中央全面从严治党的新举措新经验新成果，提出一系列新观点新举措，为新形势下加强和规范党内政治生活、加强党内监督提供了根本遵循。

▲ 山东省乳山市近年来把加强廉政警示教育作为深入推进全面从严治党的重要抓手，依托乳山市廉政警示教育基地，通过正面导向与反面警示相结合，以案释纪、以文施教、以图示警，筑牢廉政“防火墙”。图为 2019 年 12 月 13 日，乳山市党员干部在乳山市廉政警示教育基地接受廉政警示教育。

《准则》共分三大板块、12 个部分、1.3 万多字，涵盖面广、内容丰富，紧紧围绕全面从严治党这个主题，提出了 160 多条新规定新举措，体现出鲜明的时代性和创新性，为新形势下加强和规范党内政治生活提供了行动纲领。比如，针对理想信念缺失、“四个自信”不足，《准则》鲜明提出必须把坚定理想信念作为开展党内政治生活的首要任务，考察识别干部特别是高级干部必须首先看是否坚定不移贯彻党的基本路线。针对宗旨意识淡漠、热衷形式主义，《准则》明确要求对一切搞劳民伤财的“形象工程”和“政绩工程”的行为，要严肃问责追责，依纪依法处理。又比如，坚持党的领导，首先是坚持党中央的集中统一领导；涉及全党全国性的重大方针政策问题，只有党中央有权作出决定和解释；严禁在党内拉私人关系、培植个人势力、结成利益集团；领导干部特别是高级干部必须注重家庭、家教、家风，教育管理好亲属和身边工作人员等。

《条例》共 8 章、47 条，对党内监督的指导思想、基本原则、监督主体、监督内容、监督对象、监督方式等重要问题作出规定，形成了一套系统完整的制度安排。全面从严治党要求党内不允许有不受监督的特殊党员，但是党内监督不能泛泛地抓，必须突出重点。《条例》规定，党内监督的重点对象是党的领导机关和领导干部特别是主要领导干部，必须加强对党组织主要负责人和关键岗位领导干部的监督。这体现了有权必有责、权责要对等的要求。“关键少数”特别是一把手以身作则，就会发挥良好示范引领作用。《条例》还将党的中央组织的监督专设一章，强调党中央带头加强监督、带头接受监督，体现党中央以身作则、以上率下，对于加强党中央的集中统一领导，更好地落实全面从严治党主体责任、提高监督工作实效具有十分重要的意义和作用。

党的十八届六中全会的召开，对于推进全面从严治党，解决党内存在的突出矛盾和问题，不断增强党自我净化、自我完善、自我革新、自我提高能力，具有重大而深远的意义。随着全会通过的这两部党内法规的出台，管党治党的制度体系不断完善，政治纪律和政治规矩进一步严明，全面从严治党必将取得新的重大成果。

参考文献

1. 霍小光等：《踏上全面从严治党新征程》，《人民日报》2016 年 11 月 4 日。
2. 姜洁：《新形势下强化党内监督的根本遵循》，《人民日报》2016 年 11 月 13 日。

2017 年

设立雄安新区

2017 年 4 月 1 日，新华通讯社受权发布：中共中央、国务院决定设立河北雄安新区。消息一出，犹如平地春雷，响彻大江南北。涉及河北省雄县、容城、安新 3 县及周边部分区域的雄安新区，迅速成为海内外高度关注的焦点。

▲2017 年 4 月 1 日，俯瞰河北省容城县县城。（新华社记者杨世尧摄）

为疏解北京非首都功能，习近平提出在河北合适地方建设一座新城

设立雄安新区，是以习近平同志为核心的党中央深入推进京津冀协同发展作出的重大战略选择，这是继深圳经济特区和上海浦东新区之后又一具有全国意义的新区。

位于华北的京津冀大地，坐落着北京、天津、石家庄等北方重要城市，但多年来地区间发展不平衡：一面是京津两极“肥胖”，人口膨胀、交通拥堵等“大城市病”突出；一面是周边地区过于“瘦弱”，呈现显著差距。

2012 年 11 月党的十八大以后，以习近平同志为核心的党中央立足党和国家发展全局，谋划推动实施京津冀协同发展战略，探索人口经济密集地区优化开发新模式，谋求区域发展的新路子。

在推进实施京津冀协同发展大战略中，疏解北京非首都功能任务是重中之重。而选择一个疏解北京非首都功能集中承载地的构想也逐渐浮出水面。2014 年 2 月 26 日，习近平总书记在北京考察工作时提出："要坚持和强化首都核心功能，调整和弱化不适宜首都的功能，把一些功能转移到河北、天津去，这就是大禹治水的道理。"

2015 年 2 月 10 日，习近平总书记在中央财经领导小组第九次会议审议研究《京津冀协同发展规划纲要》时，明确提出研究考虑在北京之外建设新城的思路。此后，他在不同场合多次提出在河北合适地方建设一座新城。由此，选择一个疏解北京非首都功能的集中承载地就成为现实要求。

2015 年 4 月 2 日和 4 月 30 日，习近平总书记先后主持召开中央政治局常委会会议和中央政治局会议研究《京津冀协同发展规划纲要》。他再次强调，要深入研究论证新城问题，可考虑在河北合适的地方进行规划，建设一座以新发展理念引领的现代新城。6 月印发的《京津冀协同发展规划纲要》充分体现了习近平总书记的战略构想，明确提出："深入研究、科学论证，规划建设具有相当规模、与疏解地发展环境相当的集中承载地。"在相当一段时间里，"集中承载地"成为"新区"的代名词。

2015 年 2 月，"集中承载地"选址工作启动。按照习近平总书记指示，在京津冀协同发展领导小组的组织下，领导小组办公室、国家发展改革委员会、河北省、专家咨询委员会等有关方面周密论证新区的选址。河北方面拿出了 13 个方案，经过反复比对、科学论证，方案范围逐步缩小，最终锁定“雄县—容城—安新”这一方案。

2016 年 3 月 24 日，习近平总书记主持召开中央政治局常委会会议，听取北京市行政副中心和疏解北京非首都功能集中承载地有关情况的汇报，确定了新区规划选址，同意定名为“雄安新区”。

同年 5 月 27 日，习近平总书记主持召开中央政治局会议，听取了关于规划建设北京城市副中心和研究设立河北雄安新区有关情况的汇报。习近平总书记在讲话中指出：“建设北京城市副中心和雄安新区两个新城，形成北京新的‘两翼’。这是我们城市发展的一种新选择”，“在新的历史阶段，集中建设这两个新城，形成北京发展新的骨架，是千年大计、国家大事”。会议通过了《关于研究设立河北雄安新区的实施方案》。

习近平亲自部署，为雄安新区规划建设指明方向

2017 年 2 月 23 日上午，习近平总书记从中南海出发，驱车 100 多公里，专程到河北省安新县实地察看规划新区核心区概貌。

当天中午，习近平总书记在安新县主持召开了一场小型座谈会。他强调指出，规划建设雄安新区是具有重大历史意义的战略选择，是疏解北京非首都功能、推进京津冀协同发展的历史性工程。习近平总书记强调："要坚持以人民为中心，从市民需要出发，做到疏密有度、绿色低碳、返璞归真，提供宜居的环境、优质的公共服务，有效吸引北京人口和功能疏解转移。"

3 月 28 日，中共中央、国务院发出通知，决定设立河北雄安新区。雄安新区规划范围涉及河北省雄县、容城、安新 3 县及周边部分区域，地处北京、天津、保定腹地，区位优势明显、交通便捷通畅、生态环境优良、资源环境承载能力较强，现有开发程度较低，发展空间充裕，具备高起点高标准开发建设的基本条件。

4 月 1 日，雄安新区设立的消息向社会公布后，针对新区短时间内出现炒房等新动向，正在国外访问的习近平总书记指示，要防患于未然，不要掉以轻心，不要走弯路，务必系好新区规划建设的第一颗扣子。

按照习近平总书记指示，雄安新区要坚持先谋后动、规划引领，借鉴国际经验，高标准高质量编制规划；要组织国内国际一流规划人才进行城市设计，规划好再开工建设，不留历史遗憾。因此，雄安新区规划曾一次次摆上中央政治局常委会的会议桌。习近平总书记一再谆谆告诫："把每一寸土地都规划得清清楚楚后再开工建设，不要留历史遗憾。"

2018 年 2 月 22 日，中央政治局常委会召开会议听取河北雄安新区规划编制情况的汇报。习近平总书记强调指出，改革开放初期设立了深圳经济特区，创造了深圳的速度，40 年后的今天，我们设立雄安新区要瞄准 2035 年和本世纪中叶“两步走”的目标，创造“雄安质量”，在推动高质量发展方面成为全国一个样板。习近平总书记在会议上提出了创造“雄安质量”的要求。这次会议原则通过了规划框架。

4 月 14 日，党中央、国务院对《河北雄安新区规划纲要》作出批复，同意实施这一规划。4 月 21 日，《河北雄安新区规划纲要》向全社会公布。规划建设雄安新区的目标是，到 2035 年，基本建成绿色低碳、信息智能、宜居宜业、具有较强竞争力和影响力、人与自然和谐共生的高水平社会主义现代化城市。有效承接北京非首都功能，“雄安质量”引领全国高质量发展作用明显，成为现代化经济体系的新引擎。到本世纪中叶，全面建成高质量高水平的社会主义现代化城市，成为京津冀世界级城市群的重要一极。集中承接北京非首都功能成效显著，为解决“北京大城市病”问题提供中国方案。

高标准高质量推进雄安新区建设

党中央、国务院批复《河北雄安新区规划纲要》后，雄安新区总体规划、起步区控制性规划、启动区控制性详细规划、白洋淀生态环境治理和保护规划 4 个基础性规划相继出台，交通、防震、能源等 20 多个专项规划印发实施。2018 年 7 月，党中央、国务院出台《关于支持河北雄安新区全面深化改革和扩大开放的指导意见》，有关方面陆续制定出台雄安

▲ 图为雄安新区白洋淀旅游码头。（新华社记者朱旭东 2022 年 3 月 28 日摄，无人机照片）

质量标准体系、人力资源、行政体制等 15 个配套方案，为新区发展提供了强有力的政策支撑。此后，雄安新区规划建设进入全面实施阶段。

雄安新区设立以来，坚持生态优先、绿色发展，努力建设绿色低碳新区和创新驱动发展新区。2017 年 11 月 13 日，雄安新区在“千年秀林”9 号地块栽下第一棵树。截至 2020 年底，雄安新区总造林面积已达 41 万亩，树木达 200 多种。根据规划，未来雄安新区将镶嵌在蓝绿交织的生态空间之中，蓝绿空间占比稳定在 70%。其中，“千年秀林”是“绿色”的代表，而“蓝色”指的是“华北明珠”白洋淀。截至 2020 年底，白洋淀 360 平方公里内和入淀河流两侧外延 1000 米范围内的稻田、藕田全面退出；关停淀区、淀边以及境内上游河流 1 公里范围内的畜禽养殖场

▲图为京雄城际铁路雄安站。（新华社记者邢广利 2022 年 9 月 9 日摄，无人机照片）

（户）4069 家。同时，依托区域调水工程，白洋淀生态补水共约 5.56 亿立方米，白洋淀湖心区水质达到 IV 类。

2020 年 12 月 27 日 10 时 18 分，“复兴号”动车组 C2702 次列车从新投用的雄安站准时发出，驶向北京西站。经过近 3 年建设，全长 91 公里、最高设计时速 350 公里的京雄城际铁路全线开通运营。今后，北京西站至雄安新区间的最快通行时间将缩短至 50 分钟，大兴机场至雄安新区间最快 19 分钟可达。

如今在雄安新区，京、浙、豫、皖、鲁、川……挂着各地牌照的车辆穿梭其间，来自四面八方的建设者们挥洒汗水、凝聚智慧。在雄安新区

▲图为雄安新区容东片区的清晨。（新华社记者邢广利 2022 年 9 月 8 日摄，无人机照片）

规划面积 1770 平方公里的土地上，塔吊林立，热火朝天，每天有 16 万多名建设者挥汗如雨，200 多项重点工程项目不断推进，大规模建设不舍昼夜。

截至 2021 年初，以京雄高速等 4 条高速公路和 3 条国道、省道为主要内容的新区外围骨干路网建设进入关键阶段（京雄高速公路河北段已于 2021 年 5 月底通车运营。京雄高速公路是雄安新区“四纵三横”区域高速公路网的重要组成路段，也是雄安新区对外骨干路网。全线通车后，北京到雄安新区的行车时间缩短至 1 小时，对推进京津冀区域经济社会协调发展提供交通保障具有重要意义）。此外，地下综合管廊 RDSG-4 标段主体工程全部完成，条条管道陆续铺展；容东片区近千栋安置房主体结构已经封顶，雄安商务服务中心项目即将竣工，雄安新区第一个标志性城市建筑群拔地而起；首个新基建项目雄安城市计算中心建设项目开始桩基工程施工，建成后将承载超级计算、云计算设施，“智慧雄安”蓄势待发。

目前，雄安新区这座承载“千年大计、国家大事”重托的未来之城，正按照新发展理念的要求，朝着建设绿色生态宜居新城区、创新驱动发展引领区、协调发展示范区、开放发展先行区的目标扎实推进。

参考文献

1. 霍小光等：《千年大计、国家大事：以习近平同志为核心的党中央决策河北雄安新区规划建设纪实》，《人民日报》2017 年 4 月 14 日。
2. 张旭东等：《奋进新时代 建设雄安城》，《人民日报》2018 年 4 月 27 日。

2017 年

把习近平新时代中国特色社会主义思想写入党章

“经过长期努力，中国特色社会主义进入了新时代”。2017 年 10 月，党的十九大庄严宣告了中国发展新的历史方位。正是在这次党代会上，习近平新时代中国特色社会主义思想载入党章，写在百年大党的旗帜上。

▲党的十九大最重要的成果是将习近平新时代中国特色社会主义思想确立为党必须长期坚持的指导思想，选举产生了以习近平同志为核心的新一届中央领导集体。党的十九大正式代表共计 2280 人，特邀代表 74 人，代表全国 8900 多万党员。图为大会会场。

新时代孕育新思想

中国特色社会主义进入了新时代，是我国发展新的历史方位，也是习近平新时代中国特色社会主义思想产生的时代背景。习近平新时代中国特色社会主义思想科学回答了实践和时代提出的新课题。

当今世界正在经历百年未有之大变局。世界多极化、经济全球化、社会信息化、文化多样化深入发展，全球治理体系和国际秩序变革加速推进。同时，世界面临的不稳定性不确定性突出，世界经济增长乏力，单边主义、保护主义、霸权主义不断抬头，贫富分化日益严重。在这样大发展大变革大调整的背景下，以习近平同志为核心的党中央，为解决世界经济、国际安全、全球治理等一系列重大问题提供了新的方向、新的选择。习近平新时代中国特色社会主义思想，正是在把握世界发展大势、应对全球共同挑战、维护人类共同利益的过程中创立并不断丰富发展的。

新中国成立以来特别是改革开放以来，我国社会生产力水平总体上显著提高，国家经济实力、科技实力、国防实力、综合国力、国际影响力显著提升，但也面临着许多前所未有的困难和挑战。以习近平同志为核心的党中央，以巨大的政治勇气和强烈的责任担当，统筹推进“五位一体”总体布局，协调推进“四个全面”战略布局，推动党和国家事业取得历史性成就、发生历史性变革。习近平新时代中国特色社会主义思想，正是在中华民族迎来从站起来、富起来到强起来的伟大飞跃中创立并不断丰富发展的。

中国共产党在带领人民进行伟大社会革命的同时，不断进行伟大自我革命，这是党不断从胜利走向新的胜利的关键所在。一个时期以来，党内存在的积弊严重损害党的形象、侵蚀党的执政基础。以习近平同志为核心的党中央，勇于面对党面临的重大风险考验和党内存在的突出问题，坚持和加强党的全面领导，推进全面从严治党，正风肃纪、反腐惩恶，消除了党和国家内部存在的严重隐患，实现了管党治党从宽松软到严紧硬的深刻转变，党的创造力、凝聚力、战斗力显著增强，为党和国家事业发展提供了坚强政治保证。习近平新时代中国特色社会主义思想，正是在不断推进党的自我革命，实现党自我净化、自我完善、自我革新、自我提高的过程中创立并不断丰富发展的。

20 世纪 80 年代末至 90 年代初，世界社会主义遭受严重曲折，但中国经受住了考验，科学社会主义在曲折中奋起。进入新时代，以习近平同志为核心的党中央，带领全党全国人民推动中国特色社会主义事业取得举世瞩目的伟大成就，以不可辩驳的事实彰显了科学社会主义的鲜活生命力。习近平新时代中国特色社会主义思想，正是在对科学社会主义理论与实践的深邃思考、深刻总结，对坚持和发展中国特色社会主义的不懈探索、砥砺前行中创立并不断丰富发展的。

习近平总书记是习近平新时代中国特色社会主义思想的主要创立者。党的十八大以来，在领导全党全国推进党和国家事业的实践中，他以马克思主义政治家、思想家、战略家的非凡勇气、卓越政治智慧、强烈使命担当，提出一系列具有开创性意义的新理念、新思想、新战略，为这一思想的创立发挥了决定性作用、作出了决定性贡献。

科学完整的理论体系

习近平新时代中国特色社会主义思想内涵十分丰富，涵盖新时代坚持和发展中国特色社会主义的总目标、总任务、总体布局、战略布局和发展方向、发展方式、发展动力、战略步骤、外部条件、政治保证等基本问题，并根据新的实践对经济、政治、法治、科技、文化、教育、民生、民族、宗教、社会、生态文明、国家安全、国防和军队、"一国两制"和祖国统一、统一战线、外交、党的建设等各方面作出新的理论概括和战略指引。它是一个系统完整、逻辑严密的科学理论体系。

习近平新时代中国特色社会主义思想的核心内容是"十个明确"和"十四个坚持"。

"十个明确"，即明确中国特色社会主义最本质的特征是中国共产党领导，中国特色社会主义制度的最大优势是中国共产党领导，中国共产党是最高政治领导力量，全党必须增强"四个意识"、坚定"四个自信"、做到“两个维护”；明确坚持和发展中国特色社会主义，总任务是实现社会主义现代化和中华民族伟大复兴，在全面建成小康社会的基础上，分两步走在本世纪中叶建成富强民主文明和谐美丽的社会主义现代化强国，以中国式现代化推进中华民族伟大复兴；明确新时代我国社会主要矛盾是人民日益增长的美好生活需要和不平衡不充分的发展之间的矛盾，必须坚持以人民为中心的发展思想，发展全过程人民民主，推动人的全面发展、全体人民共同富裕取得更为明显的实质性进展；明确中国特色社会主义事业总体布局是经济建设、政治建设、文化建设、社会建设、生态文明建设五位一体，战略布局是全面建设社会主义现代化国家、全面深化改革、全面依法治国、全面从严治党四个全面；明确全面深化改革总目标是完善和发展中国特色社会主义制度、推进国家治理体系和治理能力现代化；明确全面推进依法治国总目标是建设中国特色社会主义法治体系、建设社会主义法治国家；明确必须坚持和完善社会主义基本经济制度，使市场在资源配置中起决定性作用，更好发挥政府作用，把握新发展阶段，贯彻创新、协调、绿色、开放、共享的新发展理念，加快构建以国内大循环为主体、国内国际双循环相互促进的新发展格局，推动高质量发展，统筹发展和安全；明确党在新时代的强军目标是建设一支听党指挥、能打胜仗、作风优良的人民军队，把人民军队建设成为世界一流军队；明确中国特色大国外交要服务民族复兴、促进人类进步，推动建设新型国际关系，推动构建人类命运共同体；明确全面从严治党的战略方针，提出新时代党的建设总要求，全面推进党的政治建设、思想建设、组织建设、作风建设、纪律建设，把制度建设贯穿其中，深入推进反腐败斗争，落实管党治党政治责任，以伟大自我革命引领伟大社会革命。

“十四个坚持”，即坚持党对一切工作的领导，坚持以人民为中心，坚持全面深化改革，坚持新发展理念，坚持人民当家做主，坚持全面依法治国，坚持社会主义核心价值体系，坚持在发展中保障和改善民生，坚持人与自然和谐共生，坚持总体国家安全观，坚持党对人民军队的绝对领导，坚持“一国两制”和推进祖国统一，坚持推动构建人类命运共同体，坚持全面从严治党。“十四个坚持”是新时代坚持和发展中国特色社会主义的基本方略。

“十个明确”“十四个坚持”有机融合、有机统一，反映了以习近平同志为核心的党中央对中国特色社会主义规律性认识的深化，体现了理论与实际相结合、认识论和方法论相统一的鲜明特色。

党的指导思想的又一次与时俱进

党的十九大召开前夕，在党章修改征求意见过程中，各地区各部门一致建议，对习近平总书记系列重要讲话和治国理政新理念新思想新战略进行提炼概括，上升为党的指导思想。

党的十八大以来，党和国家事业发生历史性变革，开创治国理政、管党治党新境界，最根本的在于以习近平同志为核心的党中央的坚强领导，在于习近平总书记系列重要讲话精神和治国理政新理念新思想新战略的正确指导。把习近平总书记系列重要讲话精神和治国理政新理念新思想新战略在理论上作出新概括，并同马克思列宁主义、毛泽东思想、邓小平理论、“三个代表”重要思想、科学发展观一道确立为党的行动指南写入党章，实现党的指导思想的与时俱进，对于在新的历史起点上进行伟大斗争、建设伟大工程、推进伟大事业、实现伟大梦想具有重大现实意义和深远历史意义。

2017 年 10 月 18 日，党的十九大在人民大会堂开幕。十九大报告作出了中国特色社会主义进入了新时代等重大政治论断，提出了习近平新时代中国特色社会主义思想这一重大理论成果。这是贯穿 3 万多字报告的灵魂，也是解读党面向新时代的政治宣言和行动纲领的关键。

十九大代表在讨论中认为，习近平新时代中国特色社会主义思想，从理论和实践结合上系统回答了新时代坚持和发展什么样的中国特色社会主义、怎样坚持和发展中国特色社会主义这个重大时代课题。在党章中确认习近平新时代中国特色社会主义思想的历史地位，具有深厚的实践基础、思想基础、群众基础，是全党的共同意愿和全国各族人民的共同心愿。

10 月 24 日上午，党的十九大举行闭幕会，习近平总书记在会上庄严宣布：大会表决通过《中国共产党章程（修正案）》的决议。

这次党章修正案的最大亮点，是将习近平新时代中国特色社会主义思想同马克思列宁主义、毛泽东思想、邓小平理论、“三个代表”重要思想、科学发展观一道确立为党的行动指南，实现了党的指导思想的又一次与时俱进。这是一个历史性决策和历史性贡献，体现了党在政治上理论上的高度成熟、高度自信。

修改后的党章在总纲部分专门增写一个自然段强调，“习近平新时代中国特色社会主义思想是对马克思列宁主义、毛泽东思想、邓小平理论、‘三个代表’重要思想、科学发展观的继承和发展，是马克思主义中国化最新成果，是党和人民实践经验和集体智慧的结晶，是中国特色社会主义理论体系的重要组成部分，是全党全国人民为实现中华民族伟大复兴而奋斗的行动指南，必须长期坚持并不断发展”。大会要求全党以习近平新时代中国特色社会主义思想统一思想和行动，增强学习贯彻的自觉性和坚定性，把习近平新时代中国特色社会主义思想贯彻到社会主义现代化建设全过程、体现到党的建设各方面。

继党的十九大确立习近平新时代中国特色社会主义思想的指导地位之后，2018 年 3 月 11 日，第十三届全国人大第一次会议通过的宪法修正案，把习近平新时代中国特色社会主义思想载入宪法，实现了国家指导思想的与时俱进，反映了全国各族人民共同意志和全社会共同意愿。

习近平新时代中国特色社会主义思想，体系严整、逻辑严密、内涵丰富、博大精深，闪耀着马克思主义真理光辉。这一思想贯通马克思主义哲学、政治经济学、科学社会主义，贯通历史、现实和未来，贯通改革发展稳定、内政外交国防、治党治国治军等各领域，彰显着坚定理想信念，展现着真挚人民情怀，贯穿着高度自觉自信，体现着鲜明问题导向，充满着无畏担当精神，使我们党对共产党执政规律、社会主义建设规律、人类社会发展规律的认识达到了新高度，为发展马克思主义作出了原创性贡献。

参考文献

1.《中国共产党简史》，人民出版社、中共党史出版社 2021 年版。

2. 中共中央宣传部：《习近平新时代中国特色社会主义思想学习问答》，学习出版社、人民出版社 2021 年版。

2017 年

实施乡村振兴战略

2021 年 2 月 25 日 16 时，北京市朝阳区太阳宫北街 1 号，国家乡村振兴局牌子正式挂出。“国务院扶贫开发领导小组办公室”牌子此前已经摘下。国家乡村振兴局正式挂牌，既是我国脱贫攻坚战取得全面胜利的一个标志，也是全面实施乡村振兴，奔向新生活、新奋斗的起点。

▸ 2021 年 2 月 25 日，国家乡村振兴局举行挂牌仪式。（新华社记者翟健岚摄）

党的十九大作出实施乡村振兴战略的重大决策

党的十八大以来，习近平总书记反复强调，农业强不强、农村美不美、农民富不富，决定着亿万农民的获得感和幸福感，决定着我国全面小康社会的成色和社会主义现代化的质量。2017 年 10 月，党的十九大作出实施乡村振兴战略重大决策，提出要坚持农业农村优先发展，按照产业兴旺、生态宜居、乡风文明、治理有效、生活富裕的总要求，建立健全城乡融合发展体制机制和政策体系，加快推进农业农村现代化。

实施乡村振兴战略三年多来，乡村振兴顶层设计不断加强，为实施乡村振兴战略提供了制度和政策保障。

2018年1月2日，党中央、国务院印发《关于实施乡村振兴战略的意见》，这是21世纪以来，党中央连续发出的第十五个指导“三农”工作的“一号文件”。文件按照“远粗近细”的原则，对实施乡村振兴战略的三个阶段性目标作了部署。分别是：到2020年，乡村振兴取得重要进展，制度框架和政策体系基本形成；到2035年，乡村振兴取得决定性进展，农业农村现代化基本实现；到2050年，乡村全面振兴，农业强、农村美、农民富全面实现。

2018年6月26日，党中央、国务院发布《乡村振兴战略规划（2018—2022年）》，对实施乡村振兴战略作出阶段性谋划，分别明确至2020年全面建成小康社会和2022年召开党的二十大时的目标任务，细化实化工作重点和政策措施，部署重大工程、重大计划、重大行动，确保乡村振兴战略落实落地，是指导各地区各部门分类有序推进乡村振兴的重要依据。

此后，党中央、国务院出台《中国共产党农村工作条例》，颁布实施《中华人民共和国乡村振兴促进法》，搭建了乡村振兴制度框架和政策体系的“四梁八柱”。全国各地着力加强党对“三农”工作的领导，31个省（区、市）全部建立实施乡村振兴战略领导机制，全面开展市、县乡村振兴实绩考核，层层压实五级书记抓乡村振兴的政治责任。各地各部门建立了纵向衔接、横向协同的规划体系，围绕人、地、钱等方面出台一系列政策措施，不断增强乡村振兴要素保障。

实施乡村振兴战略取得显著成效

乡村振兴战略是党的十九大提出的一项重大战略，是关系全面建设社会主义现代化国家的全局性、历史性任务，是新时代“三农”工作总抓手。

党的十九大以来，在以习近平同志为核心的党中央坚强领导下，截至 2020 年 10 月，实施乡村振兴战略 3 年来，粮食等主要农产品连年丰收，《乡村振兴战略规划（2018—2022 年）》各方面重点任务取得显著成效，乡村振兴实现良好开局，成为稳定经济社会发展大局的“压舱石”，为全面建成小康社会奠定了坚实基础。

14 亿中国人的饭碗端得更牢。粮食产量将连续 6 年超过 1.3 万亿斤。水稻、小麦自给率保持在 100% 以上，玉米自给率超过 95%，肉蛋奶、果菜茶品种丰富、供应充裕，有效满足了人民群众日益增长的消费需求。

农民收入提前实现翻番目标。2019 年农村居民人均可支配收入超过 1.6 万元，农民收入提前一年比 2010 年翻一番；城乡居民收入差距持续缩小，由 2015 年的 2.73 ∶ 1 缩小到 2019 年的 2.64 ∶ 1。

农业现代化建设迈上新台阶。农业科技进步贡献率突破 60%，全国农作物耕种收综合机械化率超过 70%，主要农作物良种实现全覆盖。全国家庭农场超过 100 万家，农民合作社达到 222.5 万家，农业社会化服务组织达到 89.3 万个，成为引领现代农业发展的主力军，有力推动了小

▲ 随着经济快速发展，我国农业产出持续增加。1949 年，我国粮食产量只有 2263.6 亿斤，无法满足人们温饱需求；2020 年全国粮食总产量为 13390 亿斤，连续 6 年保持在 1.3 万亿斤以上，粮食生产实现“十七连丰”。图为 2020 年 6 月 12 日，联合收割机在河北省泊头市西辛店乡大付村的麦田里作业。

农户与现代农业有机衔接。

脱贫攻坚取得决定性成就。产业扶贫政策覆盖了 98% 的贫困户，贫困地区累计实施产业扶贫项目超过 100 万个，建成各类产业扶贫基地超过 30 万个。每个贫困县都形成了特色鲜明、带贫能力强的主导产业。

乡村振兴实现良好开局。规划先行、梯次推进的工作局面基本形成，乡村振兴的政策框架基本构建，一批标志性的重大工程启动实施。农村水、电、路等基础设施加快建设，教育、医疗、养老等公共服务水平不断提升，乡村治理体系进一步完善，乡村面貌呈现新气象。农村厕所革命扎实推进，农村生活垃圾污水治理等统筹推进。截至 2021 年底，全国农村卫生厕所普及率超过 70%。农村生活垃圾进行收运处理的自然村比例稳定保持在 90% 以上，农村生活污水乱排现象基本得到管控。

全面推进乡村振兴的号角已经吹响

2020 年 5 月 11 日，习近平总书记来到山西省大同市西坪镇坊城新村考察。

这是一个易地扶贫搬迁村，近年来依靠易地扶贫搬迁和产业扶贫实现了稳定脱贫。

一排排白墙飞檐的平房小院，透出晋北传统民居的特色，朴素大方，整齐有致。

沿着宽敞整洁的水泥路，习近平总书记走进新村。

来到村民白高山家，从客厅到厨房，从卧室到卫生间，习近平总书记看得十分详细。午后的阳光洒进小院，房间里更显明亮。吊顶、白墙、地砖，冰箱、彩电、燃气灶，与过去的土窑洞相比天壤之别。

白高山拿出一张老照片给总书记看，那是他搬进新村之前住了 40 多年的土窑洞。

习近平总书记接过照片仔细端详，问道："现在这房子住进来花了多少钱？"白高山告诉总书记，2019 年在政府的支持下，只花了 1 万元就住进了新房。

"搬出来后家里主要做什么？收入怎么样？"习近平总书记接着问。

白高山的儿子白利军告诉总书记，搬到新村后，他在政府资助下上了职业培训学校，当起了电焊工，2019 年收入 4 万多元。

"现在外村姑娘都愿意往这嫁了吧？"习近平总书记笑着问。

▲ 脱贫攻坚，取得了物质上的累累硕果，也取得了精神上的累累硕果。广大脱贫群众激发了奋发向上的精气神，社会主义核心价值观得到广泛传播，文明新风得到广泛弘扬，艰苦奋斗、苦干实干、用自己的双手创造幸福生活的精神在广大贫困地区蔚然成风。地处山区腹地的神山村曾是江西省井冈山市最偏远的贫困村之一，贫困发生率曾达 30% 以上。当地通过发展扶贫产业和乡村旅游，村民收入显著增加，并在 2017 年 2 月正式脱贫。图为 2020 年 7 月 15 日拍摄的江西省井冈山市神山村村民笑脸合集（拼版照片）。

“可不是！如今生活好了，人家也愿意来了。儿子原来一直打光棍儿，去年找到了媳妇，今年我们老两口抱上了孙子。”白高山笑得合不拢嘴，“盖房子，娶媳妇，这是我们庄户人家一辈子的大事。我们打心底感谢共产党！”

“共产党就是为老百姓谋幸福的，现在不但不收提留、不收税、不收费、不交粮，还给困难乡亲送医送药、建房子、教技术、找致富门路。”望着幸福的一家人，习近平总书记问道：“你们往后还有什么打算？”

“就是希望日子越过越好。”白高山说。

“一定会越过越好！更好日子还在后头呢！”习近平总书记的话语温暖而有力。

2020 年底，经过 8 年持续奋斗，我国如期完成了新时代脱贫攻坚目标任务，现行标准下 9899 万农村贫困人口全部脱贫，832 个贫困县全部摘帽，12.8 万个贫困村全部出列，农村绝对贫困问题得到历史性解决。

“脱贫攻坚战的全面胜利，标志着我们党在团结带领人民创造美好生活、实现共同富裕的道路上迈出了坚实的一大步。”习近平总书记强调，“解决发展不平衡不充分问题、缩小城乡区域发展差距、实现人的全面发展和全体人民共同富裕仍然任重道远。”

习近平总书记强调：“脱贫攻坚取得胜利后，要全面推进乡村振兴，这是‘三农’工作重心的历史性转移。”他指出，全面实施乡村振兴战略的深度、广度、难度都不亚于脱贫攻坚，必须加强顶层设计，以更有力的举措、汇聚更强大的力量来推进。

2021 年 1 月 4 日，中共中央、国务院发出《关于全面推进乡村振兴　加快农业农村现代化的意见》，这是 21 世纪以来连续发出的第 18 个中央“一号文件”，标志着“三农”工作重心转向全面推进乡村振兴。把乡村建设摆在社会主义现代化建设的重要位置，全面推进乡村产业、人才、文化、生态、组织振兴，走中国特色社会主义乡村振兴道路，促进农业高质高效、乡村宜居宜业、农民富裕富足……全面推进乡村振兴的号角已经吹响。

参考文献

1. 张晓松等：《蹚出新路子，书写新篇章》，《人民日报》2020 年 5 月 14 日。
2. 王浩：《农民收入提前实现翻番目标》，《人民日报》2020 年 10 月 28 日。

2018 年

深化党和国家机构改革

2018 年 5 月的最后一天，北京月坛北小街 2 号。

在人们期待的目光中，整合了人力资源社会保障部、国家发展改革委员会、民政部等部门相关职责的国家医疗保障局正式揭牌。

至此，在仅仅 3 个月时间里，深化党和国家机构改革方案确定的 25 个应挂牌的新组建或重新组建部门，全部完成挂牌。

习近平亲自部署指挥党和国家机构改革

1981 年至今，党中央部门进行了 4 次改革，国务院机构进行了 7 次改革，逐步建立起具有我国特点的党和国家机构职能体系。党和国家机构改革是一个过程，不会一蹴而就，也不会一劳永逸。

党的十八大以来，以习近平同志为核心的党中央加强党的领导，坚持问题导向，提出一系列深化党和国家机构改革的重要思想，并作出深化党和国家机构改革的重大决策。

这次机构改革，不是局部修修补补的改革，而是对党和国家组织结构和管理体制的一次系统性、整体性重构。

习近平总书记亲自部署指挥改革工作，自始至终关心指导、亲力亲为。

早在 2015 年，习近平总书记就要求中央全面深化改革领导小组对深化机构改革进行调研。2017 年 7 月，习近平总书记就深化党和国家机构改革作出重要指示：随着全面深化改革不断推进，深化党和国家机构改革工作需要提上议事日程；这次机构改革，党政军群等方面要统筹考虑，可由中央全面深化改革领导小组牵头进行研究；首先应该进行深入调查，坚持问题导向，把各地区各部门各方面对机构改革的意见摸清楚，把机构设置存在的问题弄清楚，在此基础上科学拟定方案。

2017 年下半年开始，中央改革办、中央编办开展了调研论证，组成 10 个调研组，分赴 31 个省区市、71 个中央和国家机关部门，当面听取了 139 位省部级主要负责同志的意见和建议。回忆起 2017 年 8 月那个炎热的下午，一位中部省份省委书记印象深刻：

就在省委招待所，我一个人，没带秘书，他们五个人坐对面。我写了个提纲，没想到他们听得很起劲，不回应、不插话，记得也很仔细，我就结合自己亲身经历放开了讲，起码谈了两个半小时。

归纳调研成果，各地区各部门认为，现行机构设置同国家治理体系和治理能力现代化的要求相比还有许多不适应的地方。这次应该下更大决心，突出加强党的领导、理顺党政关系，统筹谋划机构设置，争取更明显的成效。主要是：加强党的统筹协调机构，对职能相近或密切相关的党政机构、事业单位进行适当整合，调整优化中央和国家机关有关部门职能，撤销职能弱化、职责有重复或阶段性任务已完成的机构，新设立部分机构，坚持全国统筹、上下联动推动机构改革，等等。

2017 年 12 月 11 日，习近平总书记主持召开党的十九届三中全会文件起草小组第一次全体会议，宣布中央政治局常委会会议、中央政治局会议的决定：十九届三中全会专题研究深化党和国家机构改革问题。习近平总书记亲自担任全会文件起草组组长，主持顶层设计，制定改革决定和方案，亲手掀开党和国家机构改革的大幕。

党和国家机构改革有清晰的时间表、路线图

2018 年 2 月 26 日至 28 日，党的十九届三中全会专题研究机构改革问题，审议通过《中共中央关于深化党和国家机构改革的决定》和《深化党和国家机构改革方案》，同意把《深化党和国家机构改革方案》的部分内容按照法定程序提交十三届全国人大一次会议审议。3 月 17 日，十三届全国人大一次会议批准国务院机构改革方案。

改革实施期间，党中央成立了深化党和国家机构改革协调小组，下设 9 个专项协调小组，建立健全统分结合、归口统筹、主体推进、强化协调的领导体制和工作机制，统一指导协调督促机构改革组织实施工作。在此基础上，绘就了一张确保改革落地的时间表、路线图，吹响了深化党和国家机构改革的集结号——

中央和国家机关机构改革要在 2018 年底前落实到位；

省级党政机构改革方案要在 2018 年 9 月底前报党中央审批，2018 年底前机构调整基本到位；

省以下党政机构改革由省级党委统一领导，在 2018 年底前报党中央备案。地方党政机构改革全部任务在 2019 年 3 月底前基本完成。

2018 年 3 月 23 日，北京市平安里西大街 41 号。

《深化党和国家机构改革方案》全文公布后仅两天，新组建的国家监

察委员会正式揭牌运行，标志着新一轮党和国家机构改革全面铺开；

9 月 13 日，《海南省机构改革方案》印发，成为首个获得党中央批准的省级机构改革方案；

11 月 11 日，上海市委和市政府召开机构改革动员会，明确机构改革任务书，我国 31 个省份机构改革方案至此全部“出炉”并对外公布；

2019 年 3 月底，按照党中央确定的时间表、路线图，机构改革各项任务总体完成。

在这一进程中，中央政治局常委会两次召开会议，听取中央层面和地方机构改革组织实施情况汇报，及时总结工作经验，部署改革后续进程。习近平总书记指出，我们不搞断崖式的精简分流人员，要把大家安排好、有工作干，富余的干部和人员在工作实践中逐步消化。这次改革没有硬性的定时定量分流任务，对于职责优化调整导致机构暂时超编的人员，不搞“一刀切”式的精简。

党和国家机构改革取得重大成效

党的十九届三中全会闭幕后的一年多时间里，在以习近平同志为核心的党中央领导下，从中央到地方，上下同心、扎实推进，深化党和国家机构改革呈现出气势如虹、势如破竹的崭新局面，各项改革部署迅速落实到位、积极效果逐步显现。

国务院组成部门调整

- 组建 自然资源部
- 组建 生态环境部
- 组建 农业农村部
- 组建 文化和旅游部
- 组建 国家卫生健康委员会
- 组建 退役军人事务部
- 组建 应急管理部
- 重新组建 科学技术部
- 重新组建 司法部
- 优化 水利部职责
- 优化 审计署职责
- 监察部、国家预防腐败局 并入 国家监察委员会

改革后国务院设置组成部门

中华人民共和国外交部

中华人民共和国国防部

中华人民共和国国家发展和改革委员会

中华人民共和国教育部

中华人民共和国科学技术部

中华人民共和国工业和信息化部

中华人民共和国国家民族事务委员会

中华人民共和国公安部

中华人民共和国国家安全部

中华人民共和国民政部

中华人民共和国司法部

中华人民共和国财政部

中华人民共和国人力资源和社会保障部

中华人民共和国自然资源部

中华人民共和国生态环境部

中华人民共和国住房和城乡建设部

中华人民共和国交通运输部

中华人民共和国水利部

中华人民共和国农业农村部

中华人民共和国商务部

中华人民共和国文化和旅游部

中华人民共和国国家卫生健康委员会

中华人民共和国退役军人事务部

中华人民共和国应急管理部

中国人民银行

中华人民共和国审计署

改革后，国务院正部级机构减少 **8** 个，副部级机构减少 **7** 个。除国务院办公厅外，国务院设置组成部门 **26** 个。

根据国务院组织法规定，国务院组成部门的调整和设置，提请全国人民代表大会审议批准。

国务院其他机构调整

- 组建 国家市场监督管理总局
- 组建 国家广播电视总局
- 组建 中国银行保险监督管理委员会
- 组建 国家国际发展合作署
- 组建 国家医疗保障局
- 组建 国家粮食和物资储备局
- 组建 国家移民管理局
- 组建 国家林业和草原局
- 重新组建 国家知识产权局
- 调整 全国社会保障基金理事会隶属关系
- 改革 国税地税征管体制

根据国务院组织法规定，国务院组成部门以外的国务院所属机构的调整和设置，将由新组成的国务院审查批准。

新华社记者 高微 冯琦 编制

▲2018年3月13日，图解国务院机构改革方案的说明。（新华社记者高微、冯琦编制）

▲ 2019 年 9 月 23 日，应急管理部森林消防局专业技能比武演示暨空地协同综合救援演练在云南省安宁市举行。图为空地协同综合救援演练现场。（新华社记者胡超摄）

改革实施期间，习近平总书记亲自审定了改革组织实施方案和各部门工作方案，亲自签批各部门“三定”规定和地方机构改革方案，亲自协调重大政策问题，涉及各类文件多达 190 多件。在一些改革的关键时刻、关键问题上，习近平总书记果断拍板、一锤定音。

在新组建的部级机构中，应急管理部整合 13 个部门和单位相关职能，进入了“应急”常态，24 小时值班值守工作机制建立起来，确保第一时间作出响应；退役军人事务部挂牌运转、英雄烈士保护法在全国人大常委会上全票通过，随后一系列重视英烈、关爱退役军人的举措相继出台。

2019 年 7 月 5 日，深化党和国家机构改革总结会议宣布，经过短短一年多时间，党的十九届三中全会部署的改革任务总体完成。

中央和国家机关层面，这次机构改革涉及 180 多万人，涉及管理体制、机构设置、职责和人员调整的部门达 80 多个；组建和重新组建部级机构 25 个，调整优化领导管理体制和职责部级机构 31 个；中央层面有 39 个部门重新制定了“三定”规定，共精简内设机构 107 个，精简 15.4%；地方省级层面，党政机构较改革前减少 8 个，行政编制减少 1343 名；市级层面，党政机构减少 1501 个，行政编制减少 461 名；县级层面，党政机构减少 5362 个，行政编制减少 3092 名。

更深层次的，则是党和国家机构设置和职能配置的深刻调整和全面优化：党中央职能部门、办事机构、派出机关和直属事业单位设置进一步优化，党政职责关系进一步理顺；全国人大和全国政协及其省级人大、政协专门委员会设置得到优化；国务院机构优化调整，经济调节、市场监管、社会管理、公共服务、生态环境保护职能得到加强；有序推进市场监管、生态环境保护、文化、交通运输、农业等领域综合执法改革，大幅减少执法队伍种类……

深化党和国家机构改革是对党和国家组织结构和管理体制的一次系统性、整体性重构，为完善和发展中国特色社会主义制度、推进国家治理体系和治理能力现代化提供了有力组织保障。成功实践已经充分证明，深化党和国家机构改革，是以习近平同志为核心的党中央从党和国家事业发展全局高度作出的重大政治决策，是推进国家治理体系和治理能力现代化的一场深刻变革。

参考文献

1. 秦杰等：《又踏层峰望眼开》，《人民日报》2018 年 3 月 23 日。
2. 罗争光等：《势如破竹开新局》，《人民日报》2018 年 5 月 12 日。
3. 霍小光等：《扬帆破浪再启航》，《人民日报》2019 年 7 月 7 日。

2019 年

开展“不忘初心、牢记使命”主题教育

2019 年是新中国成立 70 周年，也是中国共产党在全国执政第 70 个年头。作为百年大党，如何永葆先进性和纯洁性、永葆青春活力，如何永远得到人民的拥护和支持？在全体党员中深入开展“不忘初心、牢记使命”主题教育正当其时，其特别意义在于，无论我们走得多远，都不能忘记来时的路。

不忘初心、牢记使命
是中国共产党人永葆青春活力的秘诀

以县处级以上领导干部为重点，在全党开展“不忘初心、牢记使命”主题教育，是党的十九大作出的战略部署。

2017 年 10 月 31 日，党的十九大刚刚闭幕，习近平总书记带领中央政治局常委，专程前往上海和浙江嘉兴，瞻仰上海中共一大会址和浙江嘉兴南湖红船，回顾建党历史，重温入党誓词，宣示新一届党中央领导集体的坚定政治信念。

从哪里来，到哪里去。翻开风云激荡的红色篇章，在历史中汲取力量，为的是不忘初心、牢记使命、永远奋斗。习近平总书记强调：“上海党的一大会址、嘉兴南湖红船是我们党梦想起航的地方。我们党从这里诞生，从这里出征，从这里走向全国执政。这里是我们党的根脉。”

走得再远、走到再光辉的未来，也不能忘记走过的过去，不能忘记为什么出发。上海、嘉兴，习近平总书记多次讲到“初心”二字。

初心是什么?

习近平总书记在党的十九大报告中的一席话，听起来令人心潮澎湃：“中国共产党人的初心和使命，就是为中国人民谋幸福，为中华民族谋复兴。这个初心和使命是激励中国共产党人不断前进的根本动力。”

▲ 2019 年 5 月 13 日，中共中央政治局召开会议，决定从 2019 年 6 月开始，在全党自上而下分两批开展“不忘初心、牢记使命”主题教育。图为 2019 年 6 月 22 日，上海大学志愿者来到中共一大会址纪念馆开展暑期志愿讲解服务。

为什么不能忘记初心？因为共产党人的初心，是我们中国共产党长盛不衰、枝繁叶茂的动力源。

习近平总书记指出，96 年来，我们党团结带领人民取得了举世瞩目的伟大成就，这值得我们骄傲和自豪。同时，事业发展永无止境，共产党人的初心永远不能改变。唯有不忘初心，方可告慰历史、告慰先辈，方可赢得民心、赢得时代，方可善作善成、一往无前。

从中共第一个纲领、第一份决议，到党的十九大报告，中国共产党带领人民一步接一步，从蓝图到现实，前所未有接近实现中华民族伟大复兴的梦想。不忘初心、牢记使命、永远奋斗——这是中国共产党人永葆青春活力的秘诀，这是一个肩负历史重托的政党对人民的承诺。

习近平为开展好主题教育指明方向

2019 年 5 月 9 日，习近平总书记主持召开中央政治局常委会会议，审议《中共中央关于在全党开展“不忘初心、牢记使命”主题教育的意见》，并于 5 月 21 日印发全党。

5 月 13 日，习近平总书记主持召开中央政治局会议，对开展主题教育提出明确要求。

“今年是中华人民共和国成立 70 周年，也是我们党在全国执政第 70 个年头，在这个时刻开展这次主题教育，正当其时。”

5 月 31 日，习近平总书记在“不忘初心、牢记使命”主题教育工作会议上发表讲话，对主题教育作出全面部署。

开展“不忘初心、牢记使命”主题教育，是用习近平新时代中国特色社会主义思想武装全党的迫切需要，是推进新时代党的建设的迫切需要，是保持党同人民群众血肉联系的迫切需要，是实现党的十九大确定的目标任务的迫切需要。

6 月 24 日，习近平总书记在中央政治局第十五次集体学习上进一步发出号召，“不忘初心、牢记使命要靠全党共同努力来实现，每一个党员、干部特别是领导干部必须常怀忧党之心、为党之责、强党之志，积极主动投身到这次主题教育中来”。

▲ 2019 年 10 月 11 日，在内蒙古自治区正蓝旗恩克宝力格嘎查党员中心户的蒙古包中，党员敖日格勒（左一）在回答知识竞赛问题。

主题教育启动以后，习近平总书记深入调研指导，不断谋划总部署、压实责任状、统筹施工图，为全党主题教育顺利开展提供坚强政治保证。

2019 年 7 月中旬，习近平总书记来到内蒙古进行调研指导。

“抓思想认识到位”“抓检视问题到位”“抓整改落实到位”“抓组织领导到位”。

“牢记初心和使命，必须坚持一心为民”……

习近平总书记的谆谆教诲、殷切鼓舞，为进一步开展好主题教育指明前进方向，注入强大动力。

随着主题教育不断深入，习近平总书记的足迹走得更远、部署要求更细更实——

赴甘肃，他强调“我们正在开展的主题教育，就是要检视我们党到底是不是为人民服务的党”；

在河南，他指出“开展主题教育，要让广大党员、干部在接受红色教育中守初心、担使命，把革命先烈为之奋斗、为之牺牲的伟大事业奋力推向前进”；

到上海，他要求“开展主题教育不能学归学、说归说、做归做，衡量实际成效的根本标尺就是解决问题，推动事业发展”。

既有身先示范，更有精准指导。

从阐述“四个迫切需要”到明确“四个聚焦”，从要求做到“四个到位”到提出“四个注重”，习近平总书记的一系列重要指示，为主题教育不断落实见效奠定坚实基础。

对照党章党规找差距，认真学习党史、新中国史，加强爱国主义教育、弘扬爱国主义精神……习近平总书记的 24 次重要指示批示，为主题教育扎实推进提供了行动指南。

主题教育自上而下，有序推进，达到了预期目标

从 2019 年 5 月底开始，“不忘初心、牢记使命”主题教育在全党自上而下分两批开展。在这场为期半年的主题教育中，9000 多万党员按

照中央的总要求，推动学习贯彻习近平新时代中国特色社会主义思想往深里走、往心里走、往实里走，取得了扎扎实实的成效。

党中央政治局同志带头学习，带头调研指导，带头讲专题党课，带头开展批评和自我批评，有力示范带动主题教育。全国人大常委会党组、国务院党组、全国政协党组结合各自实际，开展主题教育。中央“不忘初心、牢记使命”主题教育领导小组加强谋划指导、推动工作落实。各地区各部门各单位“关键少数”充分发挥引领带头作用，将主题教育作为重大政治任务，精心组织实施，迅速组建领导机构，有力推动主题教育高质量开展。

在党中央的精心组织指导和各级党组织的扎实部署推动下，主题教育自上而下，有序推进，层层深入，兴起学习热潮，形成浓厚氛围，铺展出铭记初心、勇担使命的时代风景。

北京市把开展主题教育同服务新中国成立 70 周年庆典、落实首都城市战略定位、推进京津冀协同发展、推动高质量发展等有机结合起来；江苏、广东等地全力支持重点高技术企业稳定发展，多措并举稳住外贸基本面；北京大学、清华大学等中管高校紧紧围绕为党育人、为国育才，坚持和完善党委领导下的校长负责制，加强思政课建设……

吉林省对长白山违建项目和长春长生疫苗案件，深刻检讨政治站位不够高、政治担当不够强的问题；陕西省等围绕中央环保督察反馈的问题，既排查自然生态问题，又检视反思背后的政治生态、人民立场问题；农业银行破解办事环节多、流程长、效率低等问题，大力推进“放管服”改革……

在主题教育部署的 8 方面突出问题专项整治中，国家卫健委将 10 种儿童血液病、恶性肿瘤主要病种纳入救治管理和保障体系；教育部及各地积极控辍保学，国家级贫困县义务教育阶段辍学学生人数由 29 万减少至 6.5 万……

在全党共同努力下，“不忘初心、牢记使命”主题教育达到了预期目标，取得党中央满意、人民群众认可的良好成效。通过主题教育学习，党员干部经历了一场严肃的政治点名、党性洗礼、作风锤炼，理论素养明显提升，进一步坚定了守初心、担使命的思想和行动自觉，为党和人民事业拼搏奉献的动力更加强劲。

为了巩固主题教育成果，2019 年 10 月党的十九届四中全会提出“建立不忘初心、牢记使命的制度”，推动教育常态化、长效化。2020 年 9 月，中共中央办公厅印发《关于巩固深化“不忘初心、牢记使命”主题教育成果的意见》，推动主题教育各项成果落地见效。

“不忘初心、牢记使命”主题教育是新时代深化党的自我革命、推动全面从严治党向纵深发展的生动实践，促进了全党思想上的统一、政治上的团结、行动上的一致，为我们党统揽“四个伟大”、实现“两个一百年”奋斗目标作了思想上、政治上、组织上、作风上的有力动员，具有重大现实意义和深远历史影响。

参考文献

1. 邹伟等：《永葆中国共产党人的初心本色》，《人民日报》2020 年 1 月 8 日。
2. 张烁等：《永葆初心本色　践行使命担当》，《人民日报》2021 年 5 月 3 日。

2019 年

推进
粤港澳大湾区建设

2019 年 2 月 18 日，党中央、国务院公开发布了《粤港澳大湾区发展规划纲要》，标志着这一重大国家战略进入全面实施阶段。

粤港澳大湾区包括香港特别行政区、澳门特别行政区和广东省广州市、深圳市、珠海市、佛山市、惠州市、东莞市、中山市、江门市、肇庆市（即珠三角九市），总面积 5.6 万平方公里，2017 年末总人口约 7000 万人，2017 年经济总量约 10 万亿元。改革开放以来，特别是香港、澳门回归祖国后，粤港澳合作不断深化实化，粤港澳大湾区经济实力、区域竞争力显著增强，已具备建成国际一流湾区和世界级城市群的基础条件。

推进粤港澳大湾区建设
是党中央作出的重大决策

推进粤港澳大湾区建设，是以习近平同志为核心的党中央作出的重大决策，是习近平总书记亲自谋划、亲自部署、亲自推动的重大国家战略。

2012 年 12 月，习近平总书记在党的十八大后首次离京考察就来到广东。他指出，希望广东联手港澳打造更具综合竞争力的世界级城市群。2018 年 10 月，习近平总书记再次踏上广东这片热土。他强调，要把粤港澳大湾区建设作为广东改革开放的大机遇、大文章，抓紧抓实办好。

湾区，既是地理概念，也是经济现象。著名的纽约湾区、旧金山湾区、东京湾区，都是带动全球经济发展的重要增长极和引领技术变革的领头羊。

2017 年 7 月 1 日，在习近平总书记亲自见证下，国家发展改革委员会和粤港澳三地政府在香港共同签署《深化粤港澳合作　推进大湾区建设框架协议》，粤港澳大湾区建设正式启动。几个月后，粤港澳大湾区建设被写入党的十九大报告。

此后，习近平总书记多次在重大会议、重要场合对粤港澳大湾区建设作出重要指示、提出明确要求。

“要在更高水平上扩大开放，高标准建设广东自由贸易试验区，打造高水平对外开放门户枢纽。要继续推进改革，抓好改革举措的协同配套、同向共进。”

“在国家扩大对外开放的过程中，香港、澳门的地位和作用只会加强，不会减弱。”

习近平总书记的话为粤港澳三地以大湾区建设为重点加快推进指明了方向。

2018 年 5 月 10 日、5 月 31 日，习近平总书记先后主持召开中央政治局常委会会议和中央政治局会议，对粤港澳大湾区规划纲要进行审议。习近平总书记高度重视粤港澳大湾区规划工作，反复强调、殷殷嘱托、亲自指导，要求提高规划建设顶层设计水平。

出台《粤港澳大湾区发展规划纲要》

2018 年 7 月 12 日，党中央、国务院印发《粤港澳大湾区发展规划纲要》(以下简称《规划纲要》)。2019 年 2 月 18 日，新华社公开发布了《规划纲要》。这份纲领性文件对粤港澳大湾区的战略定位、发展目标、空间布局等方面作了全面规划。

《规划纲要》明确，粤港澳大湾区建设的首要任务是打造具有全球影响力的国际科技创新中心。建好大湾区，关键在创新。必须在“一国两制”方针和基本法框架内，发挥粤港澳综合优势，创新体制机制，促进要素流通，闯出一条新路来。

《规划纲要》明确提出粤港澳大湾区的五大战略定位：充满活力的世界级城市群；具有全球影响力的国际科技创新中心；“一带一路”建设的重要支撑；内地与港澳深度合作示范区；宜居宜业宜游的优质生活圈。

《规划纲要》明确了粤港澳大湾区“两步走”的发展目标：到 2022 年，粤港澳大湾区综合实力显著增强，粤港澳合作更加深入广泛，区域内生发展动力进一步提升，发展活力充沛、创新能力突出、产业结构优化、要素流动顺畅、生态环境优美的国际一流湾区和世界级城市群框架基本形成。到 2035 年，粤港澳大湾区形成以创新为主要支撑的经济体系和发展模式，经济实力、科技实力大幅跃升，国际竞争力、影响力进一步增强；大湾区内市场高水平互联互通基本实现，各类资源要素高效便捷流动；区域发展协调性显著增强，对周边地区的引领带动能力进一步提升；人民生活更加富裕；社会文明程度达到新高度，文化软实力显著增强，中华文化影响更加广泛深入，多元文化进一步交流融合；资源节约集约利用水平显著提高，生态环境得到有效保护，宜居宜业宜游的国际一流湾区全面建成。

《规划纲要》指出，以香港、澳门、广州、深圳四大中心城市作为区域发展的核心引擎，并明确了四个中心城市的不同定位。

香港——巩固和提升国际金融、航运、贸易中心和国际航空枢纽地位，强化全球离岸人民币业务枢纽地位、国际资产管理中心及风险管理中心功能，建设亚太区国际法律及争议解决服务中心，打造更具竞争力的国际大都会。

澳门——建设世界旅游休闲中心、中国与葡语国家商贸合作服务平台，打造以中华文化为主流、多元文化共存的交流合作基地。

广州——全面增强国际商贸中心、综合交通枢纽功能，培育提升科技教育文化中心功能，着力建设国际大都市。

深圳——加快建成现代化国际化城市，努力成为具有世界影响力的创新创意之都。

粤港澳大湾区建设取得显著成效

2021 年 8 月 4 日 16 时 52 分，满载着工业品、电子设备及衣帽服饰的 X75081 次列车从广铁集团广州货运中心东莞常平站缓缓驶出，此趟中欧班列将于 16 天后到达德国杜伊斯堡，这是粤港澳大湾区 2021 年开出的第 200 趟中欧班列。

2021 年以来，粤港澳大湾区中欧班列开行数量持续增长，已经累计开通至中亚哈萨克斯坦等五国、俄罗斯莫斯科、匈牙利布达佩斯、德国杜伊斯堡及汉堡、波兰马拉舍维奇、立陶宛维尔纽斯等 15 个方向的班列，

▲ 2020 年 5 月 22 日，东莞 – 维尔纽斯中欧班列中国邮政专列在立陶宛首都维尔纽斯卸货。这趟专列 9 日从广东（石龙）铁路国际物流基地发车，载有来自东莞及周边地区的 41 个标准集装箱、共 260 吨国际邮件，包括服饰鞋帽、玩具箱包、电子产品、家居用品等，经由新疆霍尔果斯口岸出境，途经哈萨克斯坦、俄罗斯、白俄罗斯抵达立陶宛。（新华社发，立陶宛邮政供图）

发送货物 10079 个标箱，开行数量同比 2020 年增加 83.4%，创同期历史新高。

在以习近平同志为核心的党中央的谋划、部署和推动下，粤港澳大湾区建设迈出了坚实的脚步，美好愿景正变成生动现实。

从推进基础设施互联互通到提升市场一体化水平，从探索科技创新合作到谋划构建协同发展的产业体系，从鼓励港澳青年“北上”发展到打造宜居宜业宜游的优质生活圈，近 4 年来，粤港澳三地同心，紧抓机遇，

▲2019 年 8 月 7 日拍摄的港珠澳大桥海上日出。（新华社发，无人机照片）

乘风破浪，有序推进，一个发展活力充沛、创新能力突出、产业结构优化、要素流动顺畅、生态环境优美的国际一流湾区和世界级城市群正在加速形成。

2018 年 10 月 23 日，港珠澳大桥正式开通，飞架香港、澳门、珠海三地，习近平总书记出席开通仪式，宣布大桥正式开通并巡览大桥。全长 55 公里的港珠澳大桥是粤港澳大湾区内联结三地、促进互联互通的一项标志性的交通基础设施。通车运营以后，由香港行车至珠海、澳门从 3 个多小时缩短至 45 分钟左右。行车时间的大幅缩短，意味着运输、时间成本的下降，便利了区域内物流、人流乃至资金流、信息流的快速流动。它打通了粤港澳大湾区道路交通网，为大湾区基础设施互联互通树立了典范。

截至 2021 年 5 月，以南沙为圆心，粤港澳大湾区立体交通网越织越密、越联越通，“1 小时生活圈”基本形成，“轨道上的大湾区”成为现实；总长 5000 多公里，核心区密度达每百平方公里 8.9 公里的高速公路；一年超两亿人次的旅客吞吐量和超 8000 万标箱的集装箱吞吐量，成为全球最繁忙的空域和港口群之一……

世界上著名的湾区大多都是全球创新高地。突出创新引领，加快国际科技创新中心建设，是粤港澳建设富有活力和国际竞争力的一流湾区的重中之重。三地因地制宜推进科技、产业、体制等创新工作，超前布局未来产业研发体系，促进创新要素自由流动，集聚全球高端科技要素资源，打造科技创新高地。

在世界夜景卫星图上，从广州到深圳再延伸至香港、澳门，是灯光最璀璨的区域之一。如今，这里正崛起一条创新资源集聚的科技创新走廊：深圳西丽湖国际科教城、东莞松山湖国际机器人产业基地、中新广州知识城、广州科学城……创新平台连珠成串，三地加大协同力度，积极吸引和对接全球创新资源，着力共同培育一批世界级产业集群，增强经济创新力和竞争力。

经过 4 年的努力，粤港澳大湾区建设取得阶段性显著成效，向国际一流湾区和世界级城市群迈出坚实步伐。粤港澳大湾区综合实力显著增强，粤港澳合作更加深入广泛，三地民众获得感更加充实，充分展现出“一国两制”的制度优势和勃勃生机。

参考文献

1. 刘欢等：《着眼发展大局，共享时代荣光》，《人民日报》2019 年 2 月 22 日。
2. 刘磊等：《共建国际一流湾区》，《人民日报》2019 年 10 月 29 日。
3. 张毅等：《擘画未来 共享荣光》，《人民日报》2021 年 5 月 17 日。
4. 李刚：《粤港澳大湾区开出今年第 200 趟中欧班列》，《人民日报》2021 年 8 月 6 日。

2020 年

抗击新冠肺炎疫情

2020 年初暴发的新冠肺炎疫情是百年来全球发生的最严重的传染病大流行，是新中国成立以来我国遭遇的传播速度最快、感染范围最广、防控难度最大的重大突发公共卫生事件。在以习近平同志为核心的党中央坚强领导下，14 亿中国人民艰苦奋战，付出巨大代价，有效遏制曾经肆虐的疫魔，在全球率先控制疫情、率先复工复产、率先实现经济增长由负转正，取得抗击新冠肺炎疫情斗争重大战略成果。

“大年三十我夜不能寐”

2019 年 12 月底，湖北省武汉市疾控中心监测发现不明原因肺炎（后定名为“新型冠状病毒感染的肺炎”）病例。随着疫情蔓延，发热门诊开始拥挤起来。CT 机超负荷地运转着，医生给出的诊断结果几乎一样——肺毛玻璃样阴影。

从清晨到深夜，就诊的队伍排到了街上。很快，病房超员，新的病区在不断开辟，医务人员的防护物资也日渐耗尽。“请求支援防护服”“医用口罩告急”“哪里有护目镜”……

面对突如其来的严重疫情，习近平总书记时刻关注疫情形势，把疫情防控作为头等大事来抓，亲自指挥、亲自部署，作出许多重要指示和批示。

2020 年 1 月 7 日，习近平总书记主持召开中共中央政治局常务委员会会议时，就对做好疫情防控工作提出了要求。

1 月 20 日，习近平总书记对新冠疫情作出指示，“要把人民群众生命安全和身体健康放在第一位，制定周密方案，组织各方力量开展防控，采取切实有效措施，坚决遏制疫情蔓延势头”。

疫情紧急，加上时值春节，人员大规模流动，如果不采取坚决措施，后果将不堪设想！

1 月 22 日下午，习近平总书记审时度势，作出重要指示，要求立即对湖北省武汉市人员流动和对外通道实行严格封闭的交通管控。

对一个有着千万人口的特大城市实行“封城”，这在人类历史上前所未有！习近平总书记强调：“作出这一决策，需要巨大政治勇气，但该出手时必须出手，否则当断不断、反受其乱。”事后，《科学》杂志登载的一份研究报告提出，如果当初中国政府没有采取武汉旅行禁令和全国应急响应，到 2020 年 2 月 19 日，武汉以外的地区将会有超过 70 万确诊病例。

1 月 23 日 10 点，农历除夕前最后一个工作日，武汉市，这个千万人口的大城市，关闭了离汉通道。此后，武汉市又全面实施社区 24 小时封闭管理。

从 1 月 23 日起，30 个省区市相继启动“重大突发公共卫生事件 I 级响应”，制定落实社区的防控措施，实行网格化、地毯式管理；各地采取“外防输入、内防扩散”措施，最全面、最严格、最彻底的全国疫情防控正式展开。

到 1 月 24 日 24 时，全国已有 30 个省区市报告确诊病例，确诊人数超过 1000 人。

武汉告急！湖北告急！中国告急！

1 月 25 日，农历正月初一，中南海怀仁堂，中共中央政治局常务委员会召开会议。

“本来想是让大家过个好年。现在疫情形势紧急，不得不把大家召集起来，一起来研究部署这个问题”，习近平总书记表情凝重，“大年三十我夜不能寐。”

这次会议明确提出“坚定信心、同舟共济、科学防治、精准施策”的总要求。会议决定：成立中央应对疫情工作领导小组，在中央政治局常委会领导下开展工作；向湖北等疫情严重地区派出指导组，推动有关地方全面加强防控一线工作；湖北省对所有患者进行集中隔离救治，对所有密切接触人员采取居家医学管理。

“同时间赛跑、与病魔较量，坚决遏制疫情蔓延势头”

在以习近平同志为核心的党中央坚强领导下，各方力量联防联控，八方资源紧急支援，相关部门全力以赴，打响了一场疫情防控的人民战争。

从 2020 年 1 月 23 日离汉通道关闭到 2 月中旬，两个关键性的举措始终有力把控着全局：一是调动全国重症力量自带抢救设备，“整建制”驰援接管武汉病区；二是采取集中患者、集中专家、集中资源、集中救治的“四集中”原则，将优势兵力集中在主战场。

疫情如火，军令如山。

▲ 一方有难，八方支援。在抗击新冠肺炎疫情过程中，我们开展了新中国成立以来规模最大的医疗支援行动，调动全国医疗资源和力量，全力支持湖北省和武汉市医疗救治。自 2020 年 1 月 24 日至 3 月 8 日，全国共调集 346 支国家医疗队、4.26 万名医务人员、900 多名公共卫生人员驰援湖北。图为 2020 年 2 月 15 日，运送四川省成都市成华区捐赠武汉消毒液的卡车在湖北省武汉市区行驶。

“今晚 8 点半到医院集合，出发去武汉”“妈妈去打怪兽了，马上就回来”“爸，我去武汉抗病毒去了”“不计报酬，无论生死”……为了解决医护紧缺的问题，从 1 月 24 日除夕到 3 月中旬，从全国各地和军队共调集 346 支国家医疗队 4.26 万名医务人员和 965 名公共卫生人员驰援湖北和武汉市，和本地医护工作者及人民一起共同抗疫。

2020 年 1 月 27 日，中央指导组进驻武汉市，全面加强对一线疫情防控的指导督导。

2 月 2 日开始，在中央指导组指导下，武汉市部署实施确诊患者、疑似患者、发热患者、确诊患者的密切接触者“四类人员”分类集中管理，

▲2020 年 1 月 26 日，陆军军医大学医疗队进驻武汉市金银潭医院。（新华社记者程敏摄）

▲2020 年 2 月 8 日，武汉大学中南医院的医务人员在武汉客厅方舱医院讨论工作安排。（新华社发，高翔摄）

按照应收尽收、应治尽治、应检尽检、应隔尽隔“四应”要求，持续开展拉网排查、集中收治、清底排查三场攻坚战。武汉数家综合医院普通病房经过隔断、密封，被改造成定点医院，集中收治确诊患者。

这时候，床位远远不能满足不断攀升的病患人数的需要。为了解决床位问题，4 万名建设者日夜鏖战，数千台设备一齐开动，仅用 10 天建成有 1000 张病床的火神山医院，仅用 12 天建成有 1600 张病床的雷神山医院。“人等床”的紧张局面得到缓解，“床等人”正在到位。

在抗击新冠疫情的关键时刻，2 月 3 日，习近平总书记主持召开中央政治局常委会会议，研究下一步疫情防控工作。习近平总书记强调，同时间赛跑、与病魔较量，坚决遏制疫情蔓延势头，坚决打赢疫情防控阻击战。

2 月 3 日，中央指导组从全国调集 22 支国家紧急医学救援队，在武汉市建设方舱医院。2 月 5 日晚 10 点，仅用一天多时间，位于武汉国际会展中心的江汉方舱医院率先启用，1500 多张床位一次性开放给各个社区送过来的患者，首批三家方舱医院中的另外两家也快速启用。到 2 月 28 日，16 家方舱医院累计收治患者 1.2 万人，武汉患者中每 4 人就有 1 人是在方舱医院治疗，做到了“零感染、零死亡、零回头”。方舱医院是阻击重大传染病的重大创新，使“应收尽收”“床位等人”成为现实，有力扭转了防控形势。英国《柳叶刀》社

▲ 在抗击新冠肺炎疫情的关键时期，建设方舱医院成为武汉收治新冠肺炎确诊轻症病人的关键举措，堪称“生命之舱”。图为 2020 年 2 月 17 日拍摄的湖北省武汉体育中心方舱医院。

论认为，“中国建造的方舱庇护医院对于缓解医疗卫生系统所承受的巨大压力有着至关重要的作用”。

“早发现、早报告、早隔离、早治疗”，不懈的努力终于迅速迎来疫情的转机。2 月 12 日，中国境内当日新增确诊病例达到峰值 15152 例，此后，每日新增确诊病例逐渐减少。与此同时，全国 400 万名城乡社区工作者严防死守，亿万人民积极配合，织牢织密 65 万个社区防控网。通过采取强有力的防控措施，我国较好控制住了疫情，减少了数以百万计的感染，挽救了大量同胞生命，战“疫”初期的困局步步扭转。

2 月 12 日，习近平总书记主持召开中央政治局常委会会议，指出疫情防控工作到了最吃劲的关键阶段，强调要“提高收治率和治愈率”“降低感染率和病亡率”。救治重症，成了当务之急。

有这样一个细节令人难忘。1 月下旬，对危重症病例分析评估发现，ECMO（人工膜肺）可以为抢救重症患者赢得宝贵时间。习近平总书记要求，“不惜代价，要让患者用上最好的设备”。各方紧急行动，全国约 1/4 的“救命神器”ECMO 迅速集中到湖北。有医生晒出了这样的账单：ECMO 开机就是 5 万元，用一天 2 万元，诊疗费用全部由国家买单。

在救治过程中，全国确诊患者人均医疗费用约 2.3 万元，全国重症患者人均治疗费用超过 15 万元，一些危重症患者的治疗费用达几十万元甚至上百万元，全部由国家承担。截至 5 月底，我国共成功治愈 3000 余名 80 岁以上新冠肺炎患者，上至年过百岁的老人，下至出生不久的婴儿，总体治愈率超过 94%。

人民至上，生命至上。这是中国共产党矢志不渝的承诺，也是中国抗疫斗争的鲜明写照。正如习近平总书记所言："在保护人民生命安全面前，我们必须不惜一切代价，我们也能够做到不惜一切代价，因为中国共产党的根本宗旨是全心全意为人民服务，我们的国家是人民当家做主的社会主义国家。"

武汉保卫战、湖北保卫战取得决定性成果

2020 年 2 月 16 日，武汉再次部署开展为期 3 天的集中拉网式大排查，摸清底数，坚决遏制疫情扩散蔓延，将感染者真正收治起来。

通过对全市 421 万户居民集中开展两轮拉网式排查，武汉共排查出确诊和疑似患者 9037 人，以及大量密切接触者，实现了"应收尽收、应治尽治"。至此，武汉形成了"分级分类收治、轻重转院顺畅"的救治体系，即征用酒店作为集中隔离点，隔离密切接触人员；方舱医院接收确诊轻症和疑似患者；火神山、雷神山和同济医院等大型综合医院收治重症患者，9000 多张重症床位开放。

3 月 10 日，习近平总书记专门赴湖北武汉考察疫情防控工作，强调继续把疫情防控作为当前头等大事和最重要的工作，不麻痹、不厌战、不松劲，毫不放松抓紧抓实抓细各项防控工作，坚决打赢湖北保卫战、武汉保卫战。

▲ 2020 年 4 月 8 日零时起，武汉市正式解除离汉离鄂通道管控措施，全市景观照明开启。（新华社记者程敏摄，无人机照片）

3 月中旬，全国除湖北省以外疫情形势总体平稳，每日新增病例控制在个位数以内，疫情防控取得阶段性重要成效。

4 月 8 日，武汉解除持续 76 天的离汉离鄂通道管控措施。4 月 24 日，湖北重症和危重症患者清零；4 月 26 日，武汉所有新冠肺炎住院病例清零。截至 5 月 31 日 24 时，31 个省、自治区、直辖市和新疆生产建设兵团累计报告全国新冠肺炎确诊病例 83017 例，累计治愈出院病例 78307 例，累计死亡病例 4634 例，治愈率 94.3%。

此前，2 月 23 日，习近平总书记在统筹推进新冠肺炎疫情防控和经济社会发展工作部署会议上指出，“落实分区分级精准复工复产。”“既不能对不同地区采取‘一刀切’的做法、阻碍经济社会秩序恢复，又不能不当放松防控、导致前功尽弃。”根据疫情防控形势发展，党中央作出统筹疫情防控和经济社会发展、有序复工复产重大决策。

面对特殊时期各种困难，各地区各部门密集出台“补血”“减负”的政策举措：派专车点对点组织返岗、对受疫情影响较大的行业免征增值税、对中小微企业新增贷款……人流、物流、资金流有序加快转动。截至 2020 年 4 月底，全国规模以上工业企业复工率超过 99%，中小微企业复工率达到 88.4%，重大项目复工率超过 95%。与此同时，消费逐步回暖，餐馆商超人头攒动，车站码头日渐繁忙……

随着疫情防控阶段性成效进一步巩固，我国在常态化疫情防控中加快推进生产生活秩序全面恢复，经济运行稳步复苏，人民群众获得感、幸福感、安全感持续增强。

在以习近平同志为核心的党中央坚强领导下，我国用 1 个多月的时间初步遏制疫情蔓延势头；用 2 个月左右的时间将本土每日新增病例控制在个位数以内；用 3 个月左右的时间取得武汉保卫战、湖北保卫战的决定性成果，进而又接连打了几场局部地区聚集性疫情歼灭战，夺取了全国抗疫斗争重大战略成果。抗击新冠疫情的斗争展现了以习近平同志为核心的党中央英明领导、科学决策，体现了人民至上、生命至上的理念，凸显了同舟共济、众志成城的中国精神，彰显了中国的制度优势和治理能力。

参考文献

1. 赵承等：《风雨无阻向前进》，《人民日报》2020 年 5 月 18 日。

2. 国务院新闻办公室：《抗击新冠肺炎疫情的中国行动》（2020 年 6 月），《人民日报》2020 年 6 月 8 日。

2021 年

全面建成小康社会

“经过全党全国各族人民持续奋斗，我们实现了第一个百年奋斗目标，在中华大地上全面建成了小康社会，历史性地解决了绝对贫困问题，正在意气风发向着全面建成社会主义现代化强国的第二个百年奋斗目标迈进。”

2021 年 7 月 1 日，习近平总书记在庆祝中国共产党成立 100 周年大会上的庄严宣告，穿透百年风云。

▲2021 年 7 月 1 日，庆祝中国共产党成立 100 周年大会在北京天安门广场隆重举行。图为庆祝大会现场放飞气球。（新华社记者李尕摄）

“小康社会”目标的确立

“小康”一词，最早出自《诗经》。《诗·大雅·民劳》中曰：“民亦劳止，汔可小康。”意思是说，老百姓终日劳作不止，最大的希望就是过上小康的生活。

改革开放之初，邓小平根据中国国情并参照世界发达国家现代化的进程，重新思考了在经济基础薄弱、财力严重不足的情况下实现现代化的速度、水平和途径，经过调查研究和深思熟虑，创造性地运用“小康”来诠释中国的现代化。1979 年 12 月 6 日，邓小平在会见来访的日本首相大平正芳时，第一次用“小康”描述中国的发展愿景：“我们要实现的四个现代化，是中国式的四个现代化。我们的四个现代化的概念，不是像你们那样的现代化的概念，而是‘小康之家’。”此后，“小康”这一含有深厚文化底蕴、富有鲜明中国特色的目标越来越深入人心，并且在中国社会主义现代化的实践中得到不断丰富和完善，逐渐变得越来越准确，越来越清晰。

1982 年 9 月党的十二大提出，城乡人民的收入将成倍增长，人民的物质文化生活可以达到“小康水平”。这是党的全国代表大会首次使用“小康”概念。

1987 年 10 月党的十三大提出，到 20 世纪末，人民生活达到小康水平。

1997 年 9 月党的十五大提出，在中国这样一个拥有十多亿人口的国度里，进入和建设小康社会，是一件有伟大意义的事情。这是党在正式文献中首次使用“小康社会”概念。

经过全党和全国人民的共同奋斗，到 2000 年，我国的小康建设取得了显著成就，人民生活总体上达到了小康水平。

在这个基础上，2002 年 11 月党的十六大提出 21 世纪头 20 年“全面建设小康社会”的奋斗目标。

2012 年 11 月，党的十八大根据我国经济社会发展的实际进程，对

“全面建设小康社会”目标进行了充实和完善，提出到 2020 年“全面建成小康社会”的新目标：经济持续健康发展，转变经济发展方式取得重大进展，在发展平衡性、协调性、可持续性明显增强的基础上，实现国内生产总值和城乡居民人均收入比 2010 年翻一番；人民民主不断扩大；文化软实力显著增强；人民生活水平全面提高；资源节约型、环境友好型社会建设取得重大进展。

从“建设”到“建成”这一字之变，为我们迈向中华民族伟大复兴提供了一个看得见、摸得着、感受得到的阶段性目标，使全面建成小康社会的美好前景，更加清晰地展现在全国人民面前。

党的十八届五中全会
吹响了全面建成小康社会的冲锋号

2015 年 10 月 29 日，习近平总书记在党的十八届五中全会上强调：“‘十三五’时期与实现全面建成小康社会奋斗目标的时间节点高度契合，‘十三五’规划是全面建成小康社会收官的规划。今后 5 年党和国家各项任务，归结起来就是夺取全面建成小康社会决胜阶段的伟大胜利，实现第一个百年奋斗目标。”全会审议通过了《中共中央关于制定国民经济和社会发展第十三个五年规划的建议》。“十三五”时期是全面建成小康社会决胜阶段，全会顺应我国经济社会新发展和广大人民群众新期待，赋予“小康”更高的标准、更丰富的内涵。“十三五”规划建议从 5 个方面的目标要求描绘出了全面建成小康社会的全新图景：

经济保持中高速增长。“十三五”规划建议提出，在提高发展平衡性、包容性、可持续性的基础上，到 2020 年国内生产总值和城乡居民人均收入比 2010 年翻一番。要实现翻一番的目标，初步测算，“十三五”时期，国内生产总值每年平均增长速度需保持在 6.5% 以上。

人民生活水平和质量普遍提高。在经济平稳增长基础上，要不断提高居民收入，健全就业、教育、文化、社保、医疗、住房等公共服务体系，着力解决群众最关心最直接最现实的利益问题，使人们有更多的获得感。农村贫困人口脱贫是必须完成的硬任务。

国民素质和社会文明程度显著提高。大力加强精神文明建设，让中国梦和社会主义核心价值观更加深入人心，爱国主义、集体主义、社会主义思想广泛弘扬，向上向善、诚信互助的社会风尚更加浓厚，人民思想道德素质、科学文化素质、健康素质明显提高，全社会法治意识不断增强。

生态环境质量总体改善。针对当前依然严峻的生态环境形势，未来 5 年将把生态环境质量总体改善作为重要目标大力度加以推进，推动形成绿色发展方式和生活方式，大幅提高能源资源开发利用效率，有效控制能源和水资源消耗、建设用地、碳排放总量。

各方面制度更加成熟、更加定型。通过全面深化改革、进一步扩大开放，革除体制机制弊端，到 2020 年使国家治理体系和治理能力现代化取得重大进展，各领域基础性制度体系基本形成，各方面制度更加成熟、更加定型。

“十三五”规划建议明确了全面建成小康社会决胜阶段经济社会发展的指导思想、目标任务、发展理念、重大举措，成为全面建成小康社会决胜阶段的路线图。

千年梦想终成现实

在陕西延安有一个叫梁家河的小村庄，习近平青少年时期曾来到这里插队，度过了 7 年知青岁月。他曾经动情地回忆，那时候他和乡亲们都住在土窑里、睡在土炕上，生活十分贫困，经常是几个月吃不到一块肉。他很期盼的一件事，就是让乡亲们饱餐一顿肉，并且经常吃上肉。如今，梁家河修起了柏油路，乡亲们住上了砖瓦房、用上了互联网，老人们享有基本养老服务，村民们拥有医疗保险，孩子们可以接受良好教育，当然吃肉更不成问题了。小村庄的大变化，反映了我们党带领人民推进改革开放和社会主义现代化建设的历史性进步，是全面建成小康社会的生动缩影。

党的十八大以来，以习近平同志为核心的党中央统筹中华民族伟大复兴战略全局和世界百年未有之大变局，团结带领全国各族人民攻坚克难、砥砺前行，全面建成小康社会，脱贫攻坚战取得全面胜利。

经济实力大幅跃升，经济结构持续优化。2020 年，我国国内生产总

▲ 2020 年 7 月 29 日拍摄的陕西省延安市延川县文安驿镇梁家河村村貌。（新华社记者张博文摄，无人机照片）

值达 101.6 万亿元，占世界经济比重达到 17% 左右，稳居世界第二位。人均国民总收入（GNI）突破 1 万美元，按世界银行标准，达到中高收入国家水平。2015—2020 年粮食产量连续 6 年稳定在 6.5 亿吨以上，制造业增加值多年位居世界首位。2013—2019 年我国对世界经济增长的年均贡献率接近 30%，成为世界经济增长的火车头。

脱贫攻坚成果举世瞩目。全面建成小康社会，最艰巨的任务是脱贫

▲ 2018 年 3 月 13 日拍摄的贵州省威宁县平箐光伏电站和大海子风电场。（新华社记者杨文斌摄）

攻坚，最突出的短板在于农村贫困人口。党的十八大以来，以习近平同志为核心的党中央把脱贫攻坚摆在治国理政突出位置，组织实施了人类历史上规模最大、力度最强的脱贫攻坚战。经过 8 年持续奋斗，现行标准下 9899 万农村贫困人口全部脱贫，832 个贫困县全部摘帽，12.8 万个贫困村全部出列，区域性整体贫困得到解决，完成了消除绝对贫困的艰巨任务，为全面建成小康社会作出了重大贡献。

生态环境明显改善。2020 年，全国地级及以上城市空气质量优良天数比例为 87.0%，全国地表水水质优良比例为 83.4%。能源消费结构不断优化。2019 年，天然气、水电、风电、核电等清洁能源消费占能源消费总量的比重为 23% 多。中国已经成为世界利用新能源和可再生能源第一大国。

改革开放不断深化。全面深化改革取得重大突破，若干领域实现了历史性变革、系统性重塑、整体性重构。产权保护法治体系加快完善，要素市场化配置改革持续深化。国资国企改革体系基本形成，民营企业等多种所有制经济健康发展。对外开放持续扩大。共建“一带一路”成果丰硕。截至 2021 年 1 月底，我国已与 140 个国家和 31 个国际组织签署共建“一带一路”合作文件 205 份。

人民生活水平显著提高。2020 年，全国居民人均可支配收入达到 32189 元，比 2015 年实际增长 31.3%。居民生活质量显著提升，消费较快增长，吃穿用有余，家电全面普及，汽车快速进入寻常百姓家。居民平均预期寿命从 1949 年的 35 岁提高到 2019 年的 77.3 岁。建成世界上规模最大的社会保障体系，截至 2020 年 12 月底，全国基本养老、失业、工伤保险参保人数分别达到 9.99 亿人、2.17 亿人、2.68 亿人，基本医疗保险覆盖超过 13 亿人，社会保障卡持卡人数超过 13 亿人，覆盖 94.6% 的人口。

2021 年，在迎来中国共产党成立 100 周年的重要时刻，中国全面建成小康社会。在今日的中华大地上，一幅壮美画卷已经展开——经济更加发展、民主更加健全、科教更加进步、文化更加繁荣、社会更加和谐、人民生活更加殷实。“小康”这个承载美好生活梦想的古老词语，数千年来第一次成为这片土地上全体人民的真实日子。

全面建成小康社会不是终点，而是新起点。2020 年 10 月，党的十九届五中全会提出，全面建成小康社会、实现第一个百年奋斗目标之后，我们要乘势而上开启全面建设社会主义现代化国家新征程、向第二个百年奋斗目标进军。这是恢宏壮丽的新征程，又是任重道远的新征程。我们要更加紧密地团结在以习近平同志为核心的党中央周围，高举中国特色社会主义伟大旗帜，锐意进取，埋头苦干，为全面建设社会主义现代化国家、实现中华民族伟大复兴的中国梦不懈奋斗。

参考文献

1.《中国共产党简史》，人民出版社、中共党史出版社 2021 年版。
2.《中共中央关于制定国民经济和社会发展第十三个五年规划的建议》，《人民日报》2015 年 11 月 4 日。

图书在版编目（CIP）数据

青春之路：写给年轻人的 100 个党史故事．下 / 张神根主编．-- 北京：新华出版社，2024.6
ISBN 978-7-5166-7205-1

Ⅰ．①青… Ⅱ．①张… Ⅲ．①中国共产党 – 党史 – 青少年读物 Ⅳ．① D23-49

中国国家版本馆 CIP 数据核字 (2023) 第 235738 号

青春之路：写给年轻人的 100 个党史故事

编者： 张神根

出 版 人： 匡乐成　　**责任编辑：** 祝玉婷　王依然

特约编辑： 沈文娟　　**封面设计：** 星汉湛光 – 顾湛

出版发行： 新华出版社有限责任公司

（北京市石景山区京原路 8 号　邮编：100040）

印刷： 河北鑫兆源印刷有限公司

成品尺寸： 170mm × 240mm　1/16　　**印张：** 53.5　　**字数：** 664 千字

版次： 2024 年 7 月第 1 版　　**印次：** 2025 年 6 月第 3 次印刷

书号： ISBN 978-7-5166-7205-1　　**定价：** 128.00 元
